DICCIONARIO
BÍBLICO
DEL
ESTUDIANTE

EDICIÓN REVISADA Y AMPLIADA

DICCIONARIO BÍBLICO DEL ESTUDIANTE

EDICIÓN REVISADA Y AMPLIADA

Johnnie Godwin
Phyllis Godwin
Karen Dockrey

Inspiración para la vida
CASA PROMESA
Una división de Barbour Publishing, Inc.

DICCIONARIO BÍBLICO DEL ESTUDIANTE
Edición en español publicada por
Casa Promesa - 2014
Uhrichsville, Ohio

ISBN 978-1-63058-141-1

Publicado originalmente en inglés :con el título
THE STUDENT BIBLE DICTIONARY. EXPANDED & UPDATED EDITION
© 2014 by Johnnie Godwin, Phyllis Godwin, and Karen Dockrey

Contribuciones editoriales adicionales de Trent C. Butler, Forrest W. Jackson,
Jean Jenkins, Melody McCoy, Marsha A. Ellis Smith, and June Swann.

Desarrollo editorial: Semantics, Inc., P.O. Box 290186, Nashville, TN 37229
Semantics01@comcast.net

Diseño interior por Greg Jackson, Thinkpen Design (adaptación al español por S.E.Telee).

Casa Promesa es una división de Barbour Publishing, Inc., P.O. Box 719, Uhrichsville, Ohio 44683, www.casapromesa.com

Nuestra misión es publicar y distribuir productos inspiradores que ofrezcan
un valor excepcional y aliento bíblico a las personas.

Member of the
Evangelical Christian
Publishers Association

Impreso en China.

CONTENIDO

Prefacio 7
Cronología de la historia bíblica mundial 9
A: A la ventura – Azufre 13
B: Baal – Burlarse 43
C: Cachorro – Curtidor 55
D: Dagón – Dureza de corazón 75
E: Ebed-Melec – Ezequiel, Libro de 91
F: Faldas – Futuro 107
G: Gabriel – Gusano 116
H: Habacuc – Humillarse 126
I: Iconio – Israelita 133
J: Jabalina – Juzgar 141
K: Kénosis – Kidrón 159
L: Labán – Luz 160
M: Macabeos – Muro 171
N: Naamán – Nun 191
O: Obed – Otoniel 198
P: Pabellón – Púrpura 204
Q: Quebar – Querubín 234
R: Rabí – Rut, Libro de .235
S: Sabbat – Sustentar 250
T: Tabernáculo – Turbante 273
U: Umbral – Uzías 290
V: Vacas – Vulgata 292
X: XP 298
Y: Yahvé – Yugo 299
Z: Zabulón – Zorobabel .301
Acerca de los autores 303
Créditos de las imágenes 303

PREFACIO

El *Diccionario bíblico del estudiante* se ha escrito teniendo en mente tus necesidades. Sabemos que básicamente quieres buscar un término bíblico una sola vez y en un lugar, encontrar justo la información que necesitas y volver a tu estudio bíblico. Por eso tenemos definiciones rápidas y precisas en la primera línea, añadiendo más detalles en el resto de la entrada. Hay pocas referencias cruzadas. Cuando se podía, hemos añadido una ilustración o un mapa que te ayuden a saber cómo era ese elemento o dónde estaba. Te hemos contado lo que las personas hacían y las relaciones entre ellas, para que puedas entender los motivos de sus acciones y reconocer a las familias bíblicas.

¿Por qué este diccionario? Porque como estudiante de la Biblia tienes necesidades de estudio particulares. Tienes una curiosidad lista para recibir información más concreta. Tienes una capacidad que te permite edificar sobre lo que has aprendido en tu etapa infantil.

Puede que seas un joven, un adulto joven o más maduro, pero aun así puede que seas joven en la fe cristiana. Este diccionario bíblico es para ti y para todo cristiano que desee definiciones claras, concisas y pertinentes. El *Diccionario bíblico del estudiante* pone los términos bíblicos en un lenguaje que ayudará a que la fe bíblica se convierta en algo tuyo y te ayudará a honrar a Dios en tu vida.

En el *Diccionario bíblico del estudiante* encontrarás palabras definidas conforme a su uso en la Biblia, no tanto conforme a su uso actual en otros contextos. Por ejemplo, cuando la versión Reina-Valera habla de que un hombre «conoció» a su esposa, no quiere decir lo mismo que para nosotros, sino que tuvieron relaciones sexuales. Normalmente encontrarás los significados primarios, no los raros o exhaustivos. Aunque las definiciones son fieles a las lenguas originales, encontrarás pocas referencias al griego o el hebreo.

Cada entrada está organizada de modo que leas tantos detalles como quieras encontrar. Si buscas una simple definición de la palabra/persona/lugar/idea, lee solo la primera palabra o frase. Muchas entradas solo tienen información básica.

En las entradas especiales hay características que te ayudarán a entender más a fondo un término.

■ **PALABRA SOLICITADA.** *Este símbolo indica un término muy frecuente, solicitado por un grupo de unos quinientos líderes de estudiantes que participan en conferencias de liderazgo. Ellos han identificado este término como uno que los necesitan entender y considerar en su vida cristiana.*

▲ **MÁS DETALLE.** *Este párrafo incluye detalles que te ayudarán a entender un determinado uso del término, te ayudan a completar un estudio bíblico, te aportan información no disponible en otros diccionarios o muestran hechos fascinantes.*

● **CLAVE CURRICULAR.** *Esta pregunta o sugerencia de reflexión te ayuda a pensar más en el término, discutirlo en clase o aplicarlo a la vida diaria. Los maestros de estudio bíblico o redactores de planes de estudio pueden usarlas para identificar, aclarar o formar convicciones y para guiar a los alumnos a aplicarlas a sus vidas.*

En las páginas del *Diccionario bíblico del estudiante* encontrarás interesantes listas y cuadros gráficos como **NOMBRES DE DIOS** (p. 86), **TÍTULOS PARA JESÚS EN LA ESCRITURA** (p. 146), **TABLA DE PESOS Y MEDIDAS** (p. 221), y **FIESTAS Y CELEBRACIONES** (p. 110). Encontrarás también resúmenes de todos los libros de la Biblia, así como definiciones de términos teológicos como *milenio*. Este diccionario se puede usar con otras versiones de la Biblia, pero la que hemos tomado como base es la Reina-Valera Revisada 1960. El lenguaje de esta versión puede presentar algunas expresiones o palabras que ya no son tan habituales o que no significan exactamente lo mismo en la Biblia y en el lenguaje cotidiano, por lo cual hemos incluido las definiciones pertinentes para los lectores de la Biblia. Cuando ha sido necesario hemos citado otras versiones.

Para ahorrar espacio, hemos citado las otras versiones mediante sus abreviaturas:

KJV=King James Version (inglés)

NVI=Nueva Versión Internacional

LBLA=La Biblia de las Américas

DHH=Dios habla hoy

NTV=Nueva Traducción Viviente

JBS=Jubilee Bible 2000 (Spanish)

En la definición de términos como «creer», «arrepentimiento», «confesar» y «salvación» tienes recursos evangelísticos. Son palabras clave que te ayudarán a entender tu salvación, y te guiarán para llevar a tus amigos a Jesucristo.

Este diccionario bíblico es, sin ningún complejo, de talante conservador y orientado al estudiante. Las palabras que se han seleccionado son las que los autores y sus investigaciones han mostrado que son las que necesitan los estudiantes. Los factores que determinan la longitud y detalles de las definiciones son la exactitud, la claridad y la necesidad de desarrollo. Los autores han intentado crear un *Diccionario bíblico del estudiante* único y fácil de usar. Como está dirigido a estudiantes laicos de la Biblia y no a eruditos, no se centra en los problemas de la crítica ni en cuestiones periféricas que los diccionarios para expertos sí pueden incluir. El foco está sobre los significados principales de términos bíblicos y en ayudar a los estudiantes —y todos deberíamos seguir siendo siempre estudiantes— a aplicar dichos significados en su experiencia cotidiana.

En el *Diccionario bíblico del estudiante* encontrarás unas dos mil quinientas entradas, escogidas en función de su interés o importancia para los estudiantes. Nuestro objetivo ha sido aportar definiciones sólidas y ágiles que sean exactas y claras. Esperamos que este diccionario bíblico te resulte diferente del diccionario habitual. Nuestra intención es que sea una herramienta fácil y apetecible de usar que satisfaga tus necesidades e intereses en lo relativo a tu espiritualidad, tu intelecto y tu desarrollo.

ACERCA DE LA EDICIÓN REVISADA Y AMPLIADA DE 2014.

Este *Diccionario bíblico del estudiante* se basa en la edición revisada y ampliada de un diccionario que ya se publicó en inglés años atrás. Los editores han considerado que el ingente trabajo de revisión y ampliación daría un mayor servicio a los creyentes si se ponía el diccionario también al alcance del público de habla hispana. Así ha llegado hasta nosotros este libro que incluye características que la anterior edición no tenía, como los avances en conocimiento debidos a los Rollos del Mar Muerto, definiciones adicionales y hasta un veinte por ciento más de texto en general.

CRONOLOGÍA
DE LA HISTORIA BÍBLICA MUNDIAL

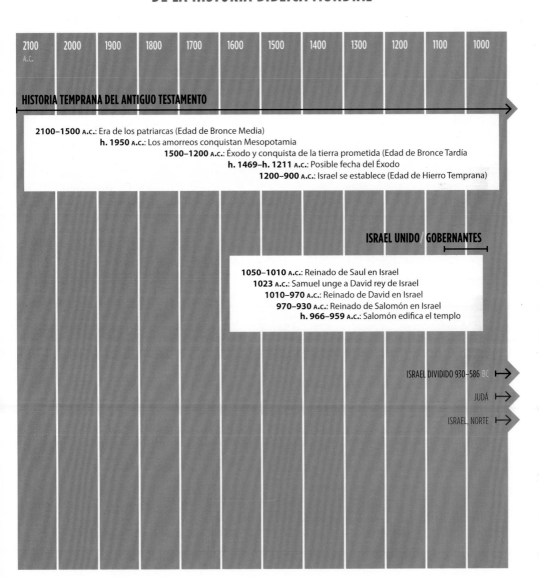

2100 A.C.	2000	1900	1800	1700	1600	1500	1400	1300	1200	1100	1000

HISTORIA TEMPRANA DEL ANTIGUO TESTAMENTO

2100–1500 A.C.: Era de los patriarcas (Edad de Bronce Media)
h. 1950 A.C.: Los amorreos conquistan Mesopotamia
1500–1200 A.C.: Éxodo y conquista de la tierra prometida (Edad de Bronce Tardía
h. 1469–h. 1211 A.C.: Posible fecha del Éxodo
1200–900 A.C.: Israel se establece (Edad de Hierro Temprana)

ISRAEL UNIDO / GOBERNANTES

1050–1010 A.C.: Reinado de Saul en Israel
1023 A.C.: Samuel unge a David rey de Israel
1010–970 A.C.: Reinado de David en Israel
970–930 A.C.: Reinado de Salomón en Israel
h. 966–959 A.C.: Salomón edifica el templo

ISRAEL DIVIDIDO 930–586 BC

JUDÁ

ISRAEL, NORTE

900 A.C. | 800 | 700

IMPERIO ASIRIO 1100–609 A.C.

HISTORIA
TEMPRANA
DEL ANTIGUO
TESTAMENTO

IMPERIO NEOBABILÓNICO
(CALDEO)

859–824 A.C.: Reinado de Salmanasar III
855–625 A.C.: Influencia asiria en Palestina
783–773 A.C.: Reinado de Salmanasar IV
744–727 A.C.: Reinado de Tiglat-pileser III
h. 732–612 A.C.: Israel y Judá sometidas a Asiria
727–722 A.C.: Caída de Israel ante Asiria; Samaria destruida
722 A.C.: Reinado de Salmanasar V
705–681 A.C.: Reinado de Senaquerib
612 A.C.: Caída de Nínive ante el Imperio neobabilónico
(caldeo)
609 A.C.: Los caldeos derrotan a Asiria

PROFETAS Y LÍDERES

770–750 A.C.: Ministerio del profeta Jonás en Asiria
763–750 A.C.: Ministerio del profeta Amós en Israel
750–722 A.C.: Ministerio del profeta Oseas en Israel
742–687 A.C.: Ministerio del profeta Miqueas en Judá
740–700 A.C.: Ministerio del profeta Isaías en Judá
640–621 A.C.: Ministerio del profeta Sofonías en Judá
627–586 A.C.: Ministerio del profeta Jeremías en Judá

ISRAEL DIVIDIDO ■ ISRAEL (NORTE) ■ JUDÁ

ISRAEL (NORTE)

JUDÁ

930–913 A.C.: Reinado de Roboam	**798–793 A.C.:** Reinado de Joás
930–909 A.C.: Reinado de Jeroboam I	**796–792 A.C.:** Reinado de Amasías
913–910 A.C.: Reinado de Abías	**793–753 A.C.:** Reinado de Jeroboam II
910–872 A.C.: Reinado de Asa	**792–750 A.C.:** Reinado de Azarías (Uzías)
909–908 A.C.: Reinado de Nadab	**753–752 A.C.:** Reinado de Zacarías
908–886 A.C.: Reinado de Baasa	**752 A.C.:** Reinado de Salum
886–885 A.C.: Reinado de Ela	**752–742 A.C.:** Reinado de Manahem
885–874 A.C.: Reinado de Omri	**750–735 A.C.:** Reinado de Jotam
874–853 A.C.: Reinado de Acab	**742–740 A.C.:** Reinado de Pekaía
872–853 A.C.: Reinado de Josafat	**740–732 A.C.:** Reinado de Peka
853–852 A.C.: Reinado de Ocozías	**735–715 A.C.:** Reinado de Acaz
853–841 A.C.: Reinado de Joram	**732–722 A.C.:** Reinado de Oseas
852–841 A.C.: Reinado de Joram	**715–697 A.C.:** Reinado de Ezequías
841 A.C.: Reinado de Ocozías	**697–642 A.C.:** Reinado de Manasés
841–835 A.C.: Regencia de Atalía	**642–640 A.C.:** Reinado de Amón
841–814 A.C.: Reinado de Jehú	**640–609 A.C.:** Reinado de Josías
835–796 A.C.: Reinado de Joás	**609 A.C.:** Reinado de Joacaz
814–798 A.C.: Reinado de Joacaz	

600 A.C.

500

400

IMPERIO PERSA 538–331 A.C.

**IMPERIO NEOBABILÓNICO
(CALDEO) 605–538 A.C.**

538 A.C.: Ciro conquista Babilonia (Caldea) y establece el Imperio persa
522–485 A.C.: Reinado de Darío I
486–465 A.C.: Reinado de Asuero (Jerjes) de Persia
h. 479 A.C.: Ester coronada reina de Persia
465–423 A.C.: Reinado de Artajerjes I de Persia
333 A.C.: Fin del control persa de Palestina
331 A.C.: Fin del Imperio persa

h. 626 A.C.: Comienza el Imperio
neobabilónico (caldeo)
586 A.C.: Caída de Jerusalén
ante los caldeos;
templo destruido
539 A.C.: Caída del Imperio
neobabilónico (caldeo)

IMPERIO MACEDONIO 336–168 A.C.

336–323 A.C.: Gobierna Alejandro Magno
333 A.C.: Alejandro Magno obtiene el control de Palestina
331 A.C.: Alejandro Magno conquista el Imperio persa

PROFETAS Y LÍDERES

612–588 A.C.: Ministerio del profeta Habacuc en Judá
h. 605–536 A.C.: Ministerio del profeta Daniel en Babilonia
593–571 A.C.: Ministerio del profeta Ezequiel en Babilonia
h. 586 A.C.: Libro de Abdías escrito para Judá
520 A.C.: Libro de Hageo escrito para Judá
520–518 A.C.: Ministerio del profeta Zacarías en Judá
440–430 A.C.: Ministerio del profeta Malaquías en Judá
586 A.C.: El Imperio babilónico conquista Judá y destruye Jerusalén
y el templo de Salomón
538 A.C.: Primer regreso de exiliados a Jerusalén
h. 516 A.C.: Se completa el segundo templo
457 A.C.: Esdras regresa a Judá con más exiliados
h. 445 A.C.: Nehemías lleva judíos de regreso a Jerusalén
432 A.C.: Segunda visita de Nehemías a Jerusalén

ISRAEL DIVIDIDO 930–586
A.C.

JUDÁ

609–598 A.C.: Reinado de Joacim
598–597 A.C.: Reinado de Joaquín
597–586 A.C.: Reinado de Sedequías

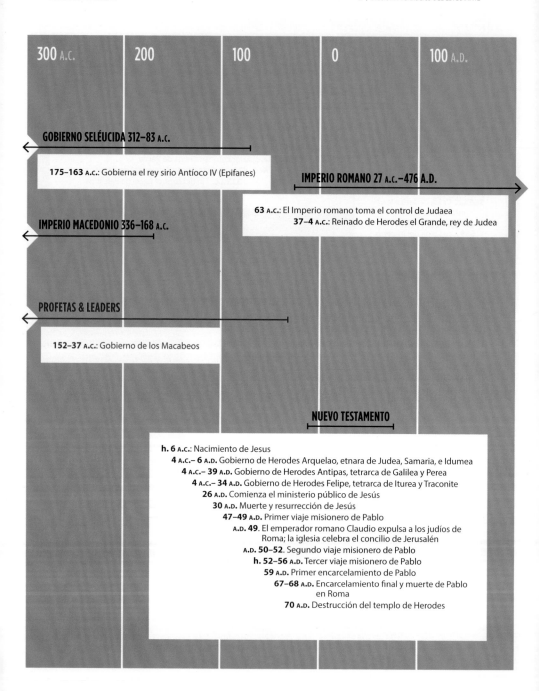

300 A.C.   **200**   **100**   **0**   **100** A.D.

GOBIERNO SELÉUCIDA 312–83 A.C.

175–163 A.C.: Gobierna el rey sirio Antíoco IV (Epifanes)

IMPERIO ROMANO 27 A.C.–476 A.D.

63 A.C.: El Imperio romano toma el control de Judaea
37–4 A.C.: Reinado de Herodes el Grande, rey de Judea

IMPERIO MACEDONIO 336–168 A.C.

PROFETAS & LEADERS

152–37 A.C.: Gobierno de los Macabeos

NUEVO TESTAMENTO

h. 6 A.C.: Nacimiento de Jesus
4 A.C.– 6 A.D. Gobierno de Herodes Arquelao, etnara de Judea, Samaria, e Idumea
4 A.C.– 39 A.D. Gobierno de Herodes Antipas, tetrarca de Galilea y Perea
4 A.C.– 34 A.D. Gobierno de Herodes Felipe, tetrarca de Iturea y Traconite
26 A.D. Comienza el ministerio público de Jesús
30 A.D. Muerte y resurrección de Jesús
47–49 A.D. Primer viaje misionero de Pablo
A.D. 49. El emperador romano Claudio expulsa a los judíos de
    Roma; la iglesia celebra el concilio de Jerusalén
A.D. 50–52. Segundo viaje misionero de Pablo
h. 52–56 A.D. Tercer viaje misionero de Pablo
59 A.D. Primer encarcelamiento de Pablo
67–68 A.D. Encarcelamiento final y muerte de Pablo
    en Roma
70 A.D. Destrucción del templo de Herodes

A LA VENTURA. Al azar, inocentemente, sin objetivo específico (1 R 22.34; 2 Cr 18.33).

A.C. Antes de Cristo. Ver **A.D.**

A.D. *Anno Domini*. Significa «en el año del Señor», el tiempo transcurrido desde la muerte de Jesucristo.

AARÓN. Hermano mayor y primer portavoz de Moisés (Éx 4.14-16). Pasó a ser el primer sumo sacerdote de Israel. El sacerdocio aarónico (sacerdotes de la tribu de Leví) recibe ese nombre por él (Éx 28.1; 29; Lv 8; Nm 18).

▲ *Primer portavoz de Moisés. Le ayudó en la batalla (Éx 17.9-12), pero también hizo un ídolo (Éx 32) y criticó a su hermano por su elección de una esposa (Nm 12.1-2). Sus padres fueron Amram y Jocabed; su hermana fue María (Nm 26.59). Aarón vivió hasta la edad de 123 años y murió sin entrar en la tierra prometida por su falta de fe en Dios (Nm 20.12).*

AB. Quinto mes hebreo. Abarca parte de nuestros julio y agosto (Nm 33.38). Ver gráfico **CALENDARIO** en p. 279.

ABBA. «Padre» en arameo, parecida a nuestra palabra *papá*. Las tres referencias en el Nuevo Testamento son a Dios (Mr 14.36; Ro 8.15; Gá 4.6). Muestra que Dios es un Padre amoroso y accesible.

ABDÍAS, LIBRO DE. Libro más corto del Antiguo Testamento; cuarto de los profetas menores. Abdías habla del juicio de Edom y de la restauración de Israel. Hace hincapié en que Dios está al mando y castigará la soberbia infiel.

ABDÍAS. 1. Mayordomo de la casa de Abdías (1 R 18.3-16). 2. Profeta cuyos sermones componen el libro de Abdías. 3. Hay al menos otros diez Abdías en la Biblia.

ABED-NEGO. Nuevo nombre dado a Azarías, amigo de Daniel (Dn 1.6). Abed-nego sobrevivió al horno de fuego junto a Sadrac y Mesac (Dn 3.16-29).

ABEL. Segundo hijo de Adán y Eva. Un pastor que agradaba a Dios con su adoración. Murió asesinado por su hermano Caín después de que el sacrificio de este no agradase a Dios (Gn 4.2-8; He 11.4; 1 Jn 3.12).

ABIATAR. Sumo sacerdote en la época de David. Sucedió a su padre Ahimelec pero Salomón lo expulsó más adelante del oficio sacerdotal porque favoreció a Adonías frente a Salomón (véase 1 S 22.20-22; 23.6, 9; 1 R 1.24-25; 2.26-27).

ABIGAIL. Esposa de David, bella, sabia y equilibrada. Se casó con él tras la muerte de su primer marido, Nabal (1 S 25). Otra Abigail fue una hermana de David, que contrajo matrimonio con Jeter y fue madre de Amasa (1 Cr 2.16-17).

ABIMELEC. Hijo de Jerobaal (Gedeón) que fue rey después de matar a sus hermanos (excepto Jotam, que escapó). Abimelec reinó sobre Israel durante tres años hasta que atacó Tebes, lugar donde una piedra le rompió el cráneo en la batalla (Jue 8.29–9.57). También un linaje de reyes (Gn 20–21; 26.1).

Abel ofrece a Dios un mejor sacrificio (de su rebaño) que el de su hermano Caín (de sus frutos). Pintura de aprox. 1870.

ABISMO, EL. 1. El océano, el mar Rojo, la parte más profunda del mar, otra masa profunda de agua (Gn 7.11; Éx 15.5, 8; Neh 9.11; Lc 8.31). 2. Lugar muy profundo, inmenso y sin fondo, que se entiende como inframundo o lugar de los muertos (Sal 88.6; Ro 10.7). Literalmente, el pozo profundo o sin fondo (Ap 9.1-2, 11; 11.7; 17.8; 20.1). Lugar de tormento para los demonios (Lc 8.31).

ABIÚ. Segundo hijo de Aarón y sacerdote (Éx 6.23; 28.1). Fue con Moisés, Aarón y otros hacia el monte Sinaí para adorar a Dios (Éx 24.1, 9). Más adelante, murió junto a su hermano por fuego tras haber desagradado a Dios (Lv 10.1-2; Nm 3.4).

ABLUCIONES. Lavamientos ceremoniales (bautismos) para la expresión de la pureza religiosa (He 6.2; 9.10).

ABNER. Primo de Saúl y comandante de su ejército. Posteriormente sirvió bajo Is-boset, hijo de Saúl, y favoreció a David. El comandante de este, Joab, sospechaba de él y lo asesinó (1 S 14.50–2 S 3.30).

ABOGADO. Persona a la que se llama para que esté al lado ayudando (1 Jn 2.1). Ayudador, consolador, intercesor, uno que se pone de nuestra parte, habla a nuestro favor y defiende nuestra causa. En el Nuevo Testamento, tanto Jesucristo como el Espíritu Santo son nuestros abogados (1 Jn 2.1; Jn 14.16, 26; 15.26; 16.7). En el Evangelio de Juan, *consolador* traduce la misma palabra griega que *abogado* en 1 Jn 2.1.

● *¿Cómo nos sentimos cuando tenemos a alguien a nuestro lado? ¿Qué pensamientos y sentimientos tenemos al saber que Jesús está a nuestro lado?*

ABOLIR. Poner fin (2 Ti 1.10), eliminar (He 10.9).

ABOMINABLE, ABOMINACIÓN. Una cosa terrible y repugnante para Dios o el hombre. Describe algo odioso, asqueroso, podrido, nauseabundo, horrible, vergonzoso, malo (Mt 24.15; Gn 43.32). Las abominaciones tienen relación con la idolatría (Ap 17.4-5; 21.27), la falta de respeto hacia Dios (Ez 7.3-4), la impureza ceremonial (Lv 7.21) y los pecados sexuales (Ap 17.4-5).

ABOMINABLE. Detestable, repugnante, que despierta un intenso disgusto (Dt 7.26; Ez 5.11).

Abiú, con su hermano Nadab, ofrece fuego «extraño» (inadecuado) ante el Señor. Pagaron el error con sus vidas.

ABOMINACIÓN DESOLADORA. Un acontecimiento indescriptiblemente malvado, horrible y detestable que ocurrirá en los últimos tiempos (cp. Dn 9.27; 11.31; 12.11; Mt 24.15; Mr 13.14). Los expertos no se ponen de acuerdo en cuanto a si el término se refiere a una o varias personas que se conocerán con el nombre de Anticristo (literalmente «contra Cristo»; cp. 1 Jn 2.18-22) o a un símbolo, acontecimiento o acto profanos.

▲ El mal representado por esta abominación siempre quiere convertir la vida espiritual de la persona en un desierto. Para evitar que ocurra esto, es necesario reconocer el peligro del mal y huir o resistir en el poder de Dios (Mt 24.15-16; 1 Co 10.13).

ABORRECER, ABORRECIBLE. Verbo: abominar (Job 7.16). Adjetivo: odioso (Pr 13.5).

ABORRECER. Odiar, repeler, rechazar. Retraerse con horror (Dt 7.26; Ro 12.9).

ABRAHAM, ABRAM. El primer hebreo (Gn 14.13). No tenía hijos, pero Dios le prometió que lo haría padre de una gran nación. El Señor fue fiel a su promesa (Gn 12.2-1) y le dio un niño llamado Isaac a la edad de cien años, y de noventa su esposa (Gn 17.1-8). Sin embargo, durante los muchos años que pasaron entre la promesa y el hijo de la misma, Abraham y Sara se cansaron de esperar en Dios. Así pues, él tuvo un hijo con la sirvienta Agar, dando lugar a otra nación. A pesar de la debilidad de Abraham, la promesa de Dios se hizo realidad como si fuese una obra dramática. Lee Génesis 11.26–25.11 para conocer la historia completa del patriarca y su fe en Dios. El nombre Abraham (padre de una multitud) es la forma alargada de Abram (padre exaltado) (Gn 17.1-8). Vivió en Ur, Harán, Egipto y Canaán. Murió a la edad de 175 años y fue sepultado en una cueva en Hebrón (Gn 25.7-10).

▲ La experiencia de Abraham nos enseña que merece la pena responder al llamamiento de Dios, obrar pensando en sus promesas, y esperarlas pacientemente.

ABSALÓN. Tercer hijo de David (2 S 3.2-5). Su nombre significa «padre en paz», pero no concuerda con su personalidad. Planeó el asesinato de su hermanastro Amnón (2 S 13) y se rebeló contra su padre, el rey David, para subir al trono (2 S 15). Fue asesinado en contra de la voluntad de su padre, que sintió una profunda tristeza (2 S 18.6-17, 31-33).

ABSTENERSE. Evitar o apartarse de. Ejemplos de actos y cosas de los que abstenerse son los ídolos, el sexo fuera del matrimonio y el mal en general (Hch 15.20; 1 Ts 5.22).

VIDA DE ABRAHAM

ACONTECIMIENTO	PASAJE AT	REFERENCIA NT
Nacimiento de Abram	Gn 11.26	
Dios llama a Abram	Gn 12.1–3	He 11.8
Entrada en Canaán	Gn 12.4–9	
Abram en Egipto	Gn 12.10–20	
Lot se separa de Abram	Gn 13.1–18	
Abram rescata a Lot	Gn 14.1–17	
Abram paga diezmos a Melquisedec	Gn 14.18–24	He 7.1–10
Pacto de Dios con Abram	Gn 15.1–21	Ro 4.1–25; Gá 3.6–25; He 6.13–20
Nacimiento de Ismael	Gn 16.1–16	
Promesa de tener un hijo con Sara	Gn 17.1–27	Ro 4.18–25; He 11.11–12
Abraham intercede por Sodoma	Gn 18.16–33	
Lot salvado y Sodoma destruida	Gn 19.1–38	
Nacimiento de Isaac	Gn 21.1–7	
Expulsión de Agar e Ismael	Gn 21.8–21	Gá 4.21–31
El mandato de sacrificar a Isaac	Gn 22.1–19	He 11.17–19; Stg 2.20–24
Muerte de Sara	Gn 23.1–20	
Muerte de Abraham	Gn 25.1–11	

ABSUELTO. Libre de una condena; exento de un compromiso (Éx 21.28; Jos 2.20).

ABUNDANCIA. Plenitud (Gn 27.28).

ABUNDANCIA. Una multitud, mucho, plenitud, más que suficiente (Dt 28.47; Ro 5.17). La verdadera vida abundante no consiste en tener dinero y posesiones, sino otras riquezas como compromiso con Dios, amor, gozo, paz y amistad (Jn 10.10; Lc 12.15).

ABUNDAR. Desbordar, incrementar, crecer, tener abundancia (Pr 28.20; 1 Ts 3.12).

ABUSAR. Maltratar, utilizar de forma incorrecta, hacer daño física o emocionalmente (1 Cr 10.4; Pr 22.10; He 10.33; 1 Co 9.18).

Cuadro de 1850 titulado Viaje de Abraham de Ur a Canaán. Los jóvenes serían desde siervos hasta parientes, puesto que Abraham y Sara no tenían hijos en ese momento.

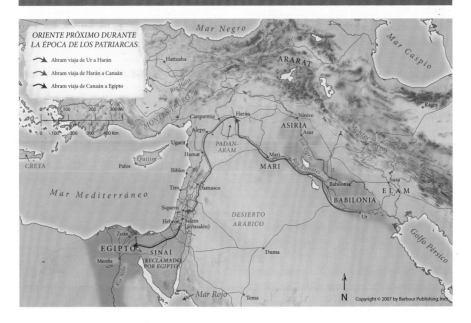

ORIENTE PRÓXIMO DURANTE
LA ÉPOCA DE LOS PATRIARCAS

Abram viaja de Ur a Harán

Abram viaja de Harán a Canaán

Abram viaja de Canaán a Egipto

● *¿Es posible que lo que decimos a los demás, o de ellos, sea el abuso más habitual que se produce? ¿Cómo se puede abusar de las bendiciones haciendo un mal uso de ellas?*

ACÁ. Aquí (Gn 15.16; Jn 4.15).

El profeta Elías amonesta al rey Acab en un viejo grabado. El rey parecía temer a Elías, pero más temía a su propia esposa, Jezabel.

ACAB. 1. Rey poderoso pero malvado que reinó sobre Israel durante 22 años. Muy influenciado por su esposa Jezabel, adoradora de Baal. Fue incapaz de defender la justicia y la adoración verdadera aunque los profetas de Dios le habían advertido (1 R 16.28–22.40). Ver **JEZABEL**. 2. Un falso profeta (Jer 29.20-21). Ver gráfico **REYES** en p. 243.

ACACIA. Árbol grande cuya sólida madera era excelente para hacer muebles. Se utilizó para la elaboración del arca del pacto y otros objetos para el tabernáculo (Dt 10.3; Éx 25–27; 30; 37–38).

ACAMPAR. Montar un campamento, levantar una tienda (Éx 17.1; He 8.2).

ACÁN. Israelita que robó artículos consagrados a Dios de la ciudad de Jericó tras su destrucción. Los escondió, y su pecado constituyó una amenaza para la seguridad de toda la comunidad israelita. Sus compatriotas lo ejecutaron cuando se descubrió su pecado (Jos 7.1-26).

ACAYA. Provincia romana situada en el sur de Grecia. Su capital era Corinto (2 Co 1.1; Hch 19.21; Ro 15.26).

ACAZ. Duodécimo rey de Judá. Era muy malvado y promovió la idolatría (2 R 16; 2 Cr 28). Ver gráfico **REYES** en p. 243.

ACCESO. Capacidad de entrar en la presencia. Habilitado para acercarse. Se utiliza habitualmente para referirse al acceso del cristiano a Dios, cuyo único requisito es aceptar a Jesucristo, que murió por nosotros. Esta muerte eliminó todas las barreras entre Dios y las personas. Jesús permite a los creyentes acercarse a Dios con confianza (Ro 5.2; Ef 2.18, 3.12).

● *Piensa en las personas con las que te sientes cómodo al acercarte a ellas, y en las que no te inspiran esa comodidad. ¿Qué marca la diferencia? ¿Dios pone fácil o difícil nuestro acercamiento a él?*

ACCIÓN DE GRACIAS. Gratitud, especialmente hacia Dios, por un don o acción (Jon 2.9; 2 Co 4.15). La acción de gracias es un importante elemento de adoración cristiana expresado en la vida cotidiana, así como durante los servicios de

Acacia en la región israelí del Neguev.

adoración. Muchos salmos expresan acción de gracias.

● *¿Cómo muestras la acción de gracias en tus palabras? ¿En tus acciones? ¿En tu actitud? Cuando agradecemos a Dios regularmente el don de nuestra salvación nos unimos al apóstol Pablo (2 Co 9.15).*

ACECHAR. Esconderse y mirar en secreto (Pr 1.11).

ACEITE. Producto del olivo, esencial en la vida cotidiana de la época bíblica (2 R 18.32; Mt 25.3). Se utilizaba en comercio, ceremonias religiosas, preparación de alimentos, cosmética, medicina y para la luz de las lámparas. Se empleaba en la consagración de los sacerdotes y reyes, así como para curar, junto a la oración (Stg 5.14). Entre otras cosas, simbolizaba el gozo (Is 61.3; Sal 45.7).

Uno de los usos del aceite en los tiempos bíblicos era el de combustible para las lámparas

ACEPCIÓN DE PERSONAS. Ver **PARCIALIDAD**.

ACEPTABLE. Agradable, bienvenido, apropiado (Sal 51.17; Is 61.2; Ef 5.8-11; He 11.4).

ACONSEJAR. Asesorar, orientar (Lc 23.50; Jn 18.14). Ejemplos de consejeros son los profetas, los miembros del Sanedrín judío, o Dios (2 S 17.11; Mr 15.43; Ap 3.18).

ACORDARSE. Traer, convocar a la memoria (Nah 2.5).

ACOSTUMBRAR. Soler, tener el hábito de hacer algo (Nm 22.30; Lc 22.39).

ACUERDO. Unanimidad, armonía, unidad, resolución, firmeza. Puede ser con el bien o con el mal (Hch 2.46; 7.57; 15.25).

ACUSAR. Atribuir una acción indebida (Pr 30.10; Hch 25.11; Lc 11.54). Una acusación puede ser verdadera o falsa (Jn 8.6; Lc 3.14). Satanás es llamado en ocasiones el acusador (Ap 12.10).

ADÁN. El primer hombre. Dios lo creó a su imagen, así como a Eva (Gn 1.27; 5.2). Adán (y Eva) eligieron arruinar la imagen de Dios desobedeciéndole. Este pecado sumergió a la raza humana en el pecado (Gn 3; Ro 5.12-21). Jesucristo, el segundo Adán, vino para librarnos del pecado y transformarnos en su imagen perfecta (1 Co 15.45, 49; Ro 8.29). Ver imagen en página siguiente. Ver **EVA**.

● *La imagen de nosotros mismos mejora conforme nos acercamos a la de Dios en la creación. ¿Qué tipo de imagen tienes de ti mismo? Cp. Romanos 12.3. Somos responsables de nuestro propio pecado, no del de Adán.*

ADAR. Duodécimo mes hebreo. En nuestro calendario, abarca desde mediados de febrero a mediados de marzo (Est 3.7). Ver gráfico **CALENDARIO** en p. 279.

ADIVINACIÓN. Acto de prever o predecir el futuro con métodos tan poco fiables como la astrología, leer augurios, la hidromancia, la consulta a los muertos y la cleromancia (Dt 18.10; Ez 21.21; Hch 16.16). Práctica condenada excepto cuando Dios es la fuente de información acerca del futuro (Nm 22.7; Mi 3.6-7; Ez 13.6-7; Zac 10.2).

El ángel de Dios lleva a Adán y a Eva fuera del huerto del Edén tras su desobediencia, la «caída del hombre».

ADIVINAR. Intentar saber qué hacer preguntando a una fuente religiosa o mágica ajena a Dios. Obviamente, no es una práctica sabia (Gn 44.5, 15; 1 S 28.8).

ADIVINO. Poseedor de conocimiento oculto, mago o hechicero, uno que habla con los muertos (Is 8.19). Los adivinos estaban fácilmente disponibles pero no eran de fiar (1 S 28.3-19). La Biblia prohíbe terminantemente que se busque su consejo (Lv 19.31).

● *¿Por qué prohíbe Dios que se recurra a los adivinos en busca de consejo? (Nótese que la fuente de la sabiduría es Dios; bíblicamente, este hecho excluye a adivinos o hechiceros).*

ADONÍAS. Nombre que significa «mi Señor es Jehová». 1. Cuarto hijo de David, que intentó sin éxito usurpar el trono de su padre. Cuando Salomón lo heredó tras la muerte de David, mató a Adonías (2 S 3.4; 1 R 1.5–2.25). 2. Levita enviado por Josafat a las ciudades de Judá a enseñar acerca de Dios (2 Cr 17.8-9). 3. Uno de los jefes del pueblo en la época de Nehemías que firmó el pacto (Neh 10.16; Esd 2.13).

ADOPTAR. 1. Decidir ser padre o madre de un hijo no biológico. Legalmente, hacer hijo propio al que tiene otros padres (Est 2.15). Toda persona que confía en Dios pasa a ser hijo suyo por adopción y hereda sus recursos (Ro 8.15, 23; Gá 4.5; Ef 1.5). 2. Hacer propio un acto o artículo (Job 15.5; Sal 106.36).

● *¿Cómo demuestra la adopción de Dios su amor por ti?*

ADORACIÓN. Cualquier acto o actitud que exprese alabanza, amor, obediencia y aprecio por Dios (cp. Mi 6.8). Podemos expresar la adoración por medio de la obediencia: cuando nuestras motivaciones son piadosas, nuestros actos son correctos y tratamos a Dios Padre y a las personas tal como lo hizo Jesús (Mt 5–7; 25.37-40). La adoración puede ser privada o pública (Mt 6.6; He 10.24-25).

● *Piensa en al menos tres formas en las que expresas adoración a Dios.*

ADORAR. Expresar honra y gratitud a Dios por medio de adoración, palabras, actitudes, acciones (Sal 69.30; Lc 19.37).

● *Salmos 103 dice repetidamente: «Bendice, alma mía, a Jehová». ¿Cómo podemos bendecir al Señor? (Básicamente, bendecimos al Señor cuando lo adoramos).*

ADORAR. Obedecer, reverenciar, centrar la atención positiva en alguien (Éx 34.14; Jn 4.23).

ADULTERIO. Cuando una persona casada mantiene relaciones sexuales fuera de su matrimonio (He 13.4). El adulterio espiritual se produce cuando los creyentes vuelven su amor de Dios a otra persona o cosa (Jer 3.9; Ez 23.37). Ambos tipos están prohibidos en los diez mandamientos (Éx 20.3, 14). Jesús explicó que mirar a alguien con deseo es un acto de adulterio (Mt 5.27-30). El término también se emplea de forma genérica para muchos pecados sexuales, incluyendo el incesto y la fornicación (sexo con un familiar o fuera del matrimonio).

▲ *El adulterio sigue siendo uno de los pecados más tentadores. Muchos creen que esperar hasta el matrimonio para disfrutar del sexo está anticuado. Sin embargo, la Biblia explica que el sexo fuera del matrimonio es pecado. ¿Por qué? Malinterpreta y distorsiona el diseño de Dios para este y la felicidad sexual. Él planeó que el sexo fuese lo mejor cuando constituye una expresión de amor único entre marido y mujer.*

ADVERSARIO. 1. Enemigo. El que está en contra de una persona o cosa. Puede ser un enemigo personal, nacional o espiritual (Nm 22.22; Mt 5.25; Est 7.6; 1 S 1.6; 1 R 5.4; 1 P 5.8; 1 T 5.14). 2. Satanás. Traducción literal del hebreo «Satanás» (1 P 5.8). Ver **SATANÁS**.

▲ *Dios es enemigo de los enemigos de su pueblo (Éx 23.22; Lc 18.3).*

ADVERSIDAD. Problemas. Tiempos difíciles (2 S 4.9; Pr 17.17; Pr 24.10).

● *Nombra una forma en la que Dios te ha ayudado o podría hacerlo a través de la adversidad.*

ADVIENTO. Traduce una palabra del latín que significa venida. Se refiere habitualmente a la venida de Cristo a la tierra como un niño, pero ahora también al tiempo de preparación para la celebración de la Navidad. La venida de Jesús al mundo comenzó este acontecimiento tal como lo conocemos: incluye su nacimiento, vida y ministerio, ascensión, y segunda venida prometida, o segundo advenimiento.

AFEMINADO. Homosexual, persona cuya preferencia sexual se encuentra en su mismo sexo (1 Co 6.9). La homosexualidad está en contra de la voluntad de Dios (cp. Ro 1–2).

● *En una sociedad cambiante que acepta cada vez más la homosexualidad y el «matrimonio gay», ¿qué responsabilidad tienen los cristianos fieles bajo la voluntad de Dios? Las leyes hechas por hombres nunca cambian las de Dios, ni su voluntad. Él siempre espera que tengamos la mente de Cristo y su compasión hacia los demás.*

AFINAR. Purificar (Is 48.10; Mal 3.2-3).

AFLICCIÓN. El término se refiere a un estado o causa de dolor, angustia, pena o tristeza. Generalmente, estas definiciones pueden ser válidas también para el uso bíblico de *aflicción*. Sin embargo, los matices del hebreo del Antiguo Testamento y del griego del Nuevo merecen destacarse: 1. en el primer caso, el término significa habitualmente oprimido o humillado, un sentido de indefensión o desamparo. Si la aflicción viene de Dios, es un castigo por el pecado, que se produce para bendecir a las personas al llevarlas de vuelta al Señor (2 R 15.5; Sal 119.71). Sin embargo, Isaías también utilizó la palabra para referirse a la aflicción venidera de Cristo por nuestros pecados (Is 53.4, 7). 2. En el griego del Nuevo Testamento significa literalmente presión, pero también conlleva la idea de opresión o tribulación, una aflicción provocada frecuentemente por otra persona por seguir a Cristo y no por el pecado personal (Col 1.24).

● *¿De dónde procede la mayor parte de tu tristeza? ¿Del interior por decidir hacer la voluntad propia en lugar de la de Dios? ¿O del exterior* *porque otros te presionan por tu decisión de seguir a Cristo como Señor y Salvador? En cualquiera de los casos, la forma de ocuparse de la aflicción es volverse a Dios buscando alivio o fuerza a fin de soportar para su gloria.*

AFLICCIÓN. Labor, trabajo muy duro o doloroso (Job 15.20; Is 53.11). El parto es un tipo específico de aflicción o angustia (Is 23.4; Jn 16.21).

AFLICCIÓN. Tristeza, ofensa (Ec 1.14); problemas (2 Cr 15.5); destrucción, angustia (Dt 28.20; Is 65.14).

AFRENTA. Insulto, vituperio (Gn 30.23; Ro 15.3).

AGABO. Profeta del Nuevo Testamento, de Jerusalén. Predijo una gran hambruna y el encarcelamiento de Pablo (Hch 11.28; 21.10-11).

ÁGAPE. Palabra griega que define el amor sacrificado. Ver **AMOR**.

A petición de Sara, Abraham envía a Agar y a su hijo Ismael al desierto. Abraham engendró a Ismael con Agar a sugerencia de la estéril Sara.

AGAR. Sierva de Sara que fue madre de Ismael con Abraham (Gn 16.1-16). Su embarazo constituyó una fuente de animadversión entre Agar y Sara porque esta no podía tener hijos. Más adelante, Sara echó a Agar, pero Dios la cuidó junto a Ismael (21.1-21).

Las agujas de los tiempos bíblicos podían ser de metal, madera o hueso, pero la idea es la misma: según Jesús, la estrechez por la que entra el hilo indica la dificultad para un rico de aceptar el mensaje del evangelio.

Era práctica común en tiempos del Antiguo Testamento tener hijos con una sierva de la esposa. Abraham lo hizo con Agar en lugar de esperar al que Dios le había prometido que tendría con Sara. La división provocada por el nacimiento de Ismael continuó durante generaciones e ilustra el peligro de no esperar a que Dios cumpla sus promesas a su manera. Ver **CONCUBINA**.

AGRIPA. 1. Herodes Agripa I, conocido en el Nuevo Testamento como Herodes (Hch 12.2-4). 2. Herodes Agripa II (en el Nuevo Testamento, solo Agripa). Rey judío que escuchó la defensa legal de Pablo y lo encontró inocente. Agripa dijo que el apóstol casi lo persuade a ser cristiano (Hch 25.13–26.32). Pablo fue juzgado porque los judíos más celosos lo habían arrestado por predicar lo que consideraban herejía (Hch 21–23).

AGUIJÓN EN LA CARNE. Una aflicción del apóstol Pablo. Este no identificó el problema, pero dijo que lo mantenía humilde (2 Co 12.7-10). Las hipótesis son muchas, incluyendo un problema de visión (cp. Gá 4.13-15). Más importante que conocer la naturaleza del problema es que Pablo lo aceptó como una oportunidad de mostrar la gracia de Dios en la debilidad (2 Co 12.9).

AGUJA, OJO DE. Expresión que se utilizaba para señalar lo difícil que es para un rico entrar en el reino de Dios (Mt 19.24). A menudo, la prioridad de una persona rica es la riqueza y no Dios. Es un mito que «el ojo de una aguja» se refiera a una puerta estrecha o una apertura en el muro de Jerusalén.
● *Identifica tus tres principales prioridades o metas en la vida. Si tuvieses mucho dinero, ¿qué lugar podría haber tenido Dios en cómo hubieras gastado esas riquezas?*

Planta de ajenjo.

AH, AY. «¡Oh no!», «¡Cuidado!». Expresión de dolor, miedo, queja, pena o advertencia (Jos 7.7; Jue 6.22; 1 R 13.30; Jer 30.7; Ap 18.10).

AJENJO. Planta amarga no venenosa que simbolizaba las experiencias amargas y tristes (Lm 3.19).
▲ *El Antiguo Testamento representa al ajenjo como lo contrario a la justicia y la rectitud (Jer 23.15). En Apocalipsis 8.11, una estrella destructiva recibe este nombre.*

ALABASTRO. Piedra de color crema, utilizada para elaborar recipientes para perfumes y ungüentos. El vaso de alabastro en la Biblia era un frasco con un cuello largo y fino que se rompía para vaciar su contenido (Mt 26.7; Mr 14.3; Lc 7.37).

Frascos de alabastro en una tienda egipcia.

ALBOROTO. Agitación, tumulto, confusión, asamblea alborotada (Sal 83.2; Mt 27.24).

ALEJANDRÍA. Capital de Egipto desde el 330 A.C. Segunda ciudad en importancia después de Roma en esa época. Alejandro Magno la fundó en el 322 A.C., cuando conquistó el mundo conocido y difundió la cultura griega. Por esta razón, el griego pasó a ser la lengua universal o internacional, siendo también el idioma empleado para escribir el Nuevo Testamento original. Alejandro Magno murió a la edad de 33 años, al igual que Cristo; sin embargo, él venció al pecado para siempre. La Biblia menciona a Alejandría en Hechos 6.9; 18.24;

27.6; 28.11. Unos rabinos judíos se reunieron allí más adelante para traducir al griego el Antiguo Testamento, escrito en hebreo y arameo, dando lugar a la Septuaginta, que se identifica frecuentemente con el número romano LXX (setenta).

ALEJANDRO. 1. Miembro de una familia de sumos sacerdotes (Hch 4.6). 2. Orador judío (Hch 19.33). 3. Falso maestro (1 Ti 1.20). 4. Enemigo de Pablo (2 Ti 4.14). 5. El rey descrito en Daniel 8 es probablemente Alejandro Magno.

ALELUYA. «¡Alabado sea Dios!». Invitación a alabar a Dios. Está presente en muchos salmos y es un elemento de la adoración en Apocalipsis (Sal 104.35; 105.45; Ap 19.1, 3-4, 6). Es una combinación del nombre divino *Jah* (diminutivo de Jehová) con *hallel*, que significa «alabar».

● *¿Qué provoca que digas o grites «aleluya» o «alabado sea Dios»?*

ALFA Y OMEGA. Primera y última letras del alfabeto griego. Un nombre de Cristo. Significa principio y final o primero y último, como nuestro «de la A a la Z». Jesús es primero y último en el tiempo y en importancia. Cristo lo empleó para referirse a sí mismo en el libro de Apocalipsis (1.8; 1.11; 21.6; 22.13).

ALFEO. 1. Padre del apóstol Santiago (Mt 10.3; Hch 1.13). 2. Padre de Leví el recaudador de impuestos (Mr 2.14).

ALJABA. Recipiente para portar las flechas (Lm 3.13). Se utiliza figuradamente en Salmos 127.4-5. «Como saetas en manos del valiente, así son los hijos habidos en la juventud. Bienaventurado el hombre que llenó su aljaba de ellos».

ALTAR. Lugar de adoración. Lugar en el que se sacrificaban los animales y se presentaban a Dios (Gn 8.20; Éx 29.10-14). También un lugar donde

Alfa y omega.

se quemaba incienso para Dios (Éx 30.1). En la Biblia, un altar podía estar formado por un simple montón de piedras o ser una estructura elaboradamente construida (Jos 8.30-31; Éx 27.1-8).

Los sacrificios de sangre del Antiguo Testamento representaban el arrepentimiento y el perdón, pero no proveían salvación, que solo se encuentra eternamente en Cristo Jesús. Tras su muerte y resurrección ya no eran necesarios los sacrificios de animales. Dios recibe un tipo de ofrenda diferente en el altar: alabanza, confesión, y buenas acciones (He 13.15-16). Ver **SACRIFICIO**.

ALTÍSIMO. Nombre que describe a Dios o que se emplea para hacer referencia a él (Gn 14.18-22; Hch 7.48). Ver **DIOS**.

Aljaba de cuero en una recreación

Reproducción del altar de incienso de Timna, Israel.

ALTO. Describe la alteza única del Dios Santo (Is 57.15). Cuando se emplea para el hombre, suele indicar egocentrismo y orgullo (Is 2.12).

ALZAR. Levantar, elevar (Éx 26.30; Jn 2.20).

AMA. Mujer a cargo de la casa; propietaria (1 R 17.17).

AMALEC. Descendiente de Esaú (gemelo de Jacob). Sus descendientes, llamados amalecitas, trataron de evitar que los israelitas entrasen en la tierra prometida. Después de ese episodio, ambos pueblos siguieron siendo enemigos (Gn 36.12; Éx 17.8-16; Dt 25.17; 1 S 15.2-3).

AMÁN. Primer ministro del rey Asuero (Jerjes). Amán conspiró para destruir a todos los judíos del Imperio persa porque Mardoqueo, un judío, no se inclinaba delante de él (Est 3.2). La reina Ester, también judía, frustró su conspiración. Colgaron a Amán en la horca que mandó construir para los judíos.

AMÉN. «Bien dicho», «Estoy de acuerdo», «que así sea». En la Biblia, es una demostración de entusiasmo y convicción hacia las promesas de Dios. Se utilizaba al principio y/o al final de declaraciones o alabanzas solemnes (Ap 7.12). El *amén* de Jesús (*de cierto*) significaba «verdaderamente», «estas palabras son de Dios» o «acontecerá» (Mt 5.18, 26; 6.2). Se repite para acentuar lo que se va a decir (Jn 1.51). Jesús es llamado «el Amén» (2 Co 1.20; Ap 3.14), la persona en la que encontramos las promesas de Dios.

● *¿A qué verdad de Dios te gustaría más decir amén?*

AMONESTAR. Recomendar, sugerir, mostrar, animar a hacer lo correcto. Advertir, aconsejar. Corregir o alabar la obediencia a Dios. Los que amonestan son habitualmente los creyentes más maduros, siempre motivados y guiados por Jesucristo (Ro 15.14; Col 3.16; 1 Ts 5.12; 2 Ts 3.15).

● *¿Quién o qué te ha amonestado a obedecer a Dios? ¿Con qué palabras podrías amonestar a un hermano creyente?*

AMONTONAR. Apilar, añadir, prensar (Pr 25.22; 2 Ti 4.3).

■ **AMOR**. Preocupación profunda y permanente por el bienestar de los demás; afecto, amistad (Gn 37.3; Mt 5.47). Característica esencial de Dios que solo llega como un regalo (Jn 3.16). Se emplean dos palabras griegas diferentes como sinónimo de *amor* (cp. Jn 16.27; 15.9; 21.15-17). Una definición general de amor, desde una perspectiva bíblica, es «un deseo sincero y ansioso junto con un interés activo y beneficioso por el bienestar del ser amado» (de la *International Standard Bible Encyclopedia*). Sin embargo, «amor», expresado en los lenguajes bíblicos, tiene varios matices y significados; por lo general es el contexto, más que la palabra en sí, el que determina el significado exacto.

AMÓS. 1. Pastor de Tecoa de Judá a quien Dios llamó para ser profeta. Era del reino del sur pero predicó al del norte. Era pobre pero predicó a los ricos. Su nombre significa «el que lleva la carga». Lee su mensaje en el libro de la Biblia que lleva su nombre. 2. Antepasado de José, esposo de María (Lc 3.25).

AMÓS, LIBRO DE. Este libro del Antiguo Testamento fue escrito por Amós, un pastor llamado por Dios en el siglo VIII A.C. para ser profeta. Su mensaje principal fue que Dios ama más la misericordia que los sacrificios formales. Enseñó que la grandeza no se consigue por medio del poder sino de la justicia y el juicio (Am 5.21-24). Amós reprendió a los ricos por obtener sus riquezas a expensas de los pobres, por su deshonestidad y

La anciana Ana —dependiendo de la traducción, tenía ochenta y cuatro años o llevaba ese tiempo viuda— según la pintó Rembrandt.

sus sobornos, y por considerar a Dios según su conveniencia. El libro de Amós insta a los lectores a arrepentirse y dejar que Dios sea Amo y Señor.

AMPARO. Refugio o lugar de protección, zona segura (Sal 46.1).

AMRAM. Padre de Moisés, Aarón y María (Éx 6.20; 1 Cr 6.3).

ANA. 1. Profetisa que reconoció al niño Jesús como el Mesías esperado (Lc 2.36-38). 2. Su nombre significa «gracia». Madre de Samuel, que oró por su concepción y nacimiento, dedicándolo después a la obra de Dios (1 S 1.2-11). Era la esposa de Elcana.

▲ *Algunos expertos sugieren que Ana pudo haber escrito el salmo 2.*

ANANÍAS. 1. Creyente que mintió a Pedro acerca de la cantidad de dinero que recibió por una posesión y murió acto seguido por el juicio de Dios (Hch 5.1-5). Ver **SAFIRA**. 2. Discípulo de Damasco al que Dios utilizó como mensajero y ayudante en la restauración de la vista a Pablo, en el bautismo de este, y en su aceptación como discípulo (Hch 9.10-18; Hch 22.12). 3. Sumo sacerdote que quería a Pablo callado (Hch 23.2; 24.1).

ANANÍAS (SADRAC). Amigo de Daniel. Le cambiaron su nombre por Sadrac. Comió alimentos saludables y entró en el horno de fuego (Dn 1.6, 15; 3.16-29).

ANÁS. Sumo sacerdote que tomó parte en el juicio de Jesús antes de la crucifixión (Lc 3.2; Jn 18.13, 24; Hch 4.6).

ANATEMA. Maldito, apartado para condenación o destrucción (Ro 9.3; Gá 1.8-9; 1 Co 12.3; Jos 6.17). En 1 Corintios 16.22, es como si Pablo dijese: «Si una persona no ama al Señor, remítanla a él para su juicio. El Señor viene» (véase *Maranata*, una palabra hebrea, 1 Co 16.22).

▲ *Las palabras hebreas y griegas relacionadas con anatema significan básicamente declarar que una cosa o persona sea remitida a Dios: como acto de devoción para algo bueno, o para el juicio del Señor si es algo malo.*

ANCIANO. Miembro de avanzada edad de una familia, tribu o grupo religioso (Gn 27.42). Se respetaba mucho a los ancianos por su sabiduría y experiencia (Éx 3.16; 1 Ti 5.17). Algunos dirigieron bien (Hch 20.17, 32); otros causaron problemas (Mr 7.3).

▲ *Término empleado también indistintamente con pastor y obispo.*

▲ *La palabra raíz griega que significa «anciano» ha dado lugar al término presbítero, del que deriva presbiteriano. La persona que tiene presbicia tiene «ojos de anciano», y frecuentemente necesita lentes para leer.*

ANCIANO DE DÍAS. Nombre empleado por Daniel para referirse a Dios. Lo representa con el pelo blanco sobre un trono de juicio. Parecido al «Altísimo» (Dn 7.9, 13, 22). Ver gráfico **NOMBRES DE DIOS**, p. 87.

● *La Biblia utiliza otros muchos nombres para Dios. ¿Por qué crees que esta imagen parece ser una de las más populares?*

ANDAR. En su sentido literal, caminar, pasear (Éx 2.5; Mt 4.18). También se emplea para hacer referencia al estilo de vida o comportamiento de una persona (Gn 5.24; Ro 8.4; Ef 2.2, 10; 4.1).

● *En Efesios 4.1, se hace hincapié en que «andemos» de una forma digna del llamamiento de Dios. ¿Cómo evaluará Dios tu estilo de vida?*

ANDRÉS. Discípulo de Jesús. Uno de los doce apóstoles. Hizo muchas preguntas al Señor y vio al niño que tenía los cinco panes y los dos peces (Mt 4.18-19; Mr 13.3; Jn 6.8-9). Siempre se le ve llevando a alguien a Jesús (Jn 6.8-9).

▲ *Era discípulo de Juan el Bautista antes de conocer a Jesús (Jn 1.35, 37, 40).*

ANEGAR. Inundar o rebosar (Sal 69.2).

En la Biblia, anegar indica a menudo una inundación.

ÁNGEL. Mensajero. Ser celestial creado por Dios. Habitualmente le sirve como mensajero (Mt 2.13-15; Gn 18.2-10; 19.1ss; Lc 1.26-38; Mt 1.20-21; Lc 2.8-15). Los ángeles sirven en el cielo (Ap 8–9) y en la tierra (Lc 2.8-14); nos cuidan y protegen (Mt 18.10; Sal 91.11-12); se regocijan cuando alguien se convierte (Lc 15.10); ayudarán a ejecutar el juicio (Mt 13.41-43, 49-50). En ocasiones aparecen en forma humana (Gn 18.2-10); en otras, no (Lc 2.13-14). No se les debe adorar (Col 2.18). No son seres humanos que han muerto e ido al cielo (He 2.7).

▲ *Satanás tiene ángeles malvados que decidieron seguirle, desobedeciendo a Dios (Jud 6, 9; 2 P 2.4; Ap 12.9). Los llamamos demonios o espíritus malignos.*

● *¿Cómo te envía Dios sus mensajes?*

ANHELAR. Sentimiento profundo por algo o alguien (Gn 43.30; 1 R 3.26).

ANHELO. Deseo (Sal 119.20).

El arcángel Miguel humilla a Satanás en un cuadro del siglo XVII de Guido Reni. En las Escrituras, los ángeles suelen causar temor cuando se aparecen entre los hombres.

ANIMAL ENGORDADO. Animal que se engordaba para una ocasión especial como una ofrenda a Dios o un banquete (Sal 66.15; Mt 22.4).

ANIQUILAR. Destruir totalmente. Liquidar. Matar. Extinguir. Abolir (Dt 9.3; Est 3.13).

ANOCHECER. Límite específico entre la puesta de sol y la oscuridad completa (1 S 30.17; 2 R 7.5). También, algunos usos parecen referirse a las tinieblas (Job 3.9; 24.15; Ez 12.6).

ANSIEDAD. Preocupaciones, problemas, pensamientos intensos (1 P 5.7). Tener ansiedad es estar asustado, preocupado, turbado o angustiado (Fil 4.6; Dn 7.15). Lo opuesto es confiar en Dios y disfrutar de la paz que él da (Mt 6.25-34).
● *¿Qué te preocupa? ¿Cómo puede ayudarte Dios con esa ansiedad?*

ANTEMURO. Muro de la fortificación, habitualmente hecho de tierra (Lm 2.8).

ANTICIPARSE. Preceder (Sal 119.147; Mt 17.25; 1 Ts 4.15).

ANTICRISTO. Enemigo de Cristo. 1. La figura malvada que vendrá durante los últimos días y se opondrá a todo lo de Dios (1 Jn 2.18). 2. Cualquiera que niegue por medio de palabras o hechos que Jesús es el Cristo (1 Jn 2.19, 22; 4.3; 2 Jn 7). Muchos cristianos entienden que 2 Tesalonicenses 2.1-12 describe al anticristo.

ANTIGUO TESTAMENTO. Se compone de treinta y nueve libros: cinco de la ley; doce de historia; cinco de poesía; cinco profetas mayores; y doce profetas menores. El calificativo de mayores y menores se debe al tamaño de sus libros, no a su importancia.

El Antiguo Testamento es la revelación inspirada de Dios expresada por medio de numerosos autores humanos. En el primer libro, Génesis, se describe la creación de todas las cosas por parte de Dios. La revelación continua de sí mismo a la humanidad, incluyendo la relación de pacto con ella, se sigue dando hasta su último libro, Malaquías. Después de aproximadamente cuatrocientos años de silencio (el «período intertestamentario»), Dios inspiró los veintisiete libros del Nuevo Testamento, que cumplió en Cristo las revelaciones de Dios en el Antiguo, y profetiza lo que acontecerá en la eternidad.

LISTAS DE LIBROS DEL ANTIGUO TESTAMENTO

CANON RABÍNICO: 24 LIBROS	SEPTUAGINTA: 53 LIBROS	ANTIGUO TESTAMENTO CATÓLICO ROMANO: 46 LIBROS
LA LEY	LEY	LEY
Génesis	Génesis	Génesis
Éxodo	Éxodo	Éxodo
Levítico	Levítico	Levítico
Números	Números	Números
Deuteronomio	Deuteronomio	Deuteronomio
LOS PROFETAS	HISTORIA	HISTORIA
Los profetas anteriores	Josué	Josué
Josué	Jueces	Jueces
Jueces	Rut	Rut
1—2 Samuel	1 Reinos (1 Samuel)	1 Samuel (1 Reinos)

CANON RABÍNICO: 24 LIBROS	SEPTUAGINTA: 53 LIBROS	ANTIGUO TESTAMENTO CATÓLICO ROMANO: 46 LIBROS
1 –2 Reyes	2 Reinos (2 Samuel)	2 Samuel (2 Reinos)
Los profetas posteriores	3 Reinos (1 Reyes)	1 Reyes (3 Reinos)
Isaías	4 Reinos (2 Reyes)	2 Reyes (4 Reinos)
Jeremías	1 Paralipómenos (1 Crónicas)	1 Crónicas (1 Paralipómenos)
Ezequiel	2 Paralipómenos (2 Crónicas)	2 Crónicas (2 Paralipómenos)
Los Doce	1 Esdras (Esdras apócrifo)	Esdras (1 Esdras)
Oseas	2 Esdras (Esdras-Nehemías)	Nehemías (2 Esdras)
Joel	Ester (con adiciones apócrifas)	Tobías
Amós	Judit	Judit
Abdías	Tobías	Ester
Jonás	1 Macabeos	1 Macabeos
Miqueas	2 Macabeos	2 Macabeos
Nahum	3 Macabeos	**POESÍA**
Habacuc	4 Macabeos	Job
Sofonías	**POESÍA**	Salmos
Hageo	Salmos	Proverbios
Zacarías	*Odas (incluida la Oración de Manasés)*	Eclesiastés
Malaquías	Proverbios	Cantar de los Cantares
LOS ESCRITOS	Eclesiastés	Sabiduría de Salomón
Poesía	Cantar de los Cantares	Eclesiástico (La Sabiduría de Jesús hijo de Sirac)
Salmos	Job	**PROFECÍA**
Proverbios	Sabiduría (de Salomón)	Isaías
Job	Sirac (Eclesiástico o Sabiduría de Jesús hijo de Sirac)	Jeremías
Rollos—«los rollos de las fiestas»	Salmos de Salomón	Lamentaciones
Cantar de los Cantares	**PROFECÍA**	Baruc (incluida la Epístola de Jeremías)
Rut	*Los Doce Profetas*	Ezequiel
Lamentaciones	Oseas	Daniel
Eclesiastés	Amós	Oseas
Ester	Miqueas	Joel
Otros (Historia)	Joel	Amós
Daniel	Abdías	Abdías
Esdras-Nehemías	Jonás	Jonás
1–2 Crónicas	Nahum	Miqueas
	Habacuc	Nahum
	Sofonías	Habacuc
	Hageo	Sofonías
	Zacarías	Hageo
	Malaquías	Zacarías

CANON RABÍNICO: 24 LIBROS	SEPTUAGINTA: 53 LIBROS	ANTIGUO TESTAMENTO CATÓLICO ROMANO: 46 LIBROS
APÉNDICE	Isaías	Malaquías
LOS LIBROS CANÓNICOS DEL ANTIGUO TESTAMENTO	Jeremías	**APÉNDICE**
	Baruc	La Oración de Manasés
▪ Libros de la Ley	Lamentaciones	Los dos libros de Esdras apócrifos
▪ Libros de Historia	Epístola de Jeremías	
▪ Libros de Poesía y Sabiduría	Ezequiel	
▪ Libros de los Profetas Mayores	Daniel (con adiciones apócrifas, incluidas la Oración de Azarías y el Himno de los Tres Jóvenes, Susana, y Bel y el Dragón)	
▪ Libros de los Profetas Menores		
agrupados según el canon cristiano		

ANTIOQUÍA. 1. *Antioquía de Pisidia* era una ciudad de Galacia en la que Pablo predicó, levantó una iglesia, y fue perseguido. El apóstol escribió la epístola a los Gálatas para esta iglesia y otras cercanas (Hch 13; 2 Ti 3.11). 2. *Antioquía de Siria* era una ciudad importante y un antiguo foco de cristianismo. Allí se llamó por primera vez cristianos a los seguidores de Jesús, y desde allí se enviaron los primeros misioneros al extranjero (Hch 11.26; 13.1-4).

ANUNCIACIÓN. El anuncio a María de que sería la madre de Jesús. Lee acerca del mismo en Lucas 1.26-38.

▲ *El mensaje del ángel explicó que Jesús sería tanto humano (Lc 1.32) como divino (1.34), el Rey eterno (1.33).*

ANUNCIO. Un registro de algo visto, oído o hecho (Is 53.1).

AÑO DEL JUBILEO. El quincuagésimo año después de siete ciclos de siete años (cuarenta y nueve años). En el año del Jubileo se liberaba a los siervos y se devolvía las posesiones a sus dueños originales (Lv 25.9-14). El año del Jubileo daba un nuevo comienzo a aquellos que se habían visto

obligados a venderse como esclavos o a despojarse de su tierra para escapar a la pobreza.

APAGAR. Extinguir, sacar (2 S 21.17; Mt 12.20). En 1 Tesalonicenses 5.19, el apóstol Pablo dice a los creyentes que no apaguen el Espíritu Santo. Cuando el Espíritu actúa, es erróneo reprimir, atenuar o apagar su fuego espiritual.

APARICIÓN. Se refiere al retorno de Jesucristo (1 Ti 6.14; Tit 2.13; 1 P 1.7).

APARIENCIA. Forma (2 Ti 3.5).

APARTARSE. Alejarse de, evitar (Job 1.1; Hch 5.38; 1 P 3.11). Volver la espalda a Dios en infidelidad o alejarse de él (Jer 2.19). El egoísmo y la terquedad constituyen la raíz de este pecado (Pr 14.14; Os 4.16). La respuesta al mismo debe ser el regreso a Dios (Jer 3.14, 22).

● Cuando alguien ha decidido seguir a Jesús, pero se da la vuelta, se aparta. ¿En qué dirección vas tú en tu compromiso con Jesús?

APEGO. Sentimiento, pasión o pensamiento. El contexto determina si es bueno o malo (Ro 1.26; 12.10). Colosenses 3.2 habla de un apego a las cosas de arriba pensando en ellas.

APOCALIPSIS. Literalmente, una revelación. El libro del mismo nombre, así como el de Daniel y unos pocos más utilizan un lenguaje simbólico o de imágenes para hacer referencia a la profecía de los planes o intervenciones divinos venideros.

APOCALIPSIS, LIBRO DE. Último libro del Nuevo Testamento. Tradicionalmente, se atribuye al apóstol Juan la autoría de este libro profético. Juan escribió esta visión de Dios en su exilio en la isla de Patmos. El libro comienza con unos consejos prácticos éticos y espirituales a siete iglesias de Asia Menor que Juan conocía bien. En Apocalipsis, Dios insta a los cristianos a ser fieles, advirtiendo de la destrucción del mal y de los infieles con un simbolismo muy gráfico.

▲ *La palabra apocalipsis significa «revelar» o «desvelar». Aunque puede resultarnos difícil interpretar gran parte del lenguaje y de las imágenes, la verdad del libro en sí es muy clara: Dios es supremo y eternamente victorioso. Él vencerá a Satanás y a todo mal para salvar a los suyos (cp. Ap 21–22).*

APÓCRIFOS Y PSEUDOEPIGRÁFICOS. Escritos religiosos comúnmente no aceptados como parte de la Biblia. Escritos no canónicos. Los católicos romanos aceptan los apócrifos como parte de la suya. Los *pseudoepigráficos* son escritos falsos que no pertenecen a los apócrifos. Ver gráfico a continuación.

LOS APÓCRIFOS

TÍTULOS (EN ORDEN ALFABÉTICO)	FECHA APROXIMADA	GÉNERO LITERARIO	TEMA	¿EN LA SEPTUAGINTA?	¿EN EL CANON CATÓLICO ROMANO?
Baruc	150 A.C.	Sabiduría; narrativa (compuesto)	Elogio de la sabiduría; ley; promesa de esperanza; oposición a la idolatría	Sí	Sí
Bel y el Dragón	100 A.C.	Relato novelesco al final de Daniel	Oposición a la idolatría	Sí	Sí
Eclesiástico (Sabiduría de Jesús ben Sirac)	180 A.C. en hebreo; 132 A.C. traducción griega	Sabiduría; patriotismo; adoración en el templo; retribución; libre albedrío	Obediencia a la ley; elogio de los patriarcas; valor de la sabiduría	Sí	Sí
1 Esdras	150 A.C.	Historia (621–458)	Adoración adecuada; el poder de la verdad	Sí	No
2 Esdras	A.D. 100	Apocalíptico con prólogo y epílogo cristianos	Mesías preexistente, que muere; castigo del pecado; salvación futura; inspiración; justicia divina; el mal	No	No
Adiciones a Ester (103 versículos)	114 A.C.	Ampliación religiosa	Oración; adoración; revelación; actividad de Dios; providencia	Sí	Sí
Epístola de Jeremías	317 A.C.	Homilía añadida a Baruc basada en Jer 29	Condena la idolatría	Sí	Sí

TÍTULOS (EN ORDEN ALFABÉTICO)	FECHA APROXIMADA	GÉNERO LITERARIO	TEMA	¿EN LA SEPTUAGINTA?	¿EN EL CANON CATÓLICO ROMANO?
Judit	200 A.C.	Novela histórica	Obediencia a la ley; oración; ayuno; verdadera adoración; patriotismo	Sí	Sí
1 Macabeos	90 A.C.	Historia (180—161 A.C.)	Dios obra en los acontecimientos humanos corrientes; legitima a los reyes asmoneos	Sí	Sí
2 Macabeos	90 A.C.	Historia (180—161 A.C.)	Resurrección; creación desde la nada; milagros, castigo del pecado; martitio; ángeles del templo	Sí	Sí
3 Macabeos	75 A.C.	Leyenda para la fiesta	Liberación de los fieles; los ángeles	Algunos manuscritos	No
4 Macabeos	10 A.C.	Tratado filosófico basado en 2 Macabeos 6—7	El poder de la razón sobre las emociones; fidelidad a la ley; martirio	Algunos manuscritos	No
Oración de Azarías e Himno de los Tres Jóvenes	100 A.C.	Liturgia; adiciones a Dn 3.23	Alabanza; respuesta de Dios a las oraciones	Sí	Sí
Oración de Manasés	120 A.C.	Oración de penitencia basada en 2 R 21.10—17; 2 Cr 33.11—19	Oración de arrepentimiento	Sí	No
Salmo 151	?	Himno de victoria	Alabanza a Dios, que usa a los jóvenes e inexpertos	Sí	No
Susana	100 A.C.	Relato novelesco al final de Daniel	Sabiduría de Daniel; Dios vindica la fidelidad	Sí	Sí
Tobías	200 A.C.	Cuento popular	Asistencia al templo; diezmo; caridad; oración; obediencia a la ley judía; ángel guardián; justicia divina y retribución; devoción personal	Sí	Sí
Sabiduría de Salomón	10 A.C. en Egipto	La sabiduría personificada; apologética judía	El valor de la sabiduría y la fidelidad; inmortalidad	Sí	Sí

APOLOS. Maestro con un profundo conocimiento de las Escrituras, cuya enseñanza pública ganó a muchas personas para Jesucristo (Hch 18.24-28; 1 Co 3.6). Priscila y Aquila le ayudaron al principio a comprender mejor la Palabra de Dios (Hch 18.26).

Pintura del siglo XV con Juan en Patmos recibiendo el Apocalipsis de Jesucristo.

● *¿Cómo te tomas la instrucción (es decir, la «crítica constructiva»)?*

APOSENTO ALTO. Estancia del segundo piso en la que Jesús se reunió con sus discípulos poco antes de su arresto, juicio y crucifixión (Mr 14.15; Lc 22.12; Jn 13–17). Escenario de la última cena de nuestro Señor. Allí fue donde Jesús preparó a sus discípulos para su muerte, la venida del Espíritu Santo y su ministerio de reconciliación.

APÓSTOL. El que es enviado en una misión. Un apóstol lleva un mensaje y está autorizado a actuar en nombre de quien lo envía. Los discípulos de Jesús fueron primero aprendices y luego pasaron a ser apóstoles, llevando el mensaje de la salvación (Lc 6.13; 9.10). Jesús, apóstol enviado por Dios (He 3.1), escogió a doce discípulos para enviarlos como apóstoles. Bernabé, Pablo y otros pocos también eran llamados así (Hch 1.26; 4.36; 1 Co 1.1; Hch 13.3). Ver **DISCÍPULO**.

● *¿Qué tiene que ver ser discípulo (aprendiz) con ser apóstol (enviado en una misión)?*

APRENDER. Crecer en conocimiento y entendimiento (Dt 5.1; Mt 11.29). Aprender implica conocimiento, pero también puede incluir sabiduría. Jesús creció en «sabiduría y en estatura, y en gracia para con Dios y los hombres» (Lc 2.52). No obstante, es posible aprender de los hechos y crecer en conocimiento sin que esto vaya acompañado de sabiduría. El libro de Santiago afirma que si pedimos sabiduría a Dios, nos la dará (Stg 1.5).

APRESURADAMENTE. Con prisa, rápidamente (Éx 12.11; Lc 1.39).

APRETAR. Exprimir, presionar, aglomerarse una multitud (Mr 5.31).

APTO. Preparado, capaz, inclinado hacia, decantado hacia, probable (Lv 16.21; 2 R 24.16; Pr 15.23; Lc 9.62; 1 T 3.2).

AQUILA. Marido de Priscila. Trabajaban junto a Pablo haciendo tiendas y ministrando (Hch 18.2-3, 18; Ro 16.3). También ayudaron a un creyente llamado Apolos a comprender mejor el camino del Señor, y tenían una iglesia en su casa (Hch 18.26; 1 Co 16.19). Ver **PRISCILA**.

ARAMEO. Aunque el griego había pasado a ser el lenguaje universal o internacional, Jesús y otros hablaban habitualmente en arameo. Esta lengua tenía una estrecha relación con el hebreo, y algunas referencias en la Biblia permanecieron en arameo en lugar de en el hebreo del Antiguo Testamento o el griego del Nuevo. Por ejemplo, en la agonía de la oración de Jesús antes de su crucifixión, él oró diciendo: «Abba, Padre» (Mr 14.36). «Abba» es una palabra íntima del arameo, muy parecida a nuestro uso de «papá» con nuestro padre terrenal. «Padre» traduce a la palabra griega. Algunos términos especiales no se traducen bien a otra lengua.

ÁRBOL DE LA CIENCIA DEL BIEN Y DEL MAL. Un árbol del huerto del Edén (Gn 2.9). Dios lo utilizó para poner a prueba la obediencia y lealtad de Adán y Eva. Dios les mandó que no comiesen de él. Satanás les dijo que el árbol les ayudaría a ser como Dios. Adán y Eva no obedecieron al Señor. Comieron del árbol. En lugar de cosas positivas, sus actos produjeron vergüenza, culpa, separación y exclusión de Dios. El pecado trajo la muerte a la existencia humana (Gn 2.16-17; 3.1-24).

▲ *Cada persona es responsable de su propio pecado (Is 53.6; Ro 3.23; 6.23). Aunque Adán y Eva introdujeron el pecado en la humanidad y la contaminaron con él, cada persona toma su propia decisión acerca del pecado, así como a*

la hora de escoger (o rechazar) a Jesús como
Señor y Salvador.

● ¿Qué lleva a las personas a pecar? ¿Un deseo
de ser como Dios? ¿La desobediencia? ¿La
rebelión? ¿O quizás algo más?

● La expresión «fruta prohibida» proviene de
esta experiencia. ¿Por qué queremos lo que no
podemos tener?

ÁRBOL DE LA VIDA. Árbol del huerto del
Edén que simbolizaba la vida eterna. Adán y Eva
tuvieron acceso al mismo hasta que decidieron
desobedecer a Dios (Gn 2.9, 16-17; 3.22-24).

ARCA. 1. Gran barco construido por Noé según
las especificaciones de Dios. Solo las personas y los
animales que se encontraban en él sobrevivieron
al diluvio (Gn 7.1–9.1). 2. La canasta en la que se
colocó al bebé Moisés (Éx 2.1-5). 3. Ver **ARCA DEL
PACTO**, un bello cofre que contenía diversos artículos y también simbolizaba la presencia de Dios
para los israelitas (Dt 31.26)

ARCA DEL PACTO. Un bello cofre que contenía
los diez mandamientos. Más adelante, también el
libro de la ley, maná, y la vara de Aarón (Dt 31.26;
Éx 16.33; Nm 17.10). Para Israel, el arca constituía
un símbolo de la promesa de Dios. Formaba parte
de su tabernáculo, un recordatorio móvil de su
éxodo y del liderazgo de Dios (también llamado
«el arca del pacto de Jehová», Dt 10.8). Algunos
expertos creen que el arca se perdió en la destrucción de Jerusalén del año 587 A.C.

Adán y Eva abandonan el perfecto huerto del Edén por un ahora caído mundo lleno de muerte y
peligro, su castigo por desobedecer a Dios comiendo del árbol del conocimiento del bien y del mal.

Recreación artística del arca del pacto, un cofre de madera cubierto de oro según planos muy específicos dados por Dios a Moisés.

ARCÁNGEL. Mensajero y ángel principal (1 Ts 4.16; Jud 9). Ver **ÁNGEL**.

ARCO. Arcoíris (Gn 9.13). También, un arma importante en la época del Antiguo Testamento (1 Cr 5.18). Se hacía habitualmente de madera curada, y la cuerda, con intestino de buey. Las flechas con punta metálica eran de juncos o madera ligera.

ARCOÍRIS. Símbolo del pacto de Dios con Noé, en el que prometió no destruir más la tierra con un diluvio (Gn 9.8-17). El arcoíris se menciona en la visión de Juan (Ap 4.3; 10.1).

ARDER. Consumir o ser consumido por el fuego (Éx 3.2; Lc 3.17). Término utilizado en ocasiones para hablar de las emociones (Sal 79.5; Lc 24.32; 1 Co 7.9). Quemar las ofrendas formaba parte del sistema de sacrificios judío (Éx 29.25).

AREÓPAGO. 1. Una colina rocosa en Atenas, llamada colina de Marte (Hch 17.22). 2. El nombre de un consejo que se reunía en la colina de Marte y se ocupaba principalmente de la moral y la educación (Hch 17.19). Pablo explicó quién era el Dios desconocido a ese consejo en esa colina (Hch 17.23).

ARIETE. Barra de madera con extremos de metal. Se empujaba sobre ruedas y se utilizaba para romper muros y puertas (Ez 4.2).

ARIMATEA, JOSÉ DE. Un fariseo que se hizo discípulo de Jesús. Junto a Nicodemo, preparó el cuerpo del Señor para la sepultura y lo sepultó en su propio sepulcro (Mt 27.57-60; Mr 15.43).

ARMAGEDÓN. El lugar de la batalla final entre el bien y el mal. Mencionado por su nombre únicamente en Apocalipsis 16.16. El nombre procede del hebreo *valle de Meguido*.

ARRAS. Depósito, prenda, garantía (Ef 1.14).

ARRAYÁN. Arbusto con hojas de olor agradable y flores blancas. Los hebreos lo utilizaban frecuentemente para hacer cabañas en la fiesta de los tabernáculos (Lv 23.40; Neh 8.15).

ARREBATAMIENTO. Puede referirse a un éxtasis o a tomar a alguien de un lugar y ponerlo en otro. El *arrebatamiento* cristiano se refiere al segundo de estos significados. Jesús vendrá de nuevo con los que han muerto en Cristo y los creyentes que sigan vivos se reunirán con él en el aire (cp. 1 Ts 4.17). La palabra arrebatamiento no aparece en

La primera referencia a un arco en la Biblia fue el arcoíris de Dios, una promesa de no volver a enviar un diluvio sobre la tierra.

Un varón judío escoge una rama de arrayán en la víspera de Sucot, la fiesta de los tabernáculos, en 2010

la Biblia, pero el concepto sí (Mr 13.26-27; 1 Ts 4.15-17).

▲ *Existen diferentes opiniones entre los expertos acerca del arrebatamiento y la interpretación de los pasajes bíblicos relacionados con el mismo. Sin embargo, la seguridad del regreso de Cristo, y de que estaremos con él, debería ser suficiente aunque no sepamos con certeza cómo y cuándo acontecerá todo.*

ARREBATAR. Tomar, quitar (2 S 23.21; Jn 10.28).

ARREPENTIMIENTO. Dolor o pena que produce un cambio en la mente, el corazón y la vida por medio de la confianza en Cristo (Jer 26.3; 2 Co 7.8-10). *Arrepentimiento* indica en ocasiones únicamente remordimiento o un cambio de opinión (Mt 27.3); cuando Dios se «arrepiente», decide cambiar lo que hizo o quiso hacer (1 S 15.11, 29, 35). Ver **REGENERACIÓN**.

ARREPENTIRSE. 1. Sentir pena o remordimiento, cambiar de opinión acerca de algo. Este tipo de arrepentimiento se atribuye incluso a Dios en ciertas ocasiones (Gn 6.6-9). Los teólogos tienen dificultades para explicar cómo el Dios omnisciente puede conocerlo todo antes de que ocurra, y aun así «arrepentirse» y cambiar su opinión, sus sentimientos o sus propósitos.

Dos aspectos destacan en cualquier arrepentimiento atribuido a Dios: (1) el hombre ha decidido hacer algo diferente de lo que Dios ha deseado y planificado para él; y (2) la gracia del Señor nunca se acaba. Por ejemplo, el mundo malvado pereció durante el diluvio, pero Noé encontró la gracia. Sin embargo, cuando el rey Saúl se alejó demasiado de la voluntad de Dios, tuvo que rendir cuentas. En 1 Samuel 15.29 leemos: «Además, el que es la Gloria de Israel no mentirá, ni se arrepentirá, porque no es hombre para que se arrepienta». Independientemente de cómo se entiendan estas referencias, el arrepentimiento de Dios no es como el del hombre. Su naturaleza y su ser son inmutables, pero puede afligirse.

2. El arrepentimiento del hombre puede referirse a un simple arrepentimiento y dolor, o a una reacción piadosa que conduce a una mente y un corazón cambiados (cp. Éx 13.17; Mt 3.2; 27.3-5; Hch 2.38; 3.19). Judas Iscariote se arrepintió en el sentido de que se sintió amargamente apenado por traicionar a Jesús, pero su arrepentimiento careció del cambio necesario en la mente y el corazón para pasar del pecado a la confianza en Cristo como Señor y Salvador (Judas acabó suicidándose). Por el contrario, el arrepentimiento al que Dios quiere que el hombre llegue desemboca en una vida cambiada aquí, y eterna en el cielo. Constituye el primer paso para convertirse en cristiano, el camino por el que reconocemos que la vida sin Dios es la opción equivocada, y cambiamos al estilo de vida que él quiere para nosotros. Ver **NACER DE NUEVO, REGENERACIÓN**.

ARRODILLARSE. Doblar la rodilla o postrarse como muestra de adoración, reverencia o sometimiento (Sal 95.6; Hch 9.40). El primer ejemplo de arrodillarse que recoge la Biblia se encuentra en 1 Reyes 8.54; anteriormente, el estar en pie reflejaba una postura de oración (1 S 1.26). Pero el corazón, el motivo y el contenido de la oración son mucho más importantes que la postura del cuerpo.

ASAMBLEA. Personas que se han reunido para un propósito común (Jl 1.14). Término utilizado en el Nuevo Testamento para la iglesia o reunión de creyentes (Hch 19.39; Stg 2.2). Ver **IGLESIA**, **CONGREGACIÓN**.

ASAMBLEA SOLEMNE. Un día en que se prestaba toda la atención a Dios y se humillaba el alma (lv 23.36). Las asambleas solemnes eran acontecimientos religiosos como el que ocurría como parte del Día de la Expiación. Ver gráfico **CALENDARIO** en p. 279.

ASCENSIÓN. Acto de subir. Se refiere al regreso al Padre del Jesús resucitado. Este reapareció a sus seguidores en la tierra antes de ascender (Lc 24.51; Hch 1.8-11; Mr 16.19; 1 Co 15.6).

▲ *Jesús ascendió para (1) preparar un lugar para sus discípulos (Jn 14.2-3), (2) sentarse a la diestra del Padre e interceder por los suyos (Ro 8.34; He 7.25), y (3) esperar su retorno a la tierra (1 Co 15.24-26).*

ASER. 1. Octavo hijo de Jacob (Gn 35.26). 2. La tribu compuesta por los descendientes de Aser (Nm 1.41).

ASERA. Diosa cananea a la que se adoraba de forma obscena (Jue 3.7). Se utilizaban imágenes de madera de ella para su adoración (Éx 34.12; Jue 6.25-32).

Asnos, burros.

ASIRIA. Poderoso reino del antiguo Oriente Medio (2 R 15.29). Sus ejércitos conquistaron Israel (el reino del norte) y otras naciones. Los asirios eran un pueblo cruel que alternó los éxitos con las derrotas hasta que su capital, Nínive, cayó en manos de los medos y los babilonios en el 612 A.C., momento en el que llegó su final (2 R 17.6; 18.9-12).

ASNA. Burra (Mt 21.2; Nm 21.21).

ASOLAR. Destruir o intentar destruir (Lv 26.31; Gá 1.13).

ASOMBRADO. En sentido negativo, espantado, ofendido moralmente, impactado, conmocionado, abatido, consternado, profundamente decepcionado (1 R 9.8; Job 17.8; Is 52.14; 59.16; Dn 8.27).

ÁSPID. Serpiente (Is 11.8).

ASTAROT, ASTORET. Diosa pagana que era la homóloga femenina de Baal. Su adoración era obscena (Jue 2.13; 1 R 11.5).

ASTRÓLOGOS. Personas que buscan respuestas en las estrellas y tratan de predecir el futuro a través de ellas (Is 47.13). Los astrólogos creen que la posición y el movimiento de las mismas y de

Bajorrelieve del rey persa Asuero. Los siervos llevan un parasol y un espantamoscas.

ASUERO. Rey de Persia, 486–464 A.C. (NVI: Esd 4.6; Est 1.1; Dn 9.1; también conocido como Jerjes). Era hijo de Darío y nieto de Ciro el Grande. Peleó contra los griegos para vengar una derrota anterior. Se le menciona en tres libros del Antiguo Testamento (Esd 4.6; Dn 9.1; Est 1.1, 10.3). En el libro de Ester, escogió a esta como su nueva reina. En el de Daniel, era el padre de Darío de Media.

ATALAYA. 1. Persona que hace guardia, un centinela (2 R 9.17). Se colocaban sobre los muros de una ciudad para dar aviso cuando se acercasen enemigos. También vigilaban campos y viñas en la época de la cosecha para que no entrasen ladrones. 2. Estructura elevada desde la que un vigía podía ver un peligro acechante (Is 21.8).

ATENAS. Capital de Grecia, construida alrededor de un punto elevado dominante llamado Acrópolis o ciudad alta. Fue y sigue siendo hermosa. El apóstol Pablo predicó a los atenienses, que adoraban a muchos dioses; sin embargo, no conocían al Dios verdadero (Hch 17). Las reacciones a la predicación del evangelio por parte de Pablo fueron decepcionantes. Los atenienses se aferraron a sus religiones inútiles.

ATENDER. Escuchar con atención, estar atento, prestar atención, obedecer a una autoridad (Is 28.23; Hch 27.21).

los planetas tienen influencia sobre personas y acontecimientos. Aunque alguna vez se les llama sabios, la Biblia previene contra ellos (Is 47.13). La sabiduría de Dios demostró ser diez veces mejor que la de los astrólogos (Dn 1.20; 2.2, 10, 27-28).

Aunque construida después de los tiempos bíblicos, la torre de David en el muro de Jerusalén es un buen ejemplo de atalaya bíblica.

AUGUSTO. 1. César Augusto, emperador romano cuando nació Jesús (Lc 2.1). 2. Título de varios emperadores romanos (Hch 25.21, 25).

AUMENTAR. Rendir fruto, producir (Lv 26.4). Crecer, progresar, avanzar, multiplicar (Pr 1.5; Hch 6.7).

▲ *La Biblia dice que Jesús crecía en sabiduría y en estatura (Lc 2.52). Los primeros años de su vida terrenal le sirvieron de preparación para obedecer el llamamiento del Padre, como debería ser nuestro caso. Sin embargo, nótese que el término puede tener una connotación negativa. En 2 Timoteo 2.16, Pablo ordenó que evitemos las «profanas y vanas palabrerías», que conducirán a la impiedad y la aumentarán.*

AUTORIDAD. Poder, derecho a ejercerlo sobre otros (Mt 21.23). Cuando se utiliza de la forma correcta, la autoridad produce felicidad (Pr 29.2). Jesús es la autoridad suprema en toda vida cristiana (Mt 7.29; 21.23; Jud 25). Menciona a alguien que tenga autoridad sobre ti y que haga tu vida más agradable.

AVALUAR. Establecer el valor de algo para determinar cuánto cargar como impuesto para el gobierno o la religión (2 R 23.35).

AVE. Cualquier tipo de pájaro (Gn 1.21; Mt 6.26).

AVENTAR. Eliminar las partes no comestibles del grano (Rt 3.2; Mt 3.12). Se agitaba o lanzaba al aire el trigo con el bieldo. El grano, más pesado, caía al suelo, y el viento se llevaba la paja. El proceso también podía llevarse a cabo delante de un aventador o abanico.

AY. Expresión de profundo dolor, pena, desgracia o problemas (Nm 21.29; Pr 23.29; Ez 2.10; 1 Co

Gente de todo el mundo sigue aventando el grano como los campesinos bíblicos. Estas mujeres están aventando en Shigatse, China.

9.16; Ap 9.12). Término empleado también para denunciar (Is 5.8-22; Mt 23.16).

AYUNAR. Abstenerse de comer y beber durante un período de tiempo (Jer 36.9; Mt 6.16). Los grupos o individuos ayunaban en ciertas ocasiones, con un propósito espiritual en relación con una observancia religiosa (Jl 1.14), o para tener una mejor relación con Dios (Esd 8.23). El único período de ayuno exigido por la ley mosaica era el día de la expiación (Lv 16.29; 23.31). El ayuno es también una expresión natural de dolor (2 S 1.12). Jesús ayunó durante cuarenta días y noches al principio de su ministerio terrenal (Mt 4.2).

▲ *El ayuno y la oración parecían ir siempre de la mano (Lc 2.37; Hch 14.23; 2 Co 6.5). El Nuevo Testamento recomienda el ayuno, pero no lo ordena. Cuando Jesús echó fuera un demonio que sus discípulos habían sido incapaces de echar, estos se preguntaron por qué. Jesús explicó que semejante exorcismo exigía fe, oración y (excepto en los manuscritos más antiguos del Nuevo Testamento) ayuno (Mt 17.21; Mr 9.29). Los líderes religiosos ayunaban con frecuencia de una forma que atraía la atención sobre ellos. Jesús enseñó que las motivaciones espirituales correctas debían formar parte de cualquier ayuno.*

AZARÍAS. Amigo de Daniel al que cambiaron el nombre por el de Abed-nego. Comió alimentos saludables junto a Daniel y entró en el horno de fuego con él (Dn 1.5-6, 15; 3.16-29).

AZAZEL. Palabra hebrea con un significado dudoso (Lv 16.8, 10). Podría significar «eliminación». Algunas versiones la traducen *macho cabrío*. Otras lo dejan sin traducir. Representaba probablemente la eliminación simbólica de los pecados del pueblo. En Levítico 16, se mataba un macho cabrío como sacrificio; los pecados se transferían simbólicamente a otro, al que enviaban al desierto, el mundo del mal (Lv 16). Todo esto formaba parte de la ceremonia del día de la expiación. Ver **CHIVO EXPIATORIO**.

Volcán ecuatoriano expulsando lava, nos recuerda el azufre bíblico.

AZUFRE. Elemento utilizado por Dios para destruir Sodoma y Gomorra (Gn 19.24; Lc 17.29). Relacionado con el juicio de Dios (Sal 11.6; Ap 19.20).

BAAL. Un dios falso (Nm 22.41). *Baales* es su plural (Jue 2.11). Significa «señor», y era un dios masculino adorado por los pueblos de Canaán, Fenicia, y en ocasiones por los israelitas. Se supone que este dios de la naturaleza hacía fértiles a personas y cosas. Su adoración implicaba autolesionarse, sacrificar niños y realizar prácticas sexuales pecaminosas fuera del matrimonio.

BABEL. «Puerta hacia Dios». Hubo un momento en que todas las personas hablaban la misma lengua. Con mucha soberbia y confianza en sí mismas, intentaron construir una gran ciudad y una torre que llegase hasta el cielo en la tierra

Figura de Baal de 3000 años de antigüedad, expuesto en el Museo del Louvre, París.

Nadie sabe cómo era la torre de Babel, pero esta es una concepción del pintor flamenco del siglo XVI Pieter Bruegel.

de Sinar (Gn 10.10; 11.1-9). Como juicio, el Señor confundió su lenguaje, haciendo imposible la comunicación, humillando y dispersando a las personas. Así pues, la «torre de Babel» ha pasado a ser la «torre de la confusión». Los seres humanos no pueden alcanzar a Dios ni igualarse a él por sí mismos.

BABILONIA. Reino de la antigüedad cuya capital tienen el mismo nombre (Esd 2.1; Gn 10.10; 2 R 17.24). *Babel* es también Babilonia en griego. La tierra en la que se hallaba se conocía también como Sinar y Caldea. Los babilonios conquistaron Asiria en el 612 A.C. y gobernaron Judá (el reino

La de Balaam es una de las historias más divertidas de la Biblia: Dios hizo que su asna hablase y Balaam estaba tan enojado con el animal que le contestó (Nm 22:21-35).

del sur). Destruyeron Jerusalén en el 586 A.C., pero Ciro de Persia los derrotó en el 538 A.C. Babilonia fue tan malvada que pasó a representar el mal y la oposición a Dios. La condición parecida de Roma en la época del Nuevo Testamento pudo provocar que se hiciese mención de ella como Babilonia en 1 Pedro 5.13 y Apocalipsis 17.5.

BAJO. En la Biblia, este adjetivo significa humilde o modesto (Dn 4.17; Ez 29.15; 2 Co 10.1). En Esdras 3.3 aparece como sustantivo, un pedestal para poner algo encima.

BALAAM. Profeta malvado al que se podía contratar. Acabó bendiciendo a Israel en lugar de maldecirlo porque Dios controló su lengua (Nm 22-24). Los israelitas a quienes trató de apartar de Dios lo mataron (Nm 31). En el Nuevo Testamento, se cita a Balaam como un mal ejemplo (2 P 2.15; Jud 11; Ap 2.14).

● *¿Qué enseña la vida de Balaam acerca de escoger una vocación? ¿Cuáles son las consecuencias de intentar servir a Dios sin estar comprometido con él?*

BALANZA. La palabra utilizada en Apocalipsis 6.5 es la misma traducida «yugo» en Mateo 11.28-30, en referencia al yugo de Jesús. El ser humano es pesado en la balanza espiritual y siempre es hallado insuficiente a no ser que esté unido a Dios en Cristo y sea salvo por su gracia.

BALAUSTRE. Estructura de apoyo (1 R 10.12).

BÁLSAMO. Ungüento relajante o medicinal elaborado a partir de una planta que se encontraba en Galaad y otros lugares (Jer 8.22; 51.8).

BALUARTE. Fortaleza (Ec 9.14).

BÁRBARO. Extranjero. En la Biblia, *bárbaro* se refiere a cualquiera que no hablase griego (Ro 1.14) o cualquiera que no perteneciese a la cultura grecorromana (Col 3.11).

▲ *La idea de ser extranjero y no comprender lo que dicen los demás puede aplicarse a la palabra que algunas versiones traducen bárbaro en 1 Corintios 14.10-11. Ver* **GENTIL** *para otro tipo de prejuicios religiosos, raciales y culturales.*

BARJESÚS. Mago y falso profeta judío, conocido también como Elimas (Hch 13.6-11). No debe confundirse en modo alguno con Jesucristo. *Bar* significa hijo, y *Jesús* era una de las formas de Josué, un nombre hebreo muy común.

BARRABÁS. Un asesino sedicioso (Mr 15.7) y ladrón (Jn 18.40) al que Pilato liberó a instancias de la multitud en lugar de al inocente Jesús (Mr 15.6-15).

▲ *Todo cristiano es, como Barrabás, culpable al menos de una u otra forma de pecado, pero salvado del castigo por Cristo. No sabemos si este hombre llegó a aceptar alguna vez a Cristo como Señor y Salvador. De no ser así, es triste que solo aceptase la libertad de la vida física y no la de la espiritual que Jesús vino a traer.*

El criminal Barrabás riendo por su buena suerte, liberado de prisión mientras se acusa falsamente al inocente Jesús para ejecutarlo.

BARTOLOMÉ. Uno de los apóstoles (Mt 10.3; Mr 3.18; Lc 6.14; Hch 1.13). No sabemos nada más de él, excepto que su nombre completo era Natanael Bartolomé (cp. Jn 1.43-51; 21.2). Juan no menciona a Bartolomé, y los demás Evangelios no hablan de Natanael. En todas las listas de los apóstoles, Bartolomé y Felipe aparecen juntos. Fue este quien llevó a aquel a Jesús (Jn 1.45-49). Por estas razones, algunos expertos creen que Bartolomé y Natanael son la misma persona.

BASÁN. Región situada al este y nordeste del mar de Galilea (Dt 32.14). Tierra fértil, famosa por sus robles y su ganado (Am 4.1).

BATO. Medida de líquidos equivalente a unos 22 litros (1 R 7.38).

BAUTISMO DE JESÚS. Juan bautizó a Jesús, que nunca pecó (Jn 1.13-16). Así pues, el suyo no fue un bautismo de arrepentimiento. Jesús dijo que su bautismo debía cumplir toda justicia, lo que

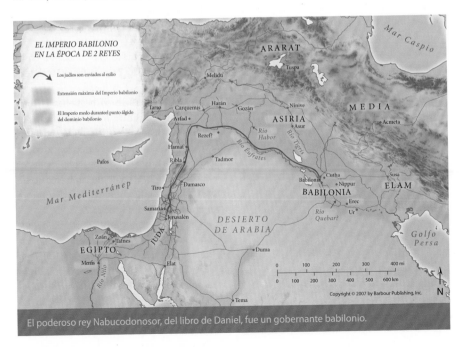

EL IMPERIO BABILONIO EN LA ÉPOCA DE 2 REYES

Los judíos son enviados al exilio

Extensión máxima del Imperio babilonio

El Imperio medo durante el punto álgido del dominio babilonio

El poderoso rey Nabucodonosor, del libro de Daniel, fue un gobernante babilonio.

puede significar simplemente que lo hizo porque era lo correcto (Mt 3.13-17). De esta forma, se identificó con las personas y fue un modelo a seguir para nosotros; Jesús confirmó a Juan y a su mensaje. El Señor quizás dio también a entender que cargaría con el pecado de todo el mundo al llevar a cabo la comisión de Dios (cp. Mt 10.38-40).

BAUTISMO DEL ESPÍRITU SANTO. Cuando Jesús llega a una vida, la persona es «bautizada con el Espíritu Santo». Esto significa que está lleno de la presencia y el poder del mismo. La secuencia habitual de los acontecimientos es la siguiente: el Espíritu llega a la vida de una persona en la conversión, y después el creyente es bautizado en el agua (Jn 1.33; 14.16-17; Hch 11.15-16). Por tanto, todos los cristianos han sido bautizados con el Espíritu Santo en el momento de su conversión.

▲ *Un estudio concienzudo del Espíritu Santo ayudaría a comprender el significado del «bautismo del Espíritu Santo» (Hch 8.12-17). El desarrollo de la revelación de Dios a través de Pentecostés y su secuencia de acontecimientos clarifica la relación entre el bautismo de agua y del Espíritu Santo. Este último es el regalo que viene con la salvación (Hch 2.38), y como su sello (Ef 4.30).*

Se puede realizar un bautismo en una iglesia, en un río o un lago, o en otros lugares, como el caso de este mecánico de la US Navy en la pala de una excavadora en Irak.

BAUTISMO. Inmersión, sumersión (Ro 6.1-4). El bautismo en el agua para los nuevos creyentes destaca especialmente (Mt 28.18-20). No salva a la persona, pero representa su salvación y constituye un símbolo de su obediencia a Cristo. Sumergirse bajo el agua representa a la persona que muere y es sepultada bajo tierra; simboliza que se ha muerto a la vieja manera de vivir. Levantarse del agua es como si la persona muerta saliese de su tumba en la tierra; simboliza una nueva vida, que es eterna, y la resurrección futura de la muerte (Ro 6.1-6).

Esta imagen no es la salvación en sí, del mismo modo que una fotografía de una persona no es la persona en sí. El bautismo indica lo que ocurre cuando una persona acepta a Cristo como Señor y Salvador, pero no la salva.

El bautismo no es un requisito para salvarse, sino de obediencia. Es el primer paso del discipulado.

El bautismo de las Escrituras se produce una sola vez y es un asunto entre Dios y el individuo. Los cristianos sabios y maduros pueden dar consejos útiles a aquellos que conocen a Cristo como Señor y Salvador pero no tienen la certeza de que su bautismo sea escritural.

El bautismo se refiere en ocasiones al sufrimiento y muerte de Cristo (Mr 10.38-39; Lc 12.50). El bautismo cristiano es en un sentido una forma de compartir esta muerte y resurrección, y todo lo que condujo a Cristo hacia esos acontecimientos (Ro 6.1-7; Col 2.12). El bautismo también da testimonio de la muerte y resurrección de Cristo e identifica con él (Ro 6.3-6; Gá 3.27).

▲ *Antes del cristiano, existían otros tipos de bautismo. Las leyes mosaicas del Antiguo Testamento incluían un bautismo de lavamiento (Éx 30.17-21; Lv 11.35). Naamán se bautizó en el río Jordán como acto de obediencia relacionado con su curación (2 R 5.4). Cuando los no judíos se convertían al judaísmo se sumergían también.*

Dios pedía específicamente una «vaca alazana» (una becerra rojiza) en una ceremonia de purificación registrada en Nm 19.

▲ El bautismo de Juan el Bautista era como una muerte a la vieja manera de vivir y un nacimiento a un nuevo tipo de vida (Jn 1.6, 11). Tenía los mismos elementos del bautismo cristiano posterior: arrepentimiento, confesión, evidencias de una vida cambiada, juicio venidero, y Jesús y su Espíritu como centro.

▲ El bautismo en agua es para creyentes (Hch 2.38; Ef 4.5), lo cual excluye la necesidad de bautizar a los niños. Muchos padres, sabiamente, dedican sus hijos a Dios, pero el agua no es necesaria.

BAUTISTA. Las referencias bíblicas identifican a Juan como el que bautizaba, porque predicaba y practicaba el bautismo (Mr 1.4-5). Actualmente, *bautista* hace referencia a muchas denominaciones cristianas que bautizan a los creyentes por inmersión.

BEBEDOR. Persona dada a beber vino (Pr 23.30; Mt 11.19).

BECERRA. Vaca joven (Gn 15.9; Os 10.11).

BECERRO. En los sacrificios, toro joven castrado. Muy utilizado en el sistema judío de sacrificios (Éx 29.11).

BEELZEBÚ. Demonio principal. Uno de los nombres de Satanás, el príncipe de los demonios (Mt 12.24). Literalmente, significa «señor de las moscas» y era originalmente un dios filisteo. Todos los usos bíblicos de *Beelzebú* tienen lugar en el Nuevo Testamento.

BEERSEBA. Lugar histórico situado en el extremo sur de Canaán (Gn 21.31-32; Jue 20.1).

BELÉN. Significa «casa del pan». Ciudad situada unos 10 km al suroeste de Jerusalén. David y Jesús nacieron allí (cp. Mi 5.2 y Lc 2.1-7 para la profecía y cumplimiento del nacimiento de Jesús en Belén). David fue ungido allí, y era conocida como la ciudad de David (1 S 16.13; Lc 2.4, 11).

▲ Existe otra localidad llamada Belén, situada 11 km al nordeste de Nazaret (Jos 19.15). El lugar de nacimiento de Jesús se conocía como Belén de Judá, lo que la diferenciaba de la otra.

La Belén actual es un lugar mucho más grande que en tiempos de Jesús.

BELIAL. Persona impía o indigna (1 S 2.12). Sinónimo de Satanás (2 Co 6.15).

BELTSASAR. Nombre asignado a Daniel en Babilonia (Dn 1.7; 5.12). Significa «que él proteja su vida». Bel era un dios babilónico (Dn 1.7; 4.8). La vida de Daniel estaba protegida, pero no por Bel, sino por Dios (Dn 3.19-28; 6.22).

BENDECIR. Declarar bendito, agradecer, profesar, confesar, alabar, dar gracias por la comida, hechos o personas (2 S 14.22; Mt 11.25; Hch 27.35).

▲ *En la Biblia se emplean varias palabras hebreas y griegas para indicar bendición, alabanza o acción de gracias. En el griego del Nuevo Testamento, la que más se utiliza es* eucharisteo. *Podemos ver esta palabra en el castellano cuando nos referimos a la Eucaristía.*

BENDECIR. Hacer el bien, desear el bien, estar agradecido, alabar a Dios. Cuando él bendice, ayuda, favorece, hace feliz (Gn 1.28; 12.2-3; 14.19-20; Mt 5.3-12; Hch 3.26). Cuando las personas bendicen a Dios, lo alaban, lo adoran y le dan las gracias (Sal 103). Las personas pueden bendecir a otras personas (Gn 27.4). Bendecir los alimentos es dar gracias por ellos en oración (Mt 14.19). La paz, y no la prosperidad material, es el objetivo principal de las bendiciones.

BENDITO. Persona a la que Dios ha hecho feliz, afortunada (Mt 5.2-12; Sal 1.1). Término empleado para alabar a Dios en el Antiguo Testamento (Sal 18.46).

BENJAMÍN. Significa «hijo de la mano derecha» (Gn 35.18). 1. El más joven de los hijos de Jacob. 2. La más pequeña de las doce tribus de Israel (Nm 1.37). El rey Saúl y el apóstol Pablo pertenecían a esta tribu (1 S 9.1-2; Fil 3.5).

BEREA. Ciudad situada en la parte sur de Macedonia (Hch 17.10-14).

▲ *Los de Berea constituyen un buen ejemplo: escucharon la predicación con buena disposición, pero la comprobaron contrastándola con las Escrituras (Hch 17.11).*

BERILO. Piedra de gran dureza, habitualmente de color verde o verde azulado, aunque en ocasiones puede ser amarilla, rosa o blanca (Éx 28.20; Ap 21.20). Utilizada en la descripción de las ruedas en la visión de Ezequiel (Ez 1.16; 10.9; «crisólito»).

BERNABÉ. Apodo que significaba «hijo de la exhortación», y que los apóstoles pusieron a José, hijo de Leví (Hch 4.36). La palabra griega para *exhortación* transmite la idea de consuelo, intercesión, y un ministerio de ayuda que procede del Espíritu Santo (cp. Jn 14). Bernabé era una persona generosa que daba una segunda oportunidad a los demás (Hch 9.27; 15.37-39).

● *Aunque Bernabé no era perfecto (Gá 2.13), su vida era un ejemplo de alguien a quien no le importaba estar en un segundo plano siempre que Cristo atrajese toda la atención (lee Hch 11.15). Aunque ya tengas un apodo, ¿por qué no intentar conseguir otro: hijo o hija de la exhortación?*

BESO. Expresión de saludo y afecto tanto entre hombres como entre mujeres. Saludo amable entre los primeros creyentes, quizá lo que hoy equivaldría a estrechar la mano o dar un abrazo (Ro 16.16; 1 Co 16.20; 2 Co 13.12). En el Nuevo Testamento, se instruía a los creyentes a saludarse generalmente con un «ósculo [beso] santo»; pero 1 Pedro 5.14 dice: «Saludaos unos a otros con

Berilo.

Antigua Biblia holandesa. La Palabra de Dios ha sido traducida literalmente a cientos de idiomas de todo el mundo.

ósculo de amor». Este beso *ágape* conlleva una bendición de paz.

BETANIA. Significa «casa de higos». Aldea situada a poco más de 3 km al sureste de Jerusalén, cerca del monte de los Olivos. Allí vivían María, Marta y Lázaro (Jn 11.1).

BET-EL. Significa «casa de Dios». Ciudad situada unos 20 km al norte de Jerusalén (Gn 28.19; 35.15). En el Antiguo Testamento, solo Jerusalén se menciona más que ella. Era un lugar sagrado para los israelitas.

▲ *Jacob vivió una experiencia que cambió su vida y su nombre en Bet-el, cuando Dios luchó con él (Gn 28.10-19; 35.1-15). Más adelante, volvió allí para vivir otra experiencia con Dios.*

● *¿Has vivido una experiencia como la de Jacob en Bet-el, cuando conoció a Dios y recibió su nuevo nombre, cristiano? Si es así, recuérdala y considera tus necesidades espirituales presentes. Si no eres cristiano, ¿por qué no encontrarse con Dios ahora para recibir su regalo de vida eterna y un nombre nuevo? (cp. Jn 3).*

BETSABÉ. La mujer casada con la que David cometió adulterio después de verla bañándose (2 S 11). Ella quedó embarazada de él, mientras su esposo Urías se encontraba fuera, en la guerra. David planeó entonces la muerte de este, orde-

nando que lo pusiesen en el frente de batalla. El rey tomó a Betsabé como esposa. Tras la muerte de su primer hijo, ella tuvo cuatro más, incluyendo a Salomón (2 S 5.14; 1 R 1.11–2.19; 1 Cr 3.5).

BETSAIDA. Ciudad situada en la orilla norte del mar de Galilea, cerca del río Jordán. Pedro, Andrés y Felipe eran de allí (Jn 1.44; 12.21). Significa «casa de la pesca».

BIBLIA. La Biblia es la Palabra de Dios inspirada. Los 66 libros que componen las Santas Escrituras (39 en el Antiguo Testamento y 27 en el Nuevo). *Biblia* es una palabra griega que significa libros; es plural. Sin embargo, los libros acabaron conociéndose como uno solo: la Biblia. El Antiguo Testamento se escribió en hebreo (y arameo en Esdras, Jeremías y Daniel). El Nuevo, en griego. Por tanto, la mayoría de las personas del mundo necesitan leer una traducción de la Biblia de esas lenguas originales. La redacción del Antiguo Testamento se terminó alrededor del año 300 A.C., y la del Nuevo, entre el 90 y el 100 A.D. Nota. *Testamento* también significa «pacto». Ver **CANON**. Ver gráfico en página siguiente.

BIENAVENTURANZAS. Estas afirmaciones dicen quién es feliz (o bendito) y por qué. Significa

Iglesia cerca del mar de Galilea, edificada sobre el enclave tradicional del Sermón del Monte, donde Jesús pronunció las bienaventuranzas.

un estado de bendición y felicidad. Los cristianos llaman así a los dichos de Jesús en Mt 5.3-12.

BIENESTAR. Paz, plenitud, prosperidad (Gn 43.27; Neh 2.10).

▲ Preguntar a los demás por su bienestar era el equivalente de nuestro saludo «¿Qué tal estás?» (Cp. Gn 43.27; Éx 18.7).

BILDAD. Uno de los tres amigos de Job, que debía consolarlo pero no lo hizo (Job 8; 18; 25).

▲ Aunque las personas hablan de «la paciencia de Job», ese tipo de paciencia fue más resistencia y fe que un simple escuchar a sus supuestos consoladores.

BLANQUEADO. Cubierto con una fina capa de pintura blanca. El exterior se ve blanco o limpio, pero el interior es inmundo o corrupto (Mt 23.27). Palabra traducida «lodo suelto» en Ezequiel 13.11.

▲ Jesús dijo a los escribas y fariseos que eran como sepulcros blanqueados que parecían bonitos por fuera, pero contenían huesos de hombres muertos e inmundicia (Mt 23.27). Se estaba quejando de su hipocresía.

BLASFEMAR, BLASFEMIA. Calumniar, insultar el honor de, injuriar la reputación de, atacar, decir mentiras sobre. Habitualmente, hace referencia a maldecir a Dios o hablar de él, de su nombre o de su Palabra con un lenguaje malsonante o insultante (Lv 24.16; Ro 2.24; Tit 2.5). Como los fariseos no creían que Jesús fuese el Hijo de Dios, pensaron que estaba blasfemando al afirmar que era el Cristo (Mt 26.63-65).

LA BIBLIA EN NUESTRO IDIOMA

(POR LIMITACIONES DE ESPACIO, NO PODEMOS MENCIONAR TODAS LAS TRADUCCIONES)

LAS MÁS ANTIGUAS (SIGLOS I-XIII)

La evangelización de Hispania comienza ya en el siglo I, pero la lengua castellana no existe todavía como tal. Las primeras traducciones que se harán para sus habitantes serán en latín, la lengua del Imperio romano.

382—Jerónimo de Estridón, por encargo del papa Dámaso I, traduce la Biblia hebrea y griega al latín, en lo que se conoce como la Vulgata, la versión más utilizada durante siglos, pese a estar en latín.

1260-1280—Alfonso X el Sabio patrocina la traducción del latín al castellano, usando el texto de la Vulgata. Se conoce como Biblia Alfonsina.

1426-1458— Alfonso V de Aragón, el Magnánimo, patrocina la traducción del Antiguo Testamento, partiendo del hebreo y del latín

1422—1433 Juan II de Castilla y González de Guzmán patrocinan la traducción castellana del Antiguo Testamento, a partir de textos latinos, arameos y hebreos. Se conoce como la Biblia de Alba o Biblia de Arragel

A lo largo de la Edad Media no faltan otras traducciones parciales del Antiguo Testamento a la lengua romance, o castellano, partiendo del latín o del hebreo, a cargo de judíos sefardíes, antes de ser expulsados.

ACONTECIMIENTOS IMPORTANTES AL FINAL DE ESTA ÉPOCA:

El Renacimiento—se reaviva el deseo de conocimiento, con un renovado interés en el griego y el hebreo. También surge un cuestionamiento de los principios de autoridad.

Invención de la imprenta (1453)—que hizo posible el acceso de las masas al material impreso, que había sido privilegio de muy pocos.

La Reforma protestante (comienza en 1517)—Martín Lutero y sus seguidores tenían un enorme deseo de poner la Biblia al alcance del pueblo llano.

DESDE EL RENACIMIENTO HASTA EL SIGLO XX (1500–1900)

1543	Francisco de Enzinas presenta al emperador Carlos V **El nuevo Testamento de Nuestro Redemptor y Salvador Iesu Christo**. Le costó la cárcel, aunque logró huir.
1553	Dos judíos sefardíes traducen la Biblia hebrea al judeoespañol. Se conoce como **Biblia de Ferrara**.
1556	**Nuevo Testamento** de Pérez de Pineda. El traductor tuvo que trabajar en Ginebra. Tradujo del griego al castellano, pero teniendo delante las traducciones que ya habían hecho Enzinas y Juan de Valdés.
1569	**Biblia del Oso.** Casiodoro de Reina traduce al castellano, a partir de las lenguas originales, la que se considera la primera traducción completa de la Biblia a nuestro idioma. La imagen de su portada original hace que se la conozca con este nombre.
1602	**Biblia del Cántaro.** Cipriano de Valera revisa, con muy leves modificaciones, la traducción de su compatriota Casiodoro de Reina. Aunque recibe este nombre por su imagen de la portada original, en realidad se ha hecho famosa como la Reina-Valera, la versión más popular en el mundo evangélico de habla española, que desde entonces ha pasado por numerosas revisiones.
1793	**Biblia de Scío.** Traducción católica que traduce a partir de la Vulgata.
1825	**Biblia de Torres Amat.** Traducción a partir de la Vulgata, encargada a este religioso por Carlos IV y Fernando VII.
1893	**Biblia Versión Moderna.** El misionero presbiteriano en Colombia y Méjico, Henry B. Pratt, realizó esta traducción comisionado por la American Tract society y la Sociedad Bíblica Americana.

TRADUCCIONES CASTELLANAS DEL SIGLO XX Y XXI

1909	**Reina-Valera 1909.** Evidentemente, no es la única revisión de esta versión desde la Reforma hasta el siglo XX, pero destaca por ser la última que toma como base exclusivamente los manuscritos del Textus Receptus.
1944	**Biblia Nácar-Colunga.** La primera traducción católica romana al español a partir de las lenguas originales. Cuenta con numerosas reediciones y sigue siendo una de las más utilizadas.
1947	**Biblia Bover-Cantera.** Traducción católica, también directa de las lenguas originales.
1951	**Biblia Platense.** Traducción católica, también conocida como Biblia de Straubinger, realizada en La Plata, Argentina.
1960	**Reina-Valera 1960.** Aunque hay muchas otras revisiones de la Reina-Valera, anteriores y posteriores a esta, la RVR1960 es la versión que más impacto ha tenido en el pueblo evangélico de habla hispana durante las últimas generaciones. Es la versión en que se basa este diccionario.
1963	**Traducción del Nuevo Mundo de las Sagradas Escrituras.** Traducida a partir del inglés. Versión propia y normativa de la Watch Tower Bible and Tract Society (Testigos de Jehová).
1967	**Biblia de Jerusalén.** Traducción católica muy popular, con varias ediciones revisadas hasta la actualidad.
1972	**Biblia Latinoamericana.** Traducción realizada en Chile, después del Concilio Vaticano II, incorporando elementos ideológicos progresistas que por un lado provocaron el recelo de las jerarquías, pero por otro hicieron que calara hondamente entre el público latinoamericano.
1975	**Nueva Biblia Española.** Traducción dirigida por el renombrado biblista Luis Alonso Schökel.

1979	**Dios Habla Hoy.** También conocida como Versión Popular, esta traducción de las Sociedades Bíblicas Unidas, realizada con la colaboración de biblistas católicos y el *nihil obstat* de sus obispados, cuenta con numerosas revisiones, siempre procurando facilitar la lectura del texto bíblico al público general de las distintas confesiones.
1986	**La Biblia de las Américas.** Labor de la Fundación Lockman, quiere presentar una versión moderna libre de paráfrasis y de lenguaje demasiado antiguo, partiendo de los manuscritos hebreos, arameos y griegos.
1999	**Nueva Versión Internacional.** El biblista y escritor Luciano Jaramillo dirigió las labores de traducción para esta famosa versión. Se trabajó primero en una traducción para el lector hispanoamericano, pero en la actualidad también hay una versión más adaptada al público español.
1999	**Biblia Textual.** Se trata de un proyecto de Sociedad Bíblica Iberoamericana que se preocupa por la literalidad de la traducción. No es muy fácil de leer, pero resulta muy útil para identificar y tratar los pasajes problemáticos desde el punto de vista del respaldo crítico.
2003	**Biblia - Traducción en Lenguaje Actual.** Las sociedades Bíblicas Unidas realizaron este trabajo de traducción directa, pero libre, con vocación interconfesional.
2005	**La Biblia - La Palabra de Dios para Todos .** Esta traducción para el lector hispanoamericano cuenta a día de hoy con varias revisiones.
2009	**Reina Valera Contemporánea.** Las versiones más populares de la Reina-Valera contenían algunas expresiones que resultaban extrañas al lector latinoamericano. Esta revisión corrige ese problema y se está haciendo muy popular en América.
2010	**Nueva Traduccion Viviente .** La editorial Tyndale, tras un arduo trabajo, presentó su nueva traducción inglesa (New Living Translation) a partir de los idiomas originales. Esta versión sigue los criterios de la inglesa en cuanto a claridad, exactitud y facilidad.
2010	**Biblia La Palabra.** La Sociedad Bíblica de España ha contado con eruditos de distinos países y tradiciones cristianas par realizar esta traducción que busca la fidelidad a los mejores manuscritos, manteniendo una redacción literaria de calidad y no demasiado complicada.

LOS LIBROS DE LA BIBLIA

ANTIGUO TESTAMENTO: 39 LIBROS

LEY	HISTORIA	POESÍA/SABIDURÍA	PROFETAS MENORES
Génesis	Josué	Job	Oseas
Éxodo	Jueces	Salmos	Joel
Levítico	Rut	Proverbios	Amós
Números	1 Samuel	Eclesiastés	Abdías
Deuteronomio	2 Samuel	Cantar de los Cantares	Jonás
	1 Reyes	**PROFETAS MAYORES**	Miqueas
	2 Reyes	Isaías	Nahum
	1 Crónicas	Jeremías	Habacuc
	2 Crónicas	Lamentaciones	Sofonías
	Esdras	Ezequiel	Hageo
	Nehemías	Daniel	Zacarías
	Ester		Malaquías

NUEVO TESTAMENTO: 27 LIBROS			
EVANGELIOS	CARTAS DE PABLO	1 Timoteo	2 Pedro
Mateo	Romanos	2 Timoteo	1 Juan
Marcos	1 Corintios	Tito	2 Juan
Lucas	2 Corintios	Filemón	3 Juan
Juan	Gálatas	EPÍSTOLAS GENERAL	Judas
HISTORIA	Efesios	Hebreos	PROFECÍA
Hechos	Filipenses	Santiago	Apocalipsis
	Colosenses	1 Pedro	
	1 Tesalonicenses		
	2 Tesalonicenses		

BODA. Ocasión festiva que celebra un matrimonio. Incluía cantar, danzar y un banquete que duraba una o dos semanas (Mt 22.31).

BOOZ. Marido de Rut (Rt 4.13). Pariente rico de Noemí (suegra de Rut) que permitió a Rut recoger grano en sus campos para sustentar a ambas mujeres. Más adelante, se casó con Rut y fue un antepasado de David (Rt 1–4).

BORRAR. Raer o barrer (Éx 32.32-33). El Antiguo Testamento habla de borrar al enemigo (Dt 9.14). Tanto allí como en el Nuevo encontramos plegarias pidiendo a Dios que borre el pecado (Sal 51.9; Hch 3.19).

● *Piensa en una acción o actitud en tu vida que la Biblia diga que es indebida. ¿Has pedido a Jesús que borre ese pecado? ¿Por qué o por qué no? La Biblia revela que el arrepentimiento es fundamental para su expiación.*

BOTÍN. Propiedades o personas capturadas en la guerra (Nm 31.32; Jer 49.32). En algunas ocasiones, el conquistador lo guardaba para uso propio. En otras, lo destruía.

BRASERO. Estufa, algo que arde (Jer 36.22; Zac 12.6; Sal 102.3).

BRAZA. Longitud de los brazos extendidos, aproximadamente 1,80 m; se utilizaba para medir la profundidad del agua (Hch 27.28).

BROCADO. Hecho, trabajado (Sal 45.13; 2 Co 12.12).

BUENO. Agradable, gozoso, conveniente, admirable, digno (Gn 1.31; Mt 7.11). Solo Dios es moralmente perfecto, nuestro ejemplo de bondad (Mt 19.17). Le agradamos cuando intentamos

Pintura holandesa del siglo XVII en la que Booz habla con Rut. Se dio cuenta en seguida de que la recién llegada espigaba en sus campos cerca de Belén.

seguir ese ejemplo bajo la dirección de su Espíritu (Ro 6-9; 1 Ts 4.1).

▲ *Aunque vivir bondadosamente y hacer buenas obras son cosas que agradan a Dios, no traen salvación. Tan solo la obediencia a él por medio del arrepentimiento y la confianza en Jesucristo pueden lograrlo.*

BUENOS. En paz, prósperos, plenos (1 S 17.18). La palabra hebrea empleada aquí es el saludo *Shalom*. Con esplendidez (Lc 16.19).

BUEY. Vaca, ganado (Gn 12.16). Importante en la agricultura y la adoración en forma de sacrificio. El «buey engordado» era un símbolo del lujo (Pr 15.17).

BURLARSE. Mofarse (1 R 9.8), quedar sin aliento por el asombro y el escarnio.

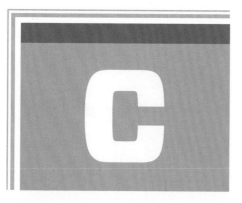

CACHORRO. Leoncillo, perrito o cualquier otro animal joven (Nah 2.11-12). La expresión «cachorro de león» se emplea de forma figurada para referirse a Judá y Dan (Gn 49.9; Dt 33.22).

CADES, CADES-BARNEA. Cades era un lugar situado en la zona desértica, a unos 105 km al sur de Hebrón (Gn 14.7; Nm 13.26). Era el sur de Judá, cerca del borde de Edom. Los israelitas vagaron cerca de aquella zona durante la mayoría de sus experiencias del éxodo. Moisés envió desde aquí a los doce espías para explorar la tierra prometida (Nm 13.21-26).

Vemos a Caifás rasgando sus vestiduras —antigua señal de espanto o duelo— ante la supuesta blasfemia de Jesús al identificarse con Dios.

CAER, CAÍDO, CAÍDA. Tropezar (Is 31.3; Ro 11.11). La llegada del pecado al mundo se define en ocasiones como la «caída de la humanidad». Los que cometen el pecado son llamados en ocasiones «los caídos».

▲ *Romanos 3.23 dice que somos «destituidos de la gloria de Dios», hemos caído de ella. Seguimos fuera de esa gloria, pero somos salvos por su gracia, por medio de la fe (Ef 2.8-10).*

CAIFÁS. Sumo sacerdote que profetizó la muerte de Jesús, conspiró contra él, lo juzgó y lo condenó (Jn 11.47-53; Mt 26.3-68). Más adelante, participó en un juicio contra Pedro y Juan (Hch 4.6-7).

▲ *Los sacerdotes judíos no tenían poder para ejecutar la pena capital, por lo que buscaron una acusación que enojase a las autoridades romanas: dijeron que Jesús proclamaba ser el rey de los judíos. Los romanos consideraron este hecho una amenaza a la posición del César.*

CAÍN. Primer hijo de Adán y Eva (Gn 4.1). Caín y su ofrenda fueron inaceptables para Dios. Mató a su hermano Abel, a quien Dios aceptó junto a su ofrenda. Este asesinato fue un ejemplo de la progresión del pecado: la incapacidad de agradar a Dios condujo a la envidia, esta a la ira, que a su vez desembocó en un asesinato, una mentira al Señor, y su abandono (Gn 4.1-24; He 11.4; 1 Jn 3.12; Jud 11).

● *¿Qué hace que una persona y su adoración sean aceptables a Dios? Para obtener ayuda a la hora de responder a esta pregunta, ver* **CULPABLE DE PECADO, ARREPENTIRSE, CREER, CONFESAR**.

CAL. Producto con el que se recubrían las paredes, que se elaboraba habitualmente con arcilla (Dt 27.2).

CALAFATEAR. Recubrir con brea o material alquitranado (Éx 2.3).

CALDERO. Gran olla para cocinar (1 S 2.14).

CALEB. 1. Hijo de Jefone. Uno de los doce espías enviados a explorar la tierra de Canaán (Nm 13–14; 1 Cr 4.15). De todos ellos, solo Caleb y Josué creyeron que los israelitas podían conquistar Canaán. El resto de los espías se quejó de que los cananeos eran demasiado grandes y fuertes para poder luchar contra ellos. Sus dudas se extendieron entre los israelitas. Caleb y Josué fueron recompensados, ya que fueron los únicos adultos de su generación que entraron en la tierra prometida. Ver **CANAÁN**. 2. Un Caleb menos conocido, también de la tribu (familia) de Judá, era hijo de Hezrón (1 Cr 2.18-19, 42).

▲ *La tierra prometida no estaba vacía. Había personas viviendo allí. Diez de los espías se sentían como saltamontes frente a los gigantes de Canaán (Nm 13.33). Israel tenía que decidir si obedecía a Dios con fe y tomaba la tierra o si se rendía ante sus miedos y la pobre imagen que tenían de sí mismos, desobedeciendo a Dios.*

● *¿Qué crees que fue lo que dio a Caleb (y a Josué) la valentía necesaria para mantenerse firmes ante la mayoría? ¿Cómo podrían ayudarte esos mismos factores?*

CALENDARIO. Ver gráficos **FIESTAS Y CELEBRACIONES** en p. 110 y **CALENDARIO** en p. 279.

CALVARIO. Literalmente, «la calavera». Lugar cercano a Jerusalén donde tuvo lugar la crucifixión de Jesús (Lc 23.33). Equivalente del griego y del latín para el hebreo «Gólgota» (Mt 27.33; Mr 15.22; Jn 19.17).

▲ *Los expertos tienen dudas acerca de la ubicación exacta del Calvario.*

Algunos creen que el significado de Calvario, la Calavera, indicaba una forma rocosa como de cráneo en la colina donde Jesús murió.

CALZONCILLOS. Ropa interior de los hombres (Éx 28.42).

CAMBISTA. Persona que cambiaba moneda extranjera con un beneficio. Los del templo cambiaban el dinero romano por el medio siclo exigido para la ofrenda del templo (Mt 21.12).

▲ *Jesús purificó el templo volcando las mesas de los cambistas y sacando las cosas que constituían una burla hacia la casa de Dios. Estaba furioso porque habían hecho del templo un mercado y una «cueva de ladrones» (Mt 21.12-13).*

CAMPO DEL ALFARERO. Terreno situado en el valle de Hinom, utilizado para enterrar a los extranjeros (Mt 27.3-10; Hch 1.18). Se compró con el dinero cobrado por Judas por traicionar a Jesús, y que devolvió posteriormente.

CANÁ. Pueblo de Galilea, al norte de Nazaret, donde Jesús asistió a una boda y transformó el agua en vino (Jn 2.1, 11). También sanó allí al hijo de un noble (Jn 4.46-50). Natanael era de allí (Jn 21.2).

● *¿Cómo podían los milagros (o señales) instar a las personas a creer en Jesús (Jn 2.11)?*

CANAÁN. 1. La tierra prometida que Dios dio a los israelitas (Gn 17.8). Situada entre el río Jordán y el mar Mediterráneo, al norte de Filistea. Antiguo nombre de Palestina. 2. Hijo de Cam, uno de los hijos de Noé. Este lo maldijo debido a la conducta desordenada de Cam (Gn 9.18; 10.22-25).

CANANEOS. Tribu semítica que vivió en Canaán antes de que los israelitas la conquistasen (Éx 13.5). Adoraban a dioses falsos, como Baal, de forma salvaje y malvada. Eran descendientes de Cam, uno de los hijos de Noé (Gn 9.18-19).

▲ *Algunos cananeos se quedaron y ejercieron una mala influencia sobre los israelitas. Este hecho se produjo aunque Dios ordenó anteriormente a los israelitas que no tuviesen relación alguna con ellos (Gn 28.6). Los cananeos eran un pueblo grande. Diez de los doce espías dijeron sentirse como saltamontes en comparación con ellos (Nm 13.32-33).*

CANON. Significa «regla» o «modelo». El canon es la lista de libros que los creyentes aceptan como integrantes de la Biblia. Esta palabra no se encuentra en ella, pero el concepto se traduce «regla» en Gálatas 6.16. Si un libro se encuentra en el canon, se considera inspirado por Dios y se le llama canónico. Estos libros rigen la fe y la vida cristianas.

▲ *Creyentes judíos y cristianos decidieron con la ayuda de Dios qué libros constituían la Palabra de Dios. Creyeron que estos demostraban por sí mismos serlo por su naturaleza, contenido, uso y autoría.*

▲ *Jesús y sus discípulos solo disponían del Antiguo Testamento. Este era el producto de la revelación de Dios de sí mismo a la nación hebrea. Él inspiró más adelante el Nuevo Testamento, por medio de las enseñanzas de Jesús, los escritos de los apóstoles y otras obras cristianas. La mayoría de los expertos*

coincide en que la Biblia se acabó alrededor del año 100. Toda escritura debe contrastarse con la vida y las enseñanzas de Cristo. Ver **BIBLIA, TRADUCCIONES DE LA BIBLIA**.

● *¿Por qué crees que algunos grupos dicen poseer nuevos o diferentes escritos procedentes de Dios, además de los 66 libros de la Biblia? ¿Cómo podemos decir que son libros falsos, ajenos a la Palabra inspirada de Dios?*

CANTARES DE SALOMÓN, CANTAR DE LOS CANTARES. Libro del Antiguo Testamento compuesto por seis cánticos de amor entre un marido y su esposa. El libro celebra el amor entre una pareja casada, un amor tierno, sincero, encantador y agradecido. Muchos judíos y cristianos también entienden que el libro representa la fuerza de la relación entre Dios y su pueblo, y la cercanía entre Cristo y su iglesia. También se le llama Cantares, pero Cantar de los Cantares es su nombre literal hebreo.

▲ *A lo largo de los siglos, los cristianos han interpretado el Cantar de los Cantares de Salomón tanto de forma literal como simbólica (o como alegoría). Dado que forma parte de la Palabra inspirada de Dios, Cantares tiene un mensaje para todos nosotros; y ese mensaje tiene que ver con el amor.*

● *Lee el Cantar de los Cantares y localiza las partes que te parezcan más representativas del verdadero amor.*

CANTERAS. Generalmente, lugares de donde se extraen las piedras para construir, pero el término también se refiere a ídolos o piedras esculpidas (Jue 3.19, 26).

CAÑA. Planta alta y fina que crece en el agua; junco (Is 9.14). Con ese nombre se conocen varios tipos diferentes de plantas gramíneas que crecen en aguas poco profundas (Is 19.6; Mt 27.30). Sus tallos se utilizaban para elaborar cestas y papel.

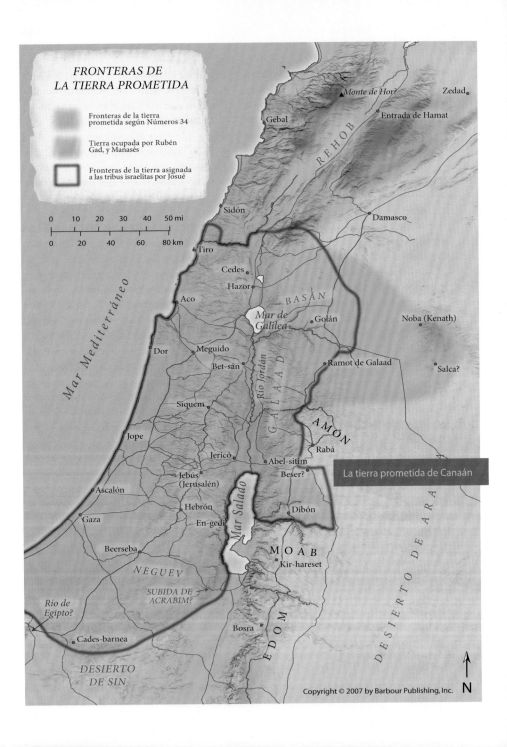

FRONTERAS DE
LA TIERRA PROMETIDA

Fronteras de la tierra
prometida según Números 34

Tierra ocupada por Rubén
Gad, y Manasés

Fronteras de la tierra asignada
a las tribus israelitas por Josué

| 0 | 10 | 20 | 30 | 40 | 50 mi |
| 0 | 20 | 40 | 60 | 80 km |

Zedad

Monte de Hor?

Gebal

Entrada de Hamat

REHOB

Sidón

Damasco

Tiro

Cedes

Hazor

Aco

BASÁN

Mar de Galilea

Golán

Noba (Kenath)

Dor

Meguido

Bet-sán

Ramot de Galaad

Salca?

GALAAD

Río Jordán

Síquem

Jope

AMÓN

Jericó

Rabá

Jebús (Jerusalén)

Abel-sitim

Beser?

La tierra prometida de Canaán

Ascalón

Mar Salado

Hebrón

Dibón

Gaza

En-gedi

Beerseba

DESIERTO DE ARA...

MOAB

NEGUEV

Kir-hareset

SUBIDA DE ACRABIM?

Río de Egipto?

Bosra

EDOM

Cades-barnea

DESIERTO DE SIN

DESIERTO DE ARA...

Mar Mediterráneo

Copyright © 2007 by Barbour Publishing, Inc.

N

Cañas en la orilla

CAPERNAUM. Ciudad situada en la orilla nordeste del mar de Galilea. Jesús se trasladó allí al principio de su ministerio y esta localidad pasó a ser su cuartel general (Mt 4.13-15; 9.1). Aunque Jesús enseñó e hizo muchos milagros allí, pocas personas de la ciudad lo siguieron. El Señor se lamentó sobre Capernaum por su falta de fe (Mt 11.20-24). Algunos milagros que tuvieron lugar allí fueron la curación del siervo de un centurión, de un paralítico, y del hijo de un noble (Mt 8.5-13; Mr 2.1-12; Jn 4.47-53).

▲ *Literalmente significa «pueblo de Nahum».*

CÁRCEL, PRISIONERO. En el Antiguo Testamento, las cárceles eran frecuentemente pequeñas casas o habitaciones cercanas al palacio (Jue 16.21). En ocasiones, se utilizaban mazmorras subterráneas o cisternas (pozos). La mayor parte de los confinamientos se debían a ofensas políticas. En el Nuevo Testamento, ofensas políticas, deudas impagadas, actos criminales y algunas prácticas religiosas eran causas de encarcelamiento (Hch 5.18). Algunos prisioneros bíblicos, injustamente cautivos, son José, Sansón, Juan el Bautista, Pedro, Pablo y Silas.

CARDO. Planta espinosa que existía en muchas formas diferentes en la época bíblica (Gn 3.18; Mt 7.16). Término utilizado también como símbolo de problemas, juicio o maldad (2 R 14.9).

CARGA. Algo pesado que se lleva encima (2 R 5.17; Lc 11.46). Término utilizado con una profecía de condenación (Is 15.1). *Carga* aparece en Gá 6.2 y 6.5, pero traduce dos palabras griegas diferentes. La distinción es que debemos ayudarnos los unos a los otros a llevar las pesadas cargas de la vida, pero cada persona debe llevar la suya propia.

Cueva de la Cárcel Mamertina en Roma, que según algunos albergó al apóstol Pedro

● *¿Qué tipo de pesadas cargas estás llevando en la vida? ¿Qué ayuda puedes encontrar en Mt 11.28-30?*

Bueyes de una yugada arando en Italia. Ilustra el mandato del Nuevo Testamento: «sobrellevad los unos las cargas de los otros» (Gá 6.2).

CARGO. Responsabilidad, estar a cargo de (2 R 12.11; 1 P 5.2).

CARIDAD. Amor (1 Co 13; Col 3.14). El amor abnegado por los demás, inspirado por Dios. En la Biblia, la caridad se encuentra en cualquier expresión de amor, no es solo dar a los pobres.

CARIÑO. Misericordioso amor incondicional; la clase de amor de Dios (Sal 17.7). Es el amor del pacto que llama al compromiso y a la fe mutua. Dios espera que su pueblo siga su amorosa naturaleza de misericordia, bondad y amabilidad al tratar a los demás.

CARMEL. Pueblo de Judá, situado al sur de Belén y al oeste del mar Muerto, donde Nabal esquilaba ovejas (1 S 25).

CARMELO. Monte situado en una cadena montañosa del mismo nombre, que llega hasta el mar Mediterráneo. Elías desafió allí a los profetas de Baal, y desde allí, Eliseo fue a sanar al hijo de la mujer sunamita (1 R 18.20-40; 2 R 4.25).

▲ *Literalmente significa «tierra de huertos» o «tierra fructífera». Una vegetación bella y abundante cubría el monte Carmelo.*

CARMESÍ. Rojo intenso (Is 1.18). Se utilizaba en el templo (2 Cr 2.7, 14), en las vestiduras reales (Jer 4.30) y para simbolizar la gravedad del pecado (Is 1.18).

CARNAL. De la carne (Ro 8.7; 1 Co 3.3). Controlado por la naturaleza humana en lugar de Dios. Un acto carnal es cualquier cosa opuesta o contraria a Dios y sus propósitos. Las actitudes y actos carnales no pueden agradar a Dios (Ro 8.5-9). A veces, *carnal* significa simplemente material (Ro 15.27).

CARNE. Además del significado habitual, la Biblia habla frecuentemente de la *carne* para referirse a todo lo mundano, en contraste con todo lo espiritual o divino (Ro 8.9). Se emplea también para describir la condición pecadora del hombre (Ro 8.3).

CARNERO. 1. Mamífero rumiante con cuernos; utilizado frecuentemente en los sacrificios animales (Gn 15.9).

CARTA. Es lo mismo que *epístola* (Esd 4.7; Hch 15.30; Gá 6.11); compárese con otras versiones.

Panorámica actual desde el monte Carmelo

Alrededor de la mitad de los libros del Nuevo Testamento son cartas o epístolas.

▲ *En Juan 7.15, los judíos se preguntaban cómo era posible que Jesús supiera de «letras» sin una educación formal. Aquí se utiliza una palabra griega parecida a «gramática» para referirse a la escritura o la educación.*

CASA. Familia, linaje familiar (Jos 24.15; Jer 21.12; Jn 4.53); lugar para vivir (Esd 1.2; Mr 1.29). Las personas vivían en cuevas, tiendas, casas hechas de piedra caliza, barro, paja y otros materiales. En ocasiones, los animales dormían abajo y las personas arriba. Los más ricos construían casas con patios abiertos y otras características complejas.

CASCO. Protección para la cabeza que se llevaba en la batalla (1 S 17.5). Término figurado para la salvación, como parte de la armadura espiritual contra las fuerzas satánicas (Ef 6.10-17).

CASTIGAR. Corregir para hacer mejor (1 Co 11.32). Convencer de pecado, instruir, disciplinar (Dt 8.5; 1 R 12.11-14; Sal 94.10; Lc 23.16; He 12.8; Ap 3.19). Lo ideal es que el castigo o la disciplina son positivos y formativos en lugar de correctivos.

CASTO. Virtuoso, moralmente puro. Como Dios en pensamiento y hechos (1 P 3.2).

CAUTIVO, CAUTIVERIO. Ser llevado prisionero o exiliado (Am 1.15; Lm 1.5). Se refiere habitualmente a la época en la que los invasores se llevaron a los hebreos de su tierra. Asiria lo hizo con las diez tribus de Israel que componían el reino del norte (2 R 17.6; 18.11). El cautiverio se llevó a cabo en diferentes etapas desde el 740 al 722 A.C. (cuando cayó Samaria).

Las tribus de Judá y Benjamín formaban el reino del sur. Babilonia las llevó cautivas entre el 587-586 y el 537 A.C. Como la cautividad del reino del norte, se produjo en diversas etapas durante un período de varios años. Se conoce como el cautiverio babilónico.

La cautividad del reino del sur comenzó durante el reinado de Nabucodonosor y acabó durante el de Ciro de Persia.

En el 538 A.C., el remanente de los hebreos regresó a su tierra por el decreto de Ciro, rey de Persia, que había conquistado Babilonia un año antes. Se desconoce qué ocurrió con los exiliados del reino del norte. Ver **BABILONIA, EXILIO.**

▲ *Lee acerca de las invasiones del reino del norte y la cautividad en 2 Reyes 15.29; 1 Crónicas 5.26; 2 Reyes 17.3, 5; 17.6-7; Esdras 4.2, 10. Lee acerca del parecido destino del reino del sur en 2 Crónicas 36.2-7; Jeremías 45.1; Daniel 1.1-3; 2 Reyes 24.14-16; 25.2-21; Esdras 1.1-4; 2.64-65; Nehemías 1.11; Jeremías 29.1, 5-7; Ezequiel 1.1; Daniel 2.48; 9.2; Zacarías 6.10.*

CEFAS. Término arameo que significa literalmente «roca» (*petros* en griego). Nombre dado por Jesús a Simón Pedro (Jn 1.42), y utilizado en el Nuevo Testamento para referirse a él (1 Co 1.12; 3.22; 9.5; 15.5; Gá 2.9). Este nombre puede simbolizar la fuerza de Pedro como líder de la iglesia primitiva.

CELO. Entusiasmo, ímpetu (Is 59.17). Este término puede significar ilusión por hacer que los deseos de Dios se hagan realidad (Nm 25.10-13; Hch 22.3). El celo puede ser erróneo o ir mal dirigido (Ro 10.2). A la persona que tiene ese tipo de celo se la describe como «celosa».

CELOSO. Que no tolera rivalidad o infidelidad (Éx 20.5); ferviente o ardiente. El Señor declaró ser un Dios celoso en la exigencia de la fidelidad de su pueblo. En términos humanos, puede incluir la envidia, la codicia y la rivalidad recelosa. ¿Qué diferencias existen entre el celo de Dios y los celos humanos?

Centurión romano en una recreación actual

CENSAR. Contar y registrar personas o posesiones (Lc 2.1, 5; Hch 5.37).

CENTURIÓN. Oficial del ejército romano con cien soldados bajo su mando (Mt 8.5-10; Hch 10). El rango más alto que un soldado raso podía alcanzar. Aparece con frecuencia en el Nuevo Testamento.

CEÑIR. Ponerse una prenda como un cinturón, o apretarlo (1 S 17.39; Hch 12.8). «Ceñirse» significa prepararse para una responsabilidad o acción de una forma determinada (Job 38.3; 40.7; 1 P 1.13).

CERA. Sustancia sólida pero que se derrite fácilmente, secretada por las abejas y utilizada para hacer velas (Sal 68.2).

CERCANO. Cerca (Sal 145.18; Mt 24.32).

CÉSAR. Nombre de una familia romana. Título de todos los emperadores romanos posteriores a Julio César (Mt 22.17).

CESAREA. Ciudad que construyó Herodes el Grande. Le puso este nombre en honor a César Augusto. Situada unos 37 km al sur del monte Carmelo (en la costa del mar Mediterráneo). Pablo fue encarcelado allí durante dos años (Hch 23.33). Capital romana de Palestina.

CESAREA DE FILIPO. Distinta de Cesarea, situada unos 40 km al norte del mar de Galilea, en las montañas del Líbano. Filipo (o Felipe), hijo de Herodes el Grande, amplió la ciudad y le puso su nombre en honor del emperador romano. Pedro confesó allí que Jesús es el Cristo, el Hijo del Dios viviente (Mt 16.13-17).

CHIVO EXPIATORIO. Una cabra macho que simbólicamente llevaba los pecados del pueblo de Dios (Lv 16.20-28). En el día de la expiación, el sacerdote transfería de manera simbólica los pecados del pueblo al chivo y lo soltaba en el desierto. Se mataba un segundo macho cabrío y su sangre se derramaba en ese día solemne.

▲ *Literalmente,* chivo expiatorio *señalaba a la cabra que escapaba. El término llegó a la lengua inglesa en 1530. En la traducción que William Tyndale hizo de la Biblia, escogió expresar lo que él creía ser el significado literal*

Este acueducto, comenzado por Herodes el Grande, sigue siendo un rasgo característico de la Cesarea actual

PRIMEROS CÉSARES DE ROMA

CÉSAR	FECHA	REFERENCIA BÍBLICA
Julio César	49–44 A.C.	
Segundo Triunvirato	44–31 A.C.	
Augusto (Octavio)	31 A.C.–14 A.D.	Lc 2.1
Tiberio	14–37 A.D.	Lc 3.1
Calígula (Cayo)	37–41 A.D.	
Claudio	41–54 A.D.	Hch 11.28; 17.7; 18.2
Nerón	54–68 A.D.	Hch 25.11; Fil 4.22
Galba, Oto y Vitelio	68–69 A.D.	
Vespasiano	69–79 A.D.	
Tito	79–81 A.D.	
Domiciano	81–96 A.D.	
Nerva	96–98 A.D.	
Trajano	98–117 A.D.	
Adriano	117–138 A.D.	

del hebreo azazel (Lv 16.8, 10, 26). El término hebreo es ahora un nombre propio cuyo significado es incierto. Otras traducciones modernas usan Azazel en el texto en lugar de chivo expiatorio.

▲ Jesús cumplió el papel de los dos machos cabríos de Levítico al derramar su sangre y limpiarnos de nuestros pecados.

CIELO. 1. Lugar de felicidad perfecta. El hogar del cristiano después de la muerte. Aunque es indescriptible en términos humanos, conocemos estas realidades sobre él: (1) los cristianos estarán con Dios. (2) No habrá más lágrimas, muerte, pena o dolor (Ap 21.4). (3) Tendremos un nuevo cuerpo y nuevas experiencias (1 Co 15.35-57; 2 Co 5.1-10). 2. El cielo físico en el que Dios colocó el sol, las estrellas y la luna (Gn 1.1; 22.17).

▲ Dios no está limitado al cielo; se encuentra presente en todas partes, también en la tierra (Dt 4.39).

● ¿Cómo crees que será el cielo? Si el «reino del cielo» y el «reino de Dios» significan lo mismo,

Estos dos íbices nubios en el desierto de Israel nos recuerdan el chivo de la expiación y el chivo enviado al desierto descritos en Levítico 16.

¿que podría indicarte esto acerca de la naturaleza del cielo?

CIENO. Lodo espeso, inmundicia (Jer 38.22; 2 P 2.22).

CILICIO. Una vestidura áspera que se usaba como señal de dolor por los muertos, de arrepentimiento por el pecado personal, de tristeza por el desastre o de aflicción (Gn 37.34; Mt 11.21). El silicio estaba hecho con pelo de cabra o de camello. Cubría la mitad del cuerpo o su totalidad.

CIMIENTO. Base o apoyo, cualquier cosa echada como punto inicial sobre el que edificar (2 Cr 23.5; Hch 16.26). En el Nuevo Testamento se utilizaba frecuentemente con un sentido espiritual (1 Co 3.11). Cristo es la piedra angular del fundamento de la iglesia (Ef 2.20).

CINERET. Nombre en el Antiguo Testamento del mar de Galilea, también conocido como mar de Tiberias (Jos 12.3; 13.27; Nm 34.11). También una ciudad (Dt 3.17; Jos 19.35)

CINTO PARA LOS LOMOS. (Job 12.18) Prenda que llevaban los hombres alrededor de la cintura; hecha de cuero o piel animal, y empleada para «ceñirse los lomos», es decir, remangarse las largas túnicas hasta la cintura para viajar más fácilmente. Podían desatarlas por la noche o cuando estaban descansando, para estar cómodos. Los sacerdotes debían tener cubiertos sus caderas y muslos para no estar expuestos durante el servicio al Señor.

▲ *La orden «ciñe tus lomos» podría ser el equivalente a «prepárate» o «arriba» en alusión a un compromiso y a la acción (cp. Job 38.3; 40.7; Jer 1.17).*

CINTO. Cinturón hecho de tela o cuero (2 R 1.8; Mr 1.6).

CIRCUNCISIÓN. Literalmente «corte alrededor». Físicamente, cortar y quitar un poco del exceso de piel que cubre el extremo del pene. Se llevaba a cabo al octavo día de vida (Gn 17.10-14; Ro 4.11-12).

Espiritualmente, la circuncisión era un recordatorio físico del pacto entre Dios y su pueblo. Un corazón puro y una relación correcta con Dios muestran que la circuncisión espiritual es más importante que la cirugía física (Jer 4.4; Ro 2.25-29).

La iglesia cristiana se negó a obligar a los creyentes no judíos a circuncidarse, porque no es un requisito para la salvación (Hch 15.5-11; Gá 5.2). El apóstol Pablo en particular insistió en que la salvación, como regalo de la gracia por medio de la fe, se mantiene pura, sin contaminarse con ningún requisito u obra.

▲ *Actualmente, la circuncisión es una operación relativamente indolora que se realiza habitualmente poco después del nacimiento si los padres así lo desean. Los doctores indican que la misma puede evitar la irritación e infección del pene, destacando también que en el caso de los incircuncisos, la higiene puede lograr el mismo objetivo. La circuncisión puede realizarse por un asunto médico, religioso, o por ambos.*

Cisterna grande en Masada, la fortaleza que Herodes el Grande edificó en el desierto de Judea.

El río Cisón desemboca en el Mediterráneo en la ciudad portuaria israelí de Haifa.

CIRENIO. Gobernador de Siria (Lc 2.2).

CIS. Padre de Saúl (1 S 9.1-2). En la Biblia aparecen otras cuatro personas llamadas Cis.

CISÓN. Arroyo que corría desde el oeste del monte de Tabor hacia el Mediterráneo (Jue 4.7).

CISTERNA. 1. Agujero o pozo (Gn 37.20). 2. Pozo, depósito artificial cavado en la roca o la tierra para recoger y almacenar agua (Pr 5.15). Las cisternas eran necesarias en los largos y secos veranos de Palestina.
▲ *Las cisternas vacías se utilizaban en ocasiones como prisión (Gn 37.22).*

CIUDAD DE DAVID. 1. En el Nuevo Testamento, Belén, ciudad natal de David (Lc 2.4, 11). 2. En el Antiguo Testamento, Jerusalén, especialmente la parte construida por David en el monte Sion (2 S 5.7, 9).

CIUDAD DE REFUGIO. Ciudad en la que una persona que había matado accidentalmente a otra estaba a salvo de la venganza de la familia del difunto (Éx 21.13; Nm 35.9-34). Había seis ciudades de refugio, tres a cada lado del río Jordán (Nm 35.14; Jos 20).

CODICIAR. Desear con avidez lo que pertenece a otra persona (Éx 20.17; Ro 7.7). Se pueden codiciar cosas, dinero, personas o relaciones (Hch 20.33; 1 Ti 6.10; Ro 7.7).

CODO. Unidad de medida de longitud, desde el codo hasta la punta del dedo corazón. Dependiendo del tamaño de la persona, el codo tenía entre 46 y 52 centímetros (Gn 6.15).

CODORNIZ. Pájaro migratorio, moteado y marrón (Éx 16.13). Dios proporcionó codornices para que los israelitas pudieran comer en el desierto.

COJO. Renqueante, tullido (Dt 15.21; Mt 11.5).

COLOSAS. Ciudad de Asia (actualmente el suroeste de Turquía) en la que se fundó una iglesia cristiana a la que Pablo escribió una carta llamada Colosenses (Col 1.2).

COLOSENSES, LIBRO DE. Carta del apóstol Pablo a los creyentes de Colosas. Escrita para argumentar en contra de las falsas enseñanzas que proliferaban en la ciudad. Pablo explicó el verdadero mensaje cristiano: la unión con Jesucristo conduce a la salvación, y las falsas enseñanzas apartan la atención de él. En los capítulos finales,

Codorniz común con sus huevos

el apóstol dio ejemplos de cómo vivir en unidad con Cristo. Instó a la acción basada en el amor del Señor, no en el legalismo. Pablo probablemente escribió la carta estando arrestado en Roma.

COLUMNA. Dios guio a los hijos de Israel por el desierto haciéndose visible en forma de columna de nube y fuego (Éx 13.21).

COMINO. Planta cuyas semillas se utilizaban para condimentar comidas (Is 28.25, 27). Su nombre bíblico significa «olor picante». El aspecto del comino y su sabor son parecidos a la alcaravea, y se creía que tenía propiedades medicinales. Los escribas y fariseos pagaban escrupulosamente el diezmo de su comino. Aunque Jesús elogiaba que se ofreciese el diezmo, reprendía a los fariseos por descuidar asuntos más importantes (Mt 23.23).

COMISIÓN. Autorización, mandato, encargo (Esd 8.36; Hch 26.12). A Mateo 28.18-20 se le llama «la gran comisión», porque es la orden de compartir las buenas nuevas de Cristo con todo el mundo, haciendo discípulos y bautizándolos.

COMPASIÓN. Misericordia, preocupación (Job 19.20; Mt 18.33).

COMPASIÓN. Soportar con, sufrir con, amar, ser misericordioso (Lm 3.22; Mt 9.36). Conciencia solidaria de la angustia de otros con un deseo de aminorarla o aliviarla.

▲ *Es una cualidad humana y divina. Cualquier persona que haya experimentado la compasión de Dios es responsable de ser compasivo con los demás, sus hermanos creyentes y los extraños, los huérfanos y las viudas (Dt 10.18; 16.11; 24.19; Mi 6.8; 1 Jn 3.17). Jesús siempre tenía compasión de los necesitados.*

COMPROMISO. Devoción, obligación y fidelidad hacia alguien o algo. Promesa de hacer algo en el

Los fariseos del tiempo de Jesús se preocupaban de diezmar de las semillas del comino… pero descuidaban asuntos más importantes de la ley de Dios.

futuro. Aquellos que han hecho un compromiso con Cristo tratan de obedecerle en la vida cotidiana y en cada decisión que toman. Esta entrega es la que Pablo describe en Filipenses 3.12-15 y 2 Timoteo 1.12.

COMUNIÓN. Sentimiento familiar y compañerismo existente entre los cristianos (Gá 2.9). Traduce la palabra griega *koinonia*. Asociación, relación estrecha, participación con, compartir. Se experimenta la comunión cuando se comparten acontecimientos de la vida, compromiso, confianza y comprensión con otros cristianos.

La comunión expresa ideas afines (Fil 2.1), comunica aceptación (Gá 2.9), ayuda a los creyentes a crecer (Hch 2.42), exhorta a compartir la obra de la iglesia (2 Co 8.4), e incluye malos tiempos así como buenos (Fil 3.10). La Biblia destaca los peligros de tener comunión con los que hacen el mal (Sal 94.20; Ef 5.11), con los incrédulos (2 Co 6.14) y con demonios (1 Co 10.20). La persona que vive en pecado no vive en comunión con Dios (1 Jn 1.6).

● *¿Qué es lo que más te gusta de estar con otros cristianos?*

COMUNIÓN, TENER. Compartir, participar con, comunicación, tener algo en común (2 Co 6.14; 13.14). Incluye tanto a alguien como a algo. El término designa a la Cena del Señor porque los que participan en ella tienen comunión con Jesucristo y con los demás (1 Co 10.16).

▲ *La palabra* koinonia *significa comunión y pertenencia. Es el término griego que se traduce «comunión».*

CONCIENCIA. Conocimiento de sí mismo que nos lleva a sentir la obligación de hacer lo correcto o ser buenos (Jn 8.9; Ro 2.14-15; 1 Co 8.10). Consciencia o sentido de que una acción o actitud es correcta o indebida.

● *¿Qué ocurre cuando tu conciencia muere? ¿Qué puedes hacer para devolverle la vida? ¿Qué hace que tu conciencia se apague? ¿Cuándo será posible hacer el mal y no darnos cuenta de ello? ¿Qué determina la calidad de la conciencia de una persona? (Cp. 1 Ti 1.19 para debatir).*

CONCILIO. 1. Reunión de personas para deliberar o tomar decisiones (Sal 68.27; Mt 12.14; 13.9; Hch 25.12). 2. En el Nuevo Testamento, los líderes judíos, el Sanedrín (Mt 26.59; Hch 24.20).

CONCUBINA. En el Antiguo Testamento, esposa legal pero secundaria, comprada, recibida como regalo o conseguida tras una victoria de guerra. Frecuentemente eran las sirvientas de las esposas. Tenía hijos para el marido, especialmente cuando una mujer no podía concebir (Gn 30.3; 1 Cr 1.32).

Las concubinas fueron habituales en el Antiguo Testamento cuando los creyentes eran incapaces de reconocer el ideal de la creación de Dios: una esposa para un marido. Algunos de los que

Aunque hay muchas diferencias en cuanto a cómo las iglesias celebran la comunión, todas honran la «Cena del Señor» que Jesús instituyó la noche en que fue traicionado

tuvieron concubinas fueron Abraham (Gn 25.6), Gedeón (Jue 8.30-32), David (2 S 5.13), Salomón (1 R 11.3).

CONDENA. Juicio, condenación. 1 Corintios 11.29 habla de la autocondenación al tomar la Cena del Señor indignamente.

CONDENAR, CONDENACIÓN. Declarar culpable o impío (Éx 22.9). Se refiere al juicio final de Dios al final de los tiempos, pero también a otros juicios suyos. En ocasiones es necesaria la condena por parte del hombre en un tribunal (Dt 25.1), pero este juicio puede ser injustificado (Mt 7.1) o equivocado (Mt 12.7; Sal 94.21). La condenación de Dios se produce por el pecado y siempre es acertada (Ro 2.1-2). Gracias a la redención de Cristo, los creyentes que andan en el Espíritu pueden estar seguros de que Dios no los condenará (Ro 8.1; Sal 34.22). El Señor se pondrá de su lado contra todos sus adversarios (Is 50.8). Ver **JUICIO**.

CONDICIÓN. Forma (Sal 103.14).

CONDUCTA. Comportamiento, costumbres, estilo de vida (Sal 50.23; Gá 1.13; He 13.5; Stg 3.13).

CONFESAR. Admitir abiertamente los pecados personales (Lv 5.5; Mt 3.6). Confesar a Dios (1 Jn 1.9) y a los demás (Stg 5.16). Declarar o reconocer a Jesús como Señor (Fil 2.11). Generalmente, reconocer, admitir, aceptar.
● *Puedes compartir cualquier pecado con Dios y saber que él te comprende y te sigue amando.*
● *¿Sirve de algo la confesión sin arrepentimiento?*

CONFIAR. Depender de, poner la confianza en (Pr 3.5; 2 Co 1.9). Esperanza confiada (2 Co 1.10). Creer (1 Ts 2.4).
▲ *El verbo confiar es activo; en el Nuevo Testamento, la fe en Cristo es una acción. Esto significa que creer es algo más que intelectual; es un compromiso consciente de cabeza, corazón, actitud y acción en el servicio a Dios en Cristo como Señor y Salvador.*

CONFIRMAR. Realizar, llevar a cabo (Dt 9.5). Completar (Ro 15.28).

CONFUNDIR. Desconcertar o avergonzar (Gn 11.7, 9; 1 Co 1.27). Los caminos de Dios avergüenzan a los del mundo; no son irracionales sino que están más allá de la razón. Los cristianos pueden encontrar claridad y eficacia en Jesús y no ser avergonzados ni confundidos más (1 Co 1.27).

CONGREGACIÓN. Grupo de personas reunidas con un propósito común, especialmente religioso (Éx 12.3; Hch 13.43). En el Antiguo Testamento, el término se refería a menudo a todo el pueblo hebreo, llamado también pueblo de Israel. Así como actualmente tenemos congregaciones locales de creyentes, la palabra se refería a un grupo de creyentes en un lugar específico (Éx 12.47; Nm 16.3; 1 R 8.65). Ver **ASAMBLEA**.
▲ Congregación *acabó significando tanto el lugar de reunión (sinagoga) como los reunidos. Asamblea e iglesia son otros términos utilizados para una congregación.*

CONJURAR. Implorar, suplicar, ordenar. Apelar de la forma más persuasiva, provocar que se haga un juramento. Su objetivo es garantizar que la información dada es correcta (1 R 22.16; Mt 26.63; Mr 5.7; Hch 19.13).

CONOCER. Término que puede referirse al conocimiento intelectual de los hechos o al saber por experiencia propia. Se utilizan dos palabras griegas diferentes para expresar conocimiento experiencial frente a mero conocimiento intelectual. Pablo se refiere a su experiencia personal en «*sé* a quién he creído» (2 Ti 1.12, énfasis añadido). Sin embargo, Santiago 2.19 tan solo se refiere a un conocimiento intelectual: «También los demonios creen, y tiemblan». La RVR60 a veces

Estas antiguas ruinas del pueblo que sirvió de base de operaciones a Jesús, Capernaum, albergaron en su tiempo a una congregación de judíos tal como las iglesias de hoy albergan a las congregaciones cristianas.

emplea el verbo conocer (implicando el conocimiento íntimo) para describir la relación sexual (Gn 4.1, 25; Lc 1.34).

▲ *Conocer con el intelecto o mente es bueno y necesario en la vida. Conocer por experiencia es críticamente importante, y, siendo cristiano, eternamente importante. No podemos saber tan solo en nuestra mente que Jesús es el Hijo De Dios, que vino a salvar al mundo, sino que tenemos que arrepentirnos de nuestros pecados, confiando en Cristo Jesús con todo nuestro corazón, y confesar esa verdad con nuestra boca y nuestra vida (Ro 10.9-10).*

CONOCIMIENTO. Entendimiento (Pr 1.7; Fil 1.9).

CONSAGRAR. Dedicar, separar, apartar para la adoración o el servicio a Dios. Se pueden *consagrar* personas o cosas (2 Cr 29.31-33; Éx 13.2).

En el Antiguo Testamento, consagrar puede referirse también a la investidura de un sacerdote y a las ofrendas (Lv 7.37; 8.22). Tanto en el Antiguo Testamento como en el Nuevo, el concepto se traduce con más frecuencia «santificar» o «hacer santo» (Jn 17.17). Consagrar también puede transmitir la idea de (1) hacer perfecto (He 7.28) o (2) hacer nuevo (He 10.20).

● *¿Cómo demuestra tu vida que estás consagrado a Dios? ¿Qué áreas de tu vida necesitan renovación?*

CONSEJO. Recomendación (Dn 4.27; Lc 7.30). Ver **ACONSEJAR**.

CONSOLADOR. Nombre del Espíritu Santo en Juan 14.16, 26; 15.26; 16.7. Traduce la palabra griega *parakletos*. Otras traducciones de la Biblia utilizan términos como Ayudador, Consejero, Abogado, Exhortador, Intercesor, Fortalecedor. La palabra significa literalmente «uno que es llamado al lado» para ayudar. La misma palabra griega se traduce «abogado» en 1 Juan 2.1. «Si

alguno hubiere pecado, abogado tenemos para con el Padre, a Jesucristo el justo».

CONSPIRACIÓN. Traición (1 R 16.20).

CONSUMIRSE. Tener dolor en el corazón o deteriorarse (Ez 24.23).

CONTAMINAR. Hacer impuro, especialmente en el sentido religioso o ético (Dn 1.8; Mr 7.15).

CONTAR. 1. Estimar, calcular, considerar. Dar razones, aceptar la responsabilidad (Mt 12.36; Lc 16.2; Ro 14.12). Cuando algo es contado, se atribuye a alguien o se reconoce como perteneciente a esa persona (Gá 3.6; Lc 22.24). También puede ser relatar o valorar (Dt 2.11; Sal 144.3). 2. Tomar en cuenta, numerar, atribuir, considerar (Lv 25.50; Lc 22.37; Ro 4.4, 9-10).

● *Dios lo sabe todo de cada persona y nos hace responsables. ¿Cómo debe afectar este hecho a nuestros pensamientos y actos?*

CONTRITO. Arrepentido por el pecado, humillado (Sal 34.18; 51.17; Is 57.15; 66.2).

CONVENIENTE. Correcto o adecuado (Éx 8.26); necesario o por una buena razón (Lc 15.32); apto o suficiente (Col 1.12).

CONVENIR. Ser beneficioso, útil, en interés propio, aprovechable. Literalmente «cargar juntos» (Jn 11.50; 1 Co 6.12).

CONVERSIÓN, CONVERTIDO. Volverse del pecado hacia Dios (Sal 51.13). Incluye volverse de los hechos y actitudes incorrectas hacia las correctas (Stg 5.19-20). Las personas convertidas confían en Dios y aprenden de él como un niño pequeño (Mt 18.3). Concepto estrechamente relacionado con el arrepentimiento (Hch 3.19). *Conversión* ha acabado haciendo referencia a la experiencia de volverse hacia Dios, con un cambio de mente y corazón, para recibir el regalo de la salvación (Hch 9.1-22).

● *Cada persona decide si volverse hacia Dios o darle la espalda. ¿Qué has decidido tú? ¿Cómo ha cambiado tu vida desde que te convertiste en cristiano? ¿O cómo cambiaría si te convirtieses?*

CONVICCIÓN DE PECADO, CONVENCER. Ser consciente del pecado propio. Sentimiento firme de que Dios quiere que uno lleve a cabo una acción o la detenga (Jn 8.9, 46; Hch 18.28; Jud 15). Cuando una persona se convence de que es culpable de pecado, está en la posición de volverse del mismo hacia Dios (cp. Sal 51). El Espíritu Santo nos convence de nuestro pecado (Jn 16.8-11).

CORAZÓN. Además del significado físico habitual, los hebreos creían que el corazón era la sede del pensamiento, la voluntad y la decisión (Gn 6.5; Hch 1.24). Utilizaban el término corazón para referirse a la «mente» o al «cerebro» (1 R 3.9; Ro 1.21). Sin Dios, el corazón es malvado y egoísta (Jer 17.9).

● *¿Cómo describiría Dios tu corazón?*

CORBÁN. Palabra hebrea que hace referencia al dinero o las posesiones apartadas para Dios o para su uso religioso (Mr 7.11). Durante el ministerio terrenal de Jesús, *corbán* se entendía aparentemente como la dedicación de algo, que podía seguir utilizándose, como un fideicomiso (una herencia). Las personas daban dinero o posesiones a Dios o al templo pero seguían utilizándolas mientras vivían. Los fariseos abusaban de esta práctica diciendo a sus padres necesitados que no podían darles su «dinero de corbán». De esta forma, evitaban tener que cuidar de ellos. Lee la valoración que Jesús hace de este hecho en Marcos 7.9-13.

Pastor con una cordera en brazos. El relato del profeta Natán sobre una amada cordera, que representaba a Betsabé, convenció al rey David de su pecado de adulterio y asesinato (ver 2 Samuel 11–12)

● *¿Qué prácticas aparentemente buenas puedes estar utilizando para no hacer lo que Dios quiere realmente que hagas?*

CORCHETES. Gancho o cierre (Éx 26.6; 36.13, 18).

CORDERA. Oveja joven (Lv 14.10).

CORDERO. Oveja joven macho que se utilizaba como ofrenda en el sistema expiatorio judío (Ex 29.38). Jesús es nuestro cordero expiatorio en el sentido de que ha muerto en nuestro lugar como sacrificio (Ap 7.14).

CORDERO DE DIOS. Título para Jesús, como señaló Juan el Bautista. Indicaba la muerte expiatoria de Jesús (Jn 1.29, 36; ver también Is 53.7-12).

CORÉ. Hombre que lideró una rebelión contra Moisés y Aarón (Nm 16.19). Otras cuatro personas y una ciudad llevan este nombre.

Nota: hay muchos otros nombres de personas y lugares que comienzan con la letra C, pero están más allá del alcance de este diccionario, que se centra principalmente en aspectos «decisivos» de la Biblia. El estudio en un diccionario bíblico más amplio y exhaustivo sería de gran utilidad para el lector, ya que en él encontraría nombres particulares que no se hallan aquí.

CORINTIOS, 1, 2, LIBROS DE. Estos libros del Nuevo Testamento son cartas de Pablo para una iglesia que estaba teniendo problemas espirituales. La ciudad de Corinto era famosa por su maldad, incluyendo pecados como avaricia, embriaguez, prostitución, soberbia y una variedad de religiones falsas. La iglesia había dejado que algunos de estos pecados penetrasen en su estilo de vida y provocasen problemas en su iglesia. Pablo escribió 1 y 2 Corintios para corregirlos y aconsejar cómo vivir la vida cristiana. Los problemas dieron lugar a importantes enseñanzas acerca del Espíritu Santo (1 Co 12), los dones espirituales (1 Co 12-14), el amor (1 Co 13), la resurrección (1 Co 15), y las relaciones estrechas (2 Co 6.14-18).

Corinto era la capital de la provincia romana de Acaya, conocida por su próspero comercio, sus múltiples religiones y su extrema inmoralidad. La ciudad estaba llena de personas como jugadores, prostitutas y vendedores de droga. ¿Qué tipo de problemas tiene una iglesia establecida en un lugar como ese?

▲ *Lee la descripción clásica del verdadero amor en 1 Corintios 13 y acerca del triunfo sobre los problemas que Dios dará en 2 Corintios 4.8-9.*

CORREAS. Ataduras (Hch 22.25).

CORRUPCIÓN. Contaminación moral que conduce a una persona hacia la maldad y lejos de Dios (Ro 1.29; 2 P 2.19). Es una condición que se produce como resultado de la decisión humana de pecar (Ro 3.23).

CORRUPTIBLE. Perecedero (Ro 1.23).

CORTAR. Talar, cavar, trocear (Dt 19.5; Mr 15.46).

CORTINA. 1. Término empleado literalmente para una cubierta hecha de tela, madera, u otro material (2 R 16.18). Los cielos son como una cortina para Dios (Is 40.22). 2. Se utiliza de forma figurada para simbolizar la protección de Dios (Is 4.5-6; 2 S 22.12). 3. Nabucodonosor extendió un pabellón real (el mismo material que las cortinas o toldos) como símbolo de la soberanía de Dios (Jer 43.10).

CORZO. Un tipo de ciervo (Dt 14.5).

CREAR, CREACIÓN. Hacer, producir, formar, dar vida (Gn 1.1; Sal 51.10; Col 1.16). Dios creó los cielos y la tierra; lo creó todo desde la nada. La Biblia enseña claramente que toda la materia, todo lo que existe en el universo, tuvo un comienzo que Dios mismo inició. Las Escrituras no explican cuánto tiempo pasó entre «la tierra estaba desordenada y vacía» y la creación de la estructura, las plantas y los habitantes de la tierra; recordemos que Dios también creó el tiempo.

Aunque muchos científicos no están de acuerdo, la Biblia nos dice que Dios lo creó todo (Gn 1-2). Algunos cristianos, también científicos, han destacado que el orden «científico» del desarrollo de nuestro mundo refleja el modelo de la creación tal como lo expone la Biblia («desordenada», «luz», plantas, criaturas acuáticas, aves, reptiles, bestias, humanos). Entendidas apropiadamente, la Biblia y la ciencia no están en guerra.

Dios es el verdadero Creador, ya que solo él puede crear de la nada. Todos los demás utilizan materiales, que modifican para usarlos de otras formas.

▲ *Lee Génesis 1 y escribe en una tabla el orden en el que todo fue creado.*

● *Si Dios creó a todas las personas, ¿cómo debería afectar este hecho a la forma en que tú las tratas? (cp. Mal 2.10).*

CRECER. Hacerse más grande y madurar, física, mental y espiritualmente (Gn 21.20; 1 Cr 11.9; Lc 1.80; 2.40). Los cristianos deben crecer en su vida espiritual (2 P 3.18).

CREER. Confiar, tener confianza en, tener fe en, comprometerse con. Puede significar simplemente «conocimiento intelectual» (Stg 2.19), pero en la Biblia suele transmitir la idea de una «creencia con el corazón» que confía en Dios con compromiso, obediencia y fe (Jn 14.1; Ro 10.9-11; Stg 2.18-20). La persona que cree está dispuesta a obedecer a Dios, a poner su vida en las manos del Señor. Esta creencia es fundamental para la vida eterna y la vida cristiana (Jn 20.31). *Creer* y *fe* son la forma verbal y nominal de la misma raíz. Ver **FE**.

CRIADA. Esclava o sirvienta (Gn 29.24; Lc 1.38).

CRISÓLITO. Piedra dorada que aparece en la descripción del nuevo cielo y la nueva tierra (Ap 21.20).

Crisólito.

CRISTIANO. Seguidor de Jesucristo (Hch 11.26; 26.28; 1 P 4.16). El que pertenece a Cristo. Los *cristianos* se comprometen con él e idealmente van siendo cada vez más como él. Confían en él para que los guíe en sus decisiones, acciones y actitudes. Parece que los paganos utilizaron al principio el nombre cristianos para ridiculizar a los seguidores del Señor, pero pasó a ser una etiqueta que estos llevaban con orgullo.

● *Cuando los demás miran en tu vida, ¿la ven como la de un seguidor de Cristo? ¿Cómo? Si la respuesta es no, ¿por qué?*

CRISTO. El Ungido, escogido especialmente para un importante propósito. El título *Cristo* identifica a Jesús como el Hijo ungido de Dios, el verdadero *Mesías*, el Salvador del mundo (Mt 16.16; Mr 14.61-62; Hch 10.38). Era el título de Jesús pero acabó siendo también un nombre personal para él (Jn 17.3). «Jesús» se utilizaba con más frecuencia como su nombre terrenal y «Cristo» como el eterno. *Cristo* es la palabra griega equivalente a la hebrea Mesías. Ver **UNGIR** y el gráfico **TÍTULOS PARA JESÚS** en p. 147.

Los judíos, conocedores del Antiguo Testamento, esperaban a Cristo, el Mesías. Sin embargo, lo rechazaron como verdadero Mesías porque sus expectativas no encajaban con la persona, los métodos, las interpretaciones y el cumplimiento de Jesús.

● *Los cristianos creemos que Jesús es el ungido por Dios para dar salvación. ¿Cómo sabemos que esto es cierto?*

CRÓNICAS, 1, 2, LIBROS DE. Estos libros bíblicos del Antiguo Testamento recogen la historia familiar de Israel. Cuentan de nuevo, desde una perspectiva diferente, acontecimientos que encontramos en los libros de Samuel y Reyes. Crónicas hace hincapié en la fidelidad y grandeza de Dios mientras utiliza los acontecimientos de la historia para llevar a cabo su propósito. También destaca la importancia de demostrar la identidad como persona que pertenece a Dios. Además, pone de manifiesto que el Señor sigue manteniendo las promesas hechas a su pueblo a pesar de los desastres. Muestra el origen de la adoración a Dios en el templo de Jerusalén. Sobre todo, se centra en el propósito principal del hombre, glorificar a Dios y darle el lugar adecuado en corazón, hogar y nación. Originalmente los dos libros eran uno solo.

Cumpliendo sus propósitos divinamente inspirados, los libros de Crónicas presentan pruebas de la obra de Dios en acontecimientos como los logros de David y Salomón, las reformas de Josafat, Ezequías y Josías, y los actos de las personas fieles. Para explicar la adoración, resumen la organización de los sacerdotes y levitas, el sueño de David relativo al templo, y la construcción del mismo por parte de Salomón.

▲ *1 y 2 Crónicas están incluidos entre los libros llamados históricos. La palabra Crónicas significa «los asuntos de los días».*

● *1 Crónicas comienza trazando la genealogía de Israel, remontándose hasta Adán. ¿Qué utilidad tiene esto?*

CRUCIFICAR. Ejecutar a alguien sujetándolo a una cruz (Mt 27.31). Crucifixión viene del latín *Cruci figo*, que significa «yo sujeto a una cruz». Los cristianos se refieren de forma específica a la muerte de Jesús en la cruz cuando hablan de «la crucifixión».

La crucifixión romana era una forma de morir extremadamente ignominiosa, dolorosa y lenta. Se reservaba habitualmente a esclavos y extranjeros, y se llevaba a cabo a las afueras de la ciudad. Los ciudadanos romanos no podían ser crucificados. Antes de la crucifixión, azotaban a las víctimas con un látigo de cuero que tenía trozos de metal o hueso en su extremo (Mt 20.19). Después, clavaban sus manos y pies a una gran cruz de madera que se levantaba. La muerte podía llegar por asfixia porque el crucificado debía realizar un gran esfuerzo para respirar. Debía empujar con los pies para llenar sus pulmones de aire. El frío y el hambre también podían causar la muerte porque la mayoría de los crucificados permanecían en la cruz muchos días antes de morir.

Se dice que los cristianos están «crucificados con Cristo», lo que quiere decir que han muerto a su viejo ser para que Jesús pueda vivir en ellos (Ro 6.6; Gá 2.20).

● *Si eres cristiano, ¿cómo muestra tu vida que estás crucificado con Cristo?*

CRUJIR. Rechinar los dientes. Expresa un gran trastorno emocional como ira o angustia (Lm 2.16; Mt 8.12).

CRUZ. Estructura hecha cruzando dos vigas de madera (Jn 19.17). Algunos condenados eran crucificados, clavados o atados a una cruz levantada. Algunas de ellas eran como una X, otras como una T mayúscula, y otras, como el símbolo cristiano, tenían forma de T minúscula.

En algunas ocasiones, se hace referencia a la cruz de Jesús como un madero; ser colgado de un madero era un símbolo de humillación en el Antiguo Testamento (Dt 21.22-23; 1 P 2.24).

La cruz se utiliza en sentido figurado para representar el evangelio, las buenas nuevas de Jesucristo (Gá 6.14). «Tomar la cruz cada día» significa estar dispuesto a obedecer a Jesucristo de forma incondicional, en la vida o incluso si significa la muerte (Lc 9.23).

CUARTO. Cuarta parte; esquina, lado, extremo final o lugar (Jer 49.36; Hch 28.7).

CUATERNIO. Compañía de cuatro soldados para mantener la guardia (cp. Jn 19.23). Hechos 12.4 indica que Herodes asignó cuatro cuaternios (un total de dieciséis hombres) para custodiar a Pedro.

CUBIERTO. llenado completamente (Sal 55.5). Recubierto (Éx 26.32; He 9.4).

CUERPO. Término empleado frecuentemente como símbolo de la iglesia o de los cristianos (Ro 12.4-5; 1 Co 12.12-14; Ef 4.12; Col 1.18).

CUIDADO. Preocupación, ansiedad, miedo (Jer 17.8; Dn 3.16; Lc 10.41; Fil 4.6; 1 P 5.7). También se utiliza con el sentido de cuidar, tener solicitud, precaución, prestar atención a los detalles (2 R 4.13; Fil 4.10; Tit 3.8).

CULPABLE. Responsable de un crimen, delincuente, pecador (Lv 6.4; 1 Co 11.27).

▲ *La culpa puede ser una condición o un sentimiento. La culpa verdadera tiene lugar cuando desobedecemos la voluntad de Dios, es una condición real nos sintamos o no culpables. La culpa falsa se da cuando estamos bien con Dios pero nos sentimos culpables, aunque no deberíamos. Otros pueden imponer sobre nosotros una culpa falsa si les dejamos establecer nuestros modelos y valores. Debemos evitar la culpa falsa, respondiendo a Dios por la culpa verdadera leyendo su Palabra y pidiendo que su Espíritu nos guíe.*

CULPABLE DE SANGRE. Que carga con la culpabilidad resultante de matar a alguien (Sal 51.14).

CUMPLIMIENTO DEL TIEMPO, EL. El tiempo en el que todo había de ocurrir debidamente (Gá 4.4). El nacimiento de Cristo se produjo en el momento exacto planeado por Dios, cuando el tiempo se completó. Roma gobernaba el mundo y había paz. Las vías construidas por los romanos permitían viajar a todos los lugares en los que existía una sociedad civilizada. El griego era el lenguaje universal y pasó a ser el del Nuevo Testamento. La humanidad, en su desesperada necesidad de un Salvador, lo recibió en el nacimiento de Jesús. Hay dos citas bíblicas clave que muestran esta necesidad y verdad eternas para hoy y siempre: Romanos 3.23 y 6.23. La respuesta a esta necesidad está en Romanos 9–10.

CUMPLIR. Completar la medida de, llenar, hacer que acontezca (1 R 2.27; Mt 3.15). Consumar, completar, lograr, expresar (Is 55.11; Jer 44.25; Lc 2.22; Jn 19.28).

CURTIDOR. Persona que acondiciona pieles de animal (Hch 9.43). Las convierte en cuero quitando los pelos y remojándolas en una solución líquida.

septentrional de Israel (llamado también Canaán o Palestina; Jue 18.29). Desde Dan hasta Beerseba significa la extensión de Israel desde el punto más septentrional hasta el más meridional (1 R 4.25).

Dagón, en una ilustración del s. XIX. En 1 Samuel 5, una estatua de Dagón cayó al suelo y se hizo pedazos ante el arca del Señor.

DAGÓN. Dios pagano adorado por los filisteos. Representado en ocasiones con cuerpo de pez, y cabeza y manos de hombre. Era probablemente un dios de la agricultura. Sansón destruyó uno de sus templos en Gaza (Jue 16.23-30). Cuando los filisteos capturaron el arca de Dios y lo llevaron al templo de Dagón, las consecuencias fueron desastrosas (1 S 5.2-7). Más adelante, los filisteos pusieron la cabeza de Saúl en un templo de Dagón (1 Cr 10.10).

DAMASCO. Capital de Siria (Is 7.8; Hch 9.2-3). Es una de las ciudades más antiguas del mundo, con más de cuatro mil años. Fue un centro de comunicación natural, uniendo la costa Mediterránea y Egipto en el oeste, Asiria y Babilonia en el este, Arabia en el sur, y Alepo en el norte.

Pablo, que era judío, se convirtió al cristianismo cuando viajaba por el camino de Damasco (Hch 9.1-31). Ver mapa en página siguiente.

DAN. 1. Hijo de Jacob y Bilha (Gn 30.5-6). Considerado también hijo de Raquel porque Bilha era su sirvienta. 2. Tribu descendiente de Dan y territorio en el que vivía (Nm 1.38-39; Ez 48.1). Originalmente, esta tribu vivió entre Judá y el mar Mediterráneo, pero no fue capaz de conquistar a los filisteos y tuvo que trasladarse al norte (Jos 19.40-47; Jue 18.1-29). 3. La ciudad situada en el punto más

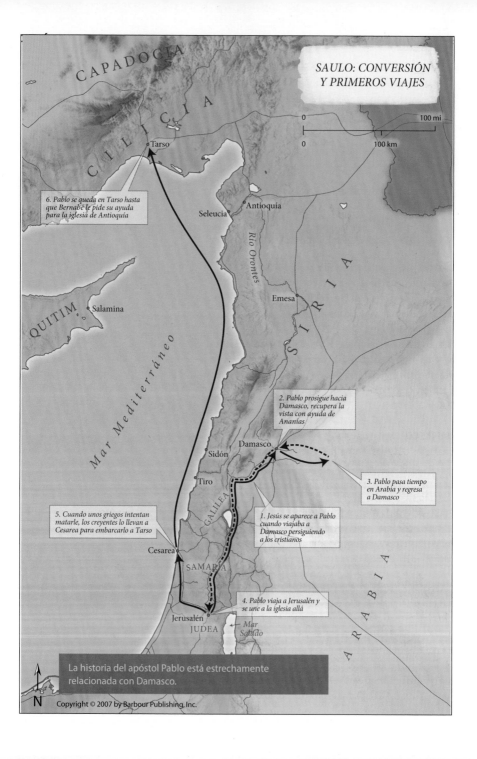

SAULO: CONVERSIÓN Y PRIMEROS VIAJES

CAPADOCIA

CILICIA

Tarso

6. Pablo se queda en Tarso hasta que Bernabé le pide su ayuda para la iglesia de Antioquía

Seleucia

Antioquía

Río Orontes

SIRIA

Emesa

QUITIM

Salamina

Mar Mediterráneo

GALILEA

Sidón

Damasco

2. Pablo prosigue hacia Damasco, recupera la vista con ayuda de Ananías

3. Pablo pasa tiempo en Arabia y regresa a Damasco

Tiro

5. Cuando unos griegos intentan matarle, los creyentes lo llevan a Cesarea para embarcarlo a Tarso

1. Jesús se aparece a Pablo cuando viajaba a Damasco persiguiendo a los cristianos

Cesarea

SAMARIA

ARABIA

4. Pablo viaja a Jerusalén y se une a la iglesia allá

Jerusalén

JUDEA

Mar Salado

0   100 mi

0   100 km

La historia del apóstol Pablo está estrechamente relacionada con Damasco.

N

DANIEL. 1. Oficial del gobierno y profeta de Dios (Dn 1.1-6; Mt 24.15). Siendo aún joven, lo llevaron cautivo a Babilonia y lo formaron para servir en la corte real. Sirvió en posiciones de influencia bajo cuatro reyes: Nabucodonosor, Belsasar, Darío y Ciro. Se negó firmemente a hacer cualquier cosa contraria a Dios, aunque significase poner en riesgo su vida (Dn 1.8; 6.7-16). Su don de profecía fue evidente muy pronto en su vida (Dn 1.20; 2.16-19, 28; 5.5, 11-17; 7–13). Escribió el libro de Daniel. Su nombre significa «Dios es mi juez». Durante el exilio, le cambiaron el nombre a Beltsasar (Dn 1.7). Ver **BELTSASAR**. 2. Segundo hijo de David (1 Cr 3.1). 3. Descendiente de Itamar que creció con Esdras y ayudó a sellar el pacto (Esd 8.2; Neh 10.6).

● *Daniel fue un refugiado en una tierra lejana. Lee Daniel 1–6 para ver la forma en la que superó esta difícil situación. ¿Qué acciones podrían ayudarte a vencer tus propias circunstancias difíciles?*

DANIEL, LIBRO DE. Este libro del Antiguo Testamento muestra la lealtad de Daniel a Dios frente al encarcelamiento, una religión pagana, y las falsas enseñanzas. También incluye sus visiones. Daniel y sus compatriotas judíos fueron cautivos en una tierra extranjera durante los imperios babilónico y persa.

Muchas situaciones empujaron a Daniel a poner en peligro su fe, pero él no sucumbió. El libro recoge sus fieles decisiones y las consecuencias de las mismas. Algunas de ellas fueron comer una dieta sana (Dn 1), adorar aunque supusiese ser arrojado al horno de fuego (Dn 3), la escritura en la pared (Dn 5), y orar aunque supusiese ser arrojado al foso de los leones (Dn 6).

La última parte del libro (caps. 7–12) recoge visiones dadas por Dios a Daniel acerca del futuro de Israel. Esta parte del libro es literatura apocalíptica o de imágenes, que habla acerca del futuro con símbolos y señales. Estos pasajes daban la esperanza de que la crueldad acabaría y el triunfo de Dios sería claro.

Daniel es un «profeta mayor» (por la extensión de su libro) pero los hebreos lo colocaron en una sección llamada Escritos. El término «profeta menor» se refiere a aquellos cuyos libros son más cortos.

● *Los reyes Nabucodonosor y Darío honraron a Dios gracias a la fe que Daniel demostró tener. ¿Cómo pueden tus convicciones y actos influenciar a alguien poderoso para que honre a Dios?*

DAR. Otorgar (Esd 3.7; Sal 85.7; Ap 3.21). Reembolsar o devolver (Job 33.26; Mt 22.21).

DAR PRESENTES. Además del sentido habitual, puede significar «sobornar» (Ez 16.33).

DARÍO. Nombre común entre los gobernantes medos y persas. Tres ejemplos son: 1. Darío el medo, que gobernó brevemente Babilonia (Dn 5.31). 2. Darío Histaspes, cuarto y más grande gobernante persa, que reorganizó el gobierno en provincias, extendió las fronteras del imperio, renovó el edicto de Ciro y ayudó a reconstruir el templo (Esd 4.5; 6.1-12). 3. Darío el persa, último rey de Persia, derrotado por Alejandro Magno en el 330 A.C. (Neh 12.22).

DAVID. Hijo menor de Isaí. Fue el segundo rey de Israel y antepasado de Jesucristo (1 S 16.7-13; Hch 13.22-23). Siendo aún un joven pastor, Samuel lo ungió como futuro sucesor del rey Saúl.

Al principio, Saúl sintió un gran afecto por David, y apreció su música y valentía. El arpa de este tranquilizaba al rey cuando estaba nervioso. Sin embargo, más adelante tuvo envidia de los éxitos militares de David e intentó matarlo. Tras la muerte de Saúl, este fue coronado y acabó siendo el rey más amado de Israel.

EXTENSIÓN DEL REINO DE DAVID

Extensión del reino de David al comienzo de su reinado

Extensión del reino de David al final de su reinado

Territorio añadido al reino de Salomón durante su reinado

| 0 | 20 | 40 | 60 | 80 | 100 mi |
| 0 | 25 | 50 | 75 | 100 | 125 | 150 km |

Tifsa?

Río Éufrates

HAMAT

Hamat

Hamat de Soba?

Cades

Berotai?

Tadmor

Río Orontes

SOBA

Gebal

Tebah?

Sidón

Damasco

Mar Mediterráneo

Tiro

ARAM

Hazor

Megido

Ramot de Galaad

Río Jordán

Mahanaim?

Jope

AMÓN

Jerusalén

Mar Salado

Gaza

FILISTEA

Hebrón

MOAB

AMALEC

VALLE DE LA SAL

Tamar?

EDOM

DESIERTO ÁRABE

DESIERTO DEL SINAÍ

N

David llegó a gobernar un Israel mucho más grande que el actual

Copyright © 2007 by Barbour Publishing, Inc.

Se recuerda a David por muchas aventuras, como su victoria sobre el gigante filisteo con una honda (un arma poderosa en esa época, no un juguete), su amistad fiel con Jonatán, y su negativa a vengarse del rey Saúl (1 S 17.32-54; 18.1; 26.9). También es conocido por su flagrante desobediencia a Dios al mantener relaciones sexuales con Betsabé, esposa de Urías, y planear la muerte de este para poder casarse con ella (2 S 16.2-27). David escribió muchos salmos acerca de sus actos, tanto de obediencia como de desobediencia, orando por su purificación (cp. Sal 51 con Sal 101).

▲ *Lee acerca de la vida y aventuras de David desde 1 Samuel 1.16 a 1 Reyes 2.11.*

● *El pecado de David hizo daño tanto a él como a su familia. Dio lugar a problemas familiares durante generaciones y no se le permitió construir el templo de Dios, algo que deseaba profundamente. Considera las formas en las que tu desobediencia afecta a tu relación con Dios y con los demás. ¿Cómo te daña desobedecer a Dios? ¿Y a tu familia?*

DE CIERTO, DE CIERTO. «Esta es la verdad» o «Esto es realmente importante» (Jn 14.12). Jesús y otros utilizaban frecuentemente esta expresión para introducir o acentuar una verdad. La versión LBLA traduce: «En verdad, en verdad»; DHH dice: «Les aseguro»; NTV dice: «Les digo la verdad».

DE DOS FILOS. Afilado por ambos filos (He 4.12).

DÉBORA. 1. Profetisa y jueza de Israel (Jue 4.4–5.15). El liderazgo habilidoso y la presencia de Débora alentaron a Barac y al pueblo de Israel. Ella compuso y cantó un cántico de alabanza a Dios después de que este le diese la victoria sobre los enemigos de Israel. 2. Ama de Rebeca (Gn 35.8). Rebeca era la mujer de Isaac, la madre de Jacob y Esaú.

DECÁPOLIS. Diez ciudades de las que se habla como región (Mt 4.25; Mr 5.20; 7.31). El nombre significa «diez ciudades». Las mismas cooperaron para proteger sus intereses. Tenían su propia moneda, tribunal y ejército. La mayoría de las ciudades originales se encuentran al este del río Jordán. Más adelante, se sumaron más. Las diez ciudades originales eran: Damasco, Rafana, Canata, Hippos, Dion, Gadara, Escitópolis, Pella, Gerasa y Filadelfia.

DECLARAR. Hacer conocido, contar buenas nuevas, explicar, decirlo todo (Hch 13.32).

DECRETO. 1.Orden oficial (Est 1.20; He 11.23). 2. Regla, ley u orden oficial (Esd 5.13; Est 2.8; Dn 2.13).

En observancia de Janucá (o fiesta de la dedicación), se enciende un candelabro de siete brazos.

DEDICACIÓN, FIESTA DE LA. Festividad judía de ocho días de duración que conmemoraba la purificación y rededicación del templo (Jn 10.22). Conocida actualmente como Janucá o «fiesta de las luces». Ver gráficos **FIESTAS Y CELEBRACIONES** en p. 110 y **CALENDARIO** en p. 279.

DEDICAR. Apartar o santificar cosas o personas para su utilización por parte de Dios (Ef 5.26).

Consagrar, hacer santo. Pueden dedicarse tanto cosas como personas (Nm 7.10; 2 S 8.11; Éx 19.14).

● *¿Qué pruebas demuestran que tu vida se encuentra dedicada a Dios? ¿Qué habilidades tienes para dedicar al servicio del Señor?*

DEFRAUDAR. Engañar, oprimir, privar de, estafar (Lv 19.13). Dar una imagen falsa pretendiendo tener más de lo que se tiene, tomar o apropiarse deliberadamente de algo por medio del engaño o las artimañas (Hch 5.1-11). La Biblia lo prohíbe de forma terminante (Mr 10.19; 1 Ts 4.6).

● *¿Te ha engañado alguien? ¿Cómo te sentiste? ¿Cuándo te sientes más tentado a defraudar en algo o a otra persona?*

DEIDAD. Dios o un dios.

DEJAR. 1. Permitir (Éx 3.19; Mt 8.22), para su opuesto, ver **ESTORBAR**. 2 Rendir, dejar ir, abandonar (Dt 31.6; Mt 19.27).

DEJAR DE. Abstenerse, descuidar, refrenar (Dt 23.22; Nm 9.13).

DEMAS. Condiscípulo de Pablo en Roma, que más adelante lo abandonó (Col 4.14; 2 Ti 4.10; Flm 24).

DEMETRIO. 1. Un cristiano elogiado por su testimonio (3 Jn 12). 2. Un platero de Éfeso que inició una revuelta contra Pablo (Hch 19.24-41).

DEMONIOS. Espíritus malignos que se oponen a Dios y obran contra las personas (Mt 4.24; 8.16; Lc 10.17).

▲ Demonio y diablo se representan con palabras diferentes en el griego (demonio, Lc 4.33; diablo, 4.2). Algunas versiones traducen como diablo ambos términos. Revisa algunas traducciones bíblicas contemporáneas para obtener más ayuda.

Denario romano de plata, del siglo II.

● *¿Puedes ser poseído por un demonio? No si vives en el Espíritu de Cristo, porque ninguno de ellos es capaz de enfrentarse a Cristo y permanecer (Mr 1.34).*

DENARIO. Moneda romana de plata que equivalía al salario de un día de trabajo en la época de Jesús (Mt 20.1-16; Mr 12.15). Equivalente al dracma griego.

DERBE. Ciudad de la provincia de Galacia donde Pablo predicó mientras levantaba iglesias en la región (Hch 14.6, 20; 16.1; 20.4). Galacia se ha identificado como la actual Turquía.

DESAFIAR. Rebelarse contra, desobedecer deliberadamente, resistir abiertamente, retar a alguien o a algo considerado imposible, invitar a la lucha (Nm 23.7-8; 2 S 23.9-10).

DESCENDENCIA. Los que vienen de un padre o antepasado; hijo de, nieto de, bisnieto de, y así sucesivamente. También, «de la casa de» (Lv 21.21; Lc 1.27; Ro 11.1). Jesús era descendiente de David (Mt 1.1).

DESCENDER. Ir hacia abajo o venir hacia abajo (Gn 28.12; Mt 7.25; Lc 3.22).

DESCENDIENTES. Hijos, posteridad (Dn 11.4).

DESCUBRIR. Revelar o desvelar (Mt 26.73). Parecido a *traicionar* pero sin transmitir la idea de deslealtad de la traición.

DESEAR. Querer, anhelar, pedir, deleitarse en, buscar con urgencia (1 P 2.2; Sal 37). El deseo en sí mismo es neutral.

DESESPERACIÓN. Pérdida de esperanza. Sentir que no hay vía de escape (Ec 2.20; 2 Co 4.8).

Cañón de roca arenisca en el desierto de Sinaí.

DESIERTO. Tierra yerma y rocosa, o sin cultivar, apta para los nómadas y para que el ganado paste (Dt 1.19; Mt 15.33). Las zonas desérticas eran frecuentemente áreas rocosas con pocas precipitaciones lluviosas, no necesariamente arenosas. Algunas de ellas tenían una vegetación considerable.

▲ *Debido a su rebelión contra Dios después de que él los liberase de Egipto, los hebreos vagaron por el desierto durante cuarenta años. El Nuevo Testamento advierte a los cristianos actuales para que no cometan el mismo error (1 Co 10.1-12).*

DESMAYAR. Rendirse (2 Co 4.16).

DESPERDICIO. Pérdida (Mt 26.8).

DESPERTAR. 1. Resucitar (Is 26.19; Dn 12.2). 2. Prestar atención a (Sal 35.23; 1 Co 15.34). 3. Despertar físicamente (Mr 4.38).

DESPOSADO. Comprometido para casarse (Mt 1.18; Dt 20.7). Mucho más vinculante que el compromiso actual. Acabar con esa relación exigía un divorcio. El desposorio incluía habitualmente un intercambio de regalos y un anuncio público. Se requería lealtad y los miembros de la pareja se llamaban frecuentemente entre sí marido y mujer. Las relaciones sexuales no se consumaban hasta el matrimonio (Gn 29.20-23).

DESPOSARSE. Comprometerse a casarse (Dt 20.7; Mt 1.18). Mucho más vinculante que el compromiso actual. Para acabar esta relación era necesario divorciarse. Desposarse exigía fidelidad. Los desposados se llamaban muchas veces marido y mujer entre sí. Siguiendo el plan de Dios, el sexo se aplazaba hasta el matrimonio (Gn 29.20-23). Ver **DESPOSADO**.

DESPRECIAR. Detestar, aborrecer, rechazar, menospreciar, mirar con desdén (Pr 1.7; Mt 6.24; He 12.2; 1 Ti 4.12).
▲ *Aunque Jesús menospreció o despreció la vergüenza de la cruz (He 12.2), parece que el término se emplea más en la Biblia para los humanos. ¿Nos pediría Dios que despreciásemos a alguien o a algo? Quizás deberíamos identificar las cosas que Dios odió (Pr 6.16-19; 8.13). Considera odiar únicamente aquello que Dios odia.*

DESTERRADO. Uno de los dispersados como refugiados o exiliados (Sal 147.2; Is 16.4). Aunque no se emplea el término en Juan 16.2, la idea transmitida por el versículo es la de una persona expulsada de un tribunal o excomulgada de la sinagoga.

DESTETAR. Hacer que un niño no dependa más de la leche de su madre (1 S 1.23).

▲ *Los bebés necesitan leche, pero se espera que crezcan y sean capaces de comer carne. Esta verdad tiene una analogía espiritual (cp. 1 Co 3.2; He 5.12-13). El crecimiento espiritual exige que nos destetemos de la leche espiritual y pasemos a comer carne espiritual.*

DESTRUCCIÓN. Calamidad, juicio (Dt 32.35; Ap 18.10).

DETENER. Evitar, desistir, refrenarse, retener, dejar, contener (Job 29.9).

DEUTERONOMIO, LIBRO DE. Quinto libro del Antiguo Testamento; significa «segunda ley». Deuteronomio repasa y explica la obra de Dios con su pueblo e insta a un compromiso renovado con él, impulsado por su amor y sus bendiciones. El mismo debe expresarse a través de la lealtad y la obediencia. Deuteronomio explica repetidamente que el camino de Dios es el de la vida verdadera (Dt 30.19-20).

Deuteronomio se escribió poco antes de que Moisés muriese. Incluye un relato de su muerte en el último capítulo. Moisés comisionó a Josué como el siguiente líder del pueblo de Dios (Dt 34.5-12). El libro contiene sus discursos al pueblo de Israel en Moab, en los límites de la tierra prometida (Canaán). El libro repasa los diez mandamientos, haciendo hincapié en el primero de ellos. Deuteronomio fue probablemente el «libro de la ley» encontrado por Josías, que impulsó sus reformas religiosas generalizadas (2 R 22–23).

● *Muchos consideran que Deuteronomio 6.4-9 contiene las palabras clave del libro. Para los hebreos, las mismas acabaron siendo una con-* *fesión de fe (la shemá hebrea) para que todas sus generaciones las oyesen y obedeciesen. Evalúa tu propia vida: ¿obedeces estas palabras de Dios en tu vida?*

DEVOLVER. Restaurar (Gn 20.7; Lc 19.8).

DÍA. Puede referirse a un período de veinticuatro horas, algún otro espacio de tiempo o a un momento de juicio de Dios o retorno de Cristo (Mal 3.16-18; 4.5-6; 2 Ts 2.1-2).

DÍA DEL SEÑOR. Los expertos ven esta referencia desde diferentes perspectivas: (1) cuando el Señor regrese, (2) cuando el mundo tal como lo conocemos acabe o (3) cuando Dios libere al mundo del mal de una vez por todas (Jl 2.28-32; Fil 1.6, 10). El día del Señor significará desastre y juicio para los enemigos de Dios, pero salvación y liberación para los creyentes (Am 5.18-20; Sof 1.14-18).

En el Antiguo Testamento, el día del Señor era algo que los infieles temían y los fieles anunciaban (Am 5.18; Dn 7.22, 27; 12.2). En el Nuevo Testamento, se refiere frecuentemente al día del regreso de Jesús (Fil 1.6, 10). Él traerá juicio y entregará a los creyentes al gozo eterno (Jn 5.27; 6.40; Ro 2.5-11). El día del Señor desembocará en un nuevo cielo y una nueva tierra (2 P 3.10-13).

DIABLO. Satanás, calumniador, enemigo de Dios (1 Co 10.20). Ser sobrenatural que intenta quitar la felicidad a las personas bloqueando los propósitos de Dios, cosa que hace principalmente por medio de la tentación y el engaño. También se le llama «Beelzebú», el «maligno» y «Lucifer». El diablo tiene poder sobrehumano pero se le puede resistir con la ayuda de Dios. Sus poderes están limitados a lo que el Señor permite. Ver **SATANÁS**.

▲ *El diablo no fue creado malvado. Muchos creen que es un ángel rebelde (cp. Is 14.12-20,*

Ez 28.12-19, Lc 10.18). En 2 Pedro 2.4, vemos que otros ángeles, llamados ahora demonios, se rebelaron con él. El diablo no solo vive en el infierno sino también en la tierra (Ap 12.12). Será echado al infierno en el día del juicio (Ap 20.12).

● *Aunque el diablo no puede poseer al cristiano, puede influenciarlo. ¿Conoces las formas en que el diablo puede estar tentándote u obrando en tu vida? ¿Si es así, cómo? (cp. 1 Jn 1.7).*

● *Santiago 4.7 nos insta a resistir al diablo y someternos a Dios. ¿Qué nos promete el Señor si resistimos al diablo?*

DIÁCONO. Siervo, ministro, ayudante (Fil 1.1; 1 Ti 3.8-13). Un líder de la iglesia que ministra a los demás. Aunque el término *diácono* aparece poco en la Biblia, la palabra que se traduce así lo hace más de treinta veces. Se traduce habitualmente «siervo» y describe en muchas ocasiones cómo los cristianos suplen las necesidades materiales de sus hermanos (2 Co 8.4). Jesús dijo que vino a servir, no a ser servido, lo cual traduce el verbo griego para «diácono» en Mateo 20.28.

▲ *Febe es una mujer que aparece en el Nuevo Testamento como diaconisa (Ro 16.1).*

DÍDIMO. Significa «gemelo». Es el nombre griego del apóstol Tomás (Jn 11.16; 20.24; 21.2). *Tomás* es la palabra aramea para gemelo.

DIESTRA. Lo que queda del lado de la mano derecha, posición de honor al lado de un rey (Mt 20.21-27; Mr 10.35-40). Pero en otros casos, estar a la diestra se consideraba algo de menor importancia (Gn 48.13-19).

DIEZ MANDAMIENTOS. Normas básicas para la vida dadas por Dios a los israelitas (Éx 20.1-17; Dt 5.6-21). Los mandamientos revelan la voluntad de Dios para nuestra relación con él y con los demás. Las primeras normas se ocupan de la humanidad y nuestra relación con Dios. Las últimas tratan de nuestra relación con las demás personas. El mandamiento de honrar a los padres es el primero con una promesa (Ef 6.2).

▲ *Para entender el propósito de cada mandamiento, léelo haciendo hincapié en su declaración positiva original, esto es, si el mandamiento se expone como una prohibición, dilo de una forma positiva, declarando lo que se debe hacer en lugar de lo que no.*

LOS DIEZ MANDAMIENTOS

MANDAMIENTO	PASAJE	PASAJES RELACIONADOS DEL AT	PASAJES RELACIONADOS DEL NT	ENSEÑANZAS DE JESÚS
No tendrás dioses ajenos delante de mí	Éx 20.3; Dt 5.7	Éx 20.23; 34.14; Dt 6.4, 13–14; 2 R 17.35; Sal 81.9; Jer 25.6; 35.15	Hch 5.29	Mt 4.10; 6.33; 22.37–40
No te harás imagen	Éx 20.4–6; Dt 5.8–10	Éx 32.8; 34.17; Lv 19.4; 26.1; Dt 4.15–20; 7.25; 32.21; Sal 115.4–7; Is 44.12–20	Hch 17.29–31; 1 Co 8.4–6, 10–14; Col 3.5; 1 Jn 5.21	Mt 6.24; Lc 16.13
No tomarás el nombre de Jehová tu Dios en vano	Éx 20.7; Dt 5.11	Éx 22.28; Lv 18.21; 19.12; 22.2; 24.16; Ez 39.7	Jn 5.12	Mt 5.33–37; 6.9; 23.16–22

Acuérdate del día de reposo para santificarlo	Éx 20.8–11; Dt 5.12–15	Gn 2.3; Éx 16.23–30; 31.13–16; 35.2–3; Lv 19.30; Is 56.2; Jer 17.21–27	He 10.25	Mt 12.1–13; Mr 2.23–27; 3.1–6; Lc 6. 1–11
Honra a tu padre y a tu madre	Éx 20.12; Dt 5.16	Éx 21.17; Lv 19.3; Dt 21.18–21; 27.16; Pr 6.20	Ef 6.1–3; Col 3.20	Mt 15.4–6; 19.19; Mr 7.9–13; Lc 18.20
No matarás	Éx 20.13; Dt 5.17	Gn 9.6; Lv 24.17; Nm 35.33	Ro 13.9–10; Stg 5.21	Mt 5.21–24; 19.18; Mr 10.19; Lc 18.20
No cometerás adulterio	Éx 20.14; Dt 5.18	Lv 18.20; 20.10; Dt 22.22; Nm 5.12–31; Pr 6.29, 32	Ro 13.9–10; 1 Co 6.9; He 13.4; Stg 2.11	Mt 5.27–30; 19.18; Mr 10.19; Lc 18.20
No hurtarás	Éx 20.15; Dt 5.19	Lv 19.11, 13; Ez 18.7	Ro 13.9–10; Ef 4.28	Mt 19.18; Mr 10.19; Lc 18.20
No hablarás contra tu prójimo falso testimonio	Éx 20.16; Dt 5.20	Éx 23.1, 7; Lv 19;11; Sal 15.2; 101.5; Pr 10.18; Jer 9.3–5; Zac 8.16	Ef 4.25, 31; Col 3.9; Tit 3.2	Mt 5.37; 19.18; Mr 10.19; Lc 18.20
No codiciarás	Éx 20.17; Dt 5.21	Dt 7.25; Job 31.24–28; Sal 62.10	Ro 7.7; 13.9; Ef 5.3–5; He 13.5; Stg 4.1–2	Lc 12.15–34

DIEZMO. Una décima parte del dinero o las posesiones (2 Cr 31.5-6). Diezmar es dar a Dios una décima parte de lo que uno tiene (Mal 3.10). Es una forma de obedecer y adorar al Señor (Dt 14.22-29; Mal 3.10). No hacerlo es robar a Dios (Mal 3.8).

▲ En los Evangelios encontramos tres ejemplos de esta práctica en los que Jesús elogió lo que se hizo, pero condenó lo que no se hizo. La naturaleza del Nuevo Testamento no es centrarse en los requisitos mínimos de la ley del Antiguo Testamento; más bien hace hincapié en ser un dador alegre (2 Co 9.7) y ver hasta dónde se puede llegar más allá de dar la décima parte.

● ¿Por qué crees que muchos cristianos ofrendan? ¿Por qué crees que otros muchos no lo hacen? ¿Qué respuesta da Malaquías 3.8-10 a estas razones?

DILUVIO. Un aluvión de agua (Is 28.2; Mt 7.25). Dios envió un gran diluvio para destruir a aquellos que no se volvieron de su pecado, pero salvó al justo Noé y a su familia, que le obedecieron (Gn 6–9).

DINERO. En un principio, los israelitas no acuñaban moneda y utilizaban un sistema de pesos en las transacciones (Gn 23.16; 1 Cr 21.25). El siclo y el talento empezaron siendo pesos en lugar de valores monetarios. En la época del Nuevo Testamento ya se utilizaban monedas. Es difícil delimitar las equivalencias actuales porque el valor del dinero cambia a lo largo del tiempo. Quizás sea mejor destacar lo que cada cual podía comprar. Un denario (lo mismo que un dracma) equivalía al salario diario de un soldado romano o un obrero normal. El talento eran unos seis mil denarios. Otros valores son:

Blanca= La ofrenda de la viuda=Fracción de un céntimo
Denario= La paga diaria
Dracma (griego)= Denario (romano)
Estatero= 4 denarios
Aureus= 25 denarios
Talento= 6.000 denarios

▲ *El siclo era una unidad hebrea de unos 252 granos troy y podía ser una moneda u otro material de ese peso.*

DIOS. El Eterno, sin principio ni final (Éx 3.14). El que no ha sido creado, que creó todo y a todos (Gn 1.1; Jn 1.1-3). Él es uno (Dt 6.4-9), pero se revela a nosotros como tres en uno: Dios Padre, Dios Hijo, y Dios Espíritu Santo (Mt 3.16-17). Algunas de sus características son la creatividad de su obra, la gracia de su misericordia amorosa, su intolerancia del pecado, su perdón de las personas que se apartan del pecado y confían en él, su dirección para una vida de calidad (Gn 1.31; Ef 2.8-10; Ro 6.23; 10.9-10; Jn 3.16; 10.10).

La forma de poder conocer a Dios Padre y Dios Espíritu es acercarse al Hijo, Jesucristo (Jn 14.15-20). Dios es todopoderoso, omnisciente, omnipresente y amoroso.

Ninguna definición de Dios es completa, pero su revelación y nuestra experiencia con él son suficientes para que lo conozcamos y confiemos en él totalmente, ahora y para toda la eternidad. Ver también **PADRE, ESPÍRITU SANTO, JESÚS Y TRINIDAD**.

DIOS, NOMBRES DE. La Biblia emplea muchos nombres para Dios y cada uno de ellos describe algo acerca de su carácter, sus capacidades o la forma en que se relaciona con nosotros. Estos seis primeros son palabras hebreas traducidas al castellano en nuestras Biblias. ¿Cómo marca cada una de ellas una diferencia en su vida?

ELOHIM = Dios, majestad, poder, amor inmutable (Gn 1.1). El que produjo orden a partir del caos. Este nombre describe al único Dios verdadero. Acentúa su mente todopoderosa y su cualidad de Creador. Este nombre se utiliza para definir al Dios que quiere tener una relación de pacto con su pueblo. Elohim es la forma plural de una palabra hebrea con un significado singular. También podía emplearse para ídolos y dioses falsos.

YHWH = Traducido frecuentemente Señor; nombre personal de Dios (Éx 3.14; Col 1.15). Dios es amoroso y justo. Por tanto, debe juzgar al impío. (Nótese que YHWH no contiene vocales. La pronunciación correcta es probablemente Yah-uéh en lugar de Jehová).

EL SHADDAI = Dios Todopoderoso, capaz de llevar a cabo su propósito y su voluntad (Gn 17.1; 2 Co 6.18). Su fuerza se perfecciona en nuestra debilidad. El se traduce Dios y significa principalmente poder. El Señor derrama su ser y poder por el bien de los demás.

EL ELYÓN = Dios altísimo (Gn 14.22; Ro 3.29). El significa Dios, como en El Shaddai. Elyón se refiere a la naturaleza especial y diferente de Dios. Es el Dios altísimo y gobierna sobre todas las demás criaturas celestiales. Es superior a todos los que reivindican poseer poder divino. Aunque nos hizo a su imagen, solo él tiene el poder para gobernar, poseer y ser exaltado sobre todos los demás seres, poderes y elementos de la creación.

ADONAI = Señor (Gn 15.1ss; Sal 8.9; Hch 9.6). Este término es diferente de YHWH porque se centra en la relación personal de Dios con nosotros: él como Creador y nosotros como creados. Adonai destaca las características de la relación entre amo y esclavo (pertenencia), y de la existente entre marido y mujer (juntos para siempre). Dios cuida de nuestras necesidades y es suficiente para nosotros.

EL OLAM = Dios eterno o Dios del siglo, que se revela a las personas (He 1.1). Obra en el tiempo para ayudarnos a comprenderle, a saber cómo servirle, cómo actuar como su pueblo.

● Los nombres hebreos anteriores se traducen Dios, Señor, o con otras palabras en castellano.

Las siguientes son otras descripciones de él. ¿Qué te gusta de cada una de ellas?
YO SOY (Éx 3.14)
ABBA= Papá (Mr 14.36; Ro 8.15).
AMOR (1 Jn 4.8)
DIOS VIVIENTE (Mt 16.16)
PADRE, HIJO, y ESPÍRITU SANTO (Mt 28.19).

NOMBRES DE DIOS

NOMBRE	REFERENCIA	SIGNIFICADO	EQUIVALENTE EN NVI
NOMBRES HEBREOS			
Adonai	Sal 2.4	Señor, Amo	Señor
El-Berit	Jue 9.46	Dios del Pacto	El Berit
El Elyón	Gn 14.18–20	Altísimo, Exaltado	Dios altísimo
El Olam	Gn 21.33	El Dios Eterno	El Señor, Dios eterno
El Shaddai	Gn 17.1–2	Dios Todopoderoso	Dios Todopoderoso
Qedosh Yisra'el	Is 1.4	El Santo de Israel	El Santo de Israel
Shapat	Gn 18.25	Juez/Gobernante	Juez
Yahweh-yereh	Gn 22.14	Jehová provee	El Señor provee
Yahweh-seba'ot	1 S 1.3	Jehová de los ejércitos	El Señor Todopoderoso
Yahweh-shalom	Jue 6.24	Jehová es paz	El Señor es la paz
Yahweh-tsidkenu	Jer 23.6	Jehová, justicia nuestra	El Señor es nuestra salvación.
NOMBRES ARAMEOS			
Attiq yomin	Dn 7.9	Anciano de Días	Anciano
Illaya	Dn 7.25	Altísimo	Altísimo

DIOSES. Cualquier persona o cosa que es objeto de adoración (Éx 20.23; Hch 19.26). Las personas siempre han tenido problemas con la atracción hacia la adoración a dioses falsos (idolatría). Solo hay un Dios verdadero.

● *Menciona algunos dioses que la juventud tiene en la actualidad. ¿Puede una actividad, en lugar de un objeto, ser un dios?*

DISCERNIR. Ser capaz de separar las cosas de Dios de las que no son de él (Job 6.30; Ez 44.23). Distinguir entre lo bueno y lo malo (1 R 3.9; He 5.14). «Discernimiento de espíritus» es la capacidad de decir si alguien está hablando por el Espíritu Santo o por un espíritu falso (1 Co 12.10).

DISCIPLINA. Enseñanzas de Dios en la vida de su pueblo, tanto formativas como correctivas

(Job 36.10). La palabra aparece en unos pocos versículos de la Biblia (Ef 6.4), pero el concepto se halla muy presente en multitud de pasajes con términos como «corrección», «instrucción», «castigo» y «reprensión» (2 Ti 2.25; Job 36.10).

La disciplina incluye preparación y conocimiento en equilibrio con corrección y castigo. Basada en el amor y la preocupación por nuestro bienestar, su propósito es nuestra madurez y felicidad en el servicio de Dios (Sal 94.12-13; Pr 3.11-12).

▲ *La disciplina puede autoimponerse para aprender una habilidad o un cúmulo de conocimiento. Leer la Biblia, orar y servir se consideran las disciplinas cotidianas del cristiano.*

● *¿Qué disciplina podrías elegir para servir a Dios de forma más efectiva? ¿Cómo podría estar Dios disciplinándote ahora?*

DISCIPULADO. El compromiso a vivir como discípulo de Jesucristo. Es un proceso que incluye aprender la verdad bíblica, aplicarla a la vida cotidiana, volverse como Cristo, compartir el cristianismo con los demás, servir a la iglesia y cumplir los objetivos que Dios ha diseñado personalmente para cada ser humano (Mt 11.28-30; 28.18-20).

DISCÍPULO. Aprendiz, estudiante, seguidor. Implica la aceptación de las enseñanzas del maestro y la imitación de sus prácticas (Lc 6.40; Is 8.16). Los seguidores de Jesús eran llamados discípulos (Lc 22.14, 38), como lo son todos los cristianos (Lc 14.26-27; Hch 9.36). Ver **APÓSTOL**.

▲ *La palabra discípulo solo se utiliza en los cuatro Evangelios y en Hechos. Después de que los discípulos aprendiesen de Jesús, fueron enviados como apóstoles (discípulos enviados en una misión).*

DISENSIÓN. División, separación (Mt 10.35). Disputa, conflicto (Gá 5.20).

DISPENSACIÓN. Ley o acuerdo (Ef 1.10; 3.2). El Nuevo Testamento utiliza el concepto de dos formas: 1. Cuando se aplica a alguien que ostenta la autoridad, hace referencia a un plan, específicamente el plan de salvación en Efesios 1.10. 2. Cuando se trata de alguien que está bajo la autoridad, significa gestionar como administrador para quien ejerce la misma (1 Co 9.17; Ef 3.2; Col 1.25).

DISPERSAR. Esparcir, extender, repartir (Pr 15.7; Ez 12.15; 2 Co 9.9).

DISPERSIÓN. Diáspora (Jer 25.34; Hch 5.37). Cuando aparece con su inicial en mayúscula, se refiere habitualmente a la dispersión de los judíos en muchos territorios extranjeros después de su exilio en Babilonia y Asiria. Los propios judíos dispersados recibieron el nombre de «la diáspora».

Esta vidriera belga muestra a Jesús rodeado de sus seguidores. Aunque había elegido a doce discípulos especiales (más tarde llamados «apóstoles»), muchas personas, hombres y mujeres, seguían a Jesús.

DISCÍPULOS DE JESÚS

MATEO 10.2–4	MARCOS 3.16–19	LUCAS 6.13–16	HECHOS 1.13–14
Simón Pedro	Simón Pedro	Simón Pedro	Pedro
Andrés	Jacobo hijo de Zebedeo	Andrés	Jacobo
Jacobo hijo de Zebedeo	Juan	Jacobo	Juan
Juan	Andrés	Juan	Andrés
Felipe	Felipe	Felipe	Felipe
Bartolomé	Bartolomé	Bartolomé	Tomás
Tomás	Mateo	Mateo	Bartolomé
Mateo el publicano	Tomás	Tomás	Mateo
Jacobo hijo de Alfeo	Jacobo hijo de Alfeo	Jacobo hijo de Alfeo	Jacobo hijo de Alfeo
Tadeo	Tadeo	Simón llamado Zelote	Simón el Zelote
Simón el cananista	Simón el cananista	Judas hermano de Jacobo (comparar Jn 14.22)	Judas hermano de Jacobo
Judas Iscariote	Judas Iscariote	Judas Iscariote	(Judas Iscariote) Matías (v. 26)

DISPONER. Establecer, formar (Jer 18.11; He 11.3).

DIVERSO. De diferentes tipos, variado, falso (Dt 22.9; Pr 20.23; Mr 1.34).

DIVES. Nombre dado tradicionalmente al hombre rico de la parábola de Jesús del rico y Lázaro (Lc 16.19-31). Es una palabra del latín, que significa «rico», empleada en Lucas 16.19 en la Vulgata latina; con el tiempo, el término acabó utilizándose como el nombre del rico.

DIVINO. De Dios (2 P 1.3-4; He 9.1).

DIVORCIO. Finalización del matrimonio. Contrario al ideal de Dios (Mr 10.4-19), pero supuestamente permitido si uno es sexualmente infiel (Mt 5.31-

32) o abandona al otro (1 Co 7.15). Jesús dijo que Moisés reconoció que la dureza del corazón del pueblo condujo al divorcio. Por esa razón, este estableció requisitos y limitaciones para el mismo (Mt 19.8; Dt 24.1-4). Jesús mandó a las parejas casadas que trabajasen para conseguir un amor y una unidad para toda la vida (Mt 19.5-6).

▲ *Dios perdona a los pecadores arrepentidos, cualquiera que sea el pecado. Aunque un divorcio se produzca por las razones equivocadas, no es imperdonable. El Señor continúa obrando en y a través de nosotros cuando dejamos que lo haga, en todas las etapas y circunstancias de la vida (cp. Ro 8.28).*

DOBLE ÁNIMO. Literalmente, «con dos almas». Dudoso, indeciso, vacilante (Stg 1.8; 4.8).

La palabra transmite inestabilidad, inquietud, quizás engaño.

● *¿Cómo afecta a las convicciones de la persona el ser de doble ánimo? ¿Cómo afecta a sus oraciones y a las respuestas a las mismas? (cp. Stg 1 para reflexiones adicionales).*

DOBLEZ. El término sugiere insinceridad, hipocresía o falta de integridad.

«Tener un doble discurso» transmite la idea de la doblez.

DOCTRINA. Instrucción. Enseñanza acerca de Dios y de cómo vivir para él (Pr 4.2). La doctrina influye sobre palabras y acciones (Tit 2.1; 1 Ti 1.10).

Lázaro mendiga a las puertas de la casa del hombre rico —al que la tradición llama Dives— como cuenta la parábola de Jesús.

El propio Jesús fue el mejor maestro de la doctrina (Mt 7.28; Jn 7.16-17).

DOLOR. Puede ser físico o mental y emocional (Sal 48.6; 55.4; 116.3; Is 13.8; Jer 4.19; Ap 16.10; 21.4). Puede ser una consecuencia del pecado; sin embargo, como el libro de Job revela claramente, no *todo* el dolor se debe al pecado.

▲*Compara y contrasta estas referencias con el dolor más allá de esta vida: Salmos 116.3 y Apocalipsis 21.4. El dolor estará eternamente presente en el infierno, pero totalmente ausente del cielo.*

DOLORES. Dolor, angustia; término empleado para describir los dolores de parto o como comparación con los mismos (Is 26.17).

DON. Presente, ofrenda, favor (Dn 2.6; 2 Co 9.15). El don de Dios es la vida eterna (Ro 6.23; Ef 2.8-10). El don del Espíritu Santo viene con la salvación (Hch 2.38).

▲*Los dones son siempre gratuitos. La salvación es un regalo de Dios por el que no se pueden hacer méritos; solo se produce cuando la persona se arrepiente del pecado y confía en Jesús como Señor y Salvador (Ro 10.9-10).*

■ **DONES ESPIRITUALES**. Aptitudes que el Espíritu Santo da a los creyentes (1 Co 12.7). Todo cristiano tiene, al menos, un don espiritual. Debemos usarlos para edificar a otros creyentes, para crear unidad, expresar amor y alcanzar a nuevos cristianos (Ef 4.13-16). Para una lista de ejemplos de estos dones, cp. 1 Co 12–14; Ro 12.4-8; Ef 4.11-13. Capacidades o poderes otorgados por Dios al creyente a través del Espíritu Santo (1 Co 7.7). Cada cristiano tiene al menos uno, y la responsabilidad de utilizarlo (Mt 25.14-30; 1 P 4.11).

▲*En 1 Corintios 12–13 y Romanos 12 encontramos listas de algunos dones espirituales.*

● *Escribe al menos un don espiritual que sientes que Dios te ha dado. ¿Estás tratando de ser un buen administrador de su uso y desarrollo?*
● *¿Cuáles son tus dones espirituales?*

DORCAS. Significa «gacela» y es la traducción griega de *Tabita*. Dorcas era una discípula que hizo muchas buenas obras en el nombre de Jesús. Después de morir, Pedro oró por ella, la llamó, y resucitó a la vida (Hch 9.36-42).

DORMIDO. 1. Eufemismo que los cristianos utilizaban para decir *muerto* (Jn 11.11-13, para la referencia de Jesús a la muerte de Lázaro; cp. también Hch 7.60; 1 Co 15.6; 1 Ts 4.13). 2. Relativo al acto físico de dormir (Jon 1.5; Mt 8.24).

DOTE. Regalo de casamiento; propiedades, dinero o siervos que venían con la novia para el marido (Gn 30.20). En ocasiones, la dote era el precio pagado por el pretendiente a los padres de la novia (1 S 18.25).

DRACMA. Moneda de plata equivalente a la paga de un día de trabajo (Lc 15.8-9) y al denario romano. Varias versiones traducen simplemente «moneda de plata».

DUDAR. Falta de fe o incredulidad (Mt 14.31). Literalmente, no tener recursos, juzgar de forma diferente o permanecer en división (Hch 10.17; Mr 11.23; Mt 28.17). Además de dudar de Dios, uno puede hacerlo también de los actos o motivos de una persona (Hch 25.20).

▲*Las dudas deben resolverse. Cuando Tomás dudó, lo admitió; Jesús le dio pruebas que solventaban sus dudas (Jn 20.24-28). La fe es la convicción de las cosas que se esperan pero que no se ven.*

DUREZA DE CORAZÓN. Ser duro de corazón es cerrarse completamente a Dios (Ez 3.7); también, ser tozudo e inflexible (Mr 10.5).

EBED-MELEC. Eunuco etíope que sirvió al rey Sedequías y ayudó a Jeremías a escapar de la cárcel y de la muerte (Jer 38.7-13; 39.16-18).

EBEN-EZER. 1. Piedra establecida por Samuel como recordatorio de la ayuda de Dios para derrotar a los filisteos (1 S 7.12). La palabra significa «piedra de ayuda». 2. Ciudad de Efraín en la que los filisteos derrotaron a los israelitas (1 S 5.1).

ECLESIASTÉS, LIBRO DE. Libro del Antiguo Testamento que hace hincapié en que la vida no centrada en Dios no tiene sentido. Reflexiona sobre la brevedad, las contradicciones y los misterios de la vida humana. Tradicionalmente, el escritor de Eclesiastés se conoce como «el Predicador», o Salomón. Él llega repetidas veces a la conclusión de que la vida es vana o está vacía, repitiendo la palabra «vanidad» casi cuarenta veces (cp. Ec 1.2). Sin embargo, aconseja a las personas a trabajar duro, disfrutar los regalos de Dios tanto como puedan el máximo tiempo posible, y no dejar que nada los aparte de la fe y la obediencia a Dios.

Aunque el libro parece negativo, da la seguridad de que Dios es la fuente de esperanza que nos ayuda a pasar por la vida y sus épocas de crisis. El pasaje más popular de Eclesiastés es quizás: «Todo tiene su tiempo, y todo lo que se quiere debajo del cielo tiene su hora» (cp. 3.1-8).

EDÉN. El huerto del deleite plantado por Dios, donde también puso al hombre (cp. Gn 2.7-7, 23 para Adán y Eva). *Edén* significa «deleite». Ver cuadro en página siguiente.

EDIFICAR, EDIFICACIÓN. Construir, alentar, fortalecer, unificar en amor (Ef 4.12-16, 29). La edificación puede venir de otros cristianos, del Espíritu Santo o de actividades (Ro 14.19; Hch 9.31; 1 Co 10.23). Su objetivo es la plenitud en Jesús y la armonía con otros cristianos.

● *¿Cómo edifican y exhortan tus palabras y tus acciones a aquellos a quienes ves cada día?*

EDOM, EDOMITAS. Significa «rojo» o «rojizo». Hijo mayor de Isaac, llamado anteriormente Esaú (Gn 25.30). Se le cambió el nombre a *Edom*, porque vendió su primogenitura a su hermano gemelo Jacob por un guiso rojo de lentejas. Sus descendientes, los edomitas (que vivían en Edom) se volvieron enemigos de Israel (Dt 23.7; 2 R 8.21-22; Is 34.5-8). Ver **ESAÚ**.

EFA. Unidad de medida de áridos equivalente a unos 22 litros (Jue 6.19).

EFESIOS, LIBRO DE. Este libro del Nuevo Testamento es una carta del apóstol Pablo a los cristianos de la ciudad de Éfeso. Muchos expertos creen que pudo haber sido una circular para otras ciudades también, porque los manuscritos más antiguos tenían aparentemente un espacio para escribir otros nombres de iglesia. Pablo se encontraba probablemente en la cárcel en Roma mientras escribía Efesios, alrededor del año 62 A.D.

Efesios provee a los lectores una visión privilegiada de Cristo, su iglesia, el Espíritu Santo, la salvación, y de cómo vivir la vida cristiana. No es de extrañar que algunos hayan llamado a este libro «los Alpes del Nuevo Testamento». Efesios explica que la iglesia se compone de los cristianos individuales, de diferentes entornos y nacionali-

El huerto del Edén de Dios se muestra ciertamente como un deleite en este cuadro de Thomas Cole, de 1828.

dades, todos ellos redimidos por Jesucristo. Jesús es la Cabeza de esta iglesia y cada miembro tiene un propósito específico.

▲ *Efesios emplea bellas imágenes para referirse a la iglesia: el cuerpo de Cristo, el templo de Dios y la esposa de Cristo.*

ÉFESO. Famosa ciudad jónica con puerto de mar. Situada aproximadamente en el punto medio de la costa occidental de Asia Menor (Hch 18.19). Pablo fundó una iglesia allí y predicó en esa región durante unos tres años en total. El apóstol escribió el libro de Efesios para la iglesia de Éfeso (y probablemente también para otras iglesias de Asia Menor).

▲ *El templo de la diosa Diana (llamada también Artemisa) se encontraba en Éfeso. Cuando la gente comenzó a convertirse al cristianismo, los que sacaban beneficios de la adoración a la diosa se preocuparon por su influencia y se produjo una revuelta (Hch 19.23-25).*

EFOD. Prenda que llevaban los sacerdotes, y más adelante otras personas (Lv 8.7; 1 S 2.18).

EFRAÍN. 1. Segundo hijo de José (Gn 42.50-52). 2. Tribu de Israel (Gn 48; Jos 16.5). 3. Nombre con el que se denominaba a Israel cuando su territorio era casi todo lo que quedaba del reino del norte (Os 5.3). 4. Un bosque (2 S 18.6). 5. Una puerta de Jerusalén (2 R 14.13). 6. Ciudad situada al norte de Jerusalén (Jn 11.54).

EGIPTO. Tierra situada al nordeste de África, irrigada por el Nilo, el río más largo del mundo (Gn 12.10). Una de las naciones más antiguas. Los hijos de Jacob fueron allí a comprar comida cuando hubo hambruna en su tierra. Sus descen-

Entre las vestiduras del sumo sacerdote estaba el efod, una bata corta que aquí se ve bajo el pectoral dorado con sus doce piedras.

dientes acabaron más tarde siendo esclavos allí, pero Dios utilizó a Moisés para llevarlos a la libertad (Gn 42.2; Éx 3.9-10). Los padres de Jesús huyeron con Jesús a Egipto para estar seguros (Mt 2.13). Roma controló su territorio en la época del Nuevo Testamento.

EJE. Aro central o buje de una rueda (1 R 7.33).

EJEMPLO. Muestra, tipo, patrón, modelo, alguien o algo que imitar o de quien aprender (Fil 3.17; 1 Ti 4.12). Puede ser positivo o negativo (1 P 2.21; Jud 7). Jesús es nuestro ejemplo positivo supremo.

ELAM. Al menos seis personas llamadas Elam aparecen en la Biblia. La más prominente fue un hijo de Sem y nieto de Noé. Este Elam dio su nombre a una tierra situada al sur de Asiria y al este de Persia, habitada por sus descendientes (Gn 10.22). También fue una de las primeras civilizaciones (Is 11.11; Hch 2.9).

ELEAZAR. Tercer hijo de Aarón, que llegó a ser sumo sacerdote (Éx 6.23; Nm 3.32). El nombre significa «Dios ha ayudado». Hubo otras personas llamadas así, como el hijo de Abinadab que guardó el arca del Señor (1 S 7.1).

ELECCIÓN. Selección. La decisión soberana de Dios de escoger a ciertas personas para que sean suyas. Se produce por medio de la relación con Cristo (2 P 1.10; Ef 1.4-5, 11). La elección no elimina la libertad y responsabilidad de cada persona de elegir a Dios en Cristo como Señor y Salvador.

ELÍ, ELÍ, ¿LAMA SABACTANI? «Dios mío, Dios mío, ¿por qué me has desamparado?». Esta expresión aramea es una cita de Salmos 22.1. Jesús la dijo mientras moría en la cruz (Mt 27.46). Es igual que «Eloi, Eloi, ¿lama sabactani? (Mr 15.34). No sabemos con exactitud si estas palabras constituyen un cumplimiento profético, si reflejan el componente totalmente humano del ser divino de Jesús, o ambas cosas. Lo que sí sabemos es que estas intensas palabras salieron de lo más profundo de la experiencia de Jesús mientras expiaba los pecados del mundo.

Auténticos iconos de Egipto: la esfinge y las pirámides. Ambas existían ya durante gran parte de la historia bíblica.

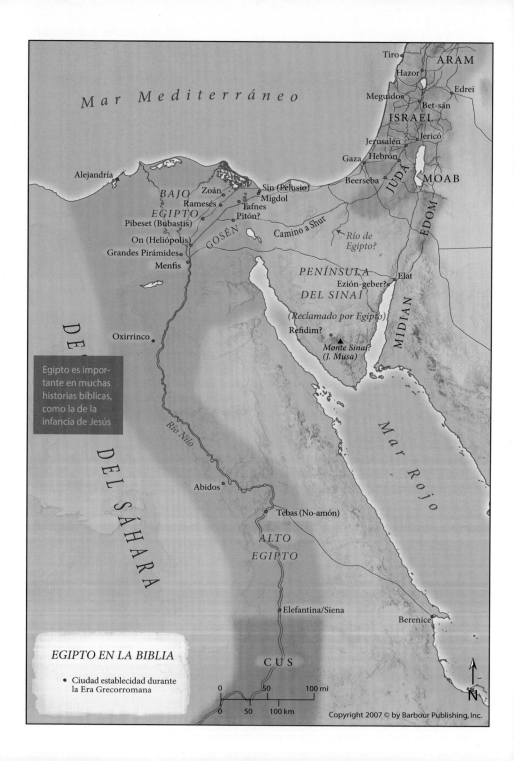

Mar Mediterráneo

Tiro

ARAM

Hazor

Edrei

Meguido

Bet-sán

ISRAEL

Jerusalén

Jericó

Gaza

Hebrón

JUDÁ

MOAB

Beerseba

EDOM

Alejandría

BAJO
EGIPTO

Zoán

Sin (Pelusio)

Ramesés

Migdol

Tafnes

Pibeset (Bubastis)

Pitón?

On (Heliópolis)

GOSÉN

Camino a Shur

Río de
Egipto?

Grandes Pirámides

Elat

Menfis

PENÍNSULA
DEL SINAÍ

Ezión-geber?

MIDIAN

(Reclamado por Egipto)

DE

Oxirrinco

Refidim?

Monte Sinai?
(J. Musa)

Egipto es impor-
tante en muchas
historias bíblicas,
como la de la
infancia de Jesús

Mar Rojo

Río Nilo

DEL SÁHARA

Abidos

Tebas (No-amón)

ALTO
EGIPTO

Elefantina/Siena

Berenice

EGIPTO EN LA BIBLIA

CUS

• Ciudad estabecidad durante
la Era Grecorromana

0   50   100 mi

0   50   100 km

N

Copyright 2007 © by Barbour Publishing, Inc.

ELÍ. Juez y sumo sacerdote de Israel. Elí enseñó al joven Samuel (1 S 1–4). Samuel fue a vivir y servir con él a Silo por un voto de su madre. Elí fue incapaz de disciplinar a sus propios hijos, Ofni y Finees; tanto él como ellos sufrieron las consecuencias (1 S 4.10-18).

ELÍAS. Profeta muy querido en Israel, que defendió a Dios frente a los falsos líderes religiosos y reyes (1 R 17.1; 18; 21.17-29). Profetizó en el reino del norte entre el 875 y el 850 A.C. En uno de sus episodios más destacados, desacreditó a Baal y a sus profetas en el monte Carmelo (1 R 18). También oyó un silbo apacible y delicado (1 R 19.12). No murió, pues Dios lo arrebató en un torbellino (2 R 2.11). En la época de Jesús, muchos creyeron que Juan el Bautista era Elías. Este apareció al lado de Jesús en el monte de la transfiguración (Mt 11.14; 17.3). Elías significa «Jehová

Elías devuelve la vida al hijo de una viuda, en una ilustración infantil de principios del siglo XIX. El relato, registrado en 2 Reyes 4, contiene la única mención al estornudo en la Biblia, cuando el muchacho estornudó siete veces y abrió los ojos.

es Dios». Eliseo fue su sucesor. Este se quedó con su manto y una doble porción de su bendición (1 R 19.16-21; 2 R 2.9-15).

ELIEZER. Mayordomo de Abraham (Gn 15.2; 24). También, segundo hijo de Moisés, cuyo nombre es un tributo de gratitud a Dios (Éx 18.4). Significa «Dios es ayuda». Varias personas más se llamaron Eliezer (1 Cr 7.8; 15.24; 27.16; 2 Cr 20.37; Esd 8.16; 10.18, 23, 31; Lc 3.29).

ELISABET. Esposa de Zacarías y madre de Juan el Bautista. Pertenecía a una familia sacerdotal y era pariente de María, la madre de Jesús (Lc 1.5-57). Su nombre significa «Dios es mi juramento».

ELISEO. Hijo de Safat, discípulo y sucesor de Elías (1 R 19.16-21; 2 R 2.9-16). Eliseo sirvió a Elías cuando este se sintió agotado tras el enfrentamiento con los profetas de Baal. Eliseo realizó milagros y ministró durante el reinado de los reyes Joram, Jehú, Joacaz y Joás, más de cuarenta años (2 R 2.12–13.20). Eliseo significa «Dios es salvación».

ELOGIAR. Alabar (Lc 16.8).

EMANUEL. «Dios con nosotros» (Is 7.10-14; Mt 1.23). En el Antiguo Testamento, se anunció este nombre a Acaz como libertador de los enemigos enviado por Dios. En el Nuevo, se aplica al Mesías, Jesús.

EMAÚS. Aldea situada a unos 11 km de Jerusalén. Poco después de su resurrección, Jesús se unió a dos de sus discípulos que caminaban desde Jerusalén a Emaús. Antes de desaparecer de su vista, se mostró ante ellos como el Señor resucitado, compartió con ellos enseñanzas de Moisés, y los dejó asombrados y con el corazón ardiendo (Lc 24.13-25). Seguidamente, estos hombres volvieron a los once discípulos y compartieron la

Desde el nacimiento hasta la cruz, unos treinta años después, Jesús estuvo «encarnado» en cuerpo de hombre.

proclamación: «Ha resucitado el Señor verdaderamente» (Lc 24.33-34).

EMBAJADOR. Agente. Mensajero. Intérprete. Representante. Los cristianos son embajadores de Cristo: ayudan a otros a comprender al Señor e instan a la reconciliación con él (Jos 9.4; Pr 13.17; 2 Co 5.20; Ef 6.19-20).

En el Antiguo Testamento, se enviaban embajadores a otras naciones como portadores de una felicitación, para pedir un favor, formalizar una alianza o protestar por una ofensa (1 R 5.1; Nm 20.14; Jos 9.4; Jue 11.12).

▲ *Menciona una situación en la que un embajador de Cristo pueda servir actualmente como su mensajero o intérprete.*

EMBRIAGUEZ. Estupor provocado por el consumo de una bebida alcohólica (Gn 9.21). Era uno de los principales vicios en la época bíblica, especialmente entre los ricos. La Biblia la condena (Lv 10.9; Ec 10.17; Gá 5.21). Se aboga por estar, en lugar de ello, lleno del Espíritu (Ef 5.18).

● *¿Por qué beben alcohol las personas? ¿Cómo provee Dios para esas necesidades o deseos de una forma que ayude en lugar de hacer daño? Sin juzgar a aquellos que beben vino u otras bebidas que contienen alcohol, ¿qué factores espirituales y sociales pueden llevar al cristiano a abstenerse totalmente de tales bebidas?*

ENAJENAR, ENAJENADO. Hacer desconocido, alienar, apartarse (Jer 19.4; Ez 14.5).

ENCANTAMIENTO. Utilización de cualquier forma de magia o hechicería, prácticas terminantemente prohibidas en la Biblia (Lv 19.26). Susurro o secreto (Ec 10.11).

ENCARNACIÓN. Literalmente, «en carne». Término teológico empleado para describir el acto por el que Dios tomó forma humana carnal y vivió como persona en la tierra. El Cristo eterno se hizo completamente humano adoptando un cuerpo terrenal, pero siguió manteniendo la perfección de su naturaleza divina y sin pecado (Jn 1.14; Fil 2.5-8; cp. también Is 9.6).

ENCENDER. Alumbrar o encender fuego (Éx 35.3; Hch 28.2). En Hechos 28.2, el pueblo de Malta fue amable con Pablo y los demás que habían naufragado, y encendieron un fuego para que entraran en calor.

ENCOMENDAR. Confiar algo (Sal 31.5; Lc 23.46; 2 Ti 1.12; Tit 1.3). Encomendarse a Cristo es dejarle hacerse cargo de la vida como Señor. Es un discipulado expresado en la semejanza de Cristo.

ENDEMONIADO. Alguien poseído o controlado por un espíritu, demonio o varios de ellos (Mt 28.28-32; Mr 5.15-16).

ENDEMONIADO. Persona controlada por el diablo o un demonio (Mt 4.24).

▲ *Un cristiano es poseído por Dios en Cristo y no existe poder alguno que pueda poseer al verdadero creyente (cp. Ro 8.37-39).*

ENDURECERSE. Además del significado habitual, volver la espalda a Dios con soberbia (2 R 17.14).

ENEMIGO. Adversario (Sal 27.2; Mt 10.36).

ENEMISTAD. Oposición, odio (Gn 3.15; Ro 8.7; Ef 2.15).

ENFERMEDAD. Afección, padecimiento, debilidad (Pr 18.14; Jn 5.5).

EN-GADI. Ciudad situada en la orilla occidental del mar Muerto (1 S 23.29).

ENGAÑO. Mentira sutil, fraude, hacer que lo malo parezca bueno y viceversa, traición (Pr 12.20; Am 8.5; Ro 1.29). El engaño no solo es destructivo en sí mismo sino que conduce a otras actitudes que también lo son, como utilizar a las personas, negarse a aceptar la verdad de Dios, y distanciar a los amigos.

Una de las principales armas del diablo es el engaño. La tentación no sería probablemente tan llamativa si no pareciese correcta, buena o divertida (Ap 20.10).

● *¿Cuándo has sufrido por el engaño? ¿Recuerdas algún momento en el que engañases o mintieses a alguien? ¿Cuáles son algunos ejemplos de situaciones en las que tú y otros hayan sufrido por el engaño?*

ENGENDRAR. Procrear o hacer nacer. Utilizado para detallar la lista de antepasados de Jesús (Mt 1.2-16). Se refiere habitualmente a la paternidad física, pero también puede hacerlo a alguien que ejerza una influencia sobre otra persona y se vuelva un padre espiritual (1 Co 4.15). Puede emplearse en el caso de una mujer embarazada (ver «da hijos», Gá 4.24). El verbo se utiliza con más frecuencia en pasado.

ENGRANDECER. Alabar sumamente, exaltar, incrementar (Sal 38.16; Lc 1.46).

● *¿Cómo engrandeces al Señor? ¿Cómo puedes engrandecer al Señor al compartir tu testimonio?*

ENOC. Hijo mayor de Caín. Anduvo devotamente con Dios y le agradó. El Señor lo arrebató sin que experimentase la muerte física (Gn 4.17; 5.18-24; He 11.5).

ENRAMADAS, FIESTA DE LAS. También llamada fiesta de los tabernáculos. Festividad alegre y popular que tenía lugar en otoño durante siete días y acababa con una asamblea solemne al octavo día (Lv 23.34-36). Celebraba la última cosecha de olivas y frutas, y el comienzo del nuevo año civil. Era una de las tres grandes festividades del pueblo hebreo, parecida al día de acción de gracias estadounidense. Ver gráfico **FIESTAS Y CELEBRACIONES** en p. 110.

El salto de En-gadi, donde al parecer David se escondió del rey Saúl, que quería matarle.

Un anciano judío examina el lulav, una rama de palmera datilera, en la celebración de Sucot, la fiesta de las enramadas.

ENREJADO. Rejilla decorativa empleada en el altar para quemar ofrendas (Éx 27.4). Posiblemente sirviera tanto de ventilación como de decoración.

ENSALZAR. Elevar, alabar sumamente (Sal 68.4).

ENSAÑARSE. Llenarse de ira (Gn 4.5; Ap 12.17).

ENSEÑAR. Disciplinar, entrenar, instruir, educar (Dt 4.36; 2 Ti 2.25).

▲ *La palabra disciplina se emplea con más frecuencia para hacer referencia a la corrección que en el significado positivo del aprendizaje. Idealmente, la disciplina es positiva y formativa, aunque la corrección también es necesaria.*

ENTENDER. Saber, ver, comprender, parecer (1 S 3.8; Jn 4.19).

ENTENDIDO. Inteligente, sabio (Pr 18.15; Mt 11.25).

ENTRADA TRIUNFAL. La entrada de Jesús en Jerusalén el domingo anterior a su crucifixión (Mt 21.1-9; Mr 11.1-10; Lc 19.29-38; Jn 12.12-16). Ese día se llama Domingo de Ramos porque se echaron ramas de palmera por el camino de Jesús. La entrada triunfal es importante porque durante ese acontecimiento el pueblo reconoció públicamente a Jesús como el Mesías. Hasta entonces, Jesús había rechazado ese reconocimiento y había ministrado fuera de Jerusalén. Entrar en la ciudad sobre un pollino cumplía la profecía mesiánica (Zac 9.9).

▲ *Cuando Jesús entró en Jerusalén, las personas gritaban «¡Hosanna!», que significa «¡Sálvanos!». Poco después, gritarían «¡Sea crucificado!».*

ENTRAÑAS. La parte interior del cuerpo (Job 30.27) o sentimientos profundos (1 Jn 3.17).

ENTREGADO. Totalmente dedicado (Hch 18.5).

ENTREGAR. Llevar ante un tribunal para confirmar o absolver de una acusación (Mr 13.11).

ENTURBIAR. Pisotear (Ez 34.18).

ENVANECERSE. Volverse soberbio, arrogante, jactancioso (1 Co 4.6).

ENVIDIA. Celos (Job 5.2; 1 Ti 6.4).

● *No siempre se puede evitar sentir envidia, pero sí que esta continúe. ¿Cómo te ayuda Dios a hacerlo?*

EPICÚREOS. Se cree que su lema era «come, bebe, y sé feliz, porque mañana morirás» (cp. Hch 17.16-33). El nombre procede del filósofo griego Epicuro (341-270 A.C.).

● *¿Qué resulta llamativo de esta filosofía? Además de entregarse a la indulgencia, ¿qué otra cosa es incorrecta en este pensamiento?*

EPÍSTOLA. CARTA (2 PEDRO 3.1). Los libros de la Biblia llamados *epístolas* son cartas escritas por los apóstoles, por inspiración de Dios, cuyo fin es instruir y exhortar a otros cristianos. Por ejemplo, Romanos es una de las que Pablo escribió, dirigida a la iglesia en Roma. Las tres epístolas de Juan iban dirigidas a personas concretas.
● *Lee Colosenses 3. ¿Qué instrucciones encajan mejor con tus propias necesidades?*

EQUIVOCACIÓN. Error (Gn 43.12).

ER. 1. Hijo mayor de Judá (Gn 38.3). 2. Nieto de Judá (1 Cr 4.21). 3. Antepasado de Jesús a través de José (Lc 3.28).

ERGUIDO. Derecho (Lv 26.13; Hch 14.10).

ERRANTE. Fugitivo, que huye (Gn 4.14).

ESAÚ. Hijo mayor de Isaac y Rebeca (Gn 25.25-28). El primero lo favoreció, pero, para su madre, el favorito era Jacob, su hermano gemelo. Este se aprovechó del hambre de Esaú, convenciéndolo para que le vendiese su primogenitura por un guiso (Gn 25.29-34). Más adelante, Rebeca instó y ayudó a Jacob a engañar a su padre para que le diese la bendición destinada a Esaú (Gn 27). Este trató de matar a su hermano por ello, pero se reconciliaron después (Gn 27; 32). Los descendientes de Esaú vivieron en la tierra de Edom (Gn 36.8). Ver **EDOM**.

ESCARNECER. Burlarse, ridiculizar, reírse de (Hab 1.10; Lc 16.14; 23.35).

ESCARNECIDO. Despreciado, ridiculizado, burlado, criticado (Sal 79.4; Jer 20.7).

ESCARNIO. Burla, insulto, mofa (Job 11.3; Gá 6.7).

ESCATOLOGÍA. El estudio de las últimas cosas o los últimos tiempos, particularmente lo relacionado con el retorno de Cristo (cp. Mt 25; Mr 13; Ap 22).

ESCLAVITUD. (Éx 13.3; Ro 8.15). También hace referencia a la vida anterior al conocimiento de Cristo (Gá 4.7-9).
● *¿Qué hábito no cristiano te esclaviza? ¿Cómo puede Cristo ayudarte a ser libre? Cp. Filipenses 4.13 para la seguridad de que Cristo nos fortalece para hacer todas las cosas en él.*

ESCOGER, ESCOGIDO. Elegir, seleccionar, llamar (1 S 17.8; Mt 20.16). La decisión de Dios de establecer una relación única y exclusiva llamando a un pueblo a ser suyo (Dt 7.6-11).

ESCUDO. Elemento de defensa y protección redondo u oblongo (1 Cr 5.18). Utilizado también para referirse al cuidado protector de Dios (Sal 18.2).

En este cuadro del siglo XVII, de Matthias Stom, el pelirrojo Esaú accede a vender su primogenitura a su gemelo menor, Jacob, por un plato de guiso rojo.

ESDRAS, LIBRO DE. Libro bíblico del Antiguo Testamento que describe el retorno de los exiliados judíos desde Babilonia, donde habían estado cautivos. Esdras documenta la reconstrucción de la vida y la adoración en Jerusalén. Un primer grupo de exiliados, que regresaron durante el reinado del emperador persa Ciro, reedificó y dedicó el templo de la ciudad. Otros grupos volvieron más adelante, incluyendo uno liderado por Esdras, siendo rey Artajerjes II. Esdras ayudó a reorganizar la vida religiosa y social de una forma que expresase la herencia espiritual de los judíos. El libro es una secuela de 1 y 2 Crónicas.

ESDRAS. Sacerdote y escriba judío que volvió de Babilonia a Jerusalén, probablemente en el 458 A.C. Ayudó a instaurar de nuevo la adoración pura de Dios y enseñó sus leyes (Esd 7–10). Trabajó junto a Nehemías para llevar a cabo la reforma religiosa (Neh 8-10).

ESPERANZA. Fe en que Dios cumplirá lo que ha prometido (Sal 71.5; Ef 2.12; He 11.1). La esperanza del cristiano se basa en el hecho de que Dios siempre ha sido fiel para hacer lo que dijo que haría. En el Nuevo Testamento, la esperanza cristiana no es una ilusión, sino una certeza divina que apunta a la resurrección (1 Co 15).

En la Biblia, el Espíritu Santo se menciona varias veces apareciéndose en forma de paloma.

Este cuadro del siglo XIX titulado «Las espigadoras» muestra cómo la gente de la Biblia también recogía los restos en los campos recién cosechados.

ESPIGAR. Recoger espigas (Rt 2.2). Una ley hebrea permitía a los pobres y extranjeros recoger el grano o las uvas que quedaban de la cosecha (Lv 19.9-10).

■ **ESPÍRITU**. Viento, aliento, esencia del ser (Gn 1.2; Lc 1.80). Con frecuencia significa el Espíritu Santo (Jn 1.32). A veces se alude a los demonios como espíritus inmundos o malignos (Mt 8.16). Ver **ESPÍRITU SANTO**.

ESPÍRITU SANTO. El Espíritu de Dios. Vive dentro de todos los cristianos para prestarles su ayuda, comunicarles la verdad de Dios, convencerlos de pecado, de que los caminos del Señor son los correctos, y consolarlos cuando estén tristes (Jn 15.26; 16.7-8, 13-15). También llamado Consolador, Consejero, Ayudador y Abogado. Dios lo envió para guiarnos después de que Jesús dejase la tierra (Jn 14.16-17). El Espíritu Santo concede a cada cristiano dones y características piadosas llamadas el fruto del Espíritu (Ro 12.4-13; 1 Co 12–13; Gá 5.22-23).

▲ *Dios Padre, Dios Hijo, y Dios Espíritu Santo completan la expresión de sí mismo del Señor (Mt 28.19). Ver* **DIOS, TRINIDAD**.

● *¿En qué aspectos es diferente tu vida porque el Espíritu Santo vive en ti? Las personas pueden recibir el Espíritu, resistirlo, apagarlo o contristarlo. ¿Cómo lo tratas tú?*

ESPIRITUAL. Generalmente de Dios, como Dios (1 Co 2.15-16; Ef 5.19). Ocasionalmente se refiere a espíritus en contra de Dios (Ef 6.12). La verdadera espiritualidad consiste en obedecer a Dios en la vida cotidiana.

ESPOSA. Además de su sentido habitual, la esposa puede ser también la iglesia (Ap 21.9). En su visión, Juan se refirió a ella como la esposa de Cristo (Ap 21.9). Junto al Espíritu, la esposa invita a todos a participar de la salvación (Ap 22.17).

ESPOSO. Cristo utilizó este término para referirse a sí mismo (Mr 2.19-20).

ESTABLECER. Fortalecer, reforzar, confirmar, hacer estable o fuerte, hacer morar, reafirmar (Pr 8.28; Sal 78.69; Job 36.7; He 13.9).

ESTATUTO. Ley o mandamiento (Ez 18.21).

ESTER, LIBRO DE. Libro de la Biblia que relata cómo utilizó Dios a la reina Ester para salvar al pueblo hebreo. Explica los antecedentes y el significado de la fiesta hebrea de Purim, una fiesta que celebra la salvación de una cruel y astuta conspiración contra los judíos. El libro de Ester no menciona directamente a Dios, pero él está obviamente presente porque el pueblo se comprometió con él. Ver **PURIM, FIESTA DE**.

ESTER. Mujer judía, sobrina de Mardoqueo (Est 2.7). Fue reina de Persia, y Dios utilizó su gran valentía para salvar al pueblo judío de la destrucción.

El río Éufrates abriéndose paso en la Turquía actual.

ESTÉRIL. Que no lleva fruto (2 R 2.19), incapaz de tener hijos (Lc 1.7).

ESTIMAR. Considerar, valorar, juzgar, pensar en, apreciar (Is 53.3-4; Fil 2.3; He 11.26).

ESTO ES. Es decir (Est 2.12; Ro 8.23).

ESTOPA. Fibras cortas de lino, que se rompían fácilmente. El término se empleaba como símbolo de lo débil y temporal (Jue 16.9).

ESTORBAR. Dificultar, prohibir, impedir o refrenar (Is 43.13; Ro 1.13; 2 Ts 2.6-7). Retrasar, echar atrás, retener, dañar, interrumpir (Gn 24.56; Neh 4.8; 1 Ts 2.18).

ESTRUENDO. Alboroto, ruido fuerte, tumulto, disturbios (1 R 1.41; Mt 26.5; Hch 19.35–20.1).

ETÍOPE. Descendiente de Cus, hijo de Cam (Jer 13.23). Habitante de Etiopía, una tierra situada en el este de África. Ebed-melec y el hombre al que Felipe habló de Jesús eran etíopes (Jer 38.7; Hch 8.27).

ÉUFRATES. Gran río cuyo nombre significa «fructífero» o «dulce». Situado en el oeste de Asia, fluye desde Armenia hasta el golfo Pérsico. Se le llama en ocasiones el gran río o simplemente el río (Dt 1.7; Is 7.20). Actualmente llamado Firat (en Turquía).

EUNUCO. Varón impotente, incapaz de tener hijos, porque carece de órganos sexuales útiles. Se refiere al hombre castrado o al que es incapaz de mantener relaciones reproductivas por defecto de nacimiento (2 R 9.32; Hch 8.27).

EUTICO. Nombre que significa «afortunado» (Hch 20.9). Durante uno de los largos sermones de Pablo, Eutico se quedó dormido, cayó de la ventana en la que estaba sentado, y murió. El apóstol interrumpió su predicación el tiempo justo para resucitarlo milagrosamente (Hch 20.7-12).

● *Si fueses Eutico, ¿habrías vuelto a la iglesia? ¿Por qué o por qué no? ¿Qué duración deberían tener los sermones? ¿Por qué?*

EVA. Primera mujer (Gn 3.20). Creada a partir de la costilla de Adán. En Génesis 5.2, el nombre *Adán* incluía a Eva. Ver **ADÁN**.

EVANGELIO. Literalmente «buenas nuevas» (Mr 1.14). Mensaje cristiano acerca de la vida y la muerte en sacrificio de Jesucristo. Trae salvación a todos los que creen. Los cuatro primeros libros del Nuevo Testamento que hablan de Jesús se denominan Evangelios.

EVANGELISTA, EVANGELIZAR. Un evangelista anuncia las buenas nuevas acerca de Jesucristo (2 Ti 4.5). El verbo significa «predicar el evangelio» (Lc 1.19; Ro 15.20-21; Gá 3.8; Hch 21.8; 2 Ti 4.5; Lc 9.6). Los cristianos pueden evangelizar en cualquier lugar (Hch 8.4). Aunque todos ellos pueden hacerlo, el Espíritu Santo dota especialmente a algunos con el don espiritual del evangelismo (Ef 4.11).

● *¿Cómo y dónde compartes las buenas nuevas acerca de Jesucristo? ¿Cómo influye tu estilo de vida en tu evangelización?*

EXACTOR. Comisario opresor (Éx 1.11; 3.7; 2 S 20.24). Controlaba los proyectos de trabajos forzados. En el libro de Éxodo, obligaban a los esclavos hebreos a terminar las obras públicas de Faraón.

EXALTAR. Levantar, elevar, hacer grande (Éx 15.2; Mt 23.12; Hch 5.31; 1 P 5.6). Exaltar a Dios es adorarlo o alabarlo.

● *¿Por qué es Dios digno de exaltación?*

EXCREMENTO. Estiércol, defecaciones humanas y animales (Ez 4.15). Existían normas acerca de la eliminación higiénica de las mismas (Dt 23.12-14). Los excrementos secos se utilizaban como combustible, fertilizante o para los sacrificios (Ez 4.12, 15; Lc 13.8; Éx 29.14; Lv 8.17). También, simplemente suciedad o basura (Neh 2.13; Fil 3.8).

EXECRACIÓN. Juramento, maldición (Jer 42.18; 44.12).

EXHORTAR, EXHORTACIÓN. Animar, consolar o apelar a (Hch 27.22). Hablar seriamente a fin de evitar un acto peligroso o llevar a cabo un propósito (1 Ts 5.14). Sacar a la luz la verdad. Motivar a vivir según los caminos de Dios (Hch 14.22). Puede traducirse «amonestar». Recordatorio de un conocimiento pasado o comunicación de uno nuevo (Col 3.16). Advertir, ejercer influencia sobre la voluntad y la toma de decisiones con el fin de guiar al creyente hacia la obediencia a Dios (Col 1.28).

EXILIO. Período en el que los hebreos (judíos) fueron conquistados, y muchos de ellos llevados cautivos lejos de su hogar, a tierras extranjeras. «El exilio» puede incluir la cautividad asiria de Israel, el reino del norte (740 y 721 A.C.). Sin embargo, es frecuente que únicamente haga referencia a la cautividad babilónica del reino del sur, Judá. Ver **CAUTIVO, CAUTIVIDAD**.

Ocasionalmente, *exilio* se utiliza de forma figurada en el Nuevo Testamento para hacer referencia a la vida en la tierra (He 11.13).

ÉXODO, LIBRO DE. Segundo libro de la Biblia. Literalmente, *Éxodo* significa «una salida» o «escape». Habla de cómo Moisés sacó a los israelitas de la esclavitud y los condujo a la tierra prometida (durante más de cuarenta años). El éxodo comenzó después de la plaga final, de la muerte de los primogénitos egipcios y de la salva-

Moisés levanta su vara para dividir el mar Rojo, un milagro fundamental en el éxodo de Israel de Egipto.

ción de los israelitas en la Pascua (Éx 12). Éxodo contiene los diez mandamientos (cap. 20), el pecado de los israelitas y la intercesión de Moisés por ellos (caps. 32-33), y la construcción del tabernáculo (caps. 35-40).

EXORCISTA. Uno que expulsa demonios o espíritus malignos (Hch 19.13). Jesús tenía una autoridad verdadera sobre estos (Mt 12.27-28; Mr 9.38; Hch 19.13-16).

EXPIACIÓN, DÍA DE LA. Día sagrado de los judíos, en el que celebran ceremonias y sacrificios relacionados con el perdón de los pecados por parte de Dios (Lv 16). En un momento determinado, el sumo sacerdote entraba en el lugar santísimo del tabernáculo (más adelante, del templo) para confesar el pecado de la nación y pedir perdón. Los judíos observan actualmente ese día a principios de octubre y lo llaman Yom Kippur (Éx

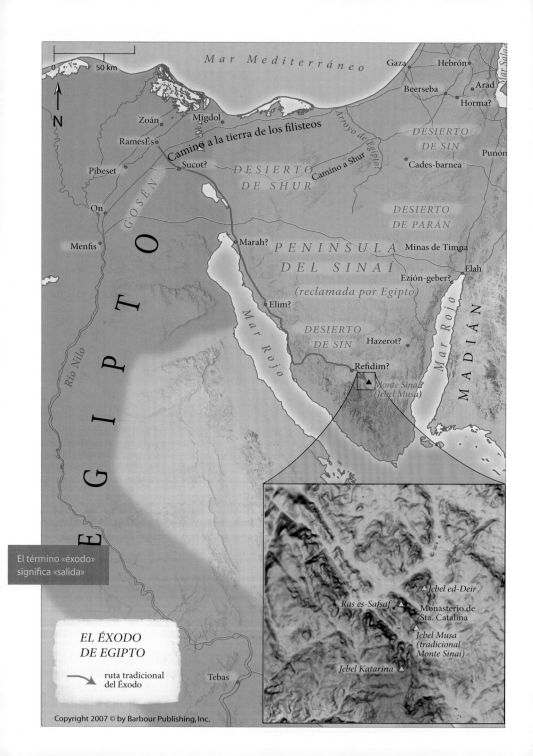

Mar Mediterráneo

Gaza
Hebrón
Beerseba
Arad
Horma?

Zoán
Migdol
DESIERTO
DE SIN
Punón

RamesÉs
Camino a la tierra de los filisteos
Cades-barnea

Pibeset
Sucot?
DESIERTO
DE SHUR
Camino a Shur
Arroyo de Egipto?

On
GOSÉN
DESIERTO
DE PARÁN

Menfis
Marah?
PENINSULA
DEL SINAÍ
Minas de Timna

Elah

Ezión-geber?
(reclamada por Egipto)

Elim?

Río Nilo
Mar Rojo
DESIERTO
DE SIN
Hazerot?

Mar Rojo

MADIÁN

Refidim?
Monte Sinaí
(Jebel Musa)

El término «éxodo»
significa «salida»

EL ÉXODO
DE EGIPTO

→ ruta tradicional
del Éxodo

Tebas

Jebel ed-Deir

Ras es-Safsaf
Monasterio de
Sta. Catalina

Jebel Musa
(tradicional
Monte Sinaí)

Jebel Katarina

La crucifixión de Jesús es uno de los hechos más representados en el arte... y así debe ser, porque su muerte trajo la expiación por el pecado del hombre.

29.36; Lv 16.30; 23.27-28; 25.9). Ver **AZAZEL, CHIVO EXPIATORIO**. Ver gráficos **CALENDARIO** en p. 279 y **FIESTAS Y CELEBRACIONES** en p. 110.

EXPIACIÓN, HACER. Cubrir, cancelar los pecados de alguien (Éx 30.16). Transformar dos cosas en una sola (Ro 5.11). La expiación viene motivada por el amor de Dios. Se produce por medio del derramamiento de sangre. En el antiguo Testamento, este acto, llevado a cabo con un animal, representaba el arrepentimiento, volverse hacia Dios, y su perdón. Debía repetirse cada año.

En el Nuevo Testamento, Jesús derramó su sangre en la cruz, y ya no sería necesario ningún sacrificio más. Jesús hizo expiación para que las personas pudieran ser uno con Dios (Éx 29.36; Lv 17.11; Neh 10.33; Ro 5.11).

EXTRANJERO. Extraño, de otra nación (Dt 15.3). Se ordenó a los israelitas no casarse con los de otras naciones porque adoraban a otros dioses y los apartarían de su Señor (Dt 7.1-6). El que vive en un lugar que no es su hogar (Ef 2.19).

EXTRAVIADO. Descarriado (Éx 23.4). Contra los caminos de Dios. En una ruta hacia la infelicidad y la destrucción (Sal 58.3; Is 53.6; Pr 28.10; Mt 18.13).
● *¿Qué personas o acontecimientos te llevan a descarriarte? ¿Has hecho o dicho algo que haya podido provocar que alguien se extravíe? ¿Cómo vuelves a la senda?*

EZEQUÍAS. Hijo y sucesor de Acaz como decimotercer rey de Judá (2 R 16.20; 18-20). Su nombre significa «el Señor ha fortalecido». Fue un gran reformador religioso y un buen rey (2 Cr 29–32; Is 36–39). La oración de Ezequías ante su muerte profetizada ilustra que Dios escucha y contesta las

En una de las escenas más extrañas de la Biblia, el profeta Ezequiel ve un valle lleno de huesos humanos secos que vuelven a la vida, una imagen de los planes de Dios para su pueblo Israel.

oraciones. Isaías tuvo que actualizar su profecía, y Ezequías recibió quince años más de vida (cp. Is 38.1-21). Ver gráfico **REYES** en p. 243.

EZEQUIEL. Sacerdote que profetizó a los exiliados en Babilonia, estando él cautivo también (Ez 1.3). Profetizó antes de la caída de Jerusalén que la ciudad sería castigada por su pecado. Tras su destrucción en el 587 A.C., Ezequiel habló de esperanza y aliento para la futura restauración de Israel y, más importante aún, para la venida del reino futuro de Dios.

EZEQUIEL, LIBRO DE. Libro bíblico del Antiguo Testamento, en la sección de los profetas mayores, que recoge visiones y reflexiones del profeta Ezequiel inspiradas por Dios. El libro se refiere con frecuencia al Espíritu del Señor. Hace hincapié en la renovación interior del corazón y del espíritu, la responsabilidad personal por los pecados, la renovación de la nación y la santidad personal. Muestra de forma única una pincelada del pasado del adversario diabólico (Ez 28.11-19). El libro ayuda a las personas a ver la presencia firme de Dios y su participación en los acontecimientos cotidianos. Muchos encuentran fascinante el libro de Ezequiel por su elocuente simbolismo.

FALDAS. Parte de una túnica larga que queda arrastrando por detrás (Is 6.1).

FALSO, FALSEDAD. Mentira (Dt 5.20; Mi 2.11); vacío (Lm 2.14).

FALTA. Error, pecado (Dn 6.4; Gá 6.1).

FAMILIA. Casa. En la época bíblica, incluía a padres, hijos, yernos, nueras y siervos (Éx 12.21). *Familia* también se refería a tribus o nación (Jer 2.4).

FAMILIAR, PARIENTE, PARENTELA. Miembro de la familia, pariente, de la misma tribu o raza (Gn 12.1; Lc 14.12). La cultura hebrea proveía muchas directrices y responsabilidades matrimoniales relacionadas con los parientes. Muchas de estas orientaciones procedían de la ley de Moisés y de Levítico.

FARAÓN. Gobernador o rey egipcio (Gn 12.15). Un faraón invitó a la familia de Jacob (Israel) a Egipto durante una hambruna. Generaciones posteriores de israelitas fueron esclavizadas por un faraón posterior.

FARES. Hijo de Judá, concebido por medio de la estratagema de Tamar, nuera de este (Gn 38).

FARISEO. Miembro de grupo influyente de líderes religiosos judíos cuyo nombre significa «apartados» (Mt 23; Lc 5.30-32; 14.1-6). Sinceros, pero equivocados, creían que el ritual religioso y la separación de los pecadores comunes era la forma de agradar a Dios y prepararse para su venida. Como norma general, no aceptaban a Jesús como el Mesías (Mr 3.6).

▲ *Los fariseos seguían las tradiciones de los profetas y creían en la resurrección; por el contrario, los saduceos seguían las tradiciones de los sacerdotes y no creían en ninguna resurrección.*

▲ *Algunos fariseos destacan por cuidar de Jesús y seguirle: Nicodemo, José de Arimatea y Pablo. Es necesario ser valiente para llegar a convicciones personales que difieren de nuestro grupo social y, si las compartimos públicamente, pueden provocar persecución.*

FATIGARSE. Cansarse, debilitarse (Is 40.30).

FAVOR. Gracia, aprobación, bondad, buena voluntad (Est 2.15; Lc 1.30; 2.52).

FE. Creencia, confianza (Hab 2.4; Mr 11.22). La fe en Jesucristo es esencial para la salvación (Ef 2.8-10). La fe siempre es activa; es una confianza en alguien o en algo. Es un compromiso de la mente y del corazón. Hechos 16.5 y Judas 3 utilizan el sustantivo «fe» para referirse a todo aquello en lo que los cristianos creemos.

● *Enumera algunas formas en las que Jesucristo te ayuda a afrontar las presiones de cada día.*

FEBE. Sierva que ministraba en la iglesia de Cencrea. Pablo la recomendó a la iglesia de Roma como alguien que había ayudado a muchas personas, incluyendo al propio Pablo (Ro 16.1-2).

▲ *Las traducciones modernas se refieren a Febe como sierva, diaconisa, ayudadora o ministra. La palabra griega que la describe es la misma*

En casa de un fariseo llamado Simón, una mujer pecadora unge los pies de Jesús con sus lágrimas y los seca con sus cabellos. Cuando Simón lo criticó, Jesús le contó una parábola sobre el pecado y el perdón.

que se traduce diaconisa. Cualquiera que fuese su posición oficial, era claramente una persona que ministraba.

FELIPE. 1. Uno de los discípulos de Jesús (Mt 10.3). Natural de Betsaida. Llevó a Natanael a Jesús, ayudó en la alimentación de las multitudes y condujo a los gentiles (no judíos) a Jesús. 2. Uno de los siete apartados para el servicio como diácono (Hch 6.5). 3. Dos de los Herodes (Mt 14.3; Lc 3.1).

FÉLIX. Cruel gobernador romano de Judea que presidió el primer juicio contra Pablo en Cesarea y mantuvo al apóstol en prisión (Hch 23.24ss), algo que hizo para agradar a los judíos (Hch 24.27).

FENICIA. Franja estrecha de tierra situada entre el mar Mediterráneo y los montes del Líbano (Hch 11.19). Los fenicios eran conocidos por sus coloridos tintes, sus habilidades marineras, la construcción de barcos y la carpintería. Sus bosques de cedro proveyeron materiales para el templo de Salomón (1 R 5.8-10). Las dos principales ciudades fenicias fueron Tiro y Sidón.

FEREZEOS. Tribu que se enfrentó a Israel y fue expulsada de Canaán (Gn 13.7; Jos 9.1-2).

FESTO. Gobernador de Judea después de Félix. Presidió el segundo juicio de Pablo, en el que este hizo su defensa ante Herodes Agripa II. Después de que Pablo apelase a César, Festo lo envió a Roma (Hch 24.27–26.32).

FIEL. Verdadero (Pr 20.6). Firme (Hch 16.15).

FIESTA. Festividad, banquete, celebración religiosa (Dn 5.1; Jn 12.20). Los hebreos establecieron varias fiestas para celebrar la intervención de Dios en la historia o su protección diaria. La fiesta de los panes sin levadura o Pascua conmemoraba la liberación de la esclavitud en Egipto (Éx 23.15). Ver **PASCUA**. La fiesta de las semanas se llamó más adelante Pentecostés (Dt 16.16). Ver **SEMANAS, FIESTA DE LAS**. La fiesta de los tabernáculos o enramadas duraba siete días (Dt 31.10). Ver **TABERNÁCULOS, FIESTA DE LOS**.

El día de sonar las trompetas era una fiesta conmemorativa y un tiempo de ofrendas de sacrificios y descanso del trabajo (Nm 29.1). El día de la expiación tenía lugar una vez al año. En él, el sumo sacerdote ofrecía sacrificios por los pecados de la nación (Lv 16). Ver **EXPIACIÓN; EXPIACIÓN, DÍA DE**. El día de reposo era un tiempo de solemne asamblea, descanso del trabajo, y gozo (Os 2.11). Ver **DÍA DE REPOSO**. La fiesta de Purim comenzó a celebrarse en la época de Ester, para recordar la salvación de los judíos de sus enemigos (Est 9). Ver **PURIM**.

FILACTERIAS. Pequeñas cajas de cuero que los hombres judíos llevaban en la frente durante los períodos de oración. Los siguientes pasajes de las Escrituras se escribían en un pergamino y se colocaban dentro de las mismas: Éxodo 13.1-10, 11-16; Deuteronomio 6.4-9; 11.13-21. Jesús condenó a los hombres que llevaban grandes filacterias para exhibirse (Mt 23.5). En el Antiguo Testamento se llamaban «frontales» (Dt 6.8; 11.18).

● *¿Llevas a cabo alguna práctica personal que parezca más exhibición religiosa que una adoración sincera y verdadera? Los motivos puros y las expresiones del corazón son más importantes que las apariencias exteriores o lo que piensen de nosotros los demás.*

FILADELFIA. Ciudad de Asia Menor (Ap 1.11), cuyo nombre significa «amor fraternal». Albergaba una de las siete iglesias regionales que el Señor criticó por medio de su palabra inspirada a Juan (Ap 2–3). Era una rica ciudad comercial, conocida por sus templos y festividades religiosas.

FIESTAS Y CELEBRACIONES JUDÍAS

NOMBRE	MES:FECHA	REFERENCIA	SIGNIFICADO
Pascua	Nisán (Mar/Abr): 14–21	Éx 12.2 –20; Lv 23.5	Conmemora la liberación de Israel de Egipto por parte de Dios
Fiesta de los panes sin levadura	Nisán (Mar/Abr): 15–21	Lv 23.6–8	Conmemora la liberación de Israel de Egipto por parte de Dios. Incluye un día de las primicias por la cosecha de la cebada.
Fiesta de las semanas, o de la cosecha (Pentecostés)	Siván (May/Jun): 6 (siete semanas después de Pascua)	Éx 23.16; 34.22; Lv 23.15–21	Conmemora la entrega de la Ley en el monte Sinaí. Incluye un día de las primicias por la cosecha del trigo.
Fiesta de las trompetas (Rosh Hashanah)	Tisrei (Sep/Oct): 1	Lv 23.23–25; Nm 29.1–6	Día en que suenan las trompetas para señalar el comienzo del nuevo año civil.
Día de la expiación (Yom Kippur)	Tisrei (Sep/Oct): 10	Lv 23.26–33; Éx 30.10	En este día, el sumo sacerdote hace expiación por el pecado del pueblo. También es día de ayuno.
Fiesta de las cabañas, o de las enramadas (Sukkot)	Tisrei (Sep/Oct):15–21	Lv 23.33–43; Nm 29.12–39; Dt 16.13	Conmemora los cuarenta años de travesía por el desierto
Fiesta de la dedicación, o de las luces (Janucá)	Quisleu (Nov/Dic): 25–30; y Tevet (Dec/En): 1–2	Jn 10.22	Conmemora la purificación del templo por Judas Macabeo en el 164 a.C.
Fiesta de Purim, o Ester	Adar (Feb/Mar): 14	Ester 9	Conmemora la liberación del pueblo judío en los días de Ester.

FILEMÓN, LIBRO DE. Breve libro del Nuevo Testamento; epístola escrita por Pablo desde la cárcel. El apóstol instó a Filemón a recibir y perdonar a su esclavo fugitivo Onésimo como nuevo creyente en Cristo.

FILEMÓN. Amo del esclavo Onésimo, cristiano y colaborador de Pablo. Destinatario de la epístola de este a Filemón. El apóstol le instó a recibir al fugitivo Onésimo de vuelta como hermano en lugar de como esclavo.

FILIPENSES, LIBRO DE. Libro del Nuevo Testamento escrito por Pablo mientras se encontraba en prisión. Dirigido a la iglesia de Filipos para expresar gozo y gratitud por su ayuda y para animar a sus miembros en su fe y testimonio.

«Gozo» es el concepto básico de este breve libro, en el que este término u otros similares aparecen en diecinueve ocasiones.

FILIPOS. Ciudad fundada en el 358 A.C. por el padre de Alejandro Magno, Filipo II, que la nombró

El antiguo anfiteatro de Filipos.

en honor a sí mismo. En la época del Nuevo Testamento, Filipos era una colonia romana de la provincia de Macedonia (Hch 16.12). El apóstol Pablo amplió su viaje misionero a esta ciudad tras recibir la visión del hombre macedonio pidiendo ayuda (Hch 16.9-10). Fuera de Filipos, el apóstol encontró un grupo de mujeres orando cerca del río en el día de reposo. Una de ellas, Lidia (vendedora de púrpura), se convirtió, fue bautizada y ofreció hospitalidad a Pablo (Hch 16.9-15). Parece que este encuentro dio lugar a una iglesia. También en Filipos, el apóstol fue encarcelado después de liberar a una joven de un demonio que adivinaba el futuro. Junto a Silas, Pablo llevó al carcelero a la fe en Cristo (Hch 16.19-33).

FILISTEA. Territorio situado a lo largo de la costa mediterránea, desde Jope hasta Gaza (Éx 15.14; Sal 60.8; Is 14.29-31; Jl 3.4). *Filistea* fue el nombre dado a una pequeña región de la costa en la que vivieron los filisteos. En ocasiones, toda la tierra de Canaán se llamó «tierra de los filisteos» (cp. Sof 2.5).

FILISTEOS. Habitantes del territorio de Filistea (Gn 21.32). Tuvieron su origen alrededor del mar Egeo y llevaron sus habilidades en el trabajo del metal y sus armas a la región de Israel. Aunque ya se les menciona en la época de los patriarcas, fueron enemigos importantes de Israel durante el tiempo de los jueces, así como del reinado de Saúl y David. Los filisteos pudieron dominar a los hebreos durante un tiempo, como parte del juicio de Dios por el pecado de su pueblo (cp. Jue 13.1). Después de que otras naciones luchasen contra ellos, David los derrotó de forma decisiva y nunca recuperaron su antiguo poder.

FILOSOFÍA. Literalmente, amor a la sabiduría o estudio de la misma, pero también una forma de pensamiento. Había muchas diferentes durante la época del Nuevo Testamento, y Pablo conoció buen número de ellas en sus viajes (cp. Hch 17.18-21). El término *filósofo* aparece en Hch 17.18, y *filosofía* solo lo hace en una ocasión, en Colosenses 2.8. Pablo advirtió a los cristianos colosenses que tuviesen cuidado de las «filosofías y huecas sutilezas» que contradecían el evangelio (Col 2.8).

FINEES. 1. Nieto de Aarón (Éx 6.25). 2. Hijo pecador de Elí (1 S 1.3). 3. Padre de Eleazar. Retornó del exilio con Esdras (Esd 8.33).

Zenón de Citio (s. III a.C.), fundador de la escuela estoica de filosofía, al que Pablo alude en Hechos 17.18.

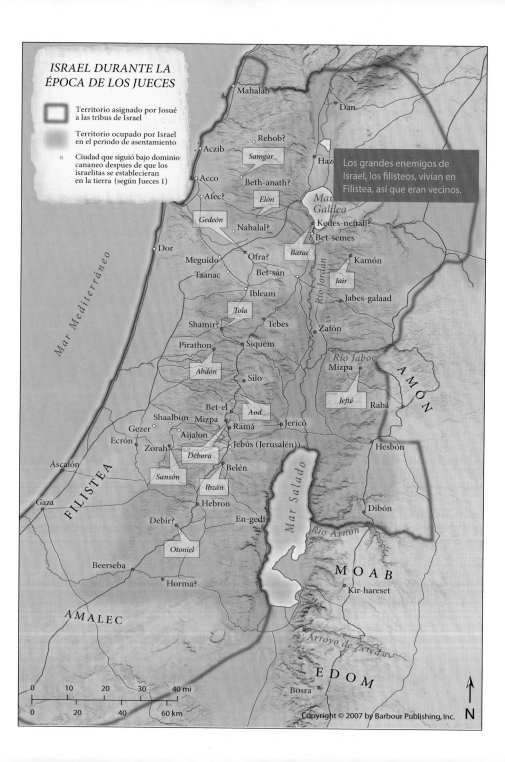

ISRAEL DURANTE LA
ÉPOCA DE LOS JUECES

Territorio asignado por Josué
a las tribus de Israel

Territorio ocupado por Israel
en el periodo de asentamiento

○ Ciudad que siguió bajo dominio
cananeo despues de que los
israelitas se establecieran
en la tierra (según Jueces 1)

Los grandes enemigos de
Israel, los filisteos, vivían en
Filistea, así que eran vecinos.

Mahalab

Dan

Rehob?

Aczib

Samgar

Haz

Acco

Beth-anath?

Afec?

Elón

Mar
Galilea

Gedeón

Nahalal?

Kedes-neftalí?

Bet-semes

Dor

Ofra?

Barac

Kamón

Meguido

Taanac

Bet-sán

Jair

Ibleam

Jabes-galaad

Tola

Shamir?

Tebes

Zafón

Pirathon

Siquem

Río Jaboc

Mizpa

Abdón

Silo

Jefté

Rabá

AMÓN

Bet-el

Aod

Shaalbim

Mizpa

Jericó

Gezer

Aijalon

Ramá

Ecrón

Zorah

Jebús (Jerusalén)

Hesbón

Ascalón

Débora

Belén

Sansón

Mar Salado

Ibzán

Hebron

Gaza

FILISTEA

Debir?

En-gedí

Dibón

Río Arnón

Otoniel

Beerseba

MOAB

Horma?

Kir-hareset

AMALEC

Arroyo de Zered

Mar Mediterráneo

Río Jordán

EDOM

Bosra

0 10 20 30 40 mi

0 20 40 60 km

Copyright © 2007 by Barbour Publishing, Inc.

N

Ganado disfrutando del forraje.

FIRMAMENTO. Cielo, expansión (Gn 1.6).

FIRME. Seguro (He 3.6).

FLAUTA. Instrumento musical (1 S 10.5).

FLUJO DE SANGRE. Hemorragia, sangrado incontrolado (Mr 5.25).

FORASTERO. Extranjero. Viajero. Persona que se encuentra lejos de su hogar. Alguien desconocido en la zona. Alguien o algo que está alejado (Ef 2.12). Dios cuida de los extranjeros e insta a su pueblo a hacer lo mismo (Éx 18.3; Gn 21.23; Job 19.15; Dt 10.8).

FORMAR. Hacer nacer, dar forma a (Gn 2.7; Sal 90.2).

FORNICACIÓN. Relaciones sexuales entre dos personas que no están casadas entre sí (1 Ts 4.3-5). Traducida en ocasiones como *inmoralidad*, la palabra puede referirse a pecados sexuales en general. La fornicación no es un pecado nuevo. El Antiguo Testamento recoge que muchos cometieron ese pecado, incluyendo el rey David (2 S 11). Las prostitutas del Antiguo Testamento practicaban la fornicación en ceremonias religiosas, algo que obviamente Dios condenó (Lv 19.29). En el Nuevo Testamento, se incluye en varias listas de pecados (Ro 1.29; Hch 15.29; Col 3.5). La fornicación hace daño a las personas (1 Co 6.18; 1 Ts 4.6). El término también se emplea para representar la infidelidad a Dios (Is 23.17; Jud 7; Jn 8.41).

▲ *El sexo en sí es una creación de Dios y es muy bueno en la situación apropiada. La expresión sexual del amor dentro del matrimonio es el buen plan de Dios. La Biblia apunta al matrimonio como el proyecto divino para procrear y compartir el gozo de su regalo de la sexualidad. No obstante, debemos evitar la fornicación, el adulterio o cualquier forma de inmoralidad sexual (Pr 5.19; 1 Co 7.2).*

● *¿Por qué planificó Dios la consumación de las relaciones sexuales únicamente dentro del matrimonio? ¿Por qué es tan atractivo el sexo fuera del mismo? La disciplina sexual dentro de la voluntad de Dios produce bendiciones; el sexo contrario al plan del Señor conduce al pecado, al dolor y, frecuentemente, a la perdición.*

FORRAJE. Alimento para animales, hecho con cereales y pasto (Jue 19.19).

Aunque se construyó unos doce siglos después del ministerio terrenal de Cristo, la fortaleza de Nimrod en los Altos del Golán es una Buena ilustración de una fortaleza bíblica.

SIGUIENTE

Joven judío con su frontal —también llamado teffilin— para el tiempo de la oración.

FORTALEZA. Lugar cercado, fuerte (Is 25.12). El salmista habló de Dios como su fortaleza (Sal 18.2).

FRANJA. Cordón ajustado a las cuatro esquinas del vestido exterior. Los judíos lo llevaban para recordar su pacto con Dios (Nm 15.28-39; Mt 23.5, «franja»).
▲ *La palabra traducida «franja» también significa filo, borde, dobladillo; es el mismo término empleado cuando la mujer tocó el borde del vestido de Jesús y se curó (Mt 9.20; Lc 8.44).*

FRIGIA. Región que ocupaba una gran parte de Asia Menor (Hch 2.10). Pablo levantó iglesias en varias ciudades de esta zona en su segundo viaje misionero (Hch 16.5-6).

FRONTAL. Pequeña caja hecha con piel de animal que contenía pasajes de las Escrituras (Dt 6.8). Los hombres la ataban a su frente durante la oración matinal, excepto en los días de reposo y las fiestas.
▲ *Las Escrituras contenidas eran Éxodo 13.1-16; Dt 6.4-9; 11.13-21. Ver* **FILACTERIAS**.

FRUSTRAR. Cancelar, dejar al lado (Esd 4.5; Gá 2.21).

FRUTO. Además de la referencia habitual a la comida, el término se emplea frecuentemente en un sentido simbólico. Puede referirse a los hijos como el fruto del vientre (Gn 30.2; Dt 7.13); también puede hacer referencia a las virtudes como fruto del Espíritu (Gá 5.22).

FUEGO, DE. Ardiente, abrasador (Dn 3.6; Ef 6.16). Sadrac, Mesac y Abed-nego sobrevivieron al horno de fuego de Nabucodonosor gracias a la protección de Dios (Dn 3).

FUENTE. Gran recipiente metálico de bronce que contenía agua. Se empleaba en el tabernáculo y

Reconstrucción moderna de la fuente de bronce, parte de un modelo de todo el tabernáculo de Israel.

en el templo para el ceremonial de la purificación (Éx 30.18; 1 R 7.38).

FUERA. Adelante, al exterior, a la vista (Gn 39.13; Jn 11.43).

FUERTE. Valiente (Jer 46.15; He 11.34).

FUNDIDO. Derretido (Ez 24.11). Una imagen de fundición es la elaborada derramando metal derretido en un molde (Éx 32.4).

FUTURO. Lo que hay por delante y no se ve. Una oportunidad de confiar en que lo que Dios ha hecho en el pasado nos dará fe y esperanza en lo que llevará a cabo en el futuro (Jer 31.17; He 11.1).

16.6). Pablo estableció iglesias en las ciudades de esta región en su primer viaje misionero. Más adelante, escribió una carta a la iglesia allí, que constituye el libro de Gálatas, en el Nuevo Testamento.

GALARDÓN. Algo que se da por buenas acciones (Nm 18.31; Mt 5.12) o por malas (2 P 2.13).
● *Defender lo correcto acarrea dificultades y produce recompensas. ¿Cómo ayuda centrarse en estas últimas?*

GABRIEL. Nombre que significa «hombre de Dios». Ángel de Dios que comunicó cuatro mensajes en las Escrituras (Dn 8.15-27; 9.20-27; Lc 1.11-38). Gabriel ayudó a interpretar las visiones de Daniel; anunció el nacimiento de Juan el Bautista a Zacarías, y el de Jesús a María.

GACELA. Un ciervo pequeño (Dt 12.15).

GAD. Séptimo hijo de Jacob, cuya madre fue Zilpa (Gn 30.10-11). Sus descendientes formaron la tribu de Gad, una de las doce de Israel. También es el nombre de un profeta de la época del rey David (1 S 22.5).

GADARA. Una de las diez ciudades de Decápolis, donde Jesús sanó a un hombre poseído por un demonio (Mr 5.1).

GADARENOS. Habitantes de un distrito al sureste del lago de Tiberias (Mt 8.28; cp. también Mr 5.1).

GALAAD. Zona montañosa y boscosa situada al este del río Jordán (Gn 37.25). Conocida por ser refugio de fugitivos y por su relación con un bálsamo medicinal.

GALACIA. Antiguo reino de Asia Menor que pasó a ser posteriormente una provincia romana (Hch

GÁLATAS, LIBRO DE. Este libro bíblico del Nuevo Testamento es la carta de Pablo a la iglesia en Galacia. La escribió para combatir la herejía de los judaizantes, que consistía básicamente en añadir las obras a la gracia de Dios como requisito para la salvación. Los judaizantes creían que los gentiles debían ser circuncidados además de su compromiso con Cristo para ser salvos (cp. Hch 15 para más información acerca del problema de los judaizantes y su herejía).
▲ *Se califica frecuentemente a Gálatas como la «pequeña Romanos», ya que Romanos desarrolla con más detalle los temas de Gálatas.*

GALILEA, MAR DE. Masa de agua dulce, con forma de corazón, del tamaño de un lago más que de un mar (Mr 1.16). Situado unos 96 km al norte de Jerusalén, tenía unos 21 km de longitud por unos 13 en su punto más ancho, encontrándose unos 200 m por debajo del nivel del mar. Muchos de los ministerios y milagros de Jesús tuvieron lugar en este lago o alrededor de él (Mt 8.23-27; Mr 3.7-12; 6.35-56). En sus orillas estaban las ciudades de Capernaum, Betsaida, Magdala y Tiberias. Es propenso a las tormentas repentinas por la forma en que el viento azota desde las montañas cercanas (Mr 4.37).
▲ *Llamado también Tiberias, Genesaret y Cineret.*
● *Compara el mar de Galilea, de agua dulce, con el mar Muerto, casi 400 m por debajo del nivel*

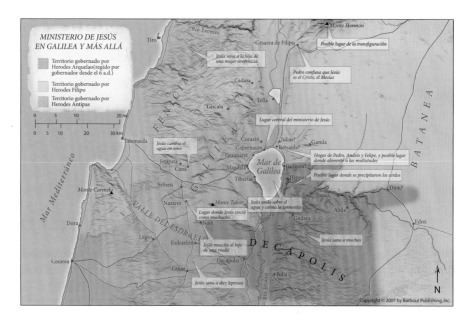

MINISTERIO DE JESÚS EN GALILEA Y MÁS ALLÁ

- Territorio gobernado por Herodes Arquelao(regido por gobernador desde el 6 a.d.)
- Territorio gobernado por Herodes Filipo
- Territorio gobernado por Herodes Antipas

Copyright © 2007 by Barbour Publishing, Inc.

del mar. El agua fluía a través del mar de Galilea, pero solo hasta el mar Muerto. Considera el efecto paralelo en la vida humana cuando solo recibimos pero no damos a los demás.

GALILEA. Pequeña región situada en el norte de Palestina (Israel). Allí creció Jesús, escogió a sus discípulos y llevó a cabo gran parte de su ministerio (Mt 3.12; 4.15, 18, 23, 25; 21.11). Nazaret, la ciudad de Jesús, pertenecía a esta región. Su agricultura era rica; su mar proveía abundante pescado; varias rutas importantes del Imperio romano la cruzaban. Aunque era principalmente una zona judía, también había gentiles (paganos) y nuevos cristianos.

▲ *En el Antiguo Testamento, Galilea formó parte del territorio asignado a las doce tribus de Israel. Se profetizó que sería la tierra del Mesías (Is 9.1-4; Mt 5.14-15).*

GAMALIEL. Líder de la tribu de Manasés en el Antiguo Testamento (Nm 7.54). También, fariseo y maestro de la ley en el Nuevo Testamento. Este aconsejó que fuesen razonables y esperasen para ver si el mensaje de los apóstoles venía de Dios (Hch 5.34-40). También fue maestro de Pablo (Hch 22.3).

GAZA. Una de las cinco principales ciudades filisteas, situada al sureste de Jerusalén, en la costa (2 R 18.8; Hch 8.26).

El mar de Galilea es el mayor lago de agua dulce de Israel.

El huerto de Getsemaní en la actualidad, con olivos que se cree tienen aproximadamente mil años.

GEDEÓN. Hijo de Joás, llamado por Dios para liberar a los israelitas de los madianitas (Jue 6.13-14). El Señor hizo que lo consiguiese únicamente con trescientos hombres. Gedeón gobernó a los israelitas como juez durante cuarenta años.

GEHENNA. El infierno. En los Evangelios, se refiere al lugar de castigo después de esta vida. Ver **HADES, INFIERNO**.

GENEALOGÍA. Lista de nombres de descendientes (2 Cr 31.16; Tit 3.9). Los antepasados de Jesús se mencionan en Mateo 1.1-17 y Lucas 3.23-38.

GENERACIÓN. Descendientes; personas que viven en la misma época (Gn 6.9; Mr 8.12).

GENEROSIDAD. Bendición o benevolencia (2 Co 9.5).

GENESARET, LAGO DE. Nombre del mar de Galilea en el Nuevo Testamento (Lc 5.1). En el Antiguo, mar de Cineret. Ver **GALILEA, MAR DE**.

GÉNESIS, LIBRO DE. Primer libro de la Biblia. Palabra hebrea que significa «principio». Génesis habla del principio de la creación y de la desobediencia del hombre a Dios. Cuenta los familiares relatos del diluvio, la torre de Babel y los patriarcas. Génesis es el semillero de la doctrina del Nuevo Testamento, y tiene un valor incalculable para la comprensión de gran parte de este.

▲ *El libro de Génesis toma su nombre de sus primeras palabras: «En el principio...» (Gn 1.1).*

GENTIL. Literalmente, «nación». La palabra se refiere a una persona que no es judía (Ro 9.24). Los judíos cristianos tuvieron problemas para aceptar a los gentiles y, de hecho, creían que estos debían hacerse judíos también. Sin embargo, aprendieron que los gentiles pasan a formar parte de la familia de Dios del mismo modo que cualquier otra persona: aceptando a Jesucristo como Señor y Salvador (Gá 3.14).

▲ *Toda salvación llega por la gracia de Dios, por medio de la fe (Ef 2.8-10). La expiación de Jesucristo en gracia provee para todos los creyentes en todas las épocas.*

● *En la fe, ¿eres judío o gentil? ¿Cómo puedes pasar a formar parte de la familia de Dios?*

GETSEMANÍ. Lugar situado a casi 2 km de Jerusalén, en el monte de los Olivos (Mr 14.32). Jesús

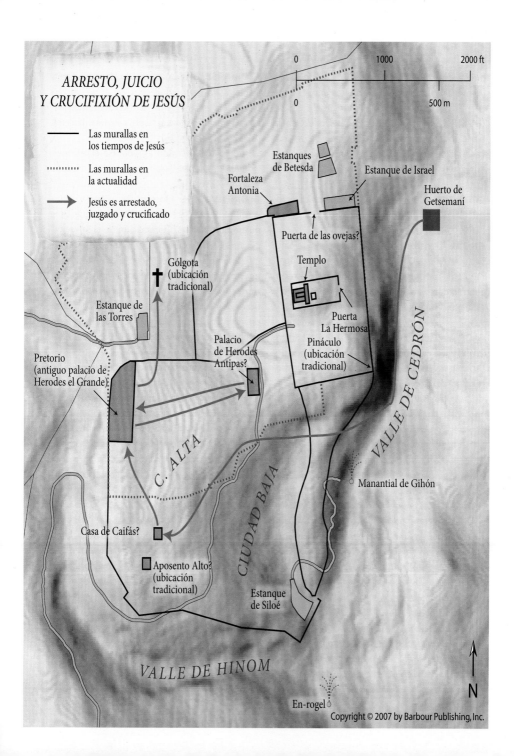

ARRESTO, JUICIO
Y CRUCIFIXIÓN DE JESÚS

Las murallas en
los tiempos de Jesús

Las murallas en
la actualidad

Jesús es arrestado,
juzgado y crucificado

0   1000   2000 ft

0   500 m

Estanques
de Betesda

Estanque de Israel

Fortaleza
Antonia

Huerto de
Getsemaní

Puerta de las ovejas?

Gólgota
(ubicación
tradicional)

Templo

Estanque de
las Torres

Puerta
La Hermosa

Palacio
de Herodes
Antipas?

Pináculo
(ubicación
tradicional)

Pretorio
(antiguo palacio de
Herodes el Grande)

VALLE DE CEDRÓN

C. ALTA

CIUDAD BAJA

Manantial de Gihón

Casa de Caifás?

Aposento Alto?
(ubicación
tradicional)

Estanque
de Siloé

VALLE DE HINOM

En-rogel

N

Copyright © 2007 by Barbour Publishing, Inc.

oró agónicamente allí, poco antes de que Judas llevase allí a sus enemigos para arrestarlo.

GIGANTE. Empleado en algunas traducciones bíblicas contemporáneas para referirse a una variedad de personas fuera de lo normal, de gran tamaño y renombre (GN 6.4; Nm 13.32-33).

GIGANTES. Hombres fuertes, valientes y de gran estatura (Dt 2.20).

GILGAL. Ciudad situada al oeste del río Jordán, no muy lejos de Jericó (Jos 4.19). Primer campamento de los israelitas después de que cruzasen el río Jordán para apoderarse de la tierra prometida, y fue el cuartel general de Josué.

GLORIA. Cualidad divina (Hch 7.2; 1 Co 2.8; Stg 2.1). El brillo, esplendor y fulgor de la presencia de Dios. Su revelación visible de sí mismo. Nuestro término *doxología* proviene en última instancia de *doxa*, la palabra griega para «gloria».

▲ *Dios se ha revelado por medio de su gloria, conocida por Ezequiel y otros en el Antiguo Testamento, por los pastores en la época del nacimiento de Jesús en el Nuevo, y en la transfiguración. Todos la verán cuando Jesús vuelva. Pablo definió la gloria de Dios como una luz inaccesible (1 Ti 6.16). La experimentaremos como parte de nuestra herencia con él (Ef 1.18), y como una corona inmarcesible para las pruebas presentes (1 P 1.7; 5.4).*

▲ *En el Nuevo Testamento, Jesús, Dios el Hijo, puso de manifiesto la personalidad, la presencia y el carácter de Dios. Hizo visible para siempre la gloria de Dios (Jn 1.14; 2 Co 4.6). La presencia de Jesús en los cristianos nos permite compartir el reflejo de la misma (Col 1.27).*

● *¿Cómo experimentas la gloria de Dios? ¿Qué hace que seas consciente de esa gloria?*

GLORIARSE. En el buen sentido, se emplea para alabar a Dios o enorgullecerse de él, de alguien o algo (Sal 44.8). En un sentido negativo, jactarse de realizar malas acciones o ensoberbecerse (Sal 52.1; Ef 2.9).

● *¿Cómo has utilizado el gloriarse en el buen sentido? ¿Y en el malo?*

GLORIFICACIÓN. Proceso de volverse puro o santo, de transformarse en todo lo que Dios quiere que seamos. Culminación de la salvación después de que muramos y vayamos al cielo, que refleja tanto el sufrimiento como la exaltación de nuestro Señor y Salvador (Ro 8.17). La santificación está estrechamente relacionada con la glorificación en que el Espíritu de Dios no solo obra en nosotros para hacernos santos ahora, sino también en el momento de la culminación.

GLORIFICAR. Alabar, adorar (Sal 86.9). Admirar, destacar lo bueno en algo, reconocer como glorioso. El mayor llamamiento de todos los cristianos es glorificar a Dios por medio de sus actos, palabras y carácter (Mt 5.16). Los cristianos glorifican al Señor obedeciéndole y viviendo como él ordena. Ejemplos específicos incluyen la pureza sexual (1 Co 6.20), escoger las palabras correctas (1 P 4.11), mostrar la fe por medio de las buenas obras (Stg 2.18), imitar a Jesús (Jn 17.10-11) y tener la mente de Cristo (Fil 2.5).

▲ *En el Antiguo Testamento, las personas glorificaban a Dios (Lv 10.3-4) y él lo hacía también (Ez 28.22; Dn 5.23). En el Nuevo Testamento, los hechos de Jesús provocaron que los observadores glorificasen a Dios (Mt 9.8; 15.31), y él hizo lo propio con Jesús (He 5.5; Lc 4.15).*

● *¿Con qué acciones y actitudes glorificas a Dios y lo alabas en adoración?*

GLOTÓN. Que come demasiado, persona que se permite excesos (Pr 23.21; Mt 11.19).

Poncio Pilato, gobernador de Judea, presenta a Jesús a la furiosa muchedumbre. Pilato cedió ante la petición de crucifixión de las masas.

GNOSTICISMO. Religión «sabelotodo» que enseñaba que la salvación se conseguía con un conocimiento especial o secreto de Dios. También enseñaba que el cuerpo era malo o no importaba. Los gnósticos expresaban su creencia en una de estas dos formas: viviendo una vida de abnegación extrema o todo lo contrario, cometiendo toda clase de excesos. Para los gnósticos, el espíritu era eterno y era lo que importaba realmente.

Aunque el término *gnosticismo* no se encuentra en la Biblia, el concepto está ahí. El gnosticismo se desarrolló por completo cien años después. Los escritores bíblicos razonaron contra las personas que sostenían ideas que más adelante se transformaron en gnosticismo. Por ejemplo, el libro de Colosenses subraya las verdades de la supremacía de Dios y el hecho de que Cristo es Cabeza de la iglesia. Colosenses combate cualquier herejía relacionada con la adoración a ángeles u objetos celestiales, y otros errores de doctrina.

GOBERNADOR. Gobernante de una zona, bajo la autoridad de otro, como un rey (Gn 42.6; Lc 2.2). José sirvió como gobernador bajo Faraón, y Poncio Pilato y Félix también lo fueron en el Nuevo Testamento.

GOBIERNO. Reinado, poder (Is 9.6; 2 P 2.10). El mundo del Antiguo Testamento vio una gran variedad de estructuras y figuras de autoridad: cabezas de familia; teocracia (gobierno de Dios);

Aunque no se conoce el lugar exacto, muchos artistas a lo largo de la historia han intentado representar lo que ocurrió en el Gólgota: la muerte de Jesús en la cruz.

reyes. En la época del Nuevo Testamento, Roma gobernaba el mundo conocido.

GÓLGOTA. Palabra hebrea para «calavera». Lugar cercano a Jerusalén donde Jesús fue crucificado (Mt 27.33; Mr 15.22; Jn 19.17). También llamado Calvario (Lc 23.33).

▲ *Nadie conoce actualmente la ubicación precisa del Gólgota, aunque los guías locales sugieren diversas posibilidades.*

GOLIAT. Guerrero filisteo de más de 2,90 m de altura. David lo mató con una honda y una piedra (1 S 17).

Nota: las hondas eran armas peligrosas en la época bíblica, no un simple juguete.

GOMER. Medida de áridos equivalente a la décima parte de un efa, aproximadamente dos litros (Éx 16.16). Ver gráfico **PESOS Y MEDIDAS** en p. 221.

GOMER. Medida de áridos equivalente a seis fanegas, aproximadamente unos 220 litros (Os 3.2). Ver gráfico **PESOS Y MEDIDAS** en p. 221.

GOMORRA. Una de las cinco ciudades de la llanura cercana al mar Muerto. Cuando Dios anunció que iba a destruir la ciudad debido al pecado de sus habitantes, Abraham suplicó a Dios que cambiase de opinión si encontraba una cantidad mínima de justos, pero no los hubo. Así pues, nadie se salvó, excepto la familia de Lot, que escapó a la destrucción. La mujer de este también pereció porque «miró atrás» (Gn 19).

▲ *Sodoma y Gomorra han pasado a ser símbolos de la maldad y la destrucción.*

Granadas maduras en su rama.

GOSÉN. Zona de Egipto asignada a la familia de José por Faraón (Gn 47.6). Los hebreos vivieron allí hasta la época del éxodo.

GOZARSE. Alegrarse, regocijarse, estar exultante, cantar, saltar, disfrutar (1 Cr 16.31; Sal 2.11; Is 61.10; Jn 14.28; Fil 3.1; Ap 19.7).
▲ *La Biblia contiene cientos de referencias a «gozarse», «gozo» o sus equivalentes. En el libro de Filipenses, en solo cuatro capítulos, aparecen diecinueve.*

GOZO. Alegría, regocijo (Sal 16.11; Mt 2.10). Una prueba de una vida llena del Espíritu Santo (Gá 5.22). El gozo es la idea clave del Nuevo Testamento, y Jesús enseñó que su gozo podía permanecer en nosotros y ser completo (Jn 15.11).
● *¿En qué se parecen y se diferencian el gozo y la felicidad? Considera que la felicidad puede ir y venir, pero ¿qué ocurre con el tipo de gozo del que habla Jesús? Compara con Juan 16.21-22.*

GRACIA. Favor (Gn 6.8). El amor gratuito e inmerecido de Dios que nunca abandona (Ef 2.8). La gracia es el regalo de Dios que viene en forma de vida eterna por medio de Jesucristo nuestro Señor (Ro 6.23). La salvación solo se obtiene reci-

biendo la gracia de Dios en Jesucristo; no hay otro nombre, persona o camino de salvación (Hch 4.10-12).
▲ *Un escritor dijo que gracia es la palabra más rica de la Biblia porque todas las bendiciones de Dios crecen a partir de este esencial regalo de amor del Señor.*

GRANADA. Fruto del granado, un árbol pequeño, con muchos granos y pulpa roja.

GRANIZO. Bolas de hielo dañinas que caen del cielo como la lluvia (Is 32.19; Éx 9.23-24).

GRANO DE MOSTAZA. Planta anual que crecía con mucha rapidez. Se creía popularmente que era la más pequeña de las semillas. Sin embargo, no se puede identificar con exactitud qué planta estaba mencionando Jesús en su parábola del grano de mostaza (Mt 13.31-32). Cristo la empleó como ejemplo ilustrativo de algo que comienza siendo muy pequeño pero crece rápidamente, como el reino de Dios.

GRIEGO. Lengua hablada en Grecia y hecha idioma internacional o universal, político y cultural por Alejandro Magno. Es un idioma apropiado por su capacidad de expresar matices de significado y providencialmente fue la lengua de

La diminuta semilla de mostaza, usada en una famosa ilustración de Jesús.

EL ALFABETO GRIEGO

Α	α	alfa	Ν	ν	ni
Β	β	beta	Ξ	ξ	xi
Γ	γ	gamma	Ο	ο	ómicron
Δ	δ	delta	Π	π	pi
Ε	ε	épsilon	Ρ	ρ	rho
Ζ	ζ	dseta	Σ	σ, ς	sigma
Η	η	eta	Τ	τ	tau
Θ	θ	theta	Υ	υ	ípsilon
Ι	ι	iota	Φ	φ	fi
Κ	κ	kappa	Χ	χ	ji
Λ	λ	lambda	Ψ	ψ	psi
Μ	μ	mi	Ω	ω	omega

redacción del Nuevo Testamento. El idioma de filósofos como Platón o Aristóteles, y de poetas como Homero. Pilato mandó inscribir en la cruz «Jesús nazareno, rey de los judíos» en hebreo, griego, y latín (Jn 19.19-20).

▲ *Aunque Roma gobernaba el mundo conocido de la época del Nuevo Testamento, la lengua de la nación conquistadora, el latín, no superó inmediatamente al lenguaje y a la cultura griegos precedentes. Esto explica por qué gobernaba una nación, pero seguía siendo universal la lengua de otra cultura.*

GRIEGOS. En el Antiguo Testamento, los habitantes de Grecia (Jl 3.6). En el Nuevo, podría referirse a los griegos, pero particularmente a los judíos de habla griega, especialmente los nacidos fuera de Palestina o que vivían en ella (Hch 6.1). Ver **HELENISTAS**.

GRIETA. Una abertura o lugar roto (2 R 22.5).

Vasija griega de quinientos años antes de Cristo.

GRILLOS. Grilletes. Cadenas para los pies de los prisioneros (Sal 149.8; Mr 5.4).

GUARDAR. 1. Referido a una ley, promesa o palabra, atar, adherirse, ser leal (2 R 17.34). 2. Poner, colocar, almacenar (Lc 12.17-18).

GUARNICIÓN. Puesto o fortaleza militar (1 S 14.1).

GUSANO. Animal invertebrado que repta, utilizado como imagen de lo humilde y débil (Job 17.14; Sal 22.6; Is 41.14).

HABACUC. Profeta de Judá alrededor del año 600 a.c. Autor del libro del mismo nombre. Significa «abrazar». Habacuc vivió y profetizó aproximadamente en la misma época que Jeremías. Habló a personas que habían visto cómo la prosperidad y la libertad se habían vuelto desastre y opresión debido a la agitación nacional, la caída y la cautividad. Habacuc hizo preguntas duras a Dios, pero tenía respuestas atemporales, llamando a su pueblo a vivir por la fe en él y en su soberanía (Hab 2.4).

HABACUC, LIBRO DE. Libro del Antiguo Testamento que contiene diálogos con Dios, profecías, y poesía del profeta. Habacuc preguntó al Señor por qué los malos parecen triunfar y los buenos sufrir. Dios contestó que el mal destruye finalmente a las personas que lo hacen, y que los justos vivirán por fe (2.4). El resto del libro celebra la fidelidad de Dios en cada circunstancia.

HABLAR. Comunicar, debatir, pensar, deliberar (Gn 18.33; Sal 4.4; Zac 1.14). En las Escrituras, el propósito y motivo de «hablar» influyen en que la conversación sea positiva o negativa (cp. Lc 6.11 y 22.4, donde los líderes religiosos hablan en un contexto negativo).

HABLAR. Declarar (Pr 23.33; Mt 13.35; Hch 2.4).

HACEDOR. Uno que forma; creador (Hab 2.18). Frecuentemente, hace referencia a Dios como Creador (Job 35.10).

▲ *Como Creador, el Dios eterno lo hizo todo a partir de la nada; todos los demás «creadores» necesitan algo para hacer otra cosa.*

HADES. Lugar o estado de los muertos.

▲ *La palabra griega hades aparece once veces en el Nuevo Testamento. Se traduce de la misma forma en diez de ellas en RVR60 (Mt 11.23; 16.18; Lc 10.15; 16.23; Hch 2.27, 31; Ap 1.18; 6.8; 20.13-14). Sin embargo, en 1 Corintios 15.55 se traduce «sepulcro». El término «infierno» traduce sheol en el Antiguo Testamento y Gehenna en el Nuevo.*

HAGEO, LIBRO DE. Libro del Antiguo Testamento escrito por el profeta del mismo nombre. Contiene los mensajes que Dios comunicó por medio de Hageo al pueblo retornado del exilio. Los judíos habían reconstruido su comunidad pero no el templo, por lo que Hageo preguntó de parte del Señor: «¿Es para vosotros tiempo, para vosotros, de habitar en vuestras casas artesonadas, y esta casa está desierta?» (Cp. Hg 1.1-4).

HAGEO. Profeta de Jerusalén que instó a los judíos retornados del exilio a reconstruir el templo de Dios. Profetizó alrededor del 520 a.c., y fue contemporáneo de Zacarías. Su nombre significa «festivo».

HAI. Pequeña ciudad situada al este de Bet-el. Conquistada por Josué después de que este y sus hombres hiciesen lo propio con Jericó. Tras un revés inicial provocado por el pecado de Acán, Dios dijo que había entregado a Hai, a sus habitantes, y a su rey en manos de Josué. La destrucción de esta ciudad puso de manifiesto el poder de Dios (Jos 7.2-5; 8.1-29; 10.1-2).

HAMBRE. Falta de alimentos debido a sequía, insectos o guerra (Rt 1.1; Lc 15.14). Dios la utilizó en ocasiones para disciplinar a su pueblo incrédulo y desobediente (Jer 29.17). En Amós 8.11, se llama hambre a la ausencia de palabra de Dios o de escucharla.

HARÁN. El Harán más prominente fue el tercer hijo de Taré, y hermano más joven de Abram (Abraham). Harán era el padre de Lot y tuvo dos hijas (Gn 11.26-28). Este nombre es también el de un lugar al que Abram y su familia se trasladaron desde Ur de los caldeos (Gn 11.31). Otras personas y lugares se llamaban Harán.

HASTA AQUÍ. Desde entonces, desde ese momento, hasta ahora (2 S 15.34; Jn 16.24).

HE AQUÍ. «Mira , ve, contempla» (Dn 7.6; Mt 2.9). «¡Mirad!» (Jn 1.29). Considerad (Lc 21.29). Utilizado a menudo como palabra introductoria, tal como empleamos *ahora* o *entonces* (Mt 1.20; Mr 1.2).

HEBREO. Abraham o uno de sus descendientes; equivalente a israelita o judío (Gn 14.13). También, el lenguaje en el que se redactó el Antiguo Testamento (excepto algunas partes en arameo). Se escribe de derecha a izquierda. Es una lengua colorida dominada por los verbos. Su alfabeto consta de veintidós letras, cuatro de las cuales tienen estilos alternativos. En la época bíblica, la escritura hebrea solo reflejaba las consonantes. Mucho después, se añadieron pequeños puntos a las mismas para indicar las vocales.

HEBREOS, LIBRO DE. Libro bíblico del Nuevo Testamento escrito a los creyentes hebreos que corrían peligro de abandonar la fe cristiana (He 13.9). Tenían la tentación de rendirse ante la persecución y volverse hacia el atractivo de las viejas creencias. La palabra clave del libro es «mejor», y un tema recurrente es: «continuemos adelante». Estos cristianos seguían siendo bebés en Cristo (He 5.13). El escritor sabía que la vida cristiana era mucho mejor que cualquier otra alternativa y que Jesús era verdaderamente el único Mesías. Desconocemos la identidad de este escritor, pero mostró a Jesús como la revelación final y verdadera de Dios: su Hijo eterno, superior a todos los profetas y ángeles, un sacerdote eterno superior a todos los sacerdotes, y el único proveedor de la verdadera salvación. Hebreos insta a los lectores a enfrentarse a la oposición con el poder de Dios permaneciendo firmes y confiados en su verdad. Hace hincapié en la singularidad del cristianismo.

HEBRÓN. 1. Ciudad situada unos 30 km al sureste de Jerusalén. Abraham vivió allí y fue enterrado cerca de ella (Gn 13.18). Fue la primera capital de David (2 S 2.11). 2. Hijo de Coat (Éx 6.18). 3. Ciudad de Aser (Jos 19.28). 4. Familiar de Caleb (1 Cr 2.42).

HECHOS, LIBRO DE LOS. Libro del Nuevo Testamento, que sigue al Evangelio de Lucas, y escrito por este. Algunos expertos se refieren a este libro como «los Hechos del Espíritu Santo». Hechos relata el nacimiento y crecimiento de la iglesia cristiana. Muestra cómo llevó a cabo la iglesia primitiva el mandato de Jesucristo de hacer discípulos de todas las naciones (Mt 28.18-20). Pedro, uno de los discípulos, y Pablo, un firme convertido al cristianismo, fueron líderes importantes en el desarrollo de la iglesia. El libro cuenta la especial venida del Espíritu Santo sobre los cristianos y su obra en el crecimiento de la iglesia. La primera mitad de Hechos se centra en la iglesia de Jerusalén, y la segunda habla acerca de los esfuerzos de Pablo y otros muchos para difundir el cristianismo a regiones como Samaria, Damasco, Antioquía, Chipre, Asia Menor, Europa y Roma. El libro termina con la predicación libre del Evangelio (Hch 28.31). Hechos es el primer libro de la historia de la iglesia y describe con todo detalle tanto las alegrías como los sufrimientos de la iglesia del primer siglo.

▲ *Las enseñanzas de Hechos para hoy incluyen ejemplos de (1) cómo presentar el evangelio (Hch 2.14-21), (2) demostraciones de una negativa a que las barreras físicas, económicas o sociales nos impidan predicar el mensaje de Cristo (Hch 10–11), y (3) una exhortación a obedecer a Dios incluso en la peor de las persecuciones (Hch 5.27-32).*

HELENISTAS. Personas que hablaban griego y vivían según la cultura griega; especialmente en el Nuevo Testamento, judíos que hablaban griego (Hch 6.1; 9.29).

HENDIR, HENDIDO. Dividir, como cuando se corta la madera (Sal 141.7). Dividido, referido especialmente a las pezuñas de un animal (Dt 14.7; Lv 11.3, 7, 26). Cuando el Espíritu Santo vino en Pentecostés, los creyentes vieron lenguas repartidas que se dividían y reposaban sobre cada uno de ellos (Hch 2.3).

Este primer plano de dos cerdos muestra sus pezuñas «hendidas» (divididas). Deuteronomio 14 indica que los antiguos israelitas podían comer cualquier animal con pezuña hendida que también fuese rumiante. Como los cerdos no son rumiantes no se permitía comerlos.

HEREDAD. Herencia, lo que se recibe de los padres y antepasados (Éx 6.8; Sal 16.5-6; 1 P 5.3). Puede ser espiritual, material o ambas cosas.

HEREDAR. Poseer (Gn 15.7; Lc 10.25). Recibir algo de un antepasado (Dt 21.16).

HEREDERO. Persona que hereda las posesiones o la posición de otra (Gn 15.3; Ro 8.17). Los cristianos son herederos del reino de Dios con su seguridad y sus bendiciones, tanto presentes como futuras. Son coherederos con Jesucristo (Ro 8.17).

HERENCIA. Heredad. Porción, terreno, cantidad asignada (Dt 14.27; 18.1; Esd 9.12).

HERMANOS. El término se emplea para miembros de una misma familia (Gn 47.1), personas de la misma nacionalidad (Éx 2.11), y aquellos que tienen un parentesco espiritual (Hch 20.32).

HERMOSURA. Atractivo, apariencia agradable, belleza (Is 53.2).

HERODES. Línea de reyes o gobernantes judíos malvados. 1. Herodes el Grande era rey de Judea cuando nació Jesús, y mató a muchos bebés varones en un intento de localizar a Jesús y eliminarlo (Mt 2.1-22). Vivió entre el 47 A.C. y el 2 A.D. 2. Herodes Antipas mandó decapitar a Juan el Bautista y presidió uno de los juicios a Jesús (Mr 6.17-28). Sus dos hermanos gobernaron las otras partes del reino. 3. Herodes Agripa I mandó matar a Jacobo y planeó ejecutar a Pedro (Hch 12.1-3). Murió en el 44 A.D. 4. Pablo compareció ante Herodes Agripa II (Hch 26.28). Ver gráfico **REYES** en p. 243.

HERODIANOS. Partido político judío que se opuso a Jesús y apoyó a los Herodes. Querían que estos los gobernasen en lugar de Roma (Mr 3.6).

Turistas contemplando el Herodión, una colina en la que Herodes el Grande edificó un palacio en las dos décadas anteriores al nacimiento de Cristo. Los romanos lo destruyeron en el 71 A.D.

La advertencia de Jesús contra la «levadura de Herodes» en Marcos 8.15 puede referirse también a los herodianos.

HERODÍAS. Nieta de Herodes el Grande, e hija de Aristóbulo. Se casó con su tío Felipe pero lo dejó por el hermano de este, Herodes Antipas. Cuando su hija danzó en una fiesta y Herodes le ofreció cualquier cosa que quisiese, Herodías dijo a la chica que pidiese la cabeza de Juan el Bautista, que se había opuesto con razón al matrimonio de aquella con Herodes (Mr 6.17-27).

HESBÓN. Ciudad levítica situada unos 32 km al este del Jordán (Nm 21.25; Jos 21.39). Perteneció originalmente a Moab, pero Israel la conquistó, dándola a Rubén y después a Daniel. Hesbón significa «fortaleza».

HETEO. Descendiente de Cam por medio de Het, segundo hijo de Canaán (Gn 15.20). Los heteos eran un pueblo poderoso que vivía en las montañas de Judá. Algunos habitaron entre los israelitas (2 S 11.6). Los heteos originales, o hititas, controlaron un imperio cuyo centro se encontró

en Hattusa, Asia Menor, entre aproximadamente el 1780 y el 1270 A.C.

HIEL. Algo amargo (Job 20.14; Mt 27.34). Planta amarga y venenosa. Bilis, secreción de la vesícula biliar (Job 16.13).

HIERBA. Grama, grano o una planta verde; no necesariamente limitado a las plantas que llamamos hierbas actualmente (Is 66.14); también una planta cultivada en un huerto (Lc 11.42).

▲ *Durante la fiesta de la Pascua, se comían hierbas amargas junto al cordero para simbolizar las duras experiencias sufridas por los hebreos en Egipto antes del éxodo (Éx 12.8). Se desconoce de qué hierba se trata exactamente, pero los judíos utilizan el rábano picante actualmente. Ver* **PASCUA**.

Estatua del dios heteo y rey Ura-Tarzhunzas.

HIERBAS AMARGAS. Hierbas que se comían con el cordero durante la celebración de la Pascua. Simbolizaban las experiencias amargas de los hebreos en Egipto antes del éxodo (Éx 12.8). Se desconoce qué hierba era exactamente, pero en la actualidad se utiliza el rábano picante.

Rábano picante rallado, usado en la actualidad como «hierba amarga» en las celebraciones pascuales.

HIGUERA, HIGO. Árbol frutal autóctono de Asia Menor y Siria (Gn 3.7). Un higo se asemeja a una pera pequeña pero es de color marrón cuando madura. Adán y Eva cosieron hojas de higuera para hacerse ropa.

▲ *Jesús maldijo a una higuera que ocupaba espacio y se alimentaba, pero no daba fruto (Mr 11.13).*

● *¿Qué lección nos transmite la maldición de la higuera?*

HIJA. 1. Descendiente femenina (Gn 26.34). 2. Una mujer (Mr 5.34). 3. Una adoradora del Dios verdadero, o un grupo de ellas (Zac 2.10; Mt 21.5).

HILCÍAS. Varios Hilcías se mencionan en la Biblia. Los dos más notables son: 1. Un sumo sacerdote durante el reinado de Josías rey de Judá, que encontró el libro de la ley y lo envió al monarca

(2 R 22.4; 2 Cr 34.14). 2. Un sacerdote que permaneció en pie junto a Esdras mientras este leía el libro de la ley al pueblo (Neh 8.4).

HIN. Unidad de medida de líquidos equivalente a unos 3,66 litros (Éx 30.24). Ver gráfico **PESOS Y MEDIDAS** en p. 221.

HINOM. Valle en el que se quemaban sacrificios humanos, situado en una tierra perteneciente al hijo de Hinom (2 Cr 33.6). Tenía relación con la adoración a Moloc. Después de que Josías pusiese fin a los sacrificios, el enclave se utilizó para quemar cadáveres y basura. El nombre acabó empleándose como sinónimo del infierno: *Gehenna*, una palabra griega que traduce a la hebrea *ge'hinnom* («valle de Hinom»).

HIPÓCRITA. Farsante, alguien que actúa (Mt 6.2, 5, 16). Alguien cuyos hechos no coinciden con sus palabras. Una persona que no posee lo que profesa, ni hace lo que dice. Jesús advirtió que los hipócritas que rechazan a Dios y su voluntad se encuentran bajo el juicio (Mt 24.51).

● *¿Te acuerdas de alguna ocasión en la que una persona haya rechazado a Jesucristo por la forma de actuar de alguien que profesaba ser*

Higo en su rama.

Ramas de hisopo

cristiano? ¿Qué impresiones de Jesús se llevan las personas que ven cómo vives? ¿Qué diferencia existe entre un hipócrita y un cristiano que comete un error?

HIRAM. 1. Rey de Tiro que mantuvo una buena relación tanto con David como con Salomón. Envió madera de cedro y ciprés para los proyectos de construcción del último (1 R 5.8). 2. Especialista en trabajar el bronce y arquitecto que colaboró en la edificación del templo de Salomón (1 R 7.13). Ver gráfico **REYES** en p. 243.

HISOPO. Planta en forma de pequeño arbusto utilizada en las ceremonias religiosas y para aliviar el dolor (Éx 12.22; Jn 19.29).

HOLLAR. Pisotear (Lm 1.15).

HOMBRE. Ser humano creado a imagen de Dios (Gn 1.26). El concepto incluye al varón y a la mujer (Gn 5.2). Ser creado a imagen de Dios implica libertad de decisión y responsabilidad sobre la creación. Los humanos deciden pecar (Gn 3)

y necesitan por tanto la salvación (Ro 3, 6). Ver **IMAGEN**.

HONRA, HONRAR. Sustantivo: respeto, reverencia, grandeza, valor, dignidad dados o recibidos (1 Cr 16.27). Dios es el más digno de honor (1 Ti 1.17). Él lo ha dado a cada persona (Sal 8.5). Las personas pierden su honor cuando desobedecen a Dios. Verbo: valorar, mostrar respeto por, estimar, amar. Debemos honrar a Dios y a las personas a las que es debido (Pr 3.9; Ro 12.10).

● *Dios nos ha ordenado que honremos a nuestros padres (Éx 20.12). ¿Por qué? ¿De qué formas podemos expresar la honra a y por nuestros padres? Nótese que podemos hacerlo dando gracias a Dios (el Padre perfecto) por utilizarlos para darnos la vida física. Si nuestros padres no parecen ser demasiado honorables, los hijos sabios pueden ayudarles espiritualmente y encontrar una nueva honra en ellos.*

HOREB. Nombre hebreo que significa «sequía, desierto»; nombre alternativo para Sinaí, «la montaña de Dios» (Éx 3.1; 1 R 19.8).

HORNO. Se utilizaban diferentes tipos de horno para cocer ladrillos, cerámica, pan o para fundir

Esta imagen de un horno industrial nos da una idea del peligro que Sadrac, Mesac y Abed-nego enfrentaron tras caer bajo la ira de Nabucodonosor.

La impresionante cumbre conocida como Horeb, o monte Sinaí.

metales (Dn 3.6). Término utilizado en ocasiones en relación con el juicio de Dios (Mt 13.42).

▲ *Los tres amigos de Daniel fueron echados en un horno de fuego porque no se iban a inclinar ante un dios pagano. Sin embargo, el Dios verdadero los salvó de las llamas (Dn 3).*

HOSANNA. «Sálvanos ahora, te ruego» (Sal 118.25; Mt 21.9-15). Cantado cuando Jesús entró en Jerusalén (Mt 21.9-15).

▲ *Compárese el grito de «Hosanna» con la despreciable petición de la multitud más adelante: «¡Sea crucificado!» (Mt 27.22-23). ¿Pueden las personas o las circunstancias cambiar su visión de Dios, Jesús o la Biblia?*

HOSPEDARSE. Descansar, pasar la noche (Rt 1.16; Lc 13.19).

HUESOS. En el libro de Ezequiel, el valle de los huesos secos era un símbolo del pueblo de Israel en su condición desesperada (Ez 37.11). Dios prometió que los huesos resucitarían, lo cual ofreció esperanza a Israel.

HUESTE. Ejército (Jos 5.14; 1 S 17.45); gran número (Gn 2.1; Jer 33.22); el «ejército de los cielos» en 1 R 22.19 es un grupo de seres celestiales que trabajan con y para Dios. No se les debe adorar (Dt 4.19).

HUIR. Escapar (Gn 16.8; Mt 2.13).

HUMANOS. Humanidad. Ver HOMBRE.

HUMILDAD. Ausencia de soberbia (Pr 18.12; Mt 11.29). Una persona humilde tiene el concepto correcto de Dios, de sí misma y de los demás (2 Cr 7.14; Lc 18.14; Stg 4.6). La humildad no es debilidad, sino una gran cualidad, alabada en la Biblia y ordenada a todos los cristianos (Pr 15.33; Stg 4.10). La humildad muestra confianza en Dios (Stg 4.10; 1 P 5.6).

● *¿Cómo fortalece la humildad las relaciones? ¿Qué temes de ser humilde? ¿Tienes una imagen correcta de ti mismo, no considerándote mejor ni peor de lo que eres? (Cp. Ro 12.3).*

HUMILLARSE. Rebajarse o ser humillado, tener la opinión correcta de uno mismo, por elección o por fuerza (Dn 4.37; 2 Co 11.7; Fil 4.12).

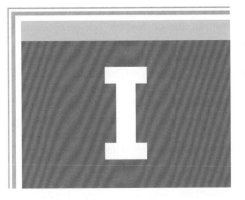

ICONIO. Ciudad de Galacia, Asia Menor, la actual Turquía. Pablo predicó en Iconio en sus viajes misioneros, y fue apedreado allí (Hch 13.51; 14.1-5; 2 Ti 3.11).

IDOLATRÍA. Poner cualquier cosa en el lugar de Dios o anteponer cualquier cosa a Dios (Éx 20.4-6). Los ídolos son habitualmente cosas, pero pueden ser personas (Éx 32.1-8; 1 Co 10.14). Querer las posesiones de otra persona es una forma de idolatría (Col 3.5).

● *¿Quién o qué ostenta el primer lugar en tu vida? ¿Podría una obsesión, por una persona o cosa, ser idólatra?*

ÍDOLO. Imagen de un dios (Éx 20.3-4).

● *Frecuentemente pensamos en los ídolos imaginándolos como estatuas. Sin embargo, cualquier cosa que pongamos en el lugar de Dios puede volverse un ídolo. ¿Cuáles son algunos de los ídolos que las personas tienen actualmente?*

IGLESIA. Asamblea convocada. Congregación. Creyentes que se reúnen en cierto lugar (Mt 18.17; 1 Co 4.17). También puede hacer referencia a todos los cristianos de todas partes, edades y épocas (1 Co 10.32; Ef 1.22-23). En la Biblia, la iglesia no es un edificio, sino los cristianos que se reúnen en él (Ro 16.5).

La iglesia se denomina de diversas formas en el Nuevo Testamento: (1) esposa de Cristo (Ef 5.25-27), (2) pueblo de Dios (1 P 2.9-10), (3) cuerpo de Cristo (Ro 12.5; 1 Co 12.12; Ef 4.16).

▲ *En el Nuevo Testamento, los miembros de la iglesia aceptaban a Jesucristo como Señor y Salvador, exteriorizaban este compromiso en el bautismo, mostraban su intención de creer y comportarse como Cristo, y se comprometían a compartir con los demás al Señor y un ministerio como el suyo (Mt 28.19-20; Hch 1.8).*

● *¿Cómo pasa una persona a ser miembro de una iglesia en la actualidad? ¿Cuáles deberían ser, según tú, los requisitos para la membresía en la iglesia? ¿Cómo sirve mejor la iglesia a sus miembros?*

IGUAL. Que tiene el mismo valor (Sal 55.13; Jn 5.18; Fil 2.6).

Representación del «becerro de oro», un ídolo que los israelitas pidieron hacer ante la ausencia de Moisés los cuarenta días que pasó en el monte Sinaí con Dios (Éx 32).

ILÍCITO. Desautorizado, prohibido por la ley, rebelde, desobediente (1 Ti 1.9).

IMAGEN. Semejanza (Gn 1.26; 2 Co 3.18). Dios nos creó para que fuésemos como él en nuestra capacidad de pensar, sentir y decidir. Cuando Adán y Eva pecaron, la imagen de Dios en la humanidad se deterioró pero no se destruyó. Aunque la Biblia recoge la «caída del hombre» en el huerto del Edén, no puedo culpar a Adán de mi propio pecado. Cada persona ha decidido pecar (Is 53.6; Ro 3.23). Cristo, sin pecado, es la perfecta «imagen de Dios» (2 Co 4.4). El Todopoderoso está moldeando de nuevo a aquellos que confían en Cristo como Señor y Salvador en esa imagen perfecta (Ro 8.28-30).

IMPARTIR. Comunicar, dar una parte o porción (Job 39.17; Ro 1.11).

IMPEDIR. Restringir, obstaculizar, evitar (Nm 11.28; Mt 19.14).

IMPÍO. Sin Dios, malo, irreverente (Sal 1.6; Ro 5.6). Lo contrario de ser justo y aceptable para Dios; injusto (Is 55.7; He 6.10; 1 Jn 1.9). Ver **JUSTIFICACIÓN**.

IMPORTUNIDAD. Persistencia, preguntar incesantemente, suplicar descaradamente (Lc 11.8).

▲ *Dios honra la oración persistente llena de fe. Él no actúa porque se sienta importunado, sino que responde alegremente las peticiones de sus hijos. Una persona se refirió a la persistencia bíblica en la oración como «el alma de la oración». Esta debe significar algo para nosotros si tiene que hacerlo para Dios. Alcanza la bendición más elevada de Dios, pero sigue el modelo de Jesús al acabar con «no se haga mi voluntad, sino la tuya».*

IMPOSICIÓN DE MANOS. Acto simbólico de dedicación y consagración (Lv 4.4; Hch 6.6).

En ocasiones, esta expresión indicaba algo negativo: los líderes religiosos y otros «echaron mano» a Jesús para prenderlo injustamente (Mt 26.50; Mr 14.46). Pero cuando los líderes de la iglesia impusieron las manos sobre Pablo y Bernabé, era más bien una ordenación, reconociendo su llamamiento antes de enviarlos con el evangelio (Hch 13.1-3).

IMPUESTO. Carga impuesta por el gobierno o un grupo religioso (Éx 30.13; Mt 17.24). Por ejemplo, todos los israelitas pagaban medio siclo para sustentar la adoración en el tabernáculo (Éx 30.13).

▲ *Los judíos pagaban demasiados impuestos tanto en el Antiguo Testamento como en el Nuevo (1 R 12; Lc 19.2-8). En el Nuevo Testamento, los recaudadores de impuestos cobraban habitualmente más de lo necesario y se quedaban con la diferencia. Esta práctica injusta era la razón por la que se les llamaba «pecadores» (Mt 9.11). Algunos pensaban que no se debían pagar impuestos a Roma, ni siquiera los justos, pero Jesús instó a los ciudadanos a pagar al César lo que era debido (Mr 12.14-17).*

INCENSARIO. Recipiente con forma de pala utilizado para llevar brasas ardientes y quemar incienso (Lv 16.12; 2 Cr 26.19; He 9.4; Ap 8.3, 5). Las brasas y el incienso se utilizaban durante las ceremonias de adoración y purificación, aunque no siempre juntos. Frecuentemente, se colocaba el incienso sobre las brasas para que se quemase (Nm 16.46). Este simbolizaba las oraciones que subían a Dios (Sal 141.2; Ap 5.8). Ver **INCIENSO**.

▲ *Los incensarios del templo eran de oro. En ocasiones se les llama calderos.*

El incienso —uno de los presentes traídos al niño Jesús— era apreciado por su olor y se usaba en los perfumes (Éx 30.34-35).

INCIENSO. 1. Sustancia elaborada a partir de la resina de los árboles. Utilizada en las ceremonias religiosas del Antiguo Testamento. Los sabios de Oriente regalaron incienso a Cristo (Éx 30.34; Mt 2.11). 2. Olor, fragancia (Dn 2.46; Ap 5.8). 3. Perfume (Éx 30.1; Lc 1.9). Especias de olor agradable que se quemaban como ofrenda en adoración. Término empleado para simbolizar el reconocimiento de la presencia de Dios o las oraciones que se elevan a él (Sal 141.2).

Ver **INCENSARIO**. La receta del incienso se especificó en Éxodo 30.34-37.

INCIRCUNCISO. Como adjetivo, término que significa «no circuncidado»; se refiere a los varones a los que no han cortado el prepucio. Como nombre, la palabra define a ese grupo de hombres.

Para los judíos bíblicos, la circuncisión era algo más que un simple procedimiento médico. Era un ritual ceremonial que se inició con Abraham, un símbolo del sellado de un pacto de compromiso con Dios (Gn 17). En el Nuevo Testamento, la «incircuncisión» era una referencia judía a los gentiles, los no judíos o los incrédulos (Ef 2.11).

Incluso en el Antiguo Testamento, este ritual tenía un componente espiritual definido como circuncisión del corazón (Dt 10.16; 30.6; Jer 4.4). La justicia por fe de Abraham se declaró años antes de que el sellado de la circuncisión tuviese

lugar (cp. Ro 4.11; compárese Gn 15.6; 17.10-27). Como otros asuntos ceremoniales del antiguo pacto, la circuncisión no se mantuvo en la iglesia del Nuevo Testamento. El apóstol Pablo y otros refutaron la insistencia de algunos judíos en que los gentiles se circuncidasen (cp. Hch 15.1-29). El Nuevo Testamento indica claramente que la salvación se obtiene por gracia, por medio de la fe, sin obras añadidas como la circuncisión (Ef 2.8-10). Los gentiles no necesitan «volverse judíos» para ser cristianos.

INCLINAR. Propender, volver hacia (Sal 119.36).

INCREDULIDAD. Falta de fe o confianza (Mt 13.58). El término indica frecuentemente desobediencia o ausencia de fe en Dios (Ro 11.30; He 4.6, 11).

INCRÉDULO. Que no cree o no es fiel (Mt 17.17).

INCULPAR. Culpar, imputar (Sal 32.2; Ro 4.8).

INEFABLE. Indescriptible, inexpresable (2 Co 9.15; 1 P 1.8).

Circuncisión de un bebé judío en Jerusalén. En la Biblia, se usaba el término «incircuncisión» para referirse a los no judíos.

INESCRUTABLE. Que no se puede entender o indagar (Job 5.9; Sal 145.3; Ro 11.33; Ef 3.8).

Adán y Eva pecan contra Dios —«la caída»— lo que resulta en su expulsión del Edén y, al final, en su muerte.

INFERIOR. Más bajo, debajo (Éx 19.17).

INFIERNO. Lugar y condición de castigo eterno para aquellos que rechazan a Jesucristo como Señor y Salvador (Dt 32.22; Mt 5.22, 29-30; 10.28; 16.18). Otros términos relacionados son *gehenna*, *hades* y *Seol*. Las traducciones contemporáneas varían en la forma de traducir las palabras originales referentes a un lugar o estado de existencia después de la muerte; no obstante, en relación con el pecado, *infierno* se refiere al castigo eterno que solo se puede evitar recibiendo la gracia de Dios en Cristo.

INIQUIDAD. Pecado, impiedad, ofensa, corrupción, rebeldía, maldad, lo contrario a lo que es correcto (Sal 25.11; Lc 13.27; 2 Ts 2.7).
● *Como ningún ser humano es perfecto, todos haríamos bien en evaluar nuestra vida a fin de considerar lo que podría agradar o no a Dios en ella, lo correcto y lo incorrecto. Considera al menos una forma en la que podrías pedir a Dios que te moldee a su imagen justa más de lo que reflejas ahora (cp. Ro 12.1-3).*

INJURIAR. Hablar con insulto o desprecio (Éx 22.28; Jn 9.28). Insultar, burlar, escarnecer, mofarse, maltratar verbalmente (Mr 15.29).

INJUSTICIA. Ofensa, iniquidad, herida (Job 16.17).

INMORTALIDAD. Vivir eternamente, vida después de la muerte (1 Co 15.53-54; 2 Co 4.14–5.10; 2 Ti 1.10). Se promete al cristiano el regalo de la vida eterna por medio de la fe en Jesucristo (Ro 6.23). La vida eterna no es simplemente existencia, sino una relación de calidad con Dios y otros cristianos. El cuerpo humano no es inmortal; todos morimos físicamente. Sin embargo, el Señor resucita a los muertos en Cristo a una vida eterna, inmortal. Los cristianos no experimentan la «muerte segunda» (Ap 2.11).

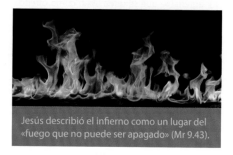

Jesús describió el infierno como un lugar del «fuego que no puede ser apagado» (Mr 9.43).

INMUNDICIA. Suciedad, excremento (Is 4.4; 1 P 3.21).

INMUNDO. Profanado, impuro, contaminado (Lv 5.2; Mal 1.7; Ro 14.14; Mr 9.25; Hch 21.28). En la Biblia, existían dos tipos de inmundicia: ceremonial y moral. Bajo la ley judía, una persona pasaba a ser ceremonialmente inmunda si comía ciertos alimentos, tenía contacto con los muertos, contraía la lepra, sufría flujos corporales o había dado a luz. La persona inmunda tenía que pasar por una ceremonia de purificación (cp. Lv 11–12; 26–28). Las leyes morales de Dios se explican

Jesús sana a diez leprosos. La lepra hacía «inmundos» a los israelitas, y los separaba de sus vecinos.

en los diez mandamientos y otras porciones del Antiguo Testamento. En el Nuevo, la inmundicia era para los cristianos principalmente una impureza espiritual de alguna forma (Mt 5–7; Ef 5.1-10).

INOCENTE. Sin culpa (Mt 27.4).

INOPORTUNO. No en el momento natural o adecuado, prematuramente o tarde (Job 3.16; Ap 6.13).

INSENSATEZ. Locura, necedad (Pr 5.23; 2 Ti 3.9).

INSPIRACIÓN. Soplo, inspirado por Dios (Job 32.8; 2 Ti 3.16). Dios inspiró a diversos hombres para escribir las Escrituras.

▲ *Dios inspiró su Palabra en los escritores de la Biblia a lo largo de cientos de años para dar lugar a los que llegaron a ser nuestros sesenta y seis libros bíblicos. Por tanto, esa inspiración puede referirse a una perspectiva general, pero lo hace de forma única a la propia Biblia inspirada por Dios (2 Ti 3.14-17).*

INSPIRACIÓN VERBAL Y PLENARIA. Inspiración total de la Biblia por parte de Dios. Esta expresión no se utiliza en las Escrituras; se acuñó

después de la Reforma protestante del siglo XVI. Teólogos con diversos puntos de vista debaten sobre el origen y la fiabilidad del texto bíblico que tenemos. Los que defienden la inspiración verbal y plenaria creen que Dios inspiró toda la Biblia, por medio de las personas que escogió para escribir el mensaje.

INSTRUIR. Enseñar (Pr 22.6).

INTEGRIDAD. Un estado de entereza; inocencia, coherencia, fiabilidad (Sal 26.1; Tit 2.7).

▲ *Bíblicamente, lo contrario de ser íntegro es tener doble ánimo, indeciso, vacilante (cp. Stg 1.8; 4.8 para este concepto).*

INTERCESIÓN. Orar o suplicar por el bien de otro (Is 53.12; He 7.25). Un intercesor sirve como mediador. Jesucristo y el Espíritu Santo interceden por los cristianos (Ro 8.26-27, 34). Estos deben hacerlo los unos por los otros (1 Ti 2.1).

● *¿Cómo podrían ayudar a otra persona tus oraciones? ¿Qué piensas acerca de que Jesús interceda por ti? Cuando Cristo vino a la tierra, se hizo carne, un ser humano con las pruebas, tribulaciones, y tentaciones a las que todos nos enfrentamos. ¿Cómo podrían influir estas verdades en su intercesión por nosotros?*

INTERESES. Algunas versiones traducen «usura» la palabra griega que para los traductores modernos es «intereses» (Mt 25.27; Lc 19.23). Los hebreos bajo la ley no debían cobrarse intereses entre sí, pero sí podían hacerlo con los extranjeros (Dt 23.19-20). Ver **USURA**.

IR A TIENTAS. Sentir o buscar (Job 12.25).

IRA. Enojo, la actitud y respuesta continua de Dios hacia el pecado (Ro 1.18). Cólera, enfado violento (Nah 1.6). La ira de Dios es un dolor que se expresa corrigiéndonos y motivándonos a

ISAAC

hacer lo correcto (Sal 69.24; 1 Ts 5.9; Ro 13.4; Ap 14.10; 16.1). También se entiende como furia (Éx 32.19; Mt 5.22). O exteriorización de la tristeza. Puede ser un sentimiento de hostilidad hacia una persona o un acontecimiento que nos han ofendido o hecho daño. Va desde la simple frustración hasta un resentimiento duradero o una violencia catastrófica. Situaciones estrechamente relacionadas con la ira son las de envidia, maldición, venganza, violencia y rebelión.

Varias palabras hebreas y griegas hacen referencia a diversos tipos de ira: 1. Encendida. 2. Desbordante. 3. Desatada. 4. Apasionada. 5. Debida a una ofensa moral.

La ira aparece tanto en el hombre como en Dios. En la Biblia, la ira humana se presenta como una emoción que es necesario gestionar como lo haría Cristo (Ef 4.26; Pr 14.17; Sal 37.8). La divina difiere de la humana en que sus objetivos son la justicia y el juicio (Stg 1.20; Ro 12.19). Siempre viene provocada por el pecado, y la reacción de Dios es consecuente. Cuando la Biblia nos manda airarnos pero no pecar, solo podremos lograrlo cuando la motivación de nuestra ira sea como la de Dios (Ef 4.26). Es frecuente que se distinga la ira de Dios de la humana utilizando dos o más sinónimos consecutivos (Is 13.9).

● *¿Qué pasos podrías dar para gestionar tu ira sin pecar? (Cp. Ef 4.26). ¿Cuándo podría conducir la ira a algo bueno?*

● *¿Qué piensas de la ira de Dios? ¿Y de la humana (Ef 4.26)?*

ISAAC. Hijo de Abraham y Sara (Gn 17.15-20). El pacto prometido de Dios se haría realidad a través de un hijo llamado Isaac, no mediante Ismael. Abraham se rio ante la promesa del Señor de que él y su anciana esposa Sara tendrían un hijo por medio del cual Dios canalizaría su pacto eterno. Sin embargo, Isaac nació. Siendo este aún joven, Abraham obedeció al Señor hasta el angustioso punto de hacer los preparativos para ofrecer a su hijo como sacrificio. No obstante, lo que Dios quería no era la vida de Isaac, sino la lealtad de su padre. El Todopoderoso proveyó un sustituto para el sacrificio, un carnero. Después de que Isaac se casase con Rebeca, ambos tuvieron gemelos: Jacob y Esaú (Gn 25.19-26).

ISAÍ. Nieto de Booz y padre de David (1 S 16.1). El Nuevo Testamento lo menciona al trazar el linaje de Jesús o en las profecías sobre el mismo (Mt 1.5-6; Lc 3.32; Hch 13.22; Ro 15.12).

ISAÍAS. Profeta de Judá en el Antiguo Testamento. Su nombre significaba «Jehová salva». Profetizó durante el reinado de cuatro reyes, comenzando su ministerio el año de la muerte del rey Uzías, alrededor del 740 A.C. (Is 6.1), hasta el

El profeta Isaías con una pluma en la mano mientras escucha la voz de Dios. Estatua en la Plaza de España de Roma.

701 A.C. o poco después. Tuvo dos hijos (Is 7.3; 8.3). Ver gráfico **REYES** en p. 243.

ISAÍAS, LIBRO DE. Los mensajes de Dios relativos a Judá y Jerusalén revelados a Isaías se recogen en su libro del Antiguo Testamento, el primero de los «profetas mayores», una denominación que hace referencia a la longitud de estos libros proféticos. Isaías destaca en toda la profecía. Sus mensajes se dividieron más adelante en sesenta y seis capítulos, la misma cifra que el número total de libros en el canon bíblico. Isaías dijo «sí» a las visiones proféticas de Dios que lo llamaron a ser profeta y hablar su Palabra. Profetizó acerca del Mesías venidero y de la santidad de Dios. El libro hace hincapié en la religión sincera que se muestra en acción, no solo en palabras. El libro de Isaías revela la advertencia del Señor contra el pecado y la destrucción futura de Jerusalén, con la consiguiente cautividad de Judá. Sin embargo, también transmite esperanza y confianza al remanente del pueblo que había de arrepentirse y volver. Esta profecía majestuosa se centra en el Dios eterno y en sus promesas mesiánicas de cumplimiento del pacto. Isaías puso énfasis en la importancia del juicio, la justicia hacia los demás, la observancia del día de reposo, y la oración.

Los primeros treinta y nueve capítulos de Isaías hacen hincapié en la importancia de obedecer a Dios, independientemente de lo que otras personas decidan hacer. En los capítulos 40-55, muchas personas de Judá siguen cautivas en Babilonia. Isaías dio al pueblo la esperanza de que Dios obraría en la historia para liberarlos y darles una misión. Estos capítulos incluyen descripciones amadas de Jesús, el «Siervo del Señor» (cp. Is 53). En los capítulos 56-66, el pueblo de Judá volvió a casa, pero necesitaba garantías de que Dios cumpliría sus promesas.

▲ *Jesús citó Isaías 61.1-2 para expresar su propio llamamiento.*

ISMAEL. Hijo de Abraham con Agar, sirvienta de Sara (Gn 16.11-15). Debido a los celos, Sara insistió en que Abraham echase a Ismael y Agar de su casa, porque quería que su propio hijo, Isaac, recibiese la herencia (Gn 21). *Ismael* significa «Dios oye», y el Señor oyó, cuidando de Agar e Ismael, así como de la familia de Abraham y Sara (cp. Gn 17.18-20; 21.20). Ismael fue el padre de la nación de los ismaelitas.

ISRAEL. Nombre personal que significa «Dios reina». El Señor llamó así a Jacob, nieto de Abraham, después de que luchase con un mensajero divino (Gn 32.28; 35.10). Israel tuvo doce hijos cuyos descendientes constituyeron las doce tribus de Israel, conocidas colectivamente como la nación de Israel. Más adelante, este nombre pasó a designar al reino del norte.

Israel también se refirió a Judá después de que el reino del norte cayese en el 722 A.C., y otra vez en el Nuevo Testamento al mencionar un nuevo pacto con Israel y Judá, esencialmente la nación hebrea al completo. Asimismo, también en el Nuevo Testamento, *Israel* fue un término empleado para referirse al verdadero pueblo de Dios, los que le obedecen, sea cual sea su linaje (Ef 2.12; He 8.8-13).

ISRAELITA. Hebreo, descendiente de Abraham; equivalente a judío (Ro 11.1).

TIERRA SANTA
HOY

0 5   10   20   30 Mi
0 5 10   20   30   40 Km

LÍBANO

Dimashq
(Damasco)

Sour (Tiro)

Kiryat Shemona

Quneitra

SIRIA

Acco (Tolemaida)

ALTOS DEL
GOLÁN
(ocupados
por Israel)

Haifa

Nazaret

Teverya

Mar de
Galilea

Afula

Dara

Jenín

Bet-seán

Irbid

Netanya

Nablús

CISJORDANIA

Salt

Zarqa

Río Jordán

Tel Aviv-Yafo

Karama

Amán (Rabá)

Ramala

Ariha (Jericó)

Ashdod

Jerusalén

Ascalón

Bayt Lahm
(Bethlehem)

Madaba

Kiryat Gat

Mar Salado

FRANJA
DE GAZA

Gaza
(Gaza)

Al Khalil
(Hebron)

Mar Mediterráneo

Beerseba

Arad

Kerak
(Kir-hareset)

JORDÁN

ISRAEL

Dimona

La nación que hoy cono-
cemos como «Israel» toma
su nombre de un nombre
nuevo que Dios le dio a
Jacob.

El-Gi

Maan

EGIPTO

ARABIA
SAUDÍ

Elat

N

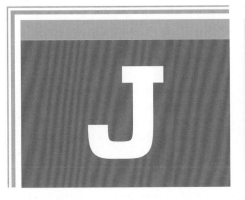

En este antiguo bajorrelieve, un guerrero asirio conduce un carro, otro maneja el arco y las flechas y dos esgrimen jabalinas para la batalla.

JABALINA. Lanza (1 S 18.10; 19.10; Jer 6.23).

JACOB. Nombre que significa «uno que maquina para tomar el lugar de otro», un embaucador que agarra (Gn 25.26). Más adelante, Jacob pasó a ser *Israel*, que significa «el que gobierna con Dios» (Gn 32.28; véase **ISRAEL**). El cambio no solo se produjo en el nombre, sino también en su relación con Dios. Jacob era gemelo de su hermano mayor, Esaú. Ambos eran hijos de Isaac y Rebeca. Jacob consiguió la primogenitura de un hambriento Esaú a cambio de un guiso de lentejas; más adelante, por medio de un engaño, consiguió también la bendición de su padre, que correspondía por derecho al mayor. Jacob huyó para escapar de la ira de su hermano pero se reconcilió con él posteriormente. Se casó con las hermanas Lea y Raquel. Con ellas y dos sirvientas, fue padre de doce hijos, los antepasados de las doce tribus de Israel.

▲ *La vida de Jacob constituyó un punto de inflexión para la nación de Israel, siendo un factor importante en el pacto de Dios para su pueblo escogido. Nombres fundamentales en el contexto de este pacto son los de* Abraham,

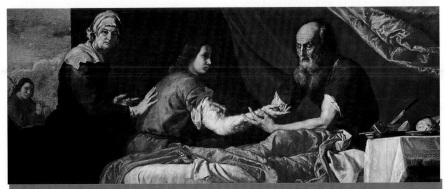

El lampiño Jacob se pone una piel de cabra y engaña a su anciano y casi ciego padre para que le imparta la bendición que le correspondía al velloso hermano mayor, Esaú. El relato completo está en Génesis 27.

el padre de los hebreos (Gn 14.13); Isaac, *el hijo de la promesa hecha al anterior;* Jacob/Israel, *como persona y como nación;* Judá/judío, *como persona, tribu, nación, y en ocasiones nombre para todo Israel;* y Jesús, *el Mesías o Cristo.*

● *¿Existen analogías entre la situación de la familia de Jacob y la de la tuya? ¿Qué puedes aprender de la vida de Jacob?*

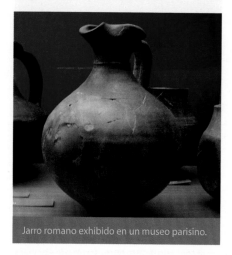
Jarro romano exhibido en un museo parisino.

JACOBO. Nombre de varios hombres en el Nuevo Testamento. 1. Hijo de Zebedeo y hermano de Juan (Mt 4.21; Lc 5.10). Tanto él como su hermano eran pescadores, socios de Simón Pedro. Los tres fueron llamados a seguir a Jesús como discípulos (posteriormente, apóstoles). 2. Hijo de Alfeo y uno de los doce apóstoles (Mt 10.3). 3. Hermanastro de Jesús, considerado por muchos el autor del libro de Santiago (Mt 13.55). Este Jacobo rechazó el ministerio terrenal de Jesús pero creyó después, llegando a ser un líder de la iglesia en Jerusalén. 4. Jacobo el menor, quizás el hijo de Alfeo (Mr 15.40). 5. Hermano o padre (traducciones modernas) del apóstol Judas, no el Iscariote (Lc 6.16; el texto griego simplemente dice «Judas de Jacobo»).

JAFET. Uno de los hijos de Noé (Gn 5.32). Él y su mujer se encontraban entre los ocho supervivientes del gran diluvio (1 P 3.20).

JAIRO. Dirigente de la sinagoga que solo tenía una hija. Cuando esta enfermó hasta morir, Jairo suplicó a Jesús que fuese a su casa y la sanase. El Maestro accedió y resucitó a la niña (Mr 5.22-43; Lc 8.41-56).

JANUCÁ. Festividad judía de ocho días que conmemora la purificación y rededicación del templo tras las victorias de Judas Macabeo en 167-165 A.C. También llamada fiesta de la dedicación o de las luces. Juan 10.22 menciona esta «fiesta de la dedicación». Ver gráfico **FIESTAS Y CELEBRACIONES** en p. 110.

JARRO. Gran cántaro de vino (Is 22.24); en algunos versículos se traduce «torta de pasas» (2 S 6.19).

JEBUSEO. Miembro de una tribu cananea que vivía en y alrededor de Jerusalén, y luchó contra Josué. Los jebuseos se mantuvieron allí hasta la época de David (Jos 10; Jue 1.21).

JEHÚ. Décimo rey de Israel, el reino del norte compuesto por diez tribus (1 R 19.16). Mató a la familia de su predecesor y al rey del reino del sur, de dos tribus. Mató a muchos adoradores de Baal, pero no fue un verdadero seguidor de Dios. Ver gráfico **REYES** en p. 243. Otros hombres llamados Jehú fueron un profeta (1 R 16), un soldado (1 Cr 12.3) y un líder tribal (1 Cr 4.35).

JEREMÍAS. 1. Uno de los profetas más grandes del Antiguo Testamento (Jer 1.1). Nacido en una familia sacerdotal cerca de Jerusalén, profetizó a Judá, el reino del sur, durante el reinado de sus últimos cinco monarcas. Fue un hombre solitario (cp. Jer 16.2). Predijo el juicio por los pecados del pueblo, pero no hicieron caso a sus advertencias. Jeremías clamó a Dios, tratando de comprender por qué debía ser profeta (11.18–12.6; 15.10-21; 17.14-18; 18.18-23; 20.7-18). Lo fue, con el corazón roto, pues vio cómo su mensaje procedente de Dios era rechazado durante más de cuarenta años, desde el 627 A.C. en adelante. Jeremías pudo haber vivido unos setenta años, aproximadamente desde el 650 hasta el 580 A.C. Finalmente, lo llevaron cautivo a Egipto, donde probablemente murió. 2. Hay otros Jeremías, que se mencionan una sola vez en las Escrituras.

JEREMÍAS, LIBRO DE. Libro del Antiguo Testamento que el profeta Jeremías dictó a su secretario Baruc. El que tenemos en la Biblia es un segundo borrador, ya que el rey Joacim destruyó la primera versión. El libro describe la vida y obra de Jeremías, así como su mensaje al pueblo de Judá, el reino del sur. Él mostró lealtad a Dios por encima de su nación, otros profetas, y sus propios deseos. A pesar de ser «el profeta llorón», también apuntó hacia un nuevo pacto y una nueva esperanza para un remanente del pueblo de Dios.

JERICÓ. Antigua ciudad situada unos 8 km al oeste del río Jordán, y no muy lejos del mar Muerto, hacia el norte (Jos 2.1; Mt 20.29). Conocida porque Dios destruyó sus muros, que cayeron mientras Josué y los israelitas marchaban alrededor de ella. En el Nuevo Testamento, se menciona como hogar de Zaqueo (Lc 19.1-2).

JEROBAAL. Nombre dado a Gedeón por su padre Joás (Jue 6.32).

JEROBOAM. 1. Primer rey del reino del norte, alrededor del 931-910 A.C. (1 R 11.26). Edificó lugares de adoración alternativos en Dan y Bet-el, instando a la idolatría pagana. 2. Jeroboam II fue el decimotercer rey de Israel (2 R 13.13). Aunque tuvo éxito según los estándares humanos, no fue sincero con Dios. Ver gráfico **REYES** en p. 243. (Nota: las doce tribus del Israel del rey Salomón se dividieron en un reino norteño de diez, conocido como Israel, y uno sureño de dos, Judá y Benjamín, llamado Judá. Esta división se produjo alrededor del 950 A.C., tras la muerte de Salomón y durante la época de Jeroboam I [cp. 1 R 12]. Las doce tribus habían estado unidas bajo un rey desde aproximadamente el 1020 A.C. Después de la división, el reino del norte continuó hasta su derrota en el 722 A.C.; el del sur lo hizo hasta su caída en el 587 A.C. Algunos judíos permanecieron en la tierra, pero muchos acabaron como cautivos en el extranjero. Siempre hubo un remanente del pueblo de Dios, que retornó más adelante para hacer suyos el pacto y las promesas del Señor).

JERUSALÉN. Antigua ciudad, cuyo nombre puede significar «Ciudad de paz». Mencionada por primera vez en la Biblia en Génesis 14.18 como Salem. «Salem» suena parecido a la palabra hebrea *shalom* (que significa «paz»), y se hace referencia a ella en Hebreos 7.2. Resulta irónico que el nombre indique «paz» cuando la ciudad ha conocido tan poco de ella a lo largo de su historia. Jerusalén fue capital y centro de adoración del reino aún unido de David y Salomón, y

Muchos consideran a Jericó una de las ciudades más antiguas del mundo. Hoy sigue ahí, como una comunidad palestina de la Franja de Gaza.

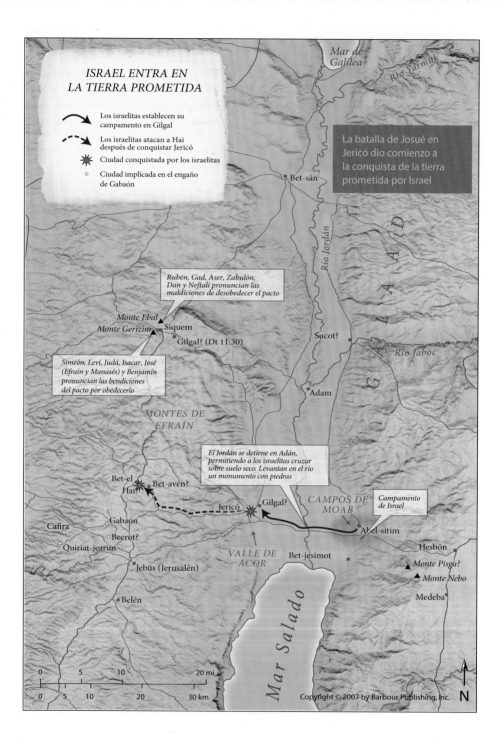

ISRAEL ENTRA EN
LA TIERRA PROMETIDA

Los israelitas establecen su
campamento en Gilgal

Los israelitas atacan a Hai
después de conquistar Jericó

Ciudad conquistada por los israelitas

Ciudad implicada en el engaño
de Gabaón

Mar de
Galílea

Río Yarmuk

Bet-sán

La batalla de Josué en
Jericó dio comienzo a
la conquista de la tierra
prometida por Israel

Río Jordán

G I L A A D

Rubén, Gad, Aser, Zabulón,
Dan y Neftalí pronuncian las
maldiciones de desobedecer el pacto

Monte Ebal
Monte Gerizim   Síquem
                Gilgal? (Dt 11:30)

Sucot?

Río Jaboc

Simeón, Leví, Judá, Isacar, José
(Efraín y Manasés) y Benjamín
pronuncian las bendiciones
del pacto por obedecerlo

Adam

MONTES DE
EFRAÍN

El Jordán se detiene en Adán,
permitiendo a los israelitas cruzar
sobre suelo seco. Levantan en el río
un monumento con piedras

Bet-el   Bet-avén?
Hai?!

Cafira   Gabaón
        Beerot?
Quiriat-jearim

Jericó   Gilgal?

CAMPOS DE
MOAB

Campamento
de Israel

Abel-sitim

Jebús (Jerusalén)

VALLE DE
ACOR   Bet-jesimot

Hesbón

Monte Pisga?
Monte Nebo

Belén

Medeba

Mar Salado

0   5   10   20 mi

0   5   10   20   30 km

Copyright © 2007 by Barbour Publishing, Inc.

N

posteriormente del reino del sur, Judá. David la había conquistado, arrebatándosela a los jebuseos (2 S 5.1-10), y Salomón construyó finalmente el templo allí. Situada en los montes de Judá, entre el mar Mediterráneo y el mar Muerto, fue tomada por los babilonios en el 598 A.C., y destruida en el 587. Se reconstruyó desde el 538 al 440. En la época de Jesús, aunque gobernada por los romanos, era el centro de la adoración y la vida judías. Más adelante, una rebelión contra los romanos condujo a su destrucción, tal como profetizó Jesús (Lc 19.41-44).

▲ *Jerusalén se encuentra entre dos colinas rocosas, a una altitud de unos 750 metros, a unos 56 km del mar Mediterráneo. Considerada la ciudad santa de judíos, cristianos y musulmanes. Su historia es larga y rica, y exige un estudio especial para comprender totalmente su importancia.*

Entre los rasgos destacados de la actual Jerusalén están dos antiguas estructuras: el Muro Occidental, reminiscencia del segundo templo de Israel, y la dorada Cúpula de la Roca musulmana, construida en el siglo VII A.D.

Un Jesús pensativo, según lo ve el clásico pintor holandés Rembrandt

JESÚS. Salvador. Nombre profetizado y dado a Cristo cuando nació de María (Mt 1.21; Lc 1.31). Jesús es el divino Hijo de Dios; es Dios Hijo (Mt 3.17). Es eterno, lo que significa que siempre fue, es, y será. Existía y desempeñó un papel activo con Dios Padre en la creación (Col 1.15-16). El Nuevo Testamento emplea frecuentemente el nombre «Jesucristo», haciendo una referencia completa de Jesús como Salvador-Mesías. *Mesías* es el término hebreo; *Cristo*, el griego.

Su ministerio terrenal comenzó cuando tenía unos treinta años de edad, y duró tres (Lc 3.23). En obediencia a Dios Padre, Jesús vivió una vida sin pecado, sufrió una muerte atroz, y proveyó salvación para la humanidad por gracia, por medio de la fe (Ef 1.4; Fil 2.5-11). Dios lo resucitó de los muertos para que reinase con él eternamente.

▲ *Exceptuando los acontecimientos que rodearon al nacimiento de Jesús y la historia de su experiencia en el templo a la edad de doce años, acerca de su niñez solo podemos especular. Sin embargo, su crecimiento en sabiduría y estatura (Lc 2.52) se refleja en lo que se hizo aparente para él en su divino ser como Dios en Cristo, el Hijo de Dios, cuyo Espíritu* vendría en plenitud después de su vida, ministerio, muerte y resurrección terrenales.

● Jesús murió por todos. ¿Sabes cómo recibe una persona la vida eterna? Creyendo que Jesús es el Hijo de Dios y que él puede salvarlo de sus pecados. Arrepiéntete, volviéndote de sus pecados a Jesús. Confía en él para ser salvo de tus pecados y para llegar a la vida eterna. Pídele que te salve. Confiesa a los demás que Jesús es Señor de tu vida. Ver **CONFESAR**, **ARREPENTIRSE** para comprender mejor el proceso. Entonces, una vez salvado, bautízate para expresar la experiencia de salvación (cp. Ro 6.1-4).

JESÚS, NOMBRES DE. Jesucristo se llamó y fue llamado con muchos nombres en la Biblia. ¿Qué te enseñan de él cada uno de ellos?

- El Verbo (Jn 1.1)
- El Camino (Jn 14.6)
- La Verdad (Jn 14.6)
- La Vida (Jn 14.6)
- El Buen Pastor (Jn 10.11)
- El Príncipe de los pastores (1 P 5.4)
- Abogado (1 Jn 2.1)
- El Santo de Dios (Mr 1.24)
- La Luz (Jn 1.7)
- El Pan de vida (Jn 6.35)
- Emanuel (Is 7.14)
- Salvador (2 P 3.18)
- Admirable Consejero (Is 9.6)
- Dios Fuerte (Is 9.6)
- Padre Eterno (Is 9.6)
- Príncipe de Paz (Is 9.6)
- La Resurrección (Jn 11.21)
- Señor (Mt 8.8)
- Hijo del Hombre (Mr 2.28)
- Hijo de Dios (1 Jn 4.15)
- Dios (Jn 20.28)

TÍTULOS PARA JESÚS EN LA ESCRITURA

TÍTULO	SIGNIFICADO	REFERENCIA
Abogado	El abogado defensor que representa a los creyentes cuando pecan; el mismo término que se traduce como «consolador» en Jn 14.16	1 Jn 2.1
Alfa y Omega	El principio y el fin de todas las cosass	Ap 21.6
Pan de vida	El alimento esencial	Jn 6.35
Piedra del ángulo	Un fundamento seguro	Ef 2.20
Príncipe de los pastores	Da guía y protección	1 P 5.4
Cristo	El Ungido de Dios predicho por los profetas del Antiguo Testamento	Mt 16.16
Primogénito de entre los muertos	Nos lleva a la resurrección	Col 1.18
Buen pastor	Da guía y protección	Jn 10.11
Sumo Sacerdote	El perfecto mediador	He 3.1
Santo de Dios	Perfecto y sin pecado	Mr 1.24
Emanuel	Dios con nosotros	Mt 1.23

TÍTULO	SIGNIFICADO	REFERENCIA
Jesús	Su nombre personal «Yahvé/Jehová salva»	Mt 1.21
Rey de Reyes, Señor de Señores	El soberano Todopoderoso	Ap 19.16
Cordero de Dios	Ofreció su vida como sacrificio por los pecados	Jn 1.29
Luz del mundo	El que trae esperanza y da guía	Jn 9.5
Señor	Soberano creador y redentor	Ro 10.9
Señor de gloria	El poder del Dios vivo	1 Co 2.8
Mediador	El redentor que trae a los pecadores perdonados a la presencia de Dios	1 Ti 2.5
Profeta	El que habla de parte de Dios	Lc 13.33
Rabí/Maestro	Título respetuoso para quien enseña las Escrituras	Jn 3.2
Salvador	El que libra del pecado	Jn 4.42
Hijo de David	El que trae el reino	Mt 9.27
Hijo de Dios	Título divino que señala la intimidad única y especial de Jesús con el Padre	Jn 20.31
Hijo del hombre	Título divino de sufrimiento y exaltación	Mt 20.28
Verbo	Palabra eterna que por excelencia revela a Dios	Jn 1.1

JETRO. Suegro de Moisés y sacerdote de Madián (Éx 3.1). Llamado también Reuel (Éx 2.18).

JEZABEL. Mujer de Acab, rey de Israel, el reino del norte (1 R 16.31). Era una mujer malvada que condujo a los israelitas a la más profunda idolatría. Utilizó la traición y el asesinato para conseguir sus propósitos. Se opuso a Elías (1 R 19.2) y murió finalmente de una forma horrible (2 R 9.36-37). Fue tan malvada que su nombre se empleó para condenar a una profetisa de Tiatira (Ap 2.20). Ver **ACAB**.

JEZREEL. Significa «Dios siembra». 1. Ciudad y valle fértil de la región montañosa de Judá (1 S 29.1). 2. Ciudad situada entre Meguido y Bet-seán; lugar favorito del rey Acab y su familia (1 R 18.45). El monarca codició allí la viña de Nabot,

y Jezabel mandó matar a este para obtenerla (1 R 21).

JOAB. Sobrino del rey David que fue comandante del ejército de su tío (1 Cr 11.4-9). Militar competente y leal al rey, pero muy cruel. Mató al

El valle de Jezreel, donde algunos especulan que tendrá lugar la batalla de Armagedón.

hijo rebelde de este, Absalón, aunque David había ordenado que lo dejasen con vida (2 S 18.14).

JOACIM. Hijo de Josías y rey de Judá entre el 609 y el 598 A.C. (2 R 24.36). Su malvado reinado estuvo marcado por los duros impuestos, la decadencia religiosa y el asesinato. Ver gráfico **REYES** en p. 243.

JOAQUÍN. Hijo del malvado rey Joacim (2 R 24.6). Tenía 18 años cuando murió su padre y le sucedió en el trono de Judá. Su reinado solo duró tres meses. Ver gráfico **REYES** en p. 243.

JOÁS. 1. Hijo de Ocozías y noveno rey de Judá, el reino del sur (2 R 11.2). El sumo sacerdote Joiada lo salvó de morir asesinado siendo aún un bebé y lo escondió, poniéndolo en el trono a la edad de siete años. Reinó durante cuarenta años y llevó al pueblo de vuelta a Dios. Sin embargo, cuando murió Joiada, dejó que la nación cayese de nuevo en la idolatría. 2. Hijo de Joacaz y duodécimo rey de Israel, el reino del norte. Su reinado fue exitoso y se hizo amigo del profeta Eliseo. 3. En Jueces 6.11, Joás se identifica como el padre de Gedeón. Ver gráfico **REYES** en p. 243. Otros seis personajes bíblicos menores tenían el mismo nombre.

JOB. Personaje del Antiguo Testamento cuya historia se relata en el libro del mismo nombre (Job 1.1; Stg 5.11). Job vivió en la tierra de Uz, aparentemente en la misma época que Jacob, el patriarca. Aunque habitualmente se hace referencia a él como un hombre de gran paciencia, Job hizo muchas preguntas a Dios y quería respuestas. Puso de manifiesto que la clase de paciencia que tenía era confianza persistente en Dios y tenacidad (Job 13.15).

▲ *Aunque podemos estar muy familiarizados con ciertos dichos y tópicos, haríamos bien en examinar su veracidad. Se habla prover- bialmente de la «paciencia de Job», pero él* *no la tuvo con sus supuestos consoladores, que fueron para él más que una aflicción. Lo que Job tenía era una fe persistente en Dios. El Señor lo bendijo por ello.*

JOB, LIBRO DE. Libro del Antiguo Testamento, incluido entre los poéticos. Describe cómo Dios permitió que Satanás pusiese a prueba a Job, quitándole sus posesiones, familia y salud, aunque no su vida. Las muchas pruebas y los sufrimientos de Job, así como las respuestas de su esposa y amigos, fueron tentaciones de Satanás, cuyo propósito era que Job renegase de Dios. Sin embargo, él persistió con fe. A lo largo de la dura experiencia, Job se dio cuenta de que la presencia de Dios tenía más sentido que la respuesta a sus

La esposa de Job vierte agua sobre su sufriente marido. Aunque la Biblia no dice su nombre, sí menciona su sugerencia a Job: «Maldice a Dios, y muérete» (Job 2.9).

preguntas. Al final del relato, Dios restauró a Job las posesiones perdidas y le dio más hijos.

JOEL. 1. Autor del libro del Antiguo Testamento incluido entre los profetas menores; hijo de Petuel (Jl 1.1). No sabemos nada más acerca de él. 2. Se mencionan otros trece hombres llamados Joel en el Antiguo Testamento.

JOEL, LIBRO DE. Libro bíblico del Antiguo Testamento que contiene los sermones de Joel, hijo de Petuel. El libro ve la destrucción provocada por una plaga de langostas como el juicio de Dios por el pecado. Joel profetizó que el juicio futuro de Dios sería mucho peor que las langostas. También hizo un llamamiento a un arrepentimiento genuino al que el Dios de amor respondería con bendición. Joel miró al futuro, hacia la venida del Espíritu de Dios (2.28-29; cp. Hch 2.16-21).

JOIADA. Nombre de al menos seis personajes del Antiguo Testamento. 1. El más notable es el sumo sacerdote del templo de Jerusalén, activo en asuntos políticos (2 R 11.4). Él y su mujer salvaron al niño Joás de ser asesinado y lo escondieron durante seis años (2 R 11.2). Cuando este subió finalmente al trono, Joiada le ayudó a gobernar hasta que se hizo mayor (cp. 2 Cr 22–24). 2. Padre de uno de los oficiales de David (2 S 8.18). 3. Sacerdote en la época de Jeremías (Jer 29.25-26).

JONÁS, LIBRO DE. Este libro del Antiguo Testamento relata cómo Jonás fue de mala gana a predicar el mensaje del juicio de Dios a Nínive. El profeta quedó decepcionado cuando este no cayó sobre el pueblo arrepentido. El libro se encuentra en la sección de los profetas menores, pero su estilo no es habitual entre ellos. Solo contiene un breve sermón (3.4). No obstante, cuenta una larga historia acerca de un profeta y de su abatimiento por el arrepentimiento total de ese pueblo. El relato bíblico destaca el gran amor de Dios por todas las personas (4.10-11).

▲ *Dios es eternamente inmutable, pero el libro de Jonás indica que él puede cambiar tus intenciones si las personas lo escuchan, se arrepienten y se vuelven a él. Recuerda siempre que las personas pueden cambiar.*

JONÁS. Hijo de Amitai y profeta de Israel (Jon 1.1) alrededor del 750 A.C. Vivió en una aldea cercana a Nazaret y aconsejó sabiamente al rey Jeroboam II de Israel (2 R 14.23-29). Algunos lo consideran el primer misionero a una nación pagana o gentil (no judía) del que se tiene constancia, por su predicación a los ninivitas.

● *Jonás se resistió a obedecer el mandato de Dios de predicar en Nínive (Jon 1.3ss). ¿Por qué?*
● *Generalmente, Dios llama a las personas a predicar y a contestar a su llamamiento con un sí. Sin embargo, también puede «escogerlas» tal como hizo con Jonás y Pablo. ¿Qué llamamiento tienes tú?*

JONATÁN. Hijo del rey Saúl y amigo fiel de David (1 S 14.1). Defendió a este ante su padre y le ayudó a salvar la vida. Murió junto a Saúl en una batalla contra los filisteos. Otros catorce hombres llamados Jonatán aparecen en la Biblia.

JOPE. Ciudad en la que Pedro oró para resucitar a Dorcas y recibió su visión de predicar al gentil Cornelio (Hch 9.36-41). Situada en la costa, unos 56 km al noroeste de Jerusalén. La madera de cedro para el templo del rey Salomón se envió allí (2 Cr 2.16). Israel luchó con filisteos y fenicios por el control de Jope.

JORAM. Hijo de Josafat y rey de Judá del 850 al 843 A.C. (1 R 22.50). Fue un rey malvado que mandó ejecutar a sus seis hermanos y practicó la idolatría. 2. Hijo de Acab que gobernó el reino del norte, Israel, del 851 al 842 A.C. (2 R 3.1). Ver gráfico REYES en p. 243.

JORDÁN. Río de Palestina que desempeñó un importante papel en la historia bíblica (Jos 1.2; Mr 1.9). Nace al norte del mar de Galilea, de agua dulce, y desemboca en el mar Muerto (o Salado), que no tiene salida. Aunque solo hay 110 km entre el mar de Galilea y el mar Muerto, el Jordán serpentea a lo largo de 320 km. Tiene entre 1 y 3 m de profundidad y unos 30 m de anchura. Los israelitas lo cruzaron para entrar en la tierra prometida. Juan bautizó a Jesús en el Jordán. Nótese que el país actual llamado Jordania posee grandes extensiones de tierra al este y al sur del Jordán.

JOSAFAT. Rey de Judá, el reino del sur (1 R 15.24; 2 Cr 17–20). Reinó durante 25 años (873-848 A.C.), y fue un buen monarca que intentó acabar con los lugares de adoración idólatra y que se enseñase la ley al pueblo. Ver gráfico REYES en p. 243. Otros oficiales reales también se llamaban Josafat (2 S 8.16; 1 R 4.17; 2 R 9.2, 14).

JOSÉ. 1. Hijo de Raquel y Jacob. El favorito de su padre entre sus doce hijos (Gn 37.3). Sus hermanos, llenos de envidia, lo vendieron como esclavo. Acabó en Egipto, donde consiguió el favor de Faraón y pasó a ser la segunda autoridad en la nación. Salvó al país de siete años de hambre profetizada almacenando las abundantes cosechas de los siete anteriores. Salvó a su familia en esa época de hambre, perdonó a sus hermanos, y llevó a los suyos a vivir a Egipto. 2. Carpintero que se casó con la madre de Jesús, María (Mt 1.18). Estaba desposado con ella cuando concibió a Jesús por medio del Espíritu Santo; el desposorio era como el compromiso, pero más serio, ya que exigía un documento de divorcio para romperlo.

El Jordán se ve muy verde en esta foto, pero a menudo es lodoso. Un personaje del Antiguo Testamento, el general sirio Naamán, se resistía a bañarse en el Jordán para curar su lepra, diciendo: «Abana y Farfar, ríos de Damasco, ¿no son mejores que todas las aguas de Israel?» (2 R 5.12).

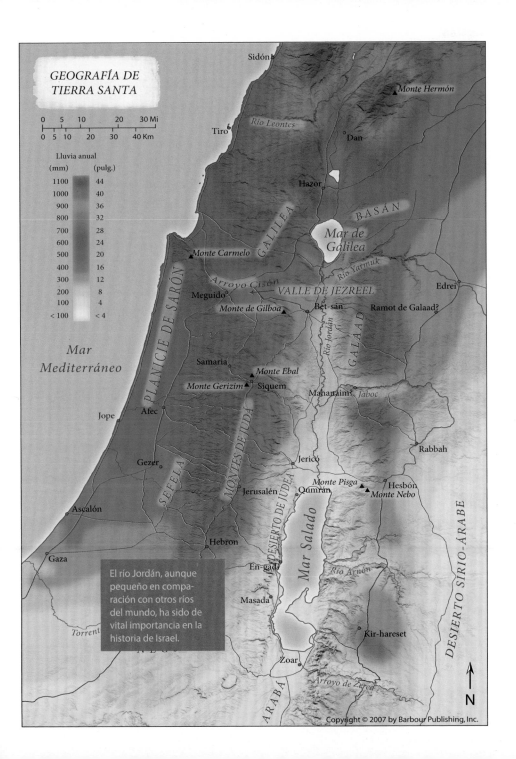

GEOGRAFÍA DE TIERRA SANTA

Sidón

Monte Hermón

0 5 10 20 30 Mi
0 5 10 20 30 40 Km

Tiro
Río Leontes
Dan

Lluvia anual
(mm) (pulg.)
1100 44
1000 40
900 36
800 32
700 28
600 24
500 20
400 16
300 12
200 8
100 4
< 100 < 4

Hazor

BASÁN

GALILEA

Mar de
Galilea

Monte Carmelo

Río Yarmuk

Arroyo Cisón

VALLE DE JEZREEL

Edrei

Mar
Mediterráneo

Meguido

Monte de Gilboa

Bet-sán

Ramot de Galaad?

GALAAD

Río Jordán

Samaria

Monte Ebal

PLANICIE DE SARÓN

Monte Gerizim

Siquem

Mahanaim?

Jaboc

Jope

Áfec

Gezer

SEFELA

MONTES DE JUDÁ

Jericó

Rabbah

Ascalón

Jerusalén

Qumrán

Monte Pisga

Hesbón
Monte Nebo

DESIERTO DE JUDEA

DESIERTO SIRIO-ÁRABE

Hebrón

Gaza

El río Jordán, aunque
pequeño en compa-
ración con otros ríos
del mundo, ha sido de
vital importancia en la
historia de Israel.

En-gadi

Mar Salado

Río Arnón

Masada

Kir-hareset

Torrent

NEG

ARABA

Zoar

Arroyo de Zered

N

El testimonio de un ángel convenció a José de que María había concebido por el Espíritu Santo. Así pues, el benévolo José tomó a María como esposa para librarla de la vergüenza pública de estar embarazada antes de casarse. José y María esperaron hasta después del nacimiento de Jesús para mantener relaciones sexuales. 3. Judío de Arimatea, miembro del Sanedrín, y discípulo secreto de Jesús. Se descubrió después de la crucifixión al pedir el cuerpo de Cristo para enterrarlo en su propio sepulcro. 4. El Antiguo Testamento menciona otros cuatro hombres llamados José, y el Nuevo Testamento, seis.

▲ *Muchos de los José mencionados aquí afrontaron situaciones difíciles con la ayuda de Dios. ¿Cuál de ellas es más parecida a alguna de las que estás afrontando, hayas afrontado o puedas afrontar?*

JOSÍAS. Decimosexto rey de Judá. Comenzó a gobernar a la edad de ocho años, y lo hizo del 640 al 609 A.C. Aunque su padre fue el malvado rey Amón, Josías fue uno de los mejores monarcas (2 R 22.1). Fue conocido por sus buenas reformas: reparó el templo, descubrió y puso en práctica el libro perdido de la ley, abolió la idolatría. Ver gráfico **REYES** en p. 243.

JOSUÉ. Hijo de Nun, ayudante y sucesor de Moisés (Éx 17.9). A diferencia de los otros diez espías, Josué y Caleb confiaban en que los israelitas conquistarían la tierra de Canaán (Nm 13–14). Después de cuarenta años vagando por el desierto y de la muerte de Moisés, Josué condujo a su pueblo a la tierra prometida a fin de obedecer a Dios y derrotar a sus habitantes.

JOSUÉ, LIBRO DE. Este libro del Antiguo Testamento relata cómo Israel entró, conquistó y dividió Canaán. En el último capítulo, Josué da testimonio, llamando a los israelitas a ser absolutamente fieles a Dios y renovando el pacto con

El Espíritu Santo, apareciéndose como paloma, desciende sobre Jesús tras ser bautizado por Juan.

ellos (Jos 24.13-18). Aunque se desconocen las fechas exactas de los acontecimientos del libro de Josué, muchos expertos creen que tuvieron lugar en la segunda mitad del siglo XIII A.C.

JOTA. Hace referencia a la letra más pequeña del alfabeto griego (*iota*) o del hebreo (*yod*). Una «jota» quiere decir «lo más mínimo» (Mt 5.18).

JUAN, 1, 2, 3 LIBROS DE. Epístolas del Nuevo Testamento, escritas por Juan, llamadas en ocasiones las «epístolas juaninas». Primera de Juan previene a los cristianos de los falsos maestros y les insta a mostrar amor hacia los demás. Segunda de Juan también advierte contra los falsos maestros. Tercera de Juan va dirigida a una persona, Gayo, expresándole el aprecio por su vida cristiana y su hospitalidad. Juan escribió estas cartas para ayudar a los cristianos a saber que tienen vida eterna y que su gozo podría ser completo (1 Jn 1.4; 5.3). Aparecen distintas formas de la palabra *saber* unas treinta veces en las cartas.

JUAN, APÓSTOL. Hijo de Zebedeo, pescador (Mt 4.21). Uno de los doce discípulos y uno de los más cercanos a Jesús. La mayor parte de los expertos le atribuyen la autoría del Evangelio de Juan, 1, 2 y 3 Juan, y Apocalipsis.

JUAN EL BAUTISTA. Hijo de Elisabet y Zacarías, primo de Jesús (Lc 1.13). Su nacimiento fue la contestación a las oraciones de sus ancianos padres. Creció en la soledad del desierto. Salió de su aislamiento para predicar un mensaje de arrepentimiento y preparar el camino para Jesús, del que se dice que fue precursor. A petición de este, Juan lo bautizó para que se cumpliese toda justicia (cp. Mt 3.13-17). Relativamente pronto en el ministerio de Jesús, Herodes Antipas lo encarceló por predicar en contra de sus pecados con Herodías. Seguidamente, ordenó decapitarlo para complacer a esta y a su hija (Mr 6.14-30).

JUAN, LIBRO DE. Libro del Nuevo Testamento que se centra en Jesús como el Hijo de Dios, en sus milagros o señales, y en sus enseñanzas a personas o grupos. El propósito de este Evangelio es que las personas acepten a Cristo como Señor y Salvador (Jn 20.30-31). La mayoría de los expertos creen que el apóstol Juan escribió este libro alrededor del 90 A.D.

JUBILEO, AÑO DE. Celebración del Antiguo Testamento que tenía lugar cada cincuenta años (Lv 25.10ss). Durante este tiempo de acción de gracias no se plantaban cultivos; los hebreos esclavizados por sus deudas quedaban libres; y la propiedad volvía a sus propietarios originales.

COMPARACIÓN DE LOS EVANGELIOS

EVENTO O PUNTO DE COMPARACIÓN	¿EN LOS EVANGELIOS SINÓPTICOS?	¿EN EL EVANGELIO DE JUAN?	REFERENCIA BÍBLICA
Las bodas de Caná	No	Sí	Jn 2.1–11
Encuentro con Nicodemo	No	Sí	Jn 3.1–14
Encuentro con la mujer en el pozo	No	Sí	Jn 4.1–45
Lava los pies a sus discípulos	No	Sí	Jn 13.1–17
La última cena	Sí	No	Lc 22.7–23
Oración sacerdotal final de Jesús	No	Sí	Jn 17.1–26
Prólogo extenso al Evangelio	No	Sí	Jn 1.1–18
Epílogo de cierre al Evangelio	No	Sí	Jn 21.1–25

EVENTO O PUNTO DE COMPARACIÓN	¿EN LOS EVANGELIOS SINÓPTICOS?	¿EN EL EVANGELIO DE JUAN?	REFERENCIA BÍBLICA
Relatos del nacimiento	Sí	No	Lc 2.1–20
Jesús y su uso de parábolas	Sí	No	Mt 13.1–52
Echa fuera demonios	Sí	No	Mr 1.21–28
Jesús con los recaudadores de impuestos	Sí	No	Lc 6.27–32
Jesús sana a los leprosos	Sí	No	Lc 17.11–17
Jesús con los niños	Sí	No	Mr 10.13–16
Sermón del Monte	Sí	No	Mt 5.1–7.27
Discuros sobre el fin de los tiempos	Sí	No	Mt 24.1–51
Énfasis en los milagros	Sí	No	Mt 8.1–9.8
Énfasis en la interpretación de los milagros/señales	No	Sí	John5.1–47
Enseñanza de Jesús sobre el infierno	Sí	No	Mt 23.1–39
Tentaciones de Jesús	Sí	No	Mt 4.1–11
Los «Yo soy»	No	Sí	Jn 14.6

JUDÁ. Cuarto hijo de Jacob y Lea (Gn 29.35). Sus descendientes formaron la tribu de Judá, y el territorio que ocuparon se conoció con el mismo nombre. Cuando el reino hebreo se dividió, Judá fue el nombre del reino del sur. Ser «judío» significaba ser descendiente de Judá. Ver **JACOB**.

JUDAS. Nombre popular en la historia judía y de siete hombres en el Nuevo Testamento. Algunos con este nombre fueron: 1. Un discípulo de Jesús (Jn 6.71) llamado Judas Iscariote, que traicionó a Jesús y más adelante se ahorcó (Mt 27.3-10). 2. Un hermano de Jesús (Mt 13.55), probablemente el mismo que el hermano de Jacobo y autor del libro de Judas. El Nuevo Testamento menciona al menos a otros cinco Judas.

▲ Judas Iscariote empañó este nombre para siempre y aparece el último en todas las listas de los discípulos.

JUDAS, LIBRO DE. Libro del Nuevo Testamento escrito por Judas, hermano de Jacobo, para combatir las falsas enseñanzas en la iglesia primitiva. Los expertos sugieren una fecha cercana al año 80 A.D. Hace referencia a luchar por la fe que se entregó un día a los santos (Jud 3). Encomendó a los lectores a la protección de Dios con una bella bendición. El autor era probablemente también hermano de Jesús.

JUDEA. Territorio situado entre el mar Muerto y el Mediterráneo (Mt 3.1). Anteriormente, se llamó Judá por la tribu israelita que la poseyó, pero tras el retorno del cautiverio en Babilonia pasó a ser Judea. En el período del Nuevo Testamento, Judea menguó en tamaño y se encontraba al oeste del Jordán junto a Galilea, divididas por Samaria.

JUDÍO. El término se aplicó por primera vez a los habitantes de Judá (2 R 16.6). Más adelante, pasó a hacer referencia a todos los descendientes de Abraham, llamados también «hebreos» o «israelitas». Colosenses 3.11, Gálatas 3.28 y otras referencias en el Nuevo Testamento muestran que la salvación de Dios es para todo el mundo, independientemente de la raza. El factor determinante es la experiencia espiritual de conocer a Dios en Cristo y recibir su gracia. Entramos en la familia de Dios por el camino de la gracia, no por el de la raza. Así pues, somos descendientes espirituales de Abraham, verdaderos israelitas. Todos llegan a la familia de Dios por adopción (Ro 8.15, 23; 9.4; Gá 4.5; Ef 1.5).

Imagen habitual de varones judíos hoy, con pobladas barbas y sombreros especiales, rezando en el Muro Occidental (o de las Lamentaciones).

JUECES, LIBRO DE. Libro del Antiguo Testamento que se ocupa de la historia de los israelitas desde la época de Josué hasta la de Samuel. En él, se observa una triste repetición de pecado, juicio, y rescate o salvación, un ciclo que se produce una y otra vez. Dependiendo de quién se incluya entre ellos, hubo catorce o quince jueces en el período

Judas Iscariote traiciona a Jesús con un beso mientras los líderes judíos —con anacrónica indumentaria del siglo XVI— arrestan al Señor.

referido. El autor es desconocido. Jueces muestra cómo la ausencia de un liderazgo piadoso destruye una nación. Ver p. 158.

▲ *Los seres humanos son propensos al pecado incluso después de conocer a Dios. Sin embargo, él sigue perdonando a quienes se arrepientan sinceramente y los restaura a la comunión. Salmos 51.12 dice: «Vuélveme el gozo de tu salvación». Aunque Romanos y las epístolas de Juan se centran en la certeza de la salvación, la propia Biblia pone de manifiesto que el pecado produce dolor y nos llama a la renovación del gozo de nuestra salvación en arrepentimiento.*

JUEZ. Oficial público que ayuda a interpretar las leyes (Esd 7.25; Mt 5.25). Los jueces de la época de Josué hasta Samuel eran también líderes espirituales y militares.

JUICIO. Pronunciamiento de una decisión (Jos 20.6). Término empleado frecuentemente para referirse a la disciplina de Dios de su pueblo

La balanza es un símbolo habitual de la justicia: cada parte tiene la misma oportunidad de defender su versión, pero prevalece el peso de uno de los platos.

(Sal 9.16; Ro 2.2). La Biblia habla también de un juicio futuro y final (Ap 14.7).

JUNCO. Planta que crece cerca del agua, papiro (Éx 2.3).

▲ *El papiro se utilizaba para hacer rollos sobre los que se podía escribir.*

JUNTARSE. Venir a, reunirse, recurrir a (Sal 71.3; Mr 10.1).

JÚPITER. Nombre griego para el rey de los dioses, corresponde al nombre romano Júpiter (Hch 14.12; Zeus en otras versiones). Los seguidores de Júpiter creían que este dios controlaba el tiempo. Para consternación de Bernabé, tras sanar a un hombre lo llamaron así. A Pablo le dieron el nombre de Mercurio, porque era el orador principal. Los misioneros estaban molestos al ver que les atribuían el milagro y los trataban como a dioses, de modo que rasgaron sus vestiduras y aprovecharon para enseñar sobre el verdadero Dios (Hch 14.8-18).

Busto del siglo XII de Zeus (Júpiter). Se cree que es una copia romana de un original griego.

JURAMENTO. Promesa solemne de compromiso (Gn 26.28; Mt 5.33). En la Biblia, un juramento equivalía a una verdad reforzada por Dios, o a la persona o cosa por la que se juraba. Se especificaban o daban a entender sus consecuencias, que se desencadenarían si las personas no respetaban su compromiso. La enseñanza del Nuevo Testamento es básicamente que no deberían necesitarse juramentos: la palabra de una persona debería ser íntegra por sí misma (cp. Mt 5.33-37; Stg 5.12).

● *¿Confían las personas habitualmente en tu palabra? ¿Por qué o por qué no?*

JUSTICIA. 1. Idoneidad según el modelo de Dios (Is 41.10; 2 Co 5.21). Equidad. Hacer concordar la vida con los mandamientos, el amor y los propósitos de Dios. 2. Integridad, rectitud, ecuanimidad (Is 59.4).

● *¿Con qué actos muestras justicia? ¿Cómo podrías mejorar tu integridad?*

JUSTIFICACIÓN. Acto en el que Dios declara justa a una persona, que pasa a tener una relación correcta con él (Ro 4.24-25; 5.17; 1 Co 1.30). Recuerde la definición pensando que *justificación* significa «justo como si no hubiese pecado». Dios provee para solucionar el problema de los pecados de los pecadores arrepentidos, salván-dolos de su castigo y declarándolos justos (cp. Ro 3.24-26; 4.5-8; Ef 2.1-10).

▲ *Ser hechos justos por Dios nos libera espiritualmente de la pena del pecado, pero los daños o las consecuencias del mismo pueden continuar en almas, espíritus y generaciones heridos.*

JUSTIFICADO. Hecho recto ante los ojos de Dios (Sal 143.2; Gá 2.16).

JUSTO. Íntegro, recto, ecuánime, especialmente a ojos de Dios (Gn 6.9; Ro 1.17). Que vive en una relación correcta con Dios (Mal 3.18). Una persona solo alcanza ese estado por medio de Dios en Cristo (2 Co 5.21). Ver **JUSTIFICACIÓN**.

JUZGAR. Discernir o criticar (Gn 15.14; Mt 7.1). Espiritualmente, la Biblia nos advierte que no juzguemos a los demás, porque solo Dios está facultado para hacerlo. El Señor es el gran Juez justo (Ap 20.13). Somos responsables ante él de nuestras creencias y nuestros actos.

● *¿En qué pueden diferenciarse los motivos humanos de los de Dios a la hora de juzgar? ¿Cuándo es destructivo el juicio? ¿Y constructivo? ¿Consideras que existe una diferencia entre «ser crítico» y evaluar enseñanzas y conductas según las Escrituras?*

JUECES DEL ANTIGUO TESTAMENTO

NOMBRE	REFERENCIA	IDENTIFICACIÓN
Otoniel	Jue 1.12–13; 3.7–11	Conquistó una ciudad cananea
Aod	Jue 3.12–30	Mató a Eglón, rey de Moab, y derrotó a los moabitas
Samgar	Jue 3.31	Mató a 600 filisteos con una aguijada de bueyes
Débora	Jue 4–5	Convenció a Barac para guiar un ejército a la victoria contra las tropas de Sísara
Gedeón	Jue 6–8	Llevó a 300 hombres a la victoria contra 135.000 madianitas
Tola	Jue 10.1–2	Fue juez 23 años
Jair	Jue 10.3–5	Fue juez 22 años
Jefté	Jue 11.1–12.7	Derrotó a los amonitas después de haber hecho un voto ante Dios
Ibzán	Jue 12.8–10	Fue juez 7 años
Elón	Jue 12.11–12	Fue juez 10 años
Abdón	Jue 12.13–15	Fue juez 8 años
Sansón	Jue 13–16	Mató a 1.000 filisteos con una quijada de asno; fue engañado por Dalila; destruyó un templo filisteo; fue juez 20 años
Samuel	1 y 2 Samuel	El último de los jueces y el primero de los profetas

KÉNOSIS. Palabra griega que significa «vaciarse». Los estudiantes bíblicos y los eruditos utilizan a menudo este término para referirse a Filipenses 2.5-11, la experiencia del Cristo divino tomando forma y existencia de hombre. En la encarnación eterna de Cristo, al convertirse en un ser humano y hacerse carne, se «despojó» [o vació] (Fil 2.7), limitándose a veces a la debilidad humana, a pesar de mantener plenamente su divinidad. Durante su tiempo en la tierra, Jesús limitó, aparentemente, su existencia omnipotente, omnisciente y omnipresente. Aunque los eruditos explican la kénosis en varios términos, podríamos describirla sencillamente mediante la inspirada declaración del apóstol Pablo, en términos teológicos, sobre el relato de la Navidad.

KERIGMA. Vocablo griego que significa proclamación. Los eruditos utilizan a menudo esta palabra para referirse *a lo predicado*, el contenido, y no el acto, de predicar. Aparece un ejemplo en 1 Corintios 1.21 que afirma que agradó a Dios «salvar a los creyentes por la locura de la predicación». La NIV se refiere al mensaje de la cruz como algo que parece una «locura» (un obstáculo). Predicar no es, pues, una locura que salva, sino el mensaje del evangelio que salva a quien cree aquello que dice sobre Dios y Jesucristo.

KIDRÓN, CEDRÓN. Un arroyo y valle a lo largo de lado oriental de Jerusalén. Durante el tiempo de los reyes, allí se quemaban o destruían los artículos idólatras. Observe que Kidrón y Cedrón se escriben de forma diferente, pero indican el mismo lugar. En Juan 18.1, aparece «Cedrón»; los traductores contemporáneos, sin embargo, utilizan «Kidrón».

Arroyo y valle de Kidrón, al este de Jerusalén

LABOR. Trabajo (Gn 31.42; 1 Co 3.8). Nótese que la labor no es el resultado del pecado, sino que refleja la imagen de Dios, que trabajó desde el principio de los tiempos. Dios descansó después de trabajar, y, más tarde, prescribió este mismo patrón de conducta para la humanidad (Éx 20.8-11).

Antigua prensa de olivas en Israel.

LABÁN. Sobrino de Abraham, hermano de Rebeca (Gn 24.15, 29) y padre de Lea y Raquel (Gn 29.16 y siguientes). Labán engañó a Jacob para que se casara con Lea —en lugar de Raquel—, tras siete años de trabajo. Después, le pidió otros siete años más a cambio de Raquel, aunque Jacob pudo tenerla como esposa una semana después de haberse casado con Lea (cp. Gn 29.28-30). Jacob y Labán experimentaron otros conflictos a causa de sus naturalezas deshonestas, pero la lucha se solucionó mediante un pacto (Gn 31.44 y siguientes).

El trabajo ya existía antes de la caída: «Tomó, pues, Jehová Dios al hombre, y lo puso en el huerto de Edén, para que lo labrara y lo guardase» (Gn 2.15). Esto fue antes de que la serpiente convenciese a Adán y Eva para desobedecer a Dios (Gn 3).

LABRAR. Arar, plantar, cultivar (Gn 2.5).

LAGAR. Lugar donde se elabora el vino (Neh 13.15). Se pisaba la uva en grandes contenedores de piedra para obtener su jugo, que iba saliendo por un pequeño agujero situado en un extremo. El mismo se recogía en grandes vasijas u odres, donde se dejaba para que fermentase. El lagar aparece en imágenes del juicio de Dios (Ap 14.19-20). 2. Instrumento para recoger el jugo de uvas u olivas (Pr 3.10).

Esta escultura de un cementerio capta la tristeza del lamento.

LAMEC. 1. Descendiente de Caín (Gn 4.18). 2. Hijo de Matusalén y padre de Noé (Gn 5.30).

LAMENTACIÓN. Llanto o golpes de pecho como señal de dolor o arrepentimiento (Est 4.3; Ap 1.7).

LAMENTACIONES, LIBRO DE. Libro del Antiguo Testamento, dentro de la división de los profetas mayores. Tradicionalmente se reconoce a Jeremías como su autor.

El libro lamenta la captura de todos los habitantes de Jerusalén por parte de Babilonia, en el 587 A.C.

Era el juicio de Dios por el pecado de Judá. Lamentaciones está escrito en un estilo poético, con un patrón acróstico en los primeros cuatro capítulos; en este caso, utilizando las letras del alfabeto hebreo.

LAMENTO. Llanto de profunda tristeza (Jer 4.8; Jn 16.20).

LÁMPARA. Antorcha o luz. Este término aparece en una parábola que contó Jesús acerca del reino de los cielos; la idea de mantener las lámparas llenas de aceite representaba la preparación para la visita del esposo o el regreso de Jesús (Mt 25.1-13). En Apocalipsis 1–3, las siete lámparas representaban a las iglesias que el Señor evaluó, instando a la mayoría a arrepentirse, bajo advertencia de apagar su luz.

LANGOSTA. Insecto con un enorme apetito en todas las etapas de madurez (Jl 2.25). Una de las diez plagas que Dios envió sobre Egipto (Éx 10.14). Juan el Bautista comía langostas y miel silvestre (Mt 3.4).

LANGUIDECER. Debilitarse, agotarse (Os 4.3).

LAODICEA. Principal ciudad comercial de Asia Menor (Col 4.15); era un centro bancario y también se la conocía por sus medicinas y sus prendas de lana negra. Jesús condenó a la

La langosta del desierto se encuentra en el norte de África, Oriente Medio y el subcontinente indio.

Ruinas de la antigua Laodicea, hogar de una de las siete Iglesias de Apocalipsis, la única que solo recibió palabras condenatorias de Jesús.

iglesia de Laodicea por ser tibia, en lugar de fría o caliente (Ap 3.14-16).

■ **LASCIVIA**. Inmoralidad desvergonzada, conducta chocante con respecto a la decencia pública (Gá 5.19; Ef 4.19). Embriaguez, deseo desenfrenado (Gá 5.19; 1 P 4.3). Mirada llena de deseo, lujuria, inmoralidad sexual (Ro 13.13; 2 P 2.18).

LASCIVO. Ocioso (Hch 17.5), depravado (Ez 16.27; 23.44); sexualmente impuro; malvado en pensamiento o acción.

LATÍN. Lengua de los romanos (Jn 19.20). Nótese que aunque los romanos gobernaban Israel en tiempos del Nuevo Testamento, la lengua griega, más antigua, era aún de uso universal. El hebreo era la lengua del Antiguo Testamento, a excepción de unos pocos textos arameos. El arameo era la lengua común del pueblo judío en Israel.

LÁZARO. 1. Hermano de María y Marta (Jn 11.1). Jesús levantó de la muerte a este amigo cercano. 2. Nombre del mendigo en la parábola de Jesús. En esta, Jesús describió la bendición o la separación eterna de las personas basándose en su confianza en Dios mientras estaban en la tierra (Lc 16.20-31).

LEA. Hija mayor de Labán que se convirtió en la primera esposa de Jacob. La relación fue el resultado de un engaño de Labán para casar a su hija mayor antes que a la menor, Raquel (Gn 29.16-28). ▲ *Lee el libro de Ester para ver la mano providencial de Dios obrando en la historia.*

LEGIÓN. División de la armada romana, de unos 4.500 a 6.000 hombres que incluía, a veces, una unidad de caballería. «Legión» fue el nombre que el endemoniado gadareno se otorgó debido al gran número de demonios que lo poseían (Mr 5.9).

LENGUAS. Además del significado habitual, una referencia a los idiomas (Gn 10.5; Hch 2.4). El don de lenguas es un don espiritual que viene con advertencias y restricciones acerca de su uso (1 Co 12-14). Hablar en lenguas puede referirse a un idioma extranjero o a una lengua singular que solo Dios entiende y que nosotros solo podemos entender con su ayuda (cp. Hch 2.4-11; 1 Co 14.1-33).

▲ *Aunque algunos miran con recelo a los cristianos que dicen tener el don de lenguas, todos los dones del Espíritu son concedidos por Dios a quien él decide y en el momento que él cree oportuno.*

LENTEJAS. Semillas como de guisante empleadas en el guiso o en la sopa (2 S 17.28).

LEPRA, LEPROSO. Término aplicado a varios tipos de enfermedades de la piel, incluida la devastadora condición hoy conocida como la enfermedad de Hansen (ver Lv 13; Lc 17.11-13). Aparte del sufrimiento físico, la lepra hacía que

Tres clases de lentejas. En Génesis 25.27–34, Esaú vendió su primogenitura a su hermano menor, Jacob, por un guiso rojo que algunas versiones traducen como de lentejas.

Levadura esperando ser mezclada con la masa del pan. En los tiempos bíblicos, la gente usaba la levadura como nosotros, pero en las Escrituras tienen a menudo una connotación negativa.

quienes la padecían fueran marginados, viéndose forzados a vivir apartados de la familia y de la sociedad en general. A pesar de que los leprosos podían ser una amenaza para la salud de los demás, Jesús nunca dudó en tocarlos y sanarlos (Lc 5.12-13). Además, se les consideraba ceremoniosamente impuros; una vez Jesús los sanaba, se mostraban ante el sacerdote para que los declarara ceremonialmente limpios.

LEVA. Se refiere a los hombres forzados a trabajos como esclavos (1 R 5.13; 9.15). También puede referirse a lo que se ha adquirido en la guerra (ganado, esclavos y otras cosas) y se ha puesto al servicio del tabernáculo (1 R 9.15-23; Nm 31.26s.).

LEVADURA. Literalmente, sustancia (como la levadura de cerveza o el bicarbonato) que permite que la masa del pan suba. La Biblia emplea este término tanto de forma literal (Éx 12.15-17) como simbólica (Lc 13.20-21; Gá 5.9). Como símbolo, la levadura podría referirse a cualquier cosa que tenga influencia, para bien o para mal, sobre algo mucho más grande que ella misma. (Mt 13.33; Lc 12.1). El «pan ácimo» se empleaba a menudo en la adoración del Antiguo Testamento, y era

Leviatán, dibujado como un monstruo marino, alado, con forma de serpiente, en este grabado de Gustave Doré, del siglo XIX.

parte de la comida de Pascua judía. Ver **PASCUA JUDÍA**.

LEVÍ. Tercer hijo de Jacob concebido por Lea (Gn 29.34). La tribu de los levitas descendía de Leví (Nm 18.2).

▲ *Los sacerdotes eran levitas que pertenecían a la familia de Aarón, pero no todos los levitas eran sacerdotes. Aarón se convirtió en sumo sacerdote en el Sinaí, y sus hijos heredaron el cargo de sacerdotes (Éx 28.1; Lv 8-10).*

LEVIATÁN. Gran criatura marina, mencionada negativamente en varios pasajes bíblicos. Su descripción exacta se desconoce, pero se hallan indicios bíblicos en Isaías 27.1; Salmos 74.14; Job 3.8, 41.1-9; y Salmos 104.24-30. Fuese lo que fuese, formaba parte de la creación de Dios y estaba sujeto a él (ver Sal 104.24-30).

LEVITA, LEVÍTICO, SACERDOCIO. Descendientes de Leví, una de las doce tribus (Nm 3.6). Los levitas no recibieron la asignación de un territorio, pero se les permitía vivir en cuarenta y cuatro ciudades (Jos 21). Desempeñaban cargos en el tabernáculo, y, más tarde, en el templo. Recibían sustento de los diezmos y ofrendas. El sacerdocio levítico estaba formado por Aarón y sus descendientes.

LEVÍTICO, LIBRO DE. Tercer libro del Antiguo Testamento. Describe las funciones del sacerdocio levítico y las directrices para el sistema de sacrificios, purificación y banquetes rituales.

▲ *Lee acerca del día de la expiación en Levítico 16. Debemos entender que ningún sacrificio animal pagaba realmente por los pecados ni proveía salvación, sino que era un símbolo del perdón de Dios y de la relación humana restaurada con él. Lo más importante es que el día de la expiación señala la venida de Cristo y su verdadero pago y provisión por los pecados de todos aquellos que se arrepienten y confían en él.*

LEY. Enseñanza, mandamiento (Sal 19.7). 1. Reglas o mandamientos de Dios (Éx 20.1-17; Dt 5.1-20). 2. Primeros cinco libros del Antiguo Testamento; división del Antiguo Testamento. 3. Parte o la totalidad del Antiguo Testamento. 4. Reglas establecidas por el hombre (Est 1.19).

En una ocasión, un fariseo puso a prueba a Jesús preguntándole cuál era el mayor mandamiento (o ley). Jesús respondió que era amar a Dios con todo el corazón y al prójimo como a uno mismo (Mt 22.37-40). En otras palabras, amar y vivir a la manera de Dios cumple la ley.

LÍBANO. Nombre que significa «blanco», quizá por la cordillera cubierta de nieve que se extiende a lo largo de unos 150 km aproximadamente, a través de la nación que lleva el mismo nombre. El

Líbano estaba en la frontera norte de Canaán, a lo largo del mar Mediterráneo (Dt 1.7). Era profundamente arbolado en tiempos bíblicos y especialmente conocido por sus magníficos cedros. (Sal 104.16).

▲ *El Líbano ha sido relevante tanto en las referencias bíblicas como en los tiempos modernos. Jeremías 18 contrasta la fidelidad de Dios con la infidelidad de Israel, haciendo alusión a los montes nevados del Líbano.*

LIBERALIDAD. 1. Honorabilidad, libertad, disposición (Is 32.8). 2. Determinación, honestidad (2 Co 9.13).

LIBERTAD. Libertad física, mental y espiritual (Is 61.1; Gá 5.1). La libertad conlleva responsabilidad (Gá 5.13).

LIBERTADOR. Dios mismo o libertadores humanos enviados por él (Éx 3.7-8; 2 S 22.2-3; Ro 11.26; Jue 3.9, 15). En el Antiguo Testamento, el pariente más cercano (*go'el*) liberaba o redimía a sus familiares de la angustia, la esclavitud, el sufrimiento, la opresión y el peligro. Ver cuadro del libertador Sansón en p. 167.

LIBERTINO. Inmoral (2 P 2.18).

LIBIA. Región al oeste de Egipto (Ez 30.5; Hch 2.10). Nombre griego antiguo para el Norte de África.

LIBRA. Una libra variaba de unos 340 g en el sistema romano (Jn 12.3) a unos 567 g en el hebreo-griego (Esd 2.69).

LIBRAR. Rescatar, liberar, ayudar a escapar del mal, dar seguridad o salvación, redimir, transferir o permitir que otro tome (2 R 18.30; Hch 7.25). Utilizado frecuentemente para describir cómo libera Dios a su pueblo del poder del pecado, de la muerte y de Satanás, por medio de Jesucristo.

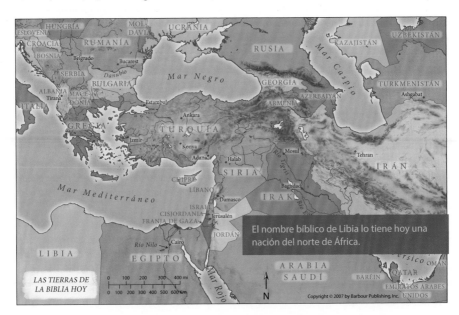

El nombre bíblico de Libia lo tiene hoy una nación del norte de África.

LAS TIERRAS DE LA BIBLIA HOY

La liberación va de la mano con la salvación y la redención (Mt 6.13; Lc 4.18). Ver **REDIMIR**.

LIBRE. En libertad, no esclavizado, liberado del pecado (Éx 21.2; Jn 8.34-36; Ro 6.18).

LIBRO DE LA VIDA. Un libro (o rollo) con los nombres de aquellos que tendrán vida eterna en lugar de juicio y castigo (Éx 32.32-33; Lc 10.20; He 12.23; Ap 13.8; 17.8; 20.12, 15).

LIBRO. En la época bíblica, los libros eran pergaminos o cueros enrollados llamados *rollos* (Jer 36.2).

LÍCITO. Autorizado, consentido, permitido por la ley (Ez 18.19; Mt 12.2). Las discusiones acerca de lo que era «lícito», permitido o no por la ley mosaica, eran una fuente de grandes conflictos entre Jesús y los líderes religiosos de su tiempo.

LIDIA. 1. Una mujer de Tiatira. Se convirtió en la primera conversa europea de Pablo en Filipos. Lidia era la cabeza de su hogar y una mujer de negocios que trataba con famosos tejidos de púrpura. Le abrió su casa a Pablo y a sus compañeros (Hch 16.14-15). 2. Ciudad de Asia Menor con capital en Sardis (Ez 30.5).

LIMOSNA. 1. Ofrenda. Parte de las posesiones propias dada a los pobres (Lv 19.9; Hch 3.2ss). 2. Acto bondadoso y compasivo motivado por el deseo de agradar a Dios (Hch 9.36). Entre las pautas a la hora de dar limosna están hacerlo de forma privada, para que solo Dios pueda verlo, y dar de lo que se tiene (Mt 6.1-4; Lc 11.41).

LIMPIAR. Purificar, sacar (Ez 20.38; He 9.14).

LINO TORCIDO. Lino tejido con dos o más hilos entrelazados (Éx 26.1).

LIRA. Arpa pequeña.

LISONJEAR. Elogiar con vistas a obtener una ventaja o beneficio (Pr 28.23). Hacer afirmaciones falsas para esconder propósitos egoístas (1 Ts 2.5).

● *¿Utilizas alguna vez la lisonja al tratar con los demás? Con ella se trata de manipular a las personas, así que intenta identificar una forma mejor de expresar tus deseos y convicciones.*

LISTRA. Ciudad en Licaonia, Asia Menor (Hch 14.6). Timoteo se unió allí a Pablo en uno de sus viajes misioneros.

LLAMADA, LLAMAMIENTO. Nombre: Cuando Dios convoca o escoge a alguien para servirle de una forma específica con un propósito específico (1 S 3.4; Is 49.1; Ef 4.1-3). Puede referirse a una vocación o al llamamiento de Dios a decirle sí para toda la vida. Él invita a todas las personas a ser cristianos, discípulos suyos en Cristo (Mt 9.13; Fil 3.14). Verbo: Confiar en Dios, llamar su atención en oración (Gn 4.26; Jer 33.3). Nombrar, describir, implica frecuentemente el comienzo de una relación con una persona o cosa (Gn 1.5; 2.19; Mt 1.21; Mr 10.18).

▲ *Todos los cristianos son llamados al ministerio (2 Co 5.18-20); muchos lo son al ministerio vocacional como pastores, maestros, evangelistas, u otros papeles especiales. Cualquiera que sea la vocación de una persona, su llamamiento cristiano es tan fuerte como el vocacional. Nótese que cualquiera puede quitar el trabajo de una persona, pero nadie puede eliminar el llamamiento de Dios (1 Co 7.20-24; Ef 4.1-3).*

● *El llamamiento de Dios es continuo, pero su voluntad se va revelando y ocasionalmente puede exigir un estilo de vida diferente. ¿Para qué cosas te está llamando Dios ahora o para el futuro?*

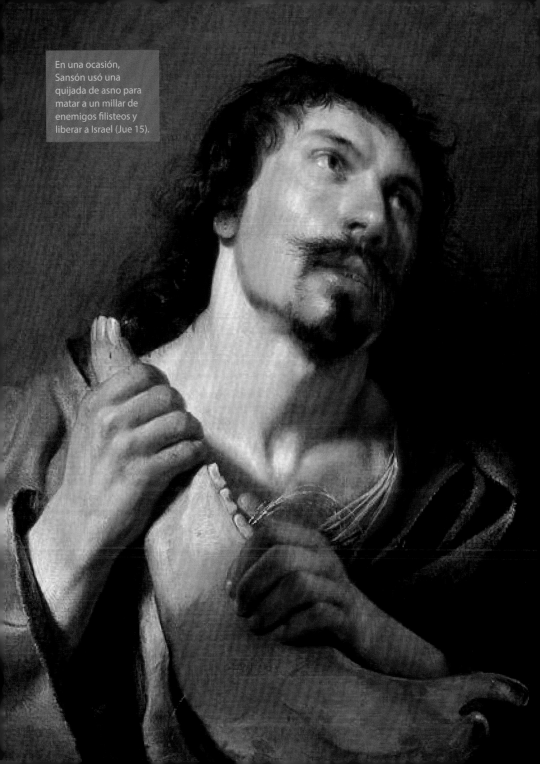

En una ocasión, Sansón usó una quijada de asno para matar a un millar de enemigos filisteos y liberar a Israel (Jue 15).

LLENO. Saludable y pleno (Gn 41.5, 7).

LLEVAR. Cargar (Mt 23.4).

LLORAR. Exteriorizar el dolor, la pena (2 S 13.37; Mt 5.4). En la Biblia, la muerte se asociaba a menudo con el llanto, rasgarse las vestiduras, vestir cilicio, y echarse ceniza sobre la cabeza. El período de duelo podía durar hasta siete días y en ocasiones se contrataban plañideras profesionales. El llanto constituía también una expresión de dolor por el pecado, así como de arrepentimiento.

Con pocas ganas, Lot deja la ciudad condenada de Sodoma. Cuadro del siglo XVII, de Peter Paul Rubens. El relato está en el capítulo 19 de Génesis.

LOCO, LOCURA. Demente, delirante, insensato (1 S 21.13; Ec 1.17; Jn 10.20). Estas palabras se utilizan para describir varios grados de desequilibrio mental o conducta enferma, que pueden ser permanentes o temporales.

LOMOS. Parte del cuerpo entre la cintura y las rodillas, cubierta por pudor (2 R 1.8; Mr 1.6). A veces empleado para referirse a los órganos reproductores (Gn 35.11).

LOT. Sobrino de Abraham (Gn 12.4). Lot vivía con su tío en Canaán. Cuando los siervos de Abraham y los de Lot contendieron por la tierra, Lot eligió el mejor terreno, cerca de Sodoma, ya que Abraham le había dado la oportunidad de elegir primero. La decisión de Lot se reflejó negativamente en su carácter y tuvo consecuencias desastrosas (Gn 9).

LUCAS, LIBRO DE. Libro del Nuevo Testamento escrito por Lucas, un médico gentil y compañero de Pablo (cp. Col 4.14; 2 Ti 4.11; Fil 24). Lucas señala a Jesucristo como Hijo de Dios y Redentor de todo el que acepta a Cristo como Señor y Salvador. Los escritos de Lucas se centran en la curación, la oración, las parábolas, el estado de las mujeres y, especialmente, en los gentiles dentro del plan de salvación de Dios.

LUCAS. Médico compañero de trabajo de Pablo. Autor de Lucas y Hechos. Al parecer, Lucas era el único escritor gentil (no judío) de la Biblia. Sus fuentes eran otros escritos, testigos presenciales y sus propias experiencias personales (Lc 1.1-4). Lucas acompañó a Pablo en algunos de sus viajes y estuvo con él poco antes de su martirio (2 Ti 4.11).

LUCIFER. Traducciones como la KJV siguieron la traducción latina de la palabra hebrea «el que brilla» o «estrella del día». En Isaías 14.12, el término se utiliza como título para el rey de Babilonia, que se había autoproclamado dios. Los primeros comentaristas cristianos interpretaron este nombre como una referencia al arcángel caído del cielo por su maldad. En las traducciones modernas se lee «Estrella de la Mañana» o su equivalente.

LUGAR SANTÍSIMO. La parte más interior del tabernáculo o del templo (Éx 26.34). Únicamente el sumo sacerdote podía entrar, y solo una vez al año. Allí llevaba a cabo un sacrificio por los pecados del pueblo. En el lugar santísimo se encontraba el arca del pacto, una pequeña estructura de madera recubierta de oro; contenía los diez mandamientos, una vasija con maná, y la vara de Aarón (Éx 25). Ver **SANCTA SANCTORUM, ORÁCULO**.

Las representaciones artísticas de Lucas suelen retratarlo como un buey o un toro, símbolo del sacrificio de Jesús que narra su Evangelio.

LUGARES ALTOS. Lugares de adoración en zonas elevadas, relacionados habitualmente con la inmoralidad y los sacrificios humanos (Nm 33.52). Dios ordenó a los israelitas destruir todos los lugares altos, pero no lo hicieron. Más adelante, los utilizaron para adorar a Baal. Ocasionalmente, el pueblo de Dios adoraba en ellos (1 R 3.2). El juicio de los reyes de Israel y de Judá por parte de Dios estaba relacionado directamente con si habían destruido o no los lugares altos.

■ **LUJURIA**. Codicia (en español, con matiz sexual). Deseo que se vuelve malo cuando anhela algo fuera de lo que Dios desea o quiere (Gá 5.16-21). Anhelo egoísta por una persona, cosa o experiencia (Ro 1.27; 7.7). La codicia no se satisface nunca (Stg 4.2). Es un pecado de actitud que llega a ser más serio si lleva a una acción (Stg 1.14-15). Nunca satisface (Stg 4.2).

● *¿Cuáles son algunos de los problemas que crea la codicia? ¿Cómo puede ayudarnos el Espíritu Santo a reconocer la lujuria y a tratar con ella? (cp. Stg 1.14-15; 1 Jn 2.16; Col 3.2). No podemos impedir continuamente el tener pensamientos lujuriosos, pero podemos deshacernos de ellos una vez llegan. Caminar en el poder del Espíritu Santo (Gá 5.16-21) y encontrar gozo y expresión sexual dentro del matrimonio son formas de conseguirlo (1 Co 7.9).*

LUZ. Lo contrario de oscuridad (Gn 1.3-4); resplandor (Mt 17.2); conocimiento espiritual y una vida correcta (1 Jn 1.7); una característica de Dios (Sal 27.1). Ver **OSCURIDAD**.

Dios creó la luz (Gn 1). En el Nuevo Testamento, Juan se refiere a Jesús como el Verbo que era «en el principio» para traer luz espiritual y vida a todo el que lo recibiere (Jn 1.1-12). Juan 12.35-41 afirma que hay un plazo para recibir a Jesús como la «Luz del mundo» y su vida eterna.

▲ *A veces se le llama Luz a Jesús (Jn 1.9), y él llama a sus propios seguidores «la luz del mundo» (Mt 5.14-16). ¿Cómo podemos tener el mismo título o papel que Jesús? Piense en cómo da luz el sol y cómo la luna refleja la luz del sol. ¡Ese es nuestro llamado!*

LUZ, CIUDAD DE. 1. Ciudad de los cananitas, más tarde llamada Bet-el (Gn 28.19). 2. Ciudad de localización desconocida (Jue 1.26).

El sol provee luz. El Hijo también. Pero el Hijo creó el sol (ver Jn 1).

MACABEOS. Célebre familia judía que defendió los derechos y costumbres de su pueblo en el siglo II A.C., durante el período intertestamentario (los años comprendidos entre el Antiguo Testamento y el Nuevo). Algunos creen que el nombre significa «martillo», otros, «el que extingue la persecución».

MACEDONIA. País situado al norte de Grecia. Provincia romana en el Nuevo Testamento. Pablo hizo caso a la visión de un hombre que le suplicaba que fuese a Macedonia (Hch 16.9-15). El apóstol y los que estaban con él la tomaron como una señal de Dios para ir a predicar el evangelio, por lo que se dirigieron a esa provincia, deteniéndose en Filipos.

Cuando llegó el día de reposo, Pablo y los demás fueron a la orilla de un río donde supieron que las personas se reunían para orar. Las primeras en escuchar el mensaje de Pablo fueron unas mujeres que oraban cerca del agua. Lidia, una comerciante que vendía púrpura, fue la primera convertida. Ella creyó y fue bautizada junto con su familia, y la iglesia comenzó su andadura en Europa.

MADERA DE GOFER. Madera parecida al ciprés, utilizada en la construcción del arca de Noé (Gn 6.14).

MADIÁN, MADIANITAS. Hijo de Abraham; la tierra de Madián y sus descendientes (Gn 25.2; 37.28; Éx 2.15).

MAESTRO. 1. El que hace que otros comprendan. Jesús fue llamado «Maestro» (Jn 3.2). Enseñar es un don espiritual (1 Co 12.28; Ef 4.11). 2. Señor, gobernante, amo (Gn 24.12; Mt 8.19). Término utilizado para muchos maestros y frecuentemente para Jesús. Cuando se aplica a él, tiene el mismo sentido que «rabí».

MAGDALENA. Residente en la ciudad de Magdala, como María Magdalena (Mt 27.56). María fue una de las mujeres que fueron al sepulcro para ungir a Jesús y descubrieron que había resucitado. Ver **MARÍA**.

MAGISTRADO. Juez, gobernante (Esd 7.25; Lc 12.11).

MAGOG. Segundo hijo de Jafet (Gn 10.2); una tierra y sus habitantes (Ez 38.2; Ap 20.8).

MAGOS. Hombres que vinieron de Oriente para ver a Jesús (Mt 2.1). Parece que eran astrólogos. Aunque la tradición dice que fueron tres e incluso

Aunque la Biblia no dice cuántos magos visitaron a Jesús, la tradición menciona tres, quizás por el número de presentes que le trajeron.

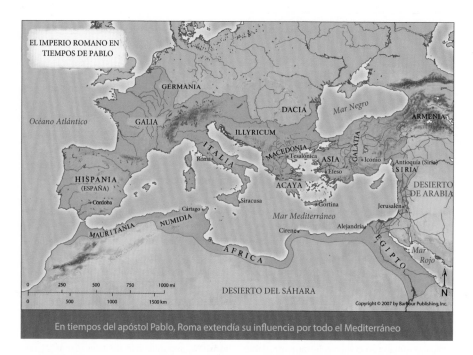

EL IMPERIO ROMANO EN
TIEMPOS DE PABLO

GERMANIA

DACIÁ

Mar Negro

Océano Atlántico   GALIA

ARMENIA

ILLYRICUM

ITALIA

MACEDONIA

Roma   Tesalónica   ASIA   •Iconio

Efeso   Antioquía (Siria)

SIRIA

HISPANIA
(ESPAÑA)

ACAYA

DESIERTO
DE ARABIA

•Córdoba

Siracusa   •Gortina   Jerusalén•

Cártago•

Mar Mediterráneo

MAURITANIA   NUMIDIA

Cirene•   Alejandría•

EGIPTO

ÁFRICA

*Mar
Rojo*

| 0 | 250 | 500 | 750 | 1000 mi |

| 0 | 500 | 1000 | 1500 km |

DESIERTO DEL SÁHARA

N

Copyright © 2007 by Barbour Publishing, Inc.

En tiempos del apóstol Pablo, Roma extendía su influencia por todo el Mediterráneo

les ha asignado nombres, la Biblia no específica esa información.

MAHANAIM. Localidad situada al este del Jordán, donde los ángeles salieron al encuentro de Jacob (Gn 32.2).

MAL. Lo malo, indebido, inútil, vano (Sal 23.4; Ro 12.21). Cualquier fuerza, acción o actitud contraria a Dios; cualquier cosa que no esté en armonía con él. Dios no creó el mal; el hombre lo escogió en lugar de la voluntad de Dios (cp. Gn 1–3).

▲ *1 Timoteo 6.10 explica que el amor al dinero es la raíz de toda clase de mal. Menciona maldades específicas que broten del amor al dinero.*

MALAQUÍAS. Nombre que significa «mi ángel» o «mi mensajero». Profeta del Antiguo Testamento

cuyos sermones produjeron el libro de Malaquías. Predicó alrededor del 450 A.C.

MALAQUÍAS, LIBRO DE. Último libro del Antiguo Testamento, perteneciente a los profetas menores. En forma de diálogo, Malaquías recoge ocho preguntas sarcásticas que el pueblo le hacía a Dios, junto a sus respuestas proféticas. Los mensajes de Malaquías contenían amor, reprensión, y esperanza. Los temas del libro son el pecado de Israel y el juicio de Dios. El profeta denunció a los sacerdotes y al pueblo por su infidelidad y sus prácticas, que deshonraban a Dios y a su adoración. Tristemente, la idea básica del libro es el robo a Dios.

▲ *En el Nuevo Testamento, se recomienda dar el diezmo, pero no se ordena. Sin embargo, Malaquías se centra en el asunto de «robar a Dios», expresión con la que describe el hecho de no dar el diezmo ni ofrendas. Puede argu-*

mentarse que el Señor no esperaría menos bajo la gracia del Nuevo Testamento que el diezmo exigido del Antiguo, aunque las ofrendas debían salir de un corazón puro, con una motivación correcta.

MALCO. Siervo del sumo sacerdote (Jn 18.10). En el momento del arresto de Jesús, Pedro desenvainó su espada y le cortó la oreja derecha. Sin embargo, Jesús dijo a su discípulo que dejase la espada, y curó a Malco.

▲ *Algunos han sugerido que Pedro quiso cortarle la cabeza, no solo una oreja. Resulta interesante que uno de los familiares de este reconociese más adelante al discípulo de Jesús y lo acusase de estar con él. Cuando Pedro negó esta tercera acusación, el gallo cantó, tal como Jesús predijo que ocurriría (Jn 18.26-27).*

MALDAD. Mal, daño, pensamiento malvado (Sal 36.4; Hch 13.10).

MALHECHOR. Que hace el mal, criminal (Lc 23.33).

MALICIA, MALDAD. Mal (1 Co 5.8; Ro 1.29).

MALIGNO, EL. Satanás, el diablo (Jn 17.15, NVI; 1 Jn 3.12).

MALO. Pecador, malvado, inútil, sin valor, cruel, maligno (Sal 9.16; Mt 25.24-30; 2 Ts 3.2).

▲ *Muchos se han referido a los «pecados de comisión» y a los «pecados de omisión». Algunos de ellos son obvios: inmoralidad, violencia, mentira, etc. Si estos pecados no forman parte de nuestra vida, podemos sentirnos «puritanos», como el fariseo que daba gracias a Dios por no ser como el publicano que suplicaba el perdón del Señor (Lc 18.10-14). Sin embargo, Jesús identificó un tipo diferente de*

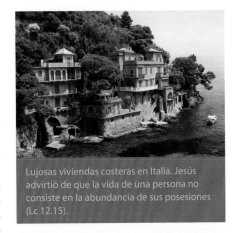

Lujosas viviendas costeras en Italia. Jesús advirtió de que la vida de una persona no consiste en la abundancia de sus posesiones (Lc 12.15).

maldad, la de no hacer nada con lo que Dios nos ha dado (cp. Mt 25.24-32). Considera tu vida delante de Dios a la luz de este aspecto de la «maldad».

MAMÓN. Riquezas, posesiones (Mt 6.24).

MAMRE. Lugar situado unos 3 km al norte de Hebrón, donde Abraham se asentó después de dar a su sobrino Lot la posibilidad de elegir en primer lugar la tierra que se encontraba ante ellos (Gn 13.18).

MANÁ. Un tipo de pan durante los cuarenta años del éxodo. Dios proveyó una sustancia alimenticia blanquecina que sabía como las obleas con miel (Éx 16.31; Nm 11.9). Quedaba en el suelo al evaporarse el rocío de la mañana, y se echaba a perder habitualmente después de un día. Dios ordenó a los israelitas que reuniesen la cantidad suficiente para un solo día, a excepción del día anterior al día de reposo; en ese caso, el maná se mantendría fresco hasta que pudiesen recoger más. El Señor continuó proveyéndolo a pesar de que los israelitas se cansaron de él y se quejaron. La provisión diaria les ayudó a aprender a depender de Dios y obedecerle.

MANASÉS. 1. Hijo mayor de José con su esposa egipcia, pero adoptado en el linaje de Jacob (Gn 41.51; cp. Gn 48). También se refiere a la tribu que descendió de él. 2. Hijo de Ezequías. Sucedió a su padre como decimocuarto rey de Judá (2 R 20.21). Manasés fue un rey malvado y cruel. Ver gráfico **REYES** en p. 243.

MANCO. Privado de un miembro, encorvado, deformado, tullido (Mr 10.43; Lc 14.13-14).

MANDAMIENTO. 1. Ley, ordenanza, encargo (Dt 4.13). La lista más famosa de los mandamientos de Dios se encuentra en Éxodo 20.3-17 y Deuteronomio 5.7-21. Estos diez mandamientos

Costa del mar Muerto, con la sal depositada en sus orillas.

(o «diez palabras») fueron entregados a Moisés en el monte Sinaí y su propósito era guiar a las personas con el fin de que agradasen a Dios (los cuatro primeros) y conviviesen correctamente (los otros seis). 2. Enseñanza, precepto (Sal 119.4; Mr 10.5).

El verdadero amor cristiano, hacia Dios y los demás, es el mandamiento más elevado y cumple todo lo que el Señor ordena (Mt 22.36-40; cp. Lv 19.18).

MANDRÁGORAS. Plantas silvestres con bayas y raíces comestibles que se creía que ayudaban a las mujeres a tener hijos (Gn 30.14-16).

MANIFESTAR. Revelar, desvelar, mostrar abiertamente, hacer visible (Jn 1.31).

MANSO. Humilde, que tiene un espíritu amable y disciplinado (Sal 25.9; Mt 5.5). Manso no significa débil. Ver **HUMILDAD.**

MANTO. Abrigo, túnica (2 R 2.8-15).
▲ *El manto podía también simbolizar autoridad. Cuando Dios arrebató a Elías en un torbellino, Eliseo agarró su manto, que cayó a tierra. Eliseo tomó el lugar de Elías durante aproximadamente cuarenta años de ministerio.*

MANTONCILLO. Capa, chal, manto (Is 3.22).

Este mendigo nepalí muestra su brazo manco. A menudo, las personas de su condición en los tiempos bíblicos también tenían que mendigar.

Imagen clásica de Moisés portando los Diez Mandamientos en tablas de piedra. Este cuadro del siglo XVII es obra del maestro holandés Rembrandt.

MAR MUERTO. Lago salado hacia el que fluye el río Jordán, sin salida al mar. Llamado habitualmente Mar Salado en la Biblia (Gn 14.3; Nm 34.12), es el punto más bajo de la tierra, con su superficie a unos 390 m por debajo del nivel del mar. Su profundidad máxima es de también unos 390 m. Debido a la ausencia de una salida al mar, es mucho más salado que un océano. Ningún animal ni planta puede vivir en esas aguas extremadamente saladas, de ahí el nombre de mar Muerto. Está situado entre Jordania, donde se encuentra su mitad norte, e Israel.

MAR ROJO. Masa de agua situada entre Arabia y el nordeste de África (Éx 10.19; Hch 7.36). El mar Rojo tiene dos brazos en su extremo septentrional: el golfo de Suez y el de Áqaba. Aunque se desconoce el lugar exacto por donde cruzaron, Dios creó milagrosamente una ruta de escape para los israelitas a través del mar Rojo, cuando los egipcios los perseguían (Éx 14).

MARAVILLA, MARAVILLARSE. Milagro, acontecimiento asombroso (Éx 4.21; Mt 24.24). También un sentimiento de asombro (Hch 3.10) o el acto de asombrarse (Lc 2.18). Maravillas y señales aparecen frecuentemente juntas para referirse a los milagros de Dios y su significado (Hch 15.12). ¿Qué te parece maravilloso de Dios?

Panorámica de Egipto desde las aguas del mar Rojo.

MARAVILLARSE. Asombrarse, admirar, sorprenderse (Mt 8.10). Su sentido puede ser positivo o negativo dependiendo del contexto.

MARCOS. Juan Marcos, de Jerusalén, fue un discípulo cristiano, pariente de Bernabé (sobrino o primo; cp. Col 4.10 en diferentes traducciones). Juan era su nombre hebreo; Marcos, el romano (cp. Hch 12–15; 1 P 5.13). Fue el autor del Evangelio de Marcos, y quizás el apóstol Pedro fue su fuente principal (1 P 5.13).

Se recuerda más a Marcos por haber abandonado a Pablo y Bernabé en Panfilia en el primer viaje misionero que por contribuciones positivas significativas. Cuando el apóstol se estaba preparando para su segundo viaje misionero, se negó a llevarlo con él aunque la opinión de Bernabé era muy contraria. Los dos líderes no se pusieron de acuerdo y formaron equipos misioneros diferentes. Bernabé llevó con él a Juan Marcos, mientras Silas acompañó a Pablo. Más adelante, Pablo elogió en gran manera a Juan Marcos por haberle sido muy útil en el ministerio del evangelio. Pedro mencionó a Juan Marcos como «hijo» suyo en el ministerio (1 P 5.13).

● *¿Qué puede enseñarnos la vida de Marcos acerca de la gestión de nuestros miedos y errores? ¿Qué podemos aprender de la negativa de Pablo a dar una segunda oportunidad a quien ha cometido un error? ¿Y de la actitud de Bernabé hacia Marcos?*

MARCOS, EVANGELIO DE. Probablemente el primer Evangelio escrito, aunque aparece en segundo lugar en el Nuevo Testamento. Escrito por Juan Marcos, su estilo claro y dinámico se centra en el ministerio y los milagros de Jesús. Algunos expertos critican la calidad de la redacción en griego, mientras otros prefieren señalar que Marcos es corto, rápido de leer, e incluye detalles que complementan a los demás Evangelios.

MARDOQUEO. Significa «hombre pequeño». Primo y tutor de Ester (Est 2.5). Judío exiliado que llegó a ser oficial del palacio persa. Mardoqueo se puso de acuerdo con Ester para salvar al pueblo judío de la matanza.

MARÍA. 1. Madre de Jesús (Lc 2.16). Era una joven doncella judía comprometida con el carpintero José cuando Dios le reveló que ella iba a ser la madre del Mesías. Un ángel informó a José de estos acontecimientos en un sueño (Mt 1.18-25). Este fue obediente y permaneció desposado con María, casándose posteriormente con ella. Hacia el final del embarazo de María, la pareja de Nazaret viajó a Belén para un censo, y Jesús nació allí. María estuvo presente en la crucifixión del Señor y fue una de sus seguidoras tras su resurrección. 2. María Magdalena, curada por Jesús, fue una de sus seguidoras más cercanas (Lc 8.1-2). Estuvo presente en la crucifixión del Maestro y fue testigo de su resurrección. 3. María, hermana de Marta y Lázaro (Jn 11.1). Ella y su familia mantenían una relación muy estrecha con Jesús. María parecía ser espiritualmente consciente del destino del Maestro, tal como demostró con su acto de ungirlo con un perfume de nardo carísimo (Jn 12.3-8). 4. María, la madre de Jacobo y José (Mt 27.56). 5. Madre de Juan Marcos (Hch 12.12). 6. Esposa de Cleofas (Jn 19.25). 7. Mujer creyente que ayudó a Pablo (Ro 16.6).

MARÍA. MIRIAM. Hermana mayor de Moisés y Aarón (Éx 15.20). Ayudó a salvar la vida de Moisés cuando era un bebé (Éx 2.4-9) y celebró la victoria en el mar Rojo (Éx 15.20-21). Ella y su hermano Aarón, siendo adultos, criticaron el casamiento de Moisés con una mujer etíope (Nm 12.1-15).

MARTA. Hermana mayor de María y Lázaro (Lc 10.38-42). A Jesús le gustaba visitarlos en su hogar de Betania. Ver cuadro en página siguiente.

▲ *Alguien ha observado que a Marta le encantaba servir y a María, adorar. Jesús proveyó el equilibrio en lo que dijo a estas hermanas en Lucas 10.42.*

MASA DE HIGOS. Preparado elaborado con plantas, que se utilizaba medicinalmente para dar calor, aliviar el dolor y como antiséptico (Is 38.21).

MATEO. Recaudador de impuestos que respondió al llamamiento de Jesús a ser uno de los doce discípulos originales (Mt 9.9; 10.3). Conocido también como Leví. Escribió el Evangelio de Mateo, que aparece en primer lugar en nuestro Nuevo Testamento. Durante muchos años, se pensó que fue el primer Evangelio en escribirse; ahora, muchos expertos creen que fue el de Marcos.

MATEO, EVANGELIO DE. Primer libro del Nuevo Testamento; escrito por Mateo. Se centra en Jesús como maestro y Mesías prometido. Este Evangelio incluye más versículos del Antiguo Testamento que cualquier otro escrito del Nuevo. De

En este cuadro del siglo XVII vemos a María a los pies de Jesús mientras su hermana Marta trata de servir al Señor.

los cuatro Evangelios, solo Mateo menciona a los magos y provee quizás el relato más completo y ordenado de las Bienaventuranzas y del Sermón del Monte. Mateo llega a su punto culminante con la Gran Comisión de Cristo (28.18-20).

MATÍAS. Discípulo de Jesús escogido en detrimento de Justo para sustituir a Judas como duodécimo apóstol (Hch 1.21-26).

▲ *Hechos 1.21-26 identifica la necesidad profética de cubrir el lugar de Judas Iscariote y tam-* *bién los criterios utilizados para la selección. Matías fue escogido antes que Justo después de orar y echar suertes.*

MATRIMONIO. Compromiso de un hombre y una mujer de unir su vida en amor, en una relación espiritual, mental y física diseñada por Dios (Mt 19.5-6; Mr 10.7-9; 2 Co 6.14-15; Ef 5.21-25). Dios lo creó, lo alienta, y manda que haya unidad en él de por vida, hasta que la muerte separe a los cónyuges (Gn 2.24-25). El matrimonio fue la primera institución, en la que el Señor ordenó las relaciones sexuales para la unión y la procreación.

● *¿Por qué es mejor el matrimonio entre dos cristianos? (cp. 2 Co 6.14-15).*
● *Además de la obediencia a Dios, ¿qué valores promueven un matrimonio para toda la vida?*

MATUSALÉN. Hijo de Enoc y abuelo de Noé (Gn 5.21). Conocido por su larga vida de 969 años.

■ **MAYORDOMO, MAYORDOMÍA.** Alguien que maneja el dinero o las posesiones de otro. En el Antiguo Testamento, el administrador de una casa (Gn 43.19). En el Nuevo Testamento, un guardián (Gá 4.2) o encargado (Mt 20.8). Los cristianos son mayordomos para Dios (1 P 4.10). La mayordomía es la responsabilidad de decidir cómo gestionar mejor el tiempo, los talentos y las posesiones que Dios nos ha dado (Lc 12.42). No ser un buen mayordomo es algo malo (Mt 25.14-30).

● *¿Eres un buen mayordomo de Dios? ¿Cómo afecta esto a tus acciones y actitudes? Al responder a estas preguntas, considera la totalidad de tu vida: convicciones, conducta, obra, tiempo, metas, etc.*

MAYORES. Ancestros, antepasados (Jer 11.10; 2 Ti 1.3)

MEDIA TRIBU. Término utilizado en el Antiguo Testamento para referirse a la tribu de Manasés (Jos 12.6), porque, después de que Moisés derrotase a Sehón de Hesbón y a Og de Basán, media tribu pidió permiso para asentarse al este del Jordán (Nm 32). Este grupo se conoce habitualmente como la media tribu. Se asentó junto a los hijos de Rubén y Gad. La otra media tribu lo hizo en el lado occidental del Jordán.

La tribu de Efraín también es llamada media tribu. Efraín y Manasés, los hijos de José, adoptados por Jacob (Gn 48.5). Como los doce hijos de este eran padres de tribus, Efraín y Manasés lo fueron en el linaje de David. Así pues, cada uno de ellos era padre de media tribu.

MEDIADOR. Uno que reconcilia o lleva a las personas de vuelta (He 12.24). Jesús es el Mediador entre Dios y los hombres.

MEDIDA. Como nombre en el Antiguo Testamento (Gn 18.6), puede referirse a diversos pesos de áridos o líquidos como el efa (Dt 25.14), el coro (1 R 4.22) o el seah (2 R 7.1). En el Nuevo Testamento, también puede incluir longitud o capacidad (Mt 7.2). Ver **PESOS Y MEDIDAS**.

MEDITAR. Considerar, estudiar concienzudamente (Sal 1.2; 1 Ti 4.15).

MEDO. Habitante de Media, territorio situado al oeste y al sur del mar Caspio (Is 13.17). Los medos fueron una gran potencia. Se les consideraba una raza ruda e inculta. Se aliaron con Babilonia para destruir el reino asirio alrededor del 612 A.C.

MEFI-BOSET. Hijo lisiado de Jonatán (2 S 4.4; 9; 16; 21.7).

MEGUIDO. Localidad situada al oeste del Jordán, en la llanura de Jezreel. Importante ciudad y escenario de varias batallas en el Antiguo Testamento. Los reyes Ocozías y Josías murieron allí (2 R 9.27; 23.29).

MELODÍA. Hacer melodía significaba tocar el arpa o algún otro instrumento de cuerda (Is 23.16; Ef 5.19).

MELQUISEDEC. Sacerdote y rey de Salem (nombre abreviado de Jerusalén; cp. Gn 14.18; Sal 76.2; He 7.1-2). Bendijo a Abraham (Gn 14.18-19). El escritor de Hebreos comparó a Cristo con Melquisedec, un sumo sacerdote (He 5.6-10).

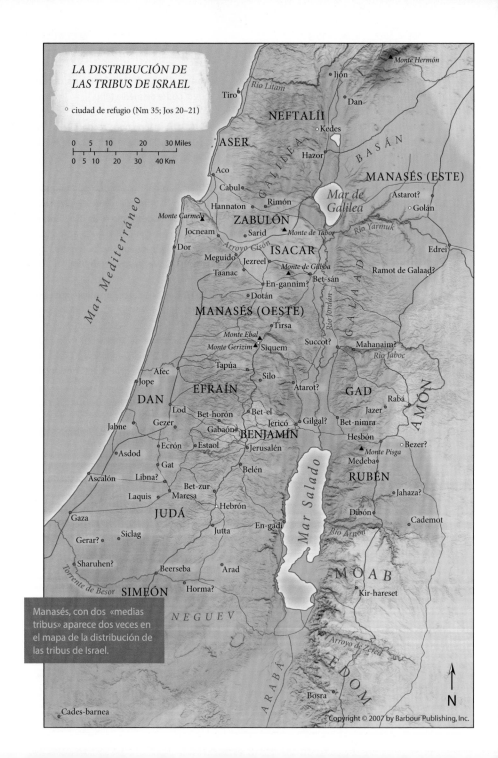

LA DISTRIBUCIÓN DE LAS TRIBUS DE ISRAEL

○ ciudad de refugio (Nm 35; Jos 20–21)

0 5 10   20   30 Miles

0 5 10 20 30 40 Km

Mar Mediterráneo

Monte Hermón

Ijón

Tiro

Río Litani

Dan

NEFTALÍ

Kedes

ASER

Hazor

BASÁN

Aco

MANASÉS (ESTE)

Cabul

Rimón

Mar de Galilea

Astarot?

Golán

Hannaton

GALILEA

Monte Carmelo

ZABULÓN

Jocneam

Sarid

Monte de Tabor

Río Yarmuk

Dor

Arroyo Cisón

ISACAR

Edrei

Meguido

Jezreel

Monte de Gilboa

Taanac

En-gannim?

Bet-sán

Ramot de Galaad?

Dotán

MANASÉS (OESTE)

Tirsa

Río Jordán

GALAAD

Monte Ebal

Monte Gerizim

Siquem

Succot?

Mahanaim?

Río Jaboc

Tapúa

Afec

Silo

Jope

EFRAÍN

Atarot?

GAD

AMÓN

Rabá

DAN

Lod

Bet-horón

Bet-el

Jazer

Jericó

Gilgal?

Bet-nimra

Jabne

Gezer

Gabaón

BENJAMÍN

Hesbón

Bezer?

Asdod

Ecrón

Estaol

Jerusalén

Monte Pisga

Gat

Belén

Medeba

Ascalón

Libna?

RUBÉN

Laquis

Bet-zur

Maresa

Jahaza?

Gaza

JUDÁ

Hebrón

Dibón

Cademot

Siclag

En-gadí

Mar Salado

Río Arnón

Gerar?

Jutta

Sharuhén?

Beerseba

Arad

MOAB

Torrente de Besor

SIMEÓN

Horma?

Kir-hareset

NEGUEV

ARABÁ

Arroyo de Zered

EDOM

Bosra

N

Cades-barnea

Manasés, con dos «medias tribus» aparece dos veces en el mapa de la distribución de las tribus de Israel.

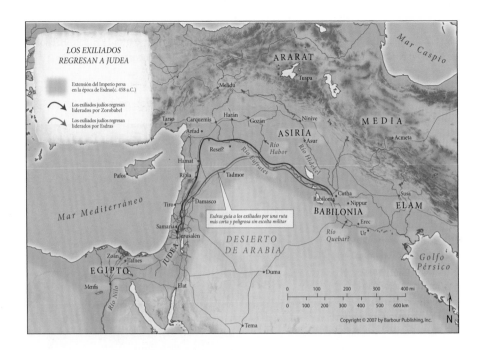

LOS EXILIADOS
REGRESAN A JUDEA

Extensión del Imperio persa
en la época de Esdras(c. 458 a.C.)

Los exiliados judíos regresan
liderados por Zorobabel

Los exiliados judíos regresan
liderados por Esdras

Esdras guía a los exiliados por una ruta
más corta y peligrosa sin escolta militar

Copyright © 2007 by Barbour Publishing, Inc.

▲ *Léanse estas referencias bíblicas para destacar las similitudes existentes entre Melquisedec y Cristo: Génesis 14.18-20; Salmos 110.4;
Hebreos 5.6-20; 7.1-21.*

cumplían frecuentemente esta función. En
Gálatas 3.19, los ángeles parecen ser intermedia-
rios de la ley.

MEMORIA. Recordatorio o símbolo para recordar
(Éx 3.15; Mt 26.13).

MENE, MENE, TEKEL, UPARSIN. Palabras
arameas que aparecieron en la pared del salón de
banquetes de Belsasar (Dn 5.25). Daniel interpretó
que las palabras significaban que Dios había
juzgado al reino de Belsasar y lo había encontrado
deficiente. Por tanto, lo iba a dividir y entregar a
sus enemigos, los medos y los persas (Dn 5.26-27),
algo que aconteció esa misma noche (Dn 5.30).

MENSAJE, MENSAJERO. Palabra, promesa (Jue
3.20; 1 Jn 1.5). El que trae una palabra. *Ángel* es
el término griego para mensajero; los ángeles

Abraham hace una ofrenda a Melquisedec,
a quien se compara con el Cristo que había
de venir.

▲ Evangelio *traduce la palabra que significa* «buen mensaje» o «buenas nuevas». *La letra griega* eu *delante de una palabra se refiere habitualmente a algo bueno; por ejemplo,* eulogio *significa «buenas palabras».*

MERCADERÍA. Utensilios, cosas para vender (Neh 13.16).

MES. Los meses hebreos comenzaban con la luna nueva. Ver gráfico **CALENDARIO** en p. 279. Los mismos, junto a sus equivalentes modernos aproximados, son:

1. Nisán (Aviv)= marzo/abril
2. Iyar (Ziv)= abril/mayo
3. Siván= mayo/junio
4. Tamuz= junio/julio
5. Av= julio/agosto
6. Elul= agosto/septiembre
7. Tisrei (Etanim)= septiembre/octubre
8. Jesván= octubre/noviembre
9. Quisleu= noviembre/diciembre
10. Tevet= diciembre/enero
11. Shevat= enero/febrero
12. Adar= febrero/marzo

MESAC. Nombre dado a Misael, uno de los amigos de Daniel. Comió alimentos saludables con Daniel y entró en el horno de fuego con los otros dos amigos por obedecer a Dios antes que al rey (Dn 1.6, 15; 3.16-30). Todos ellos salieron ilesos.

MESÍAS. Término hebreo que significa literalmente «el ungido» (Dn 9.25; Jn 1.41; Mt 16.16). *Mesías* traduce la palabra hebrea que se refiere al Rey que gobierna o al Salvador que viene. *Cristo* translitera la palabra griega para el Ungido o Mesías. Ver **UNGIR, CRISTO**.

MESOPOTAMIA. Región situada entre los ríos Tigris y Éufrates (Gn 24.10; Hch 2.9). Babilonia, Asiria y Sumeria se encontraban en esa zona.

MICAÍA, MICAÍAS. 1. Efrainita que contrató a un levita para ser sacerdote de su ídolo (Jue 17.7-13).

En esta imagen del siglo XV, el pintor flamenco Rogier van der Weyden muestra a Jesús con el arcángel Miguel.

El rey Belsasar ve la escritura en la pared —mene, mene, tekel, uparsin—, el mensaje de Dios de que esa noche iba a perder su reino.

2. Profeta de Samaria. El rey Acab no simpatizaba con él porque decía la verdad: predijo la muerte del monarca (1 R 22.8). 3. La Biblia menciona varios personajes más con este nombre.

MICAL. Hija menor de Saúl que se casó con David (1 S 14.49).

MIGUEL. 1. Mensajero de Dios (Dn 10.13; Ap 12.7). En Judas 9, se hace referencia a él como el arcángel. 2. Hubo otros muchos personajes llamados Miguel.

MILENIO. Mil años. Aunque no aparece en la Biblia, el término se emplea para hacer referencia a un período de mil años relacionado con el retorno de Cristo (cp. Ap 20.2-7). Los expertos no se ponen de acuerdo en si la cifra es literal o simbólica, así como en otros asuntos relativos al regreso del Señor, pero creen de forma unánime que la Biblia enseña que Cristo volverá.

MINA. Unas cien veces el salario diario (Lc 19.13). Ver gráficos **PESOS Y MEDIDAS** en p. 221.

MINISTERIO. Posición de servicio o llamamiento (1 Cr 6.32; Ro 11.13; 12.4; 1 Ti 3.1).

MINISTRAR, MINISTERIO. Servir, servicio (Éx 28.35; Mr 10.45; Ef 4.12). Un objetivo primordial de Jesús y de los cristianos es ministrar a las personas necesitadas. Sin embargo, el ministerio es el llamamiento a cada cristiano en «el ministerio de

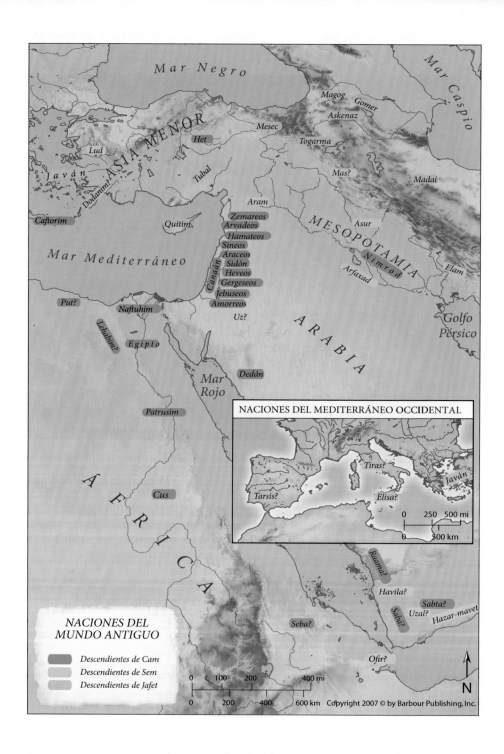

Mar Negro

Mar Caspio

ASIA MENOR

Magog
Gomer
Askenaz
Mesec
Togarma
Mas?
Madai

Het
Lud
Javán
Dodanim?
Tubal

Aram
MESOPOTAMIA
Asur
Nimrod
Arfaxad
Elam

Caftorim

Quitim

Mar Mediterráneo

Zemareos
Arvadeos
Hamateos
Sineos
Araceos
Sidón
Heveos
Gergeseos
Jebuseos
Amorreos

Canaán

Put?
Naftuhim
Uz?

Lehabim?
Egipto

Golfo
Pérsico

ARABIA

Dedán

Mar
Rojo

Patrusim

NACIONES DEL MEDITERRÁNEO OCCIDENTAL

Tiras?
Javán
Tarsis?
Elisa?

| 0 | 250 | 500 mi |
| 0 | 300 km | |

Cus

ÁFRICA

Raama?

Havila?
Sabta?
Uzal?
Hazar-mavet
Saba?

Seba?

Ofir?

NACIONES DEL
MUNDO ANTIGUO

Descendientes de Cam
Descendientes de Sem
Descendientes de Jafet

| 0 | 100 | 200 | 400 mi |
| 0 | 200 | 400 | 600 km |

N

Copyright 2007 © by Barbour Publishing, Inc.

la reconciliación» (2 Co 5.18). Por tanto, ministerio es tanto servicio como testimonio.

MIQUEAS. Profeta del Antiguo Testamento que profetizó durante el reinado de Jotam, Acaz, y Ezequías (Mi 1.1).

MIQUEAS, LIBRO DE. Libro del Antiguo Testamento, perteneciente a los profetas menores. Miqueas predicó entre el 735 y el 715 A.C. aproximadamente. Lo hizo en Samaria y principalmente en Judá. Denunció a los ricos que abusaban de los pobres, a los comerciantes deshonestos y a los gobernantes injustos. Profetizó el juicio de Dios sobre Israel, así como el sufrimiento y la restauración de Jerusalén. Hizo un llamamiento a la justicia y la misericordia (6.8). La denuncia del pecado por parte de Dios aparece en los mensajes de Miqueas, pero también lo hace el consuelo para un remanente.

▲ *Miqueas fue inspirado a escribir un pasaje clásico que muestra que no se puede satisfacer a Dios con sacrificios u ofrendas cuando la actitud del corazón no es la adecuada. Miqueas 6.8 dice: «Él te ha declarado lo que es bueno, y qué pide Jehová de ti. solamente hacer justicia, misericordia, y humillarte ante tu Dios».*

MIRRA. Resina extraída de un arbusto. Se utilizaba para el aceite de ungir, la purificación de la mujer, y la sepultura (Gn 37.25; Mt 2.11). Conocida por su olor agradable, fue uno de los regalos de los magos a Jesús.

MISAEL. Amigo de Daniel al que cambiaron el nombre por Mesac. Comió alimentos saludables con Daniel y entró en el horno de fuego, pero Dios lo salvó de sufrir daño (Dn 1.6, 15; 3.16-30).

MISERICORDIA. Compasión, amor, conmiseración, profunda preocupación, perdón (Sal 145.9; Ef 2.4-5). Dar o recibir cuidados no merecidos. La misericordia puede retirar o aliviar el castigo esperado.

▲ *La utilización del término en el Antiguo Testamento vincula la misericordia con la gracia del pacto de Dios que trata al hombre con benevolencia.*

MISTERIO. Revelación especial de Dios que estuvo oculta pero que ahora se revela a sus seguidores (Mt 13.11; Ef 3.3-5; 1 Co 2.7-8).

MIZPA. Nombre de diversos enclaves y ciudades bíblicas. En uno de ellos, al este del Jordán, Jacob y Labán hicieron un pacto de paz. Jacob levantó un altar de piedra allí (Gn 31.44-50).

● *¿Has visto algún letrero o pieza de joyería que diga: «Atalaye Jehová entre tú y yo, cuando nos apartemos el uno del otro»? Se basa en el pacto de Jacob y Labán, y se conoce como la «bendición de Mizpa» (Gn 31.49). Actualmente, estas palabras se utilizan como un símbolo de amor. Originalmente, sin embargo, la afirmación significaba algo así como: «Como tú y yo no podemos vigilarnos mutuamente cuando estemos separados, que Dios te exija responsabilidades». Era una especie de advertencia mutua.*

MOAB, MOABITA. Nieto de Lot. Territorio situado al este del mar Muerto, que los descendientes de Moab ocuparon. Habitante de Moab (Gn 19.37; 36.35). Los moabitas fueron enemigos habituales de los israelitas. Rut era moabita.

Moisés pudo ver la tierra prometida, pero no entró en ella debido al pecado que cometió (Nm 20.1-12). Deuteronomio 34 relata la muerte de Moisés, pero Dios estaba con él. Tradicionalmente, se le atribuye la autoría del «libro de la ley», los cinco primeros libros de la Biblia.

MOISÉS. Hebreo nacido en la esclavitud egipcia (Éx 2.1-2). Salvado de la muerte siendo aún un bebé y criado por la hija de Faraón en palacio. Huyó de Egipto a los cuarenta años de edad aproximadamente, después de haber matado a un capataz egipcio que estaba maltratando a un esclavo hebreo. Fue pastor durante cuarenta años y formó una familia, pero Dios lo llamó para volver a Egipto y salvar al pueblo hebreo de la esclavitud. Durante el viaje hacia la tierra prometida, Dios le dio la ley por la que el pueblo debía vivir y adorar durante los cuarenta años de éxodo.

MOLDURAS. Sujeciones, utilizadas para colgar las cortinas en el tabernáculo (Éx 27.10).

MOLOC. Dios adorado por los amonitas (Lv 18.21). Los rituales incluían el sacrificio de niños con fuego.

MONOGAMIA. Matrimonio con una sola pareja. La Biblia revela el plan ideal de Dios para el matrimonio, un marido y una mujer para toda la vida, hasta que la muerte los separe. Dios diseñó esta relación para que las personas fuesen lo más felices posible.

● *¿Qué razones hacen que el plan ideal monogámico de Dios sea el mejor para el matrimonio?*

▲ *El matrimonio y el divorcio son habituales en nuestra sociedad, como en la mayor parte del mundo. Sin embargo, la naturaleza corriente del divorcio no cambia el diseño divino de Dios ni las enseñanzas específicas acerca del matrimonio en el Nuevo Testamento.*

▲ *«Monogamia sucesiva» es un término que algunos aplican a aquellos que se casan, se divorcian y repiten el ciclo. Dios es el diseñador y el juez de los matrimonios, pero también el que perdona a aquellos que se vuelven a él arrepentidos.*

MONTE DE LOS OLIVOS. Cresta de una colina de casi 2 km de largo, situada al este de Jerusalén (Mt 21.1). También llamada del Olivar (Hch 1.12). Jesús iba allá frecuentemente.

MONTE, MONTAÑA. La tierra de Palestina y la que la rodea tiene muchas colinas y montañas. La más alta de ellas se eleva hasta los 2.730 m de altitud y se encuentra en Siria. Las montañas tenían mucha importancia como lugares de defensa, refugio y adoración. Simbolizan la resistencia, le estabilidad, los obstáculos, la dificultad, y quizás incluso la eternidad.

MORADA. Hogar, habitación, lugar en el que estar (Nm 9.17; Jn 14.23). Lugar donde vivir, detenerse o descansar; lugar firme (Sal 89.14; Ef 2.22).

MORADORES. Habitantes, los que viven en un lugar (Gn 19.25; Ap 17.2).

MORAR. Vivir, estar, hacer tu hogar en, establecerse entre (Sal 4.8; 2 P 3.13). Cristo mora en los cristianos (Ef 3.17).

Estatua de Moloc, con un horno en su estómago.

Moisés, sentado, recibe ayuda de Aarón y Hur. Todo el tiempo que Moisés mantenía sus brazos alzados sobre la batalla, los israelitas prevalecían (Éx 17).

En el monte de los Olivos, Jesús llora sobre Jerusalén.

▲ *La palabra traducida «morar» en el Nuevo Testamento griego también significa asentarse, permanecer o vivir en una casa.*

● *¿Cómo influye en tus palabras el hecho de que Cristo more en ti? ¿Y en tus actos? ¿Y en tus actitudes?*

MORTAL. Humano, sujeto a la muerte, perecedero (Job 4.17; Ro 6.12).

MOSQUITO. Pequeño insecto (Mt 23.24).

▲ *Jesús reprendió a los líderes religiosos por colar el mosquito y tragar el camello.*

● *¿Qué dice esto acerca de tus prioridades y valores?*

MOSTRAR. Demostrar (Ro 5.8).

MUCHACHO. Joven, niño, siervo (Jue 16.26; Jn 6.9).

MUDO. Silencioso, sin voz, incapaz de hablar (Mr 7.37).

● *Aquellos que tienen impedimentos para hablar son víctimas de burla en ocasiones. Como cristiano, ¿de qué forma puedes ayudar y alentar a los discapacitados?*

MUELA. Piedra utilizada para moler el grano y obtener harina (Dt 24.6). Los humanos mani-

Tienda beduina que alberga a moradores actuales del Sáhara.

Grano en una muela o piedra de molino.

pulaban las más pequeñas, mientras que las más grandes requerían la fuerza de un animal (Mt 18.6).

MUERTE. Este concepto se utiliza al menos de cuatro formas diferentes en la Biblia: 1. Fin de la vida física. Tras la muerte del cuerpo, las personas entran en una nueva esfera de la vida: los creyentes al gozo eterno y los que no lo son al tormento eterno (Mt 25.46; Ap 20.15; 21.3-5). Finalmente, Jesús elimina el aguijón de la muerte física (1 Co 15.55-57; Ro 6.9-10). 2. Ausencia de vida espiritual. La muerte espiritual significa separación de Dios (1 Jn 3.14). Todos aquellos que no aceptan a Jesús están muertos espiritualmente. Solo pueden vivir en Cristo (Ef 2.1-5). 3. Fin de una vieja manera de vivir. Los cristianos han muerto a su antigua vida sin Jesús y han resucitado a una nueva con él (Ro 6.4-8). 4. «Muerte segunda». Una separación final e irreversible de Dios tras el juicio (Ap 20.6).

● *¿Cómo te sientes en relación con la muerte? ¿Y a la vida eterna? ¿Cómo afecta la promesa de vida eterna de Jesús a tus sentimientos acerca de la muerte? Cp. 1, 2 y 3 Juan para las señales de vida eterna.*

MUJER. Ser humano creado a imagen de Dios para ser pareja del hombre (Gn 1.26-27). Ver **HOMBRE**.

▲ *Dios creó al hombre y a la mujer para que reflejasen su imagen en la creación y se complementasen entre sí (1 Co 11.11-12). El hombre no es superior a la mujer como ser creado. Sin embargo, el plan de Dios establece un orden en el matrimonio, y en ocasiones la voluntad de uno debe ceder a la del otro. Funcionalmente, el marido debe ser el líder espiritual en la pareja. Génesis 5.2 dice: «Varón y hembra los creó; y los bendijo, y llamó el nombre de ellos Adán, el día en que fueron creados». El hombre y la mujer juntos constituyen la «humanidad».*

MULADAR. Lugar en el que apilaban los excrementos para utilizarlos como fertilizante (Is 25.10).

MULTIFORME. Muy abundante (Neh 9.19; Ef 3.10).

MULTIPLICAR. Amontonar, hacer abundante, incrementar (Gn 1.22; Hch 6.7).

MULTITUD. Muchedumbre, mucha gente (Jue 4.7; Mt 4.25).

Los muladares no eran algo agradable, ni la amenaza divina de dejar Moab como uno de ellos (Is 25.10).

MURMURAR. Difamar (Sal 15.3; Pr 25.23; Ro 1.30; 2 Co 12.20). La idea básica es decir algo malo de alguien a sus espaldas.

● *¿Cómo puedes evitar murmurar? Cuando otros lo hacen, ¿qué puedes hacer tú? ¿Qué quiere Cristo que hagas?*

MURMURAR. Quejarse, hablar con descontento (Éx 15.24; Jn 6.41).

MURO. Literalmente, una pared de cualquier tipo (Pr 24.31). Muros de arcilla cocida al sol rodeaban y protegían casas y ciudades en la época bíblica (Esd 5.8; Neh 2.17; Hch 9.25). Simbólicamente, el término se empleaba para indicar salvación (Is 26.1), verdad y fuerza (Jer 15.20) y protección (Zac 2.5).

▲ *«La pared intermedia de separación» en Efesios 2.14 se refería tanto a un muro físico que separaba a judíos y gentiles en el área de adoración del templo como a un muro de hostilidad cultural y religiosa entre los dos grupos. Jesús demolió esta hostilidad cuando murió en la cruz, uniendo a toda la humanidad en su muerte expiatoria (cp. Col 3.11).*

NAAMÁN. Comandante bajo las órdenes de Ben-adad II, rey de Siria. Dios sanó a Naamán de lepra cuando este obedeció el mandato de Eliseo y se sumergió siete veces en el río Jordán (2 R 5.1-27).

● *Si lees la historia completa de Naamán, verás que se ofendió cuando le dijeron que hiciera algo tan corriente como lavarse en el río Jordán. Sin embargo, un siervo le sugirió que debería estar dispuesto a realizar cosas simples en obediencia, en vez de grandes cosas por cuenta propia. ¿Qué cosas, aparentemente pequeñas, estás dispuesto a hacer para obedecer a Dios?*

NABOT. Israelita, propietario de una viña (1 R 21.1). Jezabel tramó asesinar a Nabot para que su codicioso esposo pudiera adquirir su viña.

NABUCODONOSOR. Rey de Babilonia que conquistó Judá (el Reino del Sur), y llevó al cautiverio a muchos de sus habitantes (2 R 24-25). Judá incluía Jerusalén, a la que destruyó Nabucodonosor en el 587 A.C. Fue el rey que ordenó que se arrojase a los tres jóvenes amigos de Daniel al horno de fuego (Dn 3-19.20). Ver gráfico **REYES** en p. 243.

NACER DE NUEVO. Un segundo nacimiento que es espiritual (Jn 3.3). En el ámbito cristiano, aceptar a Cristo como Señor y Salvador y comprometer la vida con él (1 P 1.23). Jesús dijo a Nicodemo que era necesario nacer de nuevo y tener una relación correcta con Dios (Jn 3.5-7). Ef 2.1-10 identifica los factores de la gracia, la fe y la salvación como un regalo.

● *Enumera las acciones que las personas realizan intentando tener una relación correcta con Dios. ¿Qué dice Juan 3.16 sobre el asunto?*

NACIMIENTO VIRGINAL. El nacimiento de Jesús se produjo por medio de la intervención milagrosa del Espíritu de Dios y sin interacción humana (Mt 1.18-25).

NACIONES. Los que no son judíos, gentiles (Neh 5.17; Sal 47.8; Gá 2.9). También una persona que no conoce al verdadero Dios ni le obedece (2 R 17.15; Mt 6.7).

NADAB. 1. Hijo mayor de Aarón (Éx 6.23). Vio la gloria de Dios junto con su padre, su hermano y su tío (Éx 24.1, 9-10). Más tarde se ordenó en el sacerdocio aarónico (Éx 29). Nadab y su hermano ofrecieron a Dios fuego extraño o impío, lo que trajo sus muertes (Lv 10.1-2). 2. Rey de Israel más o menos alrededor del 900 A.C. Ver gráfico **REYES** en p. 243. 3. Otros dos personajes del Antiguo Testamento.

NAHUM. Profeta de Judá, del Antiguo Testamento, que predicaba contra Nínive y Asiria, alrededor del 620 A.C.

NAHUM, LIBRO DE. Libro del Antiguo Testamento que contiene sermones de Nahum, un profeta de Elcos (Neh 1.1). El libro habla del juicio de Dios sobre la maldad, especialmente en la ciudad de Nínive. Nahúm predicó muchos años después de la profecía que llevó a Nínive al avivamiento; desde entonces, había vuelto al pecado y se enfrentaba de nuevo al juicio.

NATÁN. 1. Profeta que reveló al rey David que no se le permitiría construir el templo para Dios. Se le dijo que sería su hijo, Salomón quien lo construiría, pero David podría recoger materiales y regalos para el proyecto (cp. 2 S 7; 1 Cr 17). Además, mediante una parábola, Natán confrontó audazmente a David por sus pecados de adulterio y asesinato, llevándolo a enfrentarse a sus propios pecados y a confesarlos en arrepentimiento (2 S 12.1-13). 2. Algunos otros hombres de la Biblia, incluido un hijo de David, también se llamaban así.

● *¿De dónde obtuvo Natán el coraje para confrontar a David por sus pecados? ¿Por qué podría la parábola de Natán ser más eficaz que una acusación directa?*

NATANAEL. Discípulo de Jesús, aparentemente el mismo que Bartolomé en las listas de los doce discípulos originales (cp. Jn 1.43-49; 21.2). Natanael, Pedro y Tomás se referían a Jesús, en su propia cara, como Hijo de Dios o Señor y Dios (cp. Jn 1.49; Mt 16.16; Jn 20.28). Estos tres están juntos en Juan 21.2, poco después de que, en el 20.31, Juan describiera su propósito de escribir el Evangelio: que los lectores pudieran creer que Jesús es el Cristo, el Hijo de Dios. Juan recoge que tan pronto como Felipe fue llamado como discípulo, invitó inmediatamente a Natanael a conocer a Jesús (Jn 1.43-49).

▲ *Mateo, Marcos y Lucas utilizan el nombre Bartolomé después de Felipe, al enumerar a los doce discípulos (Mt 10.3; Mr 3.18; Lc 6.14; Hch 1.13), pero no se refieren a Natanael. Tan solo se le menciona en el Evangelio de Juan, por lo que la mayoría de los eruditos piensan que los nombres se emplean indistintamente para el mismo apóstol.*

NAZARENO. Persona de la ciudad de Nazaret, utilizado en alusión a Jesús (Mt 2.23). En Hechos 24.5, que describe un procedimiento legal contra el apóstol Pablo, nazareno se refiere a los creyentes cristianos, definidos por los airados judíos como una secta problemática. Al parecer, en este contexto es un término de menosprecio y ridículo.

NAZAREO. Persona dedicada a Dios, por un propósito especial, que demostraba esa devoción tomando ciertos votos durante un tiempo. Los votos incluían abstenerse de beber alcohol, de cortarse el pelo y evitar el contacto con cuerpos muertos. El período de tiempo para estos votos podía variar desde treinta días hasta toda la vida (cp. Nm 6.2-8; Jue 6.1-21; 16.5-7; Am 2.11-12). Entre los nazareos más famosos se encuentra Sansón (Jue 16.17).

● *¿Qué podría lograr en la actualidad un voto de abstinencia de bebidas alcohólicas? ¿Y el compromiso con una nueva disciplina personal? Lee Romanos 14.*

NAZARET. Ciudad en Galilea situada, aproximadamente, a unos 105 km al norte de Jerusalén (Mt 2.23; Mr 1.9). Allí es donde creció Jesús.

NEBO. 1. Nombre de una o más ciudades entre los territorios de Rubén y Judá (Nm 32.38; Esd 2.29). 2. Montaña al este del río Jordán, desde donde Moisés vio la tierra prometida y murió

Excavación arqueológica que preside las afueras de Nazaret.

(Dt 31.1). Se le prohibió entrar en la tierra debido a su desobediencia.

NECIO. 1. Persona con exceso de confianza en sí misma o que tiene un concepto demasiado alto de sí, carente de juicio, descuidada (Ro 1.22; Pr 12.23; Lc 12.20).

▲ *En última instancia, Dios juzga quién es necio. Ver la advertencia de Mateo 5.22 de no enojarse ni llamar «necio» al hermano.*

2. Vacío, fatuo, inútil, insensato (Mt 5.22).

▲ *Traduce el término arameo* raca, *que hace referencia al desprecio y al abuso.*

NEFTALÍ. Sexto hijo de Jacob (Gn 30.8); Nombre de los descendientes de Neftalí y de su territorio.

NEGAR. 1. Rechazar, fingir no saber, decidir no creer, repudiar (Mt 10.33; Lc 20.27). 2. Decidir dar prioridad a otras cosas (Mt 16.24). 3. Mentir, retener, contener (Gn 18.15; 1 R 20.7).

NEGLIGENCIA. Indiferencia, ignorar (Hch 6.1).

NEGOCIAR. Hacer negocios (Lc 19.13); comerciar (Ez 27.9).

NEHEMÍAS. Judío que sirvió al rey persa Artajerjes I como copero o catador personal y servidor de la comida real. Recibió permiso para llevar a Jerusalén un grupo de judíos a fin de reconstruir las murallas caídas de la ciudad, alrededor del 445 A.C. y para purificar las prácticas del templo sobre el 432 A.C. Es un ejemplo de liderazgo de siervo piadoso. Trajo avivamiento y renovación de pacto a un pueblo desalentado. Fue un hombre de acción que creía que la oración y la acción van juntas (Neh 1.4; 6.3).

NEHEMÍAS, LIBRO DE. Libro del Antiguo Testamento que nos cuenta el regreso de Nehemías

a Jerusalén, de su liderazgo en la reconstrucción de las murallas de la ciudad, la dedicación de los muros, y otras reformas que llevó a cabo. Fue un modelo de organizador y líder en su forma de llevar a cabo el llamado que Dios le hizo a él y al pueblo que dirigió.

NICODEMO. Fariseo y miembro del Sanedrín (Jn 3.1) que vino a Jesús por la noche buscando respuestas sobre la eternidad. Jesús dijo a Nicodemo que tenía que «nacer de nuevo», la necesidad espiritual de confiar en Jesús para tener vida eterna. No confiar en Jesús suponía estar condenado espiritualmente (cp. Jn3.1-18). Parece que Nicodemo se convirtió en un discípulo secreto de Jesús, mostrando más tarde su fe (1) al hablar cuando Jesús fue injustamente acusado; y (2) al unirse a otro fariseo llamado José (quien proporcionó la tumba de Jesús) para preparar el cuerpo antes de sepultarlo.

● *¿Puedes decirle a un amigo cómo nacer de nuevo? Si has nacido de nuevo (si te has convertido en cristiano), escribe de forma simple tu experiencia en una o dos páginas. Compártelas con alguien que aún no haya conocido a Jesús de forma personal. Luego toma tu Biblia y comparte Juan 3 y Romanos 3.23; 6.23; y 10.9-10 con tu amigo.*

NÍGER. También llamado Simeón (Hch 13.1). Líder de la iglesia en Antioquía.

NIGROMANTE. Persona que intenta contactar con los muertos. La ley de Dios prohíbe esta práctica (Dt 18.10-12).

NIMROD. Hijo de Cus (Gn 10.8). El nombre de Nimrod significa «fuerte» o «valiente», y era conocido como un poderoso cazador.

NÍNIVE. La última y más importante capital de Asiria, situada en el río Tigris. Fue fundada por

Un bajorrelieve de la Antigua Nínive muestra a un soldado asirio llevando a un cautivo atado.

Nimrod, un descendiente de Cam, hijo de Noé (Gn 10.11). Siglos más tarde, Dios envió a Jonás para advertir al pueblo de Nínive acerca del juicio que vendría; cuando se arrepintieron, Dios los perdonó. Sin embargo, más tarde, Nínive se dejó cautivar de nuevo por el pecado y entonces sobrevino la destrucción profetizada. Babilonia destruyó Nínive en el 612 A.C.

▲ *Dios no cambia, pero la Biblia nos muestra que puede cambiar sus intenciones según el arrepentimiento de las personas, por las oraciones y por la respuesta a su palabra. La respuesta de Nínive ante la predicación de Jonás es un ejemplo. La oración del rey Ezequías es otro (cp. 2 R 20).*

NISÁN. Primer mes del año judío, que comienza a finales de marzo (Neh 2.1). Ver **MES** y el gráfico **CALENDARIO** en p. 279.

NOÉ. Hombre justo que vivió durante un tiempo de maldad y corrupción. Dios instruyó a Noé para construir un arca (un gran barco) que los salvaría

a él, a su familia y a dos animales de cada clase (Gn 5.28–9.29). Dios utilizó el diluvio para destruir todo aquel mal y comenzar de nuevo con Noé y su familia.

▲ *Para una perspectiva del Nuevo Testamento y una mayor comprensión de Noé y el diluvio, considera estas referencias bíblicas: Hebreos 11.7; 1 Pedro 3.20; 2 Pedro 2.5.*

NOEMÍ. Esposa de Elimelec (Rt 1.2). Durante la hambruna, la familia dejó su casa en Belén para vivir en Moab. Después de que Noemí perdiera a su marido y sus dos hijos, regresó a su tierra natal junto a su insistente nuera moabita, Rut.

Lee los cuatro capítulos del libro de Rut. La vida de Noemí fue del bienestar a la amargura, pero el gozo regresó a ella en forma de bebé, en el linaje del Mesías (Rt 4.13-17). ¿Qué te dice esta parte del viaje de Noemí en cuanto a mantener la fe y la esperanza en Dios?

NOMBRES PARA CRISTO Y PARA DIOS. Ver gráficos **TÍTULOS PARA JESÚS** en p. 147 y **NOMBRES DE DIOS** en p. 86.

NORTE, REINO DEL. Se refiere a las diez tribus del norte de Israel, tras la división del reino (alrededor del 922–912 A.C.). Esta área incluía todas las tierras tribales menos Judá, que llegó a ser conocida como el Reino del Sur (incluida la tribu de Benjamín). Israel era antes una nación, sobre el 950 A.C. Tras la muerte de Salomón, se dividió (1 R 14.19-30). Israel continuó hasta el 722 A.C. Judá continuó hasta el 587 A.C. Ver gráfico **REYES** en p. 243.

NUEVAS. Noticias (2 S 4.10; Lc 2.10; Ro 10.15).

NUEVO TESTAMENTO. Esta segunda parte de la Biblia contiene veintisiete libros; los cuatro Evangelios, el libro de los Hechos, veintiuna epístolas o cartas, y Apocalipsis. El Nuevo Testamento nos

Bajo un arcoíris —la promesa de Dios de no volver a inundar toda la tierra— Noé y su familia ofrecen sacrificios al Señor.

habla acerca del nacimiento, la vida, la muerte, la resurrección y el prometido regreso de Jesús; el crecimiento de la iglesia; instrucciones, advertencias y aliento para ella; y profecías sobre el final de los tiempos. *Testamento* significa pacto o acuerdo. El Nuevo Testamento nos relata el nuevo pacto de Dios por medio de Jesucristo (He 8.6-10).

● *Comprueba los nombres de los libros del Nuevo Testamento en la tabla de contenidos de tu Biblia; memorízalos.*

▲ *Tanto el Antiguo como el Nuevo Testamento son revelaciones de la gracia de Dios, pero vemos el cumplimiento final del diseño divino de Dios en la totalidad del Nuevo Testamento. Este indica que somos libres (y responsables) de hacer más cosas bajo la gracia que bajo*

Jesús explica su muerte y resurrección a dos discípulos en Emaús, aplicándose el título de Cristo: «¿No era necesario que el Cristo padeciera estas cosas, y que entrara en su gloria?» (Lc 24.26).

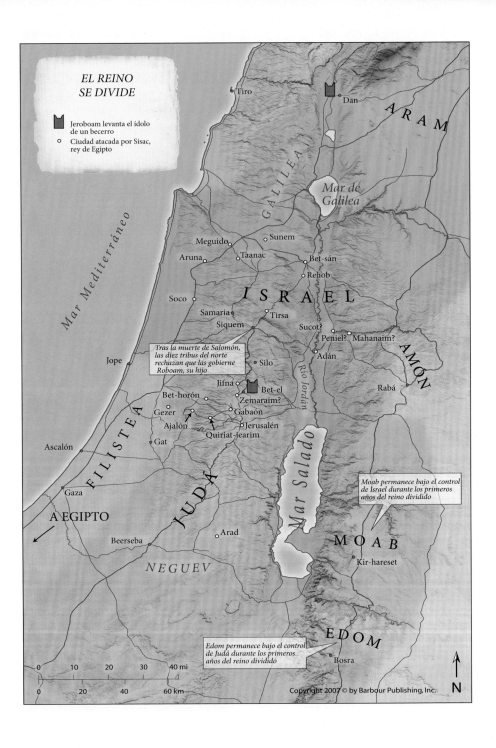

EL REINO SE DIVIDE

Jeroboam levanta el ídolo de un becerro

Ciudad atacada por Sisac, rey de Egipto

Mar Mediterráneo

Tiro

Dan

A R A M

G A L I L E A

Mar de Galilea

Meguido

Sunem

Aruna

Taanac

Bet-sán

Rehob

I S R A E L

Soco

Samaria

Tirsa

Siquem

Sucot?

Peniel? Mahanaim?

A M Ó N

Jope

Tras la muerte de Salomón, las diez tribus del norte rechazan que las gobierne Roboam, su hijo

Silo

Adán

Río Jordán

Jifna

Bet-el

Rabá

Zemaraim?

Bet-horón

Gabaón

Gezer

Ajalón

Quiriat-jearim

Jerusalén

F I L I S T E A

Gat

Ascalón

Gaza

Mar Salado

A EGIPTO

J U D Á

Beerseba

Arad

M O A B

Moab permanece bajo el control de Israel durante los primeros años del reino dividido

N E G U E V

Kir-hareset

E D O M

Edom permanece bajo el control de Judá durante los primeros años del reino dividido

Bosra

| 0 | 10 | 20 | 30 | 40 mi |

| 0 | 20 | 40 | 60 km |

N

los requerimientos de la ley. Las enseñanzas de Jesús en el Sermón del Monte, por ejemplo, muestran claramente cómo creen, viven y se comportan los salvos de Dios.

NÚMEROS. Aparte del uso normal de los números en la Biblia, existe también un uso simbólico. Algunos de estos números y sus significados son:

Uno = unidad, unicidad

Cuatro, cinco, siete, diez = conclusión o perfección

Seis = relacionado con los hombres

Doce = propósitos electivos de Dios

Cuarenta = desarrollo de nuevos de hechos poderosos de Dios en la historia

El tres es significativo, pues son los miembros de la Trinidad, el número de días que Jonás estuvo dentro del pez, y las partes de día que Jesús estuvo en la tumba. El diez y el doce, con sus múltiplos, pueden ser literalmente o simbolizar la conclusión (por ejemplo, mil años, Apocalipsis 20.2-7 o los 144.000, Apocalipsis 14.1).

NÚMEROS, LIBRO DE. Libro del Antiguo Testamento incluido en los cinco libros de la ley. Su nombre hace referencia a dos censos (recuento) de las fuerzas combatientes de Israel (Nm 1.2-46; 26.2-51). El libro detalla el recuento de las tribus, el peregrinaje en el desierto, el sacerdocio levítico y otras leyes, y la preparación para la conquista de la tierra prometida.

▲ *Números describe el peregrinaje de los hebreos por culpa de su desobediencia. La lección para nosotros es que el diseño divino de Dios debería ser siempre nuestra primera elección. Cuando decimos no a Dios, recibimos necesariamente su disciplina, y vagamos en nuestro propio desierto hasta que regresamos a él.*

NUN. Padre de Josué (Nm 14.6).

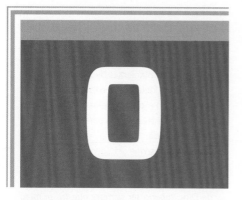

OBED. Hijo de Rut y Booz; padre de Isaí; abuelo del rey David y antepasado de Jesús (Rt 4.13-22; Mt 1.5-6; Lc 3.32). Otros cuatro hombres llamados así aparecen en las Escrituras.

OBEDIENCIA. Creer y hacer lo que Dios dice; vivir como él (Ro 6.14-17). Obedecer a Dios muestra nuestra confianza en él y en su voluntad. También constituye la verdadera libertad de elección (Éx 24.7; 1 Jn 3.23-24; Stg 3.3). La obediencia de Jesús al Padre es un modelo bíblico de obediencia para todos nosotros (cp. Lc 4.43; Jn 3.34; 5.30; Ro 5.12-21; He 10.7-10). La fe y la obediencia están vinculadas a lo largo de la Biblia; la segunda es la prueba suprema de la primera.

OBISPADO. Supervisión, liderazgo (Hch 1.20). El oficio o la responsabilidad de un obispo.

OBISPO. Supervisor o líder de una iglesia (Hch 20.17, 28; 1 P 5.2). Se utiliza indistintamente con anciano y presbítero (cp. Tit 1.5, 7; 1 Ti 3.1; 4.14).

OBLACIÓN. Ofrenda presentada a Dios en respuesta a su mandato (Lv 2). Consistía en harina, tortas cocidas o grano crudo combinado con aceite e incienso. Podía acompañar a los holocaustos y las ofrendas de paz (Nm 15.1-9). También se utilizaba sin el incienso para sustituir el sacrificio animal en el caso de los que no podían permitírselo (Lv 5.11-13). Dar lo mejor del grano durante la adoración formaba parte de una ceremonia que representaba la eliminación de los pecados pasados.

OBLACIÓN. Ofrenda, sacrificio (Jer 14.12; 19.21).

OBRA. Acción, hecho (Jer 25.14; Hch 7.22). Las obras pueden ser buenas o malas (Jn 3.19-21). Acción que conduce a un resultado (Job 34.25). Dios obra para crear, salvar, guiar, cuidar y sustentar (Sal 8.6; Fil 1.6). Las obras humanas son vanas y fútiles para obtener la salvación; somos salvos por la gracia de Dios por medio de la fe, nunca por obras (Ef 2.8-9). Sin embargo, somos la propia «creación» de Dios, que nos dio vida para que llevásemos a cabo sus buenas obras (Ef 2.10). Las obras espirituales deben ser motivadas por el amor hacia Dios y los demás, no por propio interés. Las obras no salvan, pero proveen pruebas de nuestra condición espiritual, revelando si somos verdaderamente hijos de Dios (1 Jn 3.1-10). Según el libro de Santiago, las obras reflejan la naturaleza del tipo de fe que salva (Stg 2.14-26).
● *¿Qué tipo de obras está produciendo tu fe?*

OBSERVAR. Además de «mirar», también significa guardar o practicar; por ejemplo, observar el día de reposo (Dt 5.32).
● *¿Cómo observas (respetas, guardas) el domingo? ¿Crees que se ajusta al propósito de Dios para ese día? ¿Por qué o por qué no?*

OCASIÓN. Además del significado habitual, puede ser también causa u oportunidad (Dn 6.4; Ro 14.13; 2 Co 5.12).

OCIOSO. Perezoso, improductivo (Éx 5.17; Mt 20.3).

OCOZÍAS. 1. Octavo rey de Israel. Hijo y sucesor de Acab. Como su madre Jezabel, confió en los dioses paganos en lugar de en el verdadero Dios (1 R 22.51-53; 2 R 1.2-3). 2. Sexto rey de Judá. Practicó la idolatría (2 R 8.24). Ver gráfico **REYES** en p. 243.

ODIADO, ODIOSO. Detestable (Pr 30.23; 1 Cr 19.6).

ODRE. Recipiente en el Antiguo Testamento. En el Nuevo, *odre* traduce la palabra «piel» en la enseñanza de Jesús acerca de poner el vino nuevo en recipientes nuevos, porque los viejos se romperían cuando el vino fermentase (Lc 5.37-38).

ODRE. Recipiente para el vino, hecho con la piel completa de un animal (Mt 9.17; Mr 2.22; Lc 5.37-38). Esta se estiraba cuando el vino fermentaba, por lo que los odres viejos y frágiles no servían.

Odre.

OFENSA. Paso en falso, pecado, violación de los derechos de Dios o de otro ser humano (Lv 6.2; Mt 6.14). El acto de ir más allá de los derechos propios y dañar a otro.

OFRECER, OFRENDA. Verbo: dar libremente como regalo o sacrificio, así como en adoración (Gn 31.54; He 9.14). Nombre: regalo o presente. Las ofrendas bíblicas incluyen animales, frutos o incienso. La nación o las personas hacían ofrendas que simbolizaban el arrepentimiento y la fe exigidos para tener una relación correcta con Dios.

Dios recibe las ofrendas de los corazones puros que las realizan con una motivación adecuada. Especialmente durante la época de los profetas, muchas personas ofrecieron sacrificios que Dios no aceptó como adoración debido al corazón no arrepentido de aquellos que los realizaron. Considera si tus ofrendas de dinero, tiempo o esfuerzo salen de un corazón aceptado por Dios.

OFRENDA DE CEREAL. 1. Ofrenda presentada a Dios en respuesta a su mandato (Lv 2). Se componía de harina, tortas cocidas o grano crudo combinado con aceite e incienso. Podía acompañar a los holocaustos y a las ofrendas de paz (Nm 15.1-9). 2. Se utilizaba también sin incienso para sustituir el sacrificio de un animal en el caso de los que no podían permitírselo (Lv 5.11-13). Dar el mejor grano durante la adoración formaba parte de una ceremonia que representaba la eliminación de los pecados pasados.

OFRENDA DE GRANO. 1. Ofrenda presentada a Dios en respuesta a su mandato (Lv 2). Consistía en harina, tortas cocidas o grano crudo con aceite e incienso. Podía acompañar a los holocaustos y a las ofrendas de paz (Nm 15.1-9). 2. También se utilizaba sin el incienso sustituyendo el sacrificio animal en el caso de aquellos que no podían permitirse un animal (Lv 5.11-13). Dar lo mejor del grano durante la adoración formaba parte de una ceremonia que representaba la eliminación de los pecados pasados.

OFRENDA DE PAZ. Sacrificio animal para dar gracias a Dios o expresarle amor (Éx 20.24; Lv 3; 7.11-36). Se realizaba habitualmente durante la fiesta de las semanas como muestra de gratitud al Señor (Lv 23.19-20). Tanto los que la ofrecían como su observancia debían reflejar pureza.

OFRENDA POR EL PECADO. Cualquier ofrenda presentada después de pecar como reflejo de un corazón arrepentido. Con frecuencia, era una ofrenda que se hacía cuando alguien había pecado involuntariamente (Lv 4.2-35).

OFRENDA VOLUNTARIA. Ofrenda realizada de corazón, por propia iniciativa (Lv 22.18).

OG. Rey amorreo de Basán (Nm 21.33-35; Dt 1.4; 3.1-13). Pertenecía a una raza de gigantes, los refaítas. Los israelitas lo derrotaron durante la conquista de Palestina.

OÍR. Además de la facultad física de oír, significa también escuchar, prestar atención, hacer caso y responder en obediencia (Sal 135.17; Is 41.14; Mt 13.43).

OJOS DELICADOS. Señal de timidez; posiblemente indica una debilidad o enfermedad de los ojos (Gn 29.17).

Los traductores interpretan de diversas formas el significado de «ojos delicados». La JBS dice: «los ojos de Lea eran tiernos». La NTV dice: «no había brillo en los ojos de Lea». La NVI dice: «Lea tenía los ojos apagados». Cualquiera que sea el significado exacto de esta expresión, Jacob eligió a Raquel como esposa en lugar de a Lea.

OLIVAR. El monte de los Olivos (cp. 2 S 15.30; Hch 1.12). Es una colina situada al este de Jerusalén. Getsemaní, Betfagé y Betania se encuentran en sus laderas.

OLIVO. Árbol de crecimiento lento y torcido, de inmenso valor en la época bíblica (Dt 6.11; Ro 11.17). Un árbol bien cuidado puede crecer hasta unos 6 m de altura y vivir varios siglos. El aceite elaborado a partir de su fruto tiene muchos usos (véase **ACEITE**). El olivo es un símbolo de productividad y su rama simboliza la paz.

OMEGA. Última letra del alfabeto griego. *Alfa* es la primera. Juntas, se emplean simbólicamente para referirse a Cristo como el principio y el fin (Ap 1.8). Ver **ALFA Y OMEGA, ÓMICRON.**

▲ *El griego tiene dos letras para la O: ómicron y omega. Ómicron siempre es de pronunciación corta; omega es como una O larga. Ver el gráfico:* **ALFABETO GRIEGO** *en p. 124.*

Letra omega

ÓMICRON. Una de las dos letras griegas para el sonido O; en este caso, es una O breve. Ver **ALFA Y OMEGA, OMEGA.**

OMNIPOTENCIA, OMNIPOTENTE (Ap 19.6). Término que expresa el atributo de Dios de ser capaz de hacer todas las cosas por medio de su poder eterno (cp. Gn 1–2; Job 42.2; Jer 32.17-19; Mt 19.26; Fil 4.13).

OMNIPRESENCIA. Término que expresa cómo Dios llena el universo en todas sus partes. Él está presente eternamente en todas partes y en todo momento (cp. Gn 1–2; Sal 139.7-12; Jer 23.23-24; Hch 17.27-28).

OMNISCIENCIA. Palabra que expresa el conocimiento de Dios de todas las cosas pasadas, presentes y futuras, por toda la eternidad (Gn 1–2; Pr 15.11; Sal 147.5; Is 46.10).

OMRI. 1. Poderoso y malvado rey de Israel, el reino del norte, alrededor de 885-874 A.C. (1 R 16.8-

29). Trasladó la capital a Samaria. Fue el padre del malvado Acab, que fue su sucesor. Ver gráfico **REYES** en p. 243. 2. Nombre de otros tres personajes bíblicos.

● *Los hijos tienden a imitar a sus padres. Omri y Acab son dos ejemplos del mal que se sucede a sí mismo. Según Proverbios 22.6, cuando educamos a los hijos de la forma adecuada, no se apartarán de ese camino, aunque este versículo no dice que nunca se vayan a alejar de la verdad que conocen. Sin embargo, generalmente, Proverbios 22.6 demuestra ser cierto, y lo contrario, criar a los hijos en el mal, desemboca en una conducta malvada por parte de los mismos. ¿Qué clase de influencia has tenido? ¿Cómo estás decidiendo vivir tu vida ahora?*

ONÉSIMO. Esclavo de Filemón que huyó de este (Col 4.9). Pablo lo convirtió al cristianismo y lo envió de vuelta a su amo con una carta que pasó a ser el libro bíblico del Nuevo Testamento llamado Filemón. En ella, instó a este a recibir a Onésimo con perdón, como hermano en lugar de como esclavo.

● *Parece que la predicación de Pablo había llevado a Filemón y Onésimo a la salvación en Cristo. En esta carta, dijo al primero que estaba dispuesto a pagar por cualquier cosa que Onésimo hubiese tomado. Como todos estamos en deuda por lo que Cristo hizo por nosotros en la cruz, Dios nos llama a tener un espíritu de perdón y hermandad hacia los demás. ¿Se te ocurre alguien que necesites perdonar, o que no te haya perdonado? ¿Qué te sugiere hacer la carta a Filemón?*

ÓNICE. Piedra verde o ágata translúcida con láminas blancas y negras (Éx 25.7).

OPRIMIR. Lastimar, aplastar, dominar, subyugar, cargar (Éx 3.9; Pr 14.31).

Detalle aumentado de ónice. El ónice era una de las piedras del pectoral del sumo sacerdote.

ORACIÓN. Hablar y escuchar a Dios; comunión íntima con él (1 R 8.28; Mt 21.22). Hace un llamamiento a la fe y a una relación correcta con Dios (Sal 66.18; Stg 5.16). Puede incluir adorar, dar gracias, confesar, pedir, interceder (orar por los demás) y recibir. Cuando nos quedamos quietos y somos conscientes de que Dios es Dios, él nos está «hablando» en oración.

● *Prueba a llevar a cabo cada tipo de oración. ¿Qué te gusta de cada uno de ellos?*

ORÁCULO. Palabras divinas, profecía (2 S 16.23; Jer 23.33-34; Ez 12.10; He 5.12). Ver **PROFETA**.

ORDEN. El uso más común significa armonía, equilibrio (Job 10.22; 1 Co 14.40).

ORDENANZA. Decreto, ley, estatuto (Éx 12.24; Lc 1.6). En el Antiguo Testamento, Dios dio muchas ordenanzas para que el pueblo hebreo las observase. Actualmente, algunas iglesias hacen referencia al bautismo y a la Cena del Señor como ordenanzas del Nuevo Testamento, ya que Jesús las ordenó como observancias continuas. Ver **BAUTISMO; CENA DEL SEÑOR**.

ORDENAR. Escoger (Dn 2.24), establecer (Sal 8.3) o apartar para reconocer el llamamiento especial de Dios a su servicio (1 Ti 2.7).

ORACIONES DE LA BIBLIA

TIPO DE ORACIÓN	SIGNIFICADO	EJEMPLO DEL ANTIGUO TESTAMENTO	EJEMPLO DEL NUEVO TESTAMENTO	ENSEÑANZA DE JESÚS
Confesión	Reconocimiento de nuestro pecado e incapacidad y búsqueda de la misericordia de Dios	Sal 51	Lc 18.13	Lc 15.11–24; Lc 18.10–24
Alabanza	Adorar a Dios por quién es	1 Cr 29.10–13	Lc 1.46–55	Mt 6.9
Acción de gracias	Expresar gratitud a Dios por lo que ha hecho	Sal 105.1–7	1 Ts 5.16–18	Lc 17.11–19
Petición	Hacer una petición personal a Dios	Gn 24.12–14	Hch 1.24–26	Mt 7.7–12
Intercesión	Hacer una petición a Dios por otros	Éx 32.11–13; 31–32	Fil 1.9–11	Jn 17.9, 20–21
Compromiso	Expresar lealtad a Dios y a su obra	1 R 8.56–61	Hch 4.24–30	Mt 6.10; Lc 6.46–49
Perdón	Buscar misericordia para el pecado personal o el de otros	Dn 9.4–19	Hch 7.60	Mt 6.12; Lc 6.27–36
Confianza	Afirmar la total suficiencia de Dios y la seguridad del creyente en su amor	Sal 23	Lc 2.29–32	Mt 6.5–15; 7.11
Bendición	Pedir que Dios bendiga	Nm 6.24–26	Jud 24	Lc 11.27–28

OREJA. Órgano físico de la audición. En ocasiones, hace referencia a la consagración de sacerdotes (Lv 8.24) y la purificación de leprosos (Lv 14.14). Horadarla indicaba servidumbre permanente en los esclavos (Éx 21.6). Simbólicamente, hace referencia a prestar atención u obedecer (2 Ti 4.3-4).

ORIENTALES, LOS. Pueblos de regiones situadas al este de Palestina (Job 1.3). El «este» era el lugar por el que salía el sol, una dirección significativa para los hebreos (Nm 3.38). Los sabios que visitaron al niño Jesús venían de Oriente (Mt 2.1-2).

ORTIGAS. Espinos, arbustos (Job 30.7).

OSAR. Ensoberbecerse (Est 7.5; Lc 20.40).

OSEAS. Profeta del Antiguo Testamento alrededor del 750 A.C. Su nombre significa «salvación». Su predicación produjo el libro de Oseas. Su experiencia personal con una esposa infiel coincidió con la infidelidad a Dios de la nación de Israel (Os 1–14). Sin embargo, Dios utilizó a Oseas para profetizar del amor del Señor y llamar a Israel al arrepentimiento (Os 11-14).

OSEAS, LIBRO DE. Libro del Antiguo Testamento. Contiene los sermones del profeta Oseas desde aproximadamente el 750 A.C. Estos reflejan la infidelidad de Israel a Dios y de la esposa de

Oseas al profeta. El libro ofrece esperanza de restauración después del arrepentimiento. La vida personal de Oseas fue una parábola profética que simbolizó y mostró el amor paciente de Dios por su pueblo, pero también una advertencia de juicio por los pecados.

OTONIEL. El primero de los jueces. Restauró la autoridad y el orden tras la muerte de Josué y juzgó durante cuarenta años (Jos 15.13; Jue 1.11-15; 3.8-11).

Oseas abraza a su infiel esposa Gomer, en una ilustración de una Biblia del siglo XIV.

PABELLÓN. 1. Nabucodonosor extendió un pabellón real como símbolo de la soberanía de Dios (Jer 43.10). 2. Lugar para esconderse o refugiarse; cubierta, tienda portátil, cabaña o tabernáculo (1 R 20.12). Término empleado en sentido figurado para referirse a un escondedero protector provisto por Dios (Sal 18.11; 27.5; 31.20).

PABLO. Nombre griego del apóstol y misionero del Nuevo Testamento cuyo nombre judío era Saulo. Este llegó a la escena bíblica como un fariseo que perseguía a la iglesia cristiana con celo religioso. Sin embargo, en el camino a Damasco, Dios lo llamó a la salvación por gracia por medio de Jesucristo. Pablo respondió a este llamamiento, fue bautizado y fue un apóstol de Jesucristo. Escribió trece libros bíblicos, muchos de ellos estando encarcelado por causa del Señor, que abarcan casi la mitad del Nuevo Testamento. Fue un gran líder de la iglesia primitiva y defendió la salvación por gracia, únicamente por medio de la fe, sin obras ni circuncisión, ni otras regulaciones judías. Pablo había sido un fariseo consagrado pero pasó a ser un apóstol aun más consagrado (cp. Hch 8.1-3; 9.1-30; 22.1-21; 26.10-11; 23.6, así como los propios escritos de Pablo). Estableció y fortaleció las iglesias del Nuevo Testamento. Pablo fue un puente entre los apóstoles originales de Jesús y las nuevas iglesias, subra-

yando el hecho de que el evangelio iba dirigido tanto a gentiles como a judíos.

▲ *Las epístolas inspiradas de Pablo a las iglesias y a cristianos individuales pasaron a ser libros del Nuevo Testamento: Romanos, Gálatas, Efesios, Filipenses, Colosenses y más (Gá 1.11-12). Encarcelado por predicar, Pablo escribió muchas de sus cartas desde la cárcel (Ef 4.1; Col 4.18).*

● *Dios utilizó el fuerte carácter y la tozudez de Pablo de forma positiva. ¿Cómo puedes utilizar tus características para su bien?*

PACIENCIA. Detener, retrasar, posponer (Ro 3.25).

PACIENCIA. Resistencia; soportar, continuar adelante a pesar de las dificultades; esperar con confianza y serenidad (Ro 5.3; 2 Ts 3.5; Stg 5.10-11). En Santiago 5.10-11, se identifica a Job como una persona que tenía paciencia y resistencia. «La paciencia de Job» es una expresión muy conocida. Sin embargo, este no estaba esperando con paz y serenidad; más bien, su paciencia fue una espera en la que resistía fielmente, mostrando un compromiso con Dios «aunque él me matare» (cp. Job 13.15).

PACTO. Acuerdo mutuo entre dos personas o partes. El pacto entre Dios y las personas es único porque él es quien establece las condiciones. En un pacto entre dos personas, las dos negocian los términos y prometen con palabras o en un contrato escrito guardarlo (Gn 31,49-53), o un gobernante poderoso dicta los términos a un sujeto sumiso. En un pacto entre Dios y el hombre, el Señor establece las exigencias y cada persona decide si está o no de acuerdo con ellas, y si entra en el pacto.

El pacto que Dios ofrece exige obediencia y lealtad únicamente a él. Él ofrece cuidados protectores, seguridad, dirección y su presencia a

Jesús predica su Sermón del Monte. Cuadro de Carl Heinrich Bloch. Aunque vino a «cumplir» la ley judía, Jesús proclamó un Nuevo pacto de gracia para todos.

aquellos que están de acuerdo con él. Incluso cuando los seres humanos quebrantan el pacto con Dios, su gracia amorosa continúa. Él siempre nos ama. Él siempre está abierto a los corazones verdaderamente arrepentidos, ofreciendo perdón de forma gratuita.

Dios ha hecho pactos con las personas desde Adán y Eva hasta el presente. Uno de los que más alcance tuvo fue el formalizado con Abraham (Gn 15). El pacto ofrecido a este incluyó a la nación hebrea como instrumento de Dios para alcanzar al mundo. Se basaba en la gracia, la ley y la obediencia. Este acuerdo se llama frecuentemente el antiguo pacto. Dios envió un nuevo pacto de gracia por medio de su Hijo, Jesucristo (Jer 30.22; He 7.22. 8.6; 2 Co 3.6), llamado habitualmente Nuevo Testamento. Ver **TESTAMENTO**.

● *Como cristiano, tienes un pacto con Dios. ¿Qué espera él de ti? ¿Qué esperas tú de él? Si no eres cristiano, puedes serlo entrando en el maravilloso pacto que Dios provee en Jesucristo (cp. Jn 3.16; Ro 10.9-10).*

PADECER. Sufrir, atravesar aflicciones (Mt 16.21).

PADECIMIENTO. Sufrimiento, pasión. Término utilizado frecuentemente para referirse a la crucifixión y muerte de Cristo en la cruz (Hch 1.3).

PADRE. Progenitor masculino (Gn 2.24). Podía referirse a los antepasados (Gn 48.15). Fundador (Gn 17.4). Dios es nuestro Padre espiritual (Fil 1.2).

PADRENUESTRO. Oración que Jesús dio a sus discípulos como ejemplo de cómo orar (Mt 6.9-13; Lc 11.2-4). También se le llama «oración modelo».

● *¿Puedes hacer esta oración de memoria? ¿Qué te enseña cada frase de cómo orar?*

▲ *El modelo de Jesús es una guía valiosísima para orar en privado o en público mientras siga siendo una oración genuina y no una vana repetición. Resulta interesante que los*

versículos siguientes a la «oración del Señor» en Lucas (11.5-13) enfaticen nuestra perseverancia en la oración. Aunque a Dios le plazca contestar nuestras oraciones de forma inmediata, también espera que persistamos en oración. Tal perseverancia muestra que nuestras oraciones significan algo para nosotros y, por tanto, para Dios.

PAFOS. Ciudad situada en el lado occidental de la isla de Chipre. Pablo la visitó en su primer viaje misionero, cuando era la capital romana de Chipre (Hch 13.6).

PAJA. Los trozos de tallo, cáscara y otras partes no comestibles del trigo que el viento se lleva durante el trillado (Job 21.18). El grano comestible cae al suelo o en un contenedor, y se guarda. El término se emplea también en una figura retórica habitual en la Biblia para referirse a las personas impías (Sal 1.4; Mt 3.12). Ver **AVENTAR**.

▲ *Para ejemplificar cómo es la paja, abra un cacahuete y vea qué fácil es diferenciar la parte comestible de la inútil cáscara exterior.*

PALABRA. Expresión, afirmación, comunicación, discurso (Dt 32.1; Mt 8.8). Puede ser una sola palabra o un mensaje completo. Además de los significados habituales, *palabra* puede ser la revelación de Dios a las personas (Mt 4.4). La Palabra de Dios incluye sus directrices, su propósito, su voluntad y su plan. La misma nos llega por medio de la persona de Jesucristo (que es el Verbo; Jn 1.1-5, 14), de los profetas y maestros (Mi 1.1) y de la revelación personal (2 S 23.2; Ap 1.1-2). La Biblia es la Palabra de Dios (2 Ti 2.15; 3.16-17).

▲ *Las palabras tienen un gran poder para bien o para mal. En la Biblia, lo que uno ha hablado se considera algo que no puede ser cancelado (Gn 27.33). Sin embargo, únicamente la Palabra de Dios tiene poder absoluto (Gn 1.3, 6, 9, 11, 14, 20, 24, 26; Is 55.11).*

El niño Jesús toca la barba de su padre terrenal, José. Aunque fue concebido por obra del Espíritu Santo, Jesús creció con una figura paterna humana.

● *¿Qué poder tiene la Palabra de Dios en tu vida? El estudio regular de ella le agrada y nos equipa con la verdad para vivir y dar testimonio (cp. 2 Ti 2.15).*

PALACIO. Residencia de la familia real (2 Cr 9.11) o del sumo sacerdote (Mt 26.3). También podía referirse a una fortaleza o al edificio más prominente o importante de una ciudad.

PALESTINA. Región situada a ambos lados del río Jordán, que llega hasta el mar Mediterráneo. También llamada la tierra prometida, Canaán, Israel, Judea y actualmente Tierra Santa (o para algunos «la Palestina ocupada»). En la época del Nuevo Testamento se dividía en Galilea, Samaria, Judea (todas al oeste del Jordán), Decápolis y Perea (ambas al este del Jordán). Palestina tenía unos 110 km de anchura y unos 240 de longitud. Sus paisajes son variados, desde el costero al desértico, pasando por el montañoso.

La violenta historia y la agitación constante en Oriente Medio han dificultado que se puedan definir con precisión los límites geográficos de Palestina e Israel.

PALMERA. La palmera crece en el valle del Jordán (1 R 6.29). Simbolizaba la gracia y la elegancia. Sus ramas se utilizaron como muestra de adoración cuando Jesús entró en Jerusalén (Jn 12.13).

PALMO. Medida lineal que equivale a unos 22 cm (Éx 28.16). Se mide por la distancia entre el pulgar extendido y el meñique o con tres palmas de una mano. Un codo son dos palmos. Ver gráfico **PESOS Y MEDIDAS**, en p. 221.

PALOMA. En el bautismo de Jesús, el Espíritu de Dios descendió como una paloma (Mt 3.16; Mr 1.10; Lc 3.22; Jn 1.32). En Cantar de los Cantares, *paloma* era un término afectivo, posiblemente

Palmeras datileras en una plantación del valle del Jordán.

porque es un animal leal y bueno con su pareja (2.14; 4.1). Las palomas se vendían para las ofrendas de sacrificio (Jn 2.14).

PAN. Elaborado habitualmente con cebada o trigo. Era extremadamente importante en la vida bíblica (Gn 3.19). No solo formaba parte de la dieta, sino que el grano con el que se hacía se utilizaba para el comercio. El pan sin levadura desempeñó un papel fundamental en el éxodo de Egipto y la festividad de la Pascua (Éx 12.15-17).

Satanás tentó a Jesús a que transformase una piedra en pan (Mt 4.3). Cristo dijo ser el pan de vida (Jn 6.48) y utilizó el pan como símbolo de su cuerpo quebrantado (Lc 24.30).

PANDERO. Instrumento de percusión (Sal 81.2).

PANES SIN LEVADURA, FIESTA DE LOS. También llamada Pascua, era una festividad en la que se celebraba la liberación de los israelitas de manos de los egipcios (Éx 12). Dios ordenó a los hebreos que no empleasen levadura en la elaboración de su pan porque debían partir de Egipto con rapidez. El pan leudado requiere tiempo para subir. Ver **PASCUA** y gráfico **FIESTAS Y CELEBRACIONES** en p. 110.

PANFILIA. Provincia romana que Pablo visitó en sus viajes misioneros (Hch 2.10; 13.13; 14.24; 15.38; 27.5). Zona costera mediterránea situada en Asia Menor.

PAÑALES. En otra época, un trozo de tela largo que se utilizaba para envolver a los bebés (Job 38.9; Lc 2.7). Se ceñía estrechamente para impedir el movimiento. Quizá sentirse envueltos de este modo hacía que los bebés se sintieran seguros.

PAPIRO. Planta alta que crece en el agua. También toma este nombre el papel para escribir que se elabora a partir de la misma. Los egipcios inventaron este *papiro*, y los escribas lo utilizaron desde aproximadamente el 2500 A.C. hasta la escritura del Nuevo Testamento. La mayor parte del texto bíblico original se recogió en papiro, así como en otros materiales.

Para elaborar el papel, se colocaban tiras finas de papiro una al lado de otra, solapadas, sobre una superficie dura. Seguidamente, se añadía otra lámina igual cruzada. Después, se unían golpeándolas con un instrumento duro. Las hojas individuales se juntaban para formar largos rollos.

PARÁBOLA. Literalmente, una historia que transmite una verdad o una lección (Nm 23.7; Mr 4.2). Bíblicamente, es una historia terrenal con un significado celestial (Lc 15). En forma de relato, contiene verdades cotidianas con aplicaciones espirituales. Jesús las utilizó como principal método de enseñanza. Ver gráfico **PARÁBOLAS** en p. 212.

PARACLETO. Abogado, ayudador o consolador; alguien que está nuestro lado o actúa en nuestro favor. El apóstol Juan empleó esta palabra griega cuando llamó al Espíritu Santo el «Consolador» (Jn 14.16, 26; 15.26; 16.7). En 1 Jn 2.1, la traducción de este término es «abogado», en referencia a Jesús. Ver **ESPÍRITU SANTO**.

PARAÍSO. Reserva natural o huerto; término utilizado en ocasiones para referirse al Huerto del Edén. En el Nuevo Testamento, indica una morada eterna para aquellos que confían en Dios (Lc 23.43). En 2 Corintios 12.4, el apóstol Pablo describió la experiencia de un hombre (probablemente él mismo) «que fue arrebatado al paraíso».

PARALÍTICO. Lisiado (Mr 2.4; Lc 5.18).

PARÁN. Zona desértica de la península de Sinaí (entre Egipto y Edom); en ocasiones, se hace referencia a ella como desierto de Parán (Gn 21.21). Forma parte de la región por la que los israelitas vagaron durante muchos años.

PARCIALIDAD. Preferencia, prejuicio, emplear la base errónea para un juicio o mostrar favoritismo (1 Ti 5.21; Stg 3.17; cp. Ef 6.9).
● *¿Qué es lo malo de la parcialidad? Las traducciones bíblicas modernas utilizan con frecuencia la frase «acepción de personas» al traducir la palabra griega que significa literalmente «el que recibe un rostro». ¿Ayuda esto a clarificar por qué no se debe ser parcial?*

PARTERA. Persona que ayuda a dar a luz a una mujer (Gn 35.17).

PARTICIPAR. Unirse en o tener en común, compartir (Sal 50.18; He 3.1, 14).

PASCUA JUDÍA. Fiesta que se instituyó la noche antes de que Dios liberase a su pueblo de la esclavitud egipcia (Éx 12). El Señor ordenó a los israelitas que marcasen sus puertas con la sangre de un cordero, a fin de que el ángel de la muerte pasase de largo y no matase al primogénito de cada familia. Llamada también fiesta de los panes sin levadura, sigue celebrándose para recordar la liberación y provisión de Dios, que salvó a los hebreos de la esclavitud egipcia. En la época de

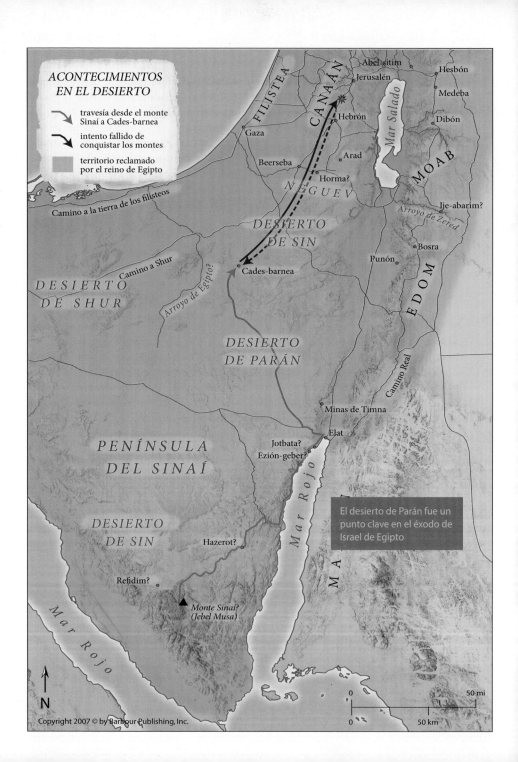

ACONTECIMIENTOS
EN EL DESIERTO

travesía desde el monte
Sinaí a Cades-barnea

intento fallido de
conquistar los montes

territorio reclamado
por el reino de Egipto

FILISTEA

CANAÁN

Abel-sitim

Jerusalén

Hesbón

Medeba

Hebrón

Dibón

Gaza

Mar Salado

Arad

MOAB

Beerseba

Horma?

Ije-abarim?

NEGUEV

Arroyo de Zered

Camino a la tierra de los filisteos

DESIERTO
DE SIN

Bosra

Punón

Camino a Shur

Cades-barnea

EDOM

DESIERTO
DE SHUR

Arroyo de Egipto?

DESIERTO
DE PARÁN

Camino Real

Minas de Timna

Elat

PENÍNSULA
DEL SINAÍ

Jotbata?
Ezión-geber?

DESIERTO
DE SIN

Hazerot?

Mar Rojo

El desierto de Parán fue un
punto clave en el éxodo de
Israel de Egipto

Refidim?

Monte Sinaí?
(Jebel Musa)

M
A

Mar Rojo

N

0   50 mi

0   50 km

Copyright 2007 © by Barbour Publishing, Inc.

Así pintó Rembrandt el regreso del hijo pródigo, una de las más famosas parábolas de Jesús.

Jesús, los judíos intentaban observar la Pascua en Jerusalén.

En el Nuevo Testamento, Cristo pasó a ser nuestro cordero del sacrificio o de la pascua (1 Co 5.7).

Su sangre derramada y su muerte en la cruz nos libran de la opresión asfixiante del pecado. Ver gráficos **FIESTAS Y CELEBRACIONES** en p. 110 y **CALENDARIO** en p. 279.

PARÁBOLAS DE JESÚS

PARÁBOLA	OCASIÓN	LECCIÓN	REFERENCIAS
1. La paja y la viga	Reprobando a los fariseos	No pretendas juzgar a los demás	Mt 7.1–6; Lc 6.37–43
2. Los dos cimientos	Sermón del Monte, a los más cercanos	La fuerza que confiere el deber	Mt 7.24–27; Lc 6.47–49
3. Los niños en la plaza	Los fariseos rechazan el bautismo de Juan	La maldad de una actitud criticona	Mt 11.16; Lc 7.32
4. Los dos deudores	Reflexiones sobre la autojustificación de los fariseos	El amor a Cristo es proporcional a la gracia recibida	Lc 7.41
5. El espíritu inmundo	Los escribas demandan milagro en los cielos	La incredulidad endurece	Mt 12.43–45; Lc 11.24–26
6. El hombre rico	Disputa entre dos hermanos	La insensatez de confiar en las riquezas	Lc 12.16
7. La higuera estéril	Noticias sobre la ejecución de unos fariseos	El peligro de la incredulidad del pueblo judío	Lc 13.6–9
8. El sembrador	El sermón en la orilla	Efectos de predicar la verdad religiosa	Mt 13. 3–8; Mr 4.3–8; Lc 8.5–8
9. El trigo y la cizaña	La misma	Separación y pago del bien y del mal	Mt 13. 24–30
10. La semilla	La misma	El poder de la verdad	Mr 4.20
11. El grano de mostaza	La misma	Los comienzos modestos y el crecimiento del reino de Cristo	Mt 13.31–32; Mr 4.31–32; Lc 13.19
12. La levadura	La misma	Expansión del conocimiento de Cristo	Mt 13.33; Lc 13.2
13. La lámpara	A solas con los discípulos	Efecto del buen ejemplo	Mt 5.15; Mr 4.21; Lc 8.16, 11.33
14. La red	La misma	En la iglesia hay mezcla	Mt 13.47–48
15. El tesoro escondido	La misma	Valor de la religión	Mt 13.44
16. La perla de gran precio	La misma	La misma	Mt 13.45–46
17. El padre de familia	La misma	Métodos diversos para enseñar la verdad	Mt 13.52

18. Las bodas	a los fariseos, que censuraban a los discípulos	Gozo de estar junto a Cristo	Mt 9.15; Mr 2.19–20; Lc 5.34–35
19. El remiendo	La misma	Lo adecuado de adaptar las acciones a las circunstancias	Mt 9.16; Mr 2.21; Lc 5.36
20. Los odres	La misma	La misma	Mt 9.17; Mr 2.22; Lc 5.37
21. La mies	Anhelos espirituales del pueblo judío	Necesidad de trabajo y oración	Mt 9.37; Lc 10.2
22. El adversario	Lentitud de la gente para creer	Necesidad de arrepentimiento inmediato	Mt 5.25; Lc 12.58
23. Los deudores insolventes	Una pregunta de Pedro	Deber de perdonar	Mt 18.23–35
24. El buen samaritano	La pregunta de un maestro de la ley	La regla de oro para todos	Lc 10.30–37
25. El amigo inoportuno	Los discípulos piden enseñanza sobre la oración	El esfuerzo de orar en todo momento	Lc 11.5–8
26. El buen pastor	Los fariseos rechazan el testimonio de milagros	Cristo es el único camino a Dios	Jn 10.1–16
27. La puerta estrecha	La pregunta sobre si se salvan mucho o pocos	La dificultad del arrepentimiento	Mt 7.14; Lc 13.24
28. Los convidados	El ansia de ocupar altas posiciones	No usurpar los lugares principales	Lc 14.7–11
29. La gran cena	Comentario de orgullo espiritual de un comensal	Rechazo de los incrédulos	Mt 22.2–9; Lc 14.16–23
30. Los vestidos de boda	Continuación del mismo discurso	Necesidad de pureza	Mt 22.10–14
31. La torre	Cristo rodeado de la multitud	Necesidad de pensar las cosas	Lc 14.28–30
32. El rey que va a la guerra	La misma	La misma	Lc 14.31
33. La oveja perdida	Los fariseos critican a Jesús por juntarse con pecadores	Amor de Cristo por los pecadores	Mt 18.12–13; Lc 15.4–7
34. La moneda perdida	La misma	La misma	Lc 15.8–9
35. El hijo pródigo	La misma	La misma	Lc 15.11–32
36. El mayordomo infiel	A los discípulos	Prudencia en el uso de los bienes	Lc 16.1–9
37. El rico y Lázaro	Burlas de los fariseos	La salvación no está relacionada con la riqueza	Lc 16.19–31
38. La viuda insistente	Enseñando a los discípulos	Perseverancia en la oración	Lc 18.2–5
39. El fariseo y el publicano	Enseñando a los que creen en su propia justicia	Humildad en la oración	Lc 18.10–14
40. El deber del siervo	La misma	Obediencia del hombre	Lc 17.7–10

41. Los obreros de la viña	La misma	La misma con más amplia ilustración	Mt 20.1–16
42. Los talentos	En casa de Zaqueo	Condena de los seguidores infieles	Mt 25.14–30; Lc 19.11–27
43. Los dos hijos	Los principales sacerdotes preguntan por la autoridad de Jesús	Obediencia mejor que palabras	Mt 21.28
44. Los labradores malvados	La misma	Rechazo del pueblo judío	Mt 21.33–43; Mr 12.1–9; Lc 20.9–15
45. La higuera	Al profetizar la destrucción de Jerusalén	Deber de estar atento ante la venida de Cristo	Mt 24.32; Mr 13;28; Lc 21.29–30
46. El siervo vigilante	La misma	La misma	Mt 24.43; Lc 12.39
47. El hombre que se fue lejos	La misma	La misma	Mr 13.34
48. Los dos siervos	La misma	Peligro de la infidelidad	Mt 24.45–51; Lc 12.42–46
49. Las diez vírgenes	La misma	El peligro de no velar	Mt 25.1–12
50. Los siervos prudentes	La misma	La misma	Lc 12.36–38
51. La vid y los pámpanos	En la última cena	Perder y ganar	Jn 15.1–6

PASTOR. 1. Aunque los términos *pastor* y *oveja* resultan familiares en su uso general, su simbolismo bíblico es demasiado importante como para pasarlo por alto sin comentarlo. Un pastor es la persona que cuida ovejas alimentándolas, protegiéndolas, apacentándolas y criándolas en todas las formas hasta el punto de guardarlas con su vida.

Génesis 49.24-25 se refiere a Dios como «el Pastor, la Roca de Israel». Salmos 23.1 dice: «El Señor es mi pastor; nada me faltará». En el Nuevo Testamento, se describe una y otra vez a Jesús como el único pastor: «Yo soy el buen pastor» (Jn 10.11, 14); «Habrá un rebaño y un pastor» (Jn 10.16). Hebreos 13.20 se refiere a «nuestro Señor Jesucristo, el gran pastor de las ovejas». 1 Pedro 2.25 describe a los creyentes como ovejas que se han descarriado «pero ahora habéis vuelto al Pastor y Obispo de vuestras almas». 1 Pedro 5.4 alude a la recompensa que recibirán los ancianos (lo mismo que pastores y obispos) «cuando aparezca el Príncipe de los pastores».

En la primera Pascua Dios mandó sacrificar un cordero. Jesús se convirtió en el cordero pascual por excelencia mediante su muerte en la cruz.

Pastor aparece muchas veces en las Escrituras en un sentido general, pero también con un significado especial de alguien que alimenta, apacienta, cría, guarda y protege espiritualmente a los creyentes. Juan 10 recoge la hermosa imagen de Jesús en su papel pastoral y su mayordomía. El término *pastor* aparece en Efesios 4.11 para indicar a un pastor de almas. En el Antiguo Testamento aparece ocho veces con este significado (todas ellas en Jeremías), para traducir una palabra hebrea que en otros lugares se traduce como «pastor» de ovejas.

Pastor (de ovejas), pastor (espiritual), obispo, supervisores y ancianos se usan de forma intercambiable en el Nuevo Testamento para aludir al papel de alimentar, cuidar y atender a las ovejas y los corderos espirituales (cp. Jn 21.15-17). El alto llamado del pastor requiere un gran sentido del llamamiento de ese cargo. Los pastores son responsables delante de Dios por la forma en que administran el rebaño.

2. Uno que alimenta, guía y supervisa (Jer 2.8; Ef 4.11).

▲ *Los términos pastor, obispo y anciano parecen utilizarse indistintamente para hacer referencia al papel pastoral.*

PATMOS. Pequeña isla cercana a la costa de Asia Menor, en el mar Egeo. Juan estaba exiliado en ella cuando recibió su visión de Dios y escribió el libro de Apocalipsis (Ap 1.9).

PATRIARCA. Literalmente, «padre principal» o «padre que gobierna». Nombre dado a los padres fundadores de la raza hebrea (Abraham, Isaac, Jacob) y a los doce hijos de Jacob (Hch 2.29; 7.8-9).

PAULINAS, EPÍSTOLAS. Las cartas de Pablo a iglesias o individuos, que han pasado a ser libros de la Biblia. Son: Romanos, 1 y 2 Corintios, Gálatas, Efesios, Filipenses, Colosenses, 1 y 2 Tesalonicenses, 1 y 2 Timoteo, Tito, Filemón. Cada uno de ellos recibe el nombre de la iglesia o persona a la que se escribió. Efesios fue probablemente una circular que debía llegar también a otras iglesias.

▲ *Pablo comenzaba habitualmente cada epístola identificándose, y también al destinatario de la misma; saludaba, normalmente con las palabras «gracia y paz a vosotros» (Ro 1.1-7); seguidamente, daba gracias por el destinatario. Ver* **PABLO**.

▲ *Algunos comentaristas creen que Pablo también escribió Hebreos. Sin embargo, la mayoría de los expertos cree que lo hizo otra persona.*

PAZ. Ausencia de conflicto interior o exterior, unidad, plenitud (Lv 26.6; Lc 1.79). «Paz» (hebreo *shalom*) era un saludo bíblico común que deseaba tanto la ausencia de conflicto como la mayor bendición de Dios (2 R 9.18). La paz con Dios se obtiene por medio de una relación correcta con él en Cristo (Ef 2.14-17).

PECADO IMPERDONABLE. Pecado que va más allá del perdón, identificado como blasfemia contra el Espíritu Santo o dureza de corazón que no responde a Dios ni se arrepiente ante él (Éx 8.32; Mt 12.31-32; Mr 3.28-29; Lc 12.10). Blasfemar contra el Espíritu Santo es ignorar o desacreditar persistentemente su obra en la vida.

La persona que lo hace decide rechazar a Cristo. Su corazón se vuelve tan duro que está muerto

Patmos hoy, en el mar Egeo.

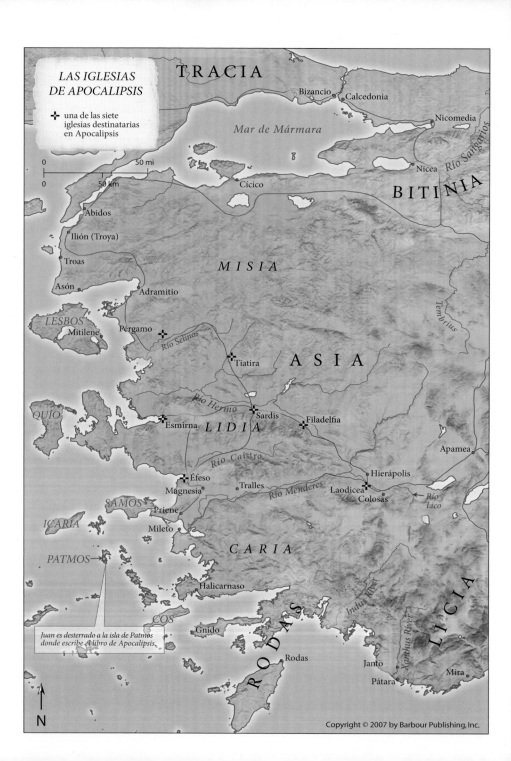

para Dios. Obviamente, la persona que se preocupa por su relación con Dios tiene un corazón que sigue vivo, se arrepiente y recibe el perdón de Dios.

▲ *Muchas personas creen que han hecho algo tan malo que Dios no puede perdonarlas nunca. Si estás preocupado por el perdón de Dios, este hecho indica que no has cometido pecado imperdonable. El Señor siempre está dispuesto a perdonar si una persona se arrepiente de verdad. Considérese la conversión del apóstol Pablo en Hechos como una prueba: Dios lo perdonó a pesar de que había perseguido a la iglesia, un ataque directo contra el propio Jesús (cp. Hch 9.4).*

PECADO. Errar el blanco de la voluntad de Dios por elección propia o por debilidad humana (Stg 1.14-15; Ro 7.24-25). Se refiere a las acciones o actitudes que desobedecen a Dios, lo traicionan o no hacen lo bueno (Ro 3.23; Stg 4.17). Todos han pecado y siguen estando destituidos de la gloria de Dios, incluso los cristianos (Ro 3.23). El pecado siempre acarrea dolor.

▲ *El único pecado imperdonable es negarse a aceptar a Dios en Cristo (Mt 12.31).*

● *¿Cómo podemos evitar el pecado? (Cp. 1 Co 10.13; Fil 4.13).*

PECTORAL. Prenda religiosa decorativa que llevaba el sumo sacerdote (Éx 28.15-30). También un elemento protector, de cuero o metal, que los soldados se colocaban en la parte superior del cuerpo para proteger los órganos vitales (Ef 6.14).

PEDERNAL. Roca dura utilizada para hacer herramientas y armas (Dt 8.15).

PEDRO. «Roca» en griego (en arameo, *Cefas*, Jn 1.42). Discípulo de Jesús cuyo nombre fue Simón hasta que Jesús le puso *Pedro* (Mr 3.16; Mt 4.18).

Su hermano Andrés le presentó a Jesús, que llamó a ambos a ser discípulos.

Pedro siempre aparece en primer lugar en las listas de los discípulos y era uno de los tres más cercanos a Jesús durante su ministerio. Actuaba frecuentemente de forma impulsiva; tras prometer que nunca abandonaría al Maestro, negó al Señor mientras este estuvo arrestado y sometido a juicio. Pedro era inconsistente, nada que ver con una «roca» hasta *después* de la crucifixión y resurrección de Cristo. Sin embargo, después de su restauración (cp. Jn 21), pasó a ser un líder valiente y dinámico de la iglesia primitiva. Predicó el sermón de Pentecostés (Hch 2) y sufrió persecución y encarcelamiento. La tradición dice que Pedro fue ejecutado durante la persecución de los cristianos por parte de Nerón.

PEDRO, 1, 2, LIBROS DE. Libros del Nuevo Testamento (epístolas) escritos por Pedro a los cristianos de Asia Menor. Primera de Pedro establece el propósito y los privilegios del pueblo de Dios, las relaciones con los demás y la exhortación en época de sufrimiento. La primera epístola también expone los estándares del trabajo y la conducta de un anciano o pastor (1 P 5.1-4). Segunda de Pedro incluye pautas para la vida cristiana, advertencias contra los falsos profetas y pensamientos acerca de la segunda venida de Cristo. Esta epístola también comparte el corazón de Dios, porque quiere que todos se salven y nadie perezca (2 P 3.9).

PENSAMIENTOS. Meditación, imaginación (Pr 19.21; Hch 17.29).

PENSAR. Creer (Lc 17.9).

PENTATEUCO. Los cinco primeros libros de la Biblia, los libros de la ley, que son: Génesis, Éxodo, Levítico, Números y Deuteronomio. El Pentateuco abarca el período que transcurre entre la creación y la época de Moisés. Los saduceos solo aceptaban estos libros como Santas Escrituras. Otros judíos aceptaban todo el Antiguo Testamento como tal.

PENTECOSTÉS. Cincuenta días. Tenía lugar en el quincuagésimo día después de la Pascua. Fue originalmente una fiesta judía anual de la cosecha; llamada también fiesta de las semanas (Dt 16.9-10; Hch 20.16; 1 Co 16.8). En el primer Pentecostés después de la resurrección de Cristo, el Espíritu Santo vino de forma única sobre los creyentes (Hch 2.1-16). Por esa razón, los cristianos relacionan Pentecostés con su venida. Ver gráficos **FIESTAS Y CELEBRACIONES** en p. 110 y **CALENDARIO** en p. 279.

● *Imagínate observando la venida del Espíritu Santo en Pentecostés (cp. Hch 2.1-11). ¿Cómo reaccionarías? ¿Sabes que el Espíritu Santo llega a la vida de cada cristiano como un don y como sello de la salvación en el momento de creer? (Cp. Ef 1.13; 4.30). Ver* **ESPÍRITU SANTO**.

PERDICIÓN. Muerte, destrucción, pérdida (1 Ti 6.9).

PERDIDO. Se emplea para describir a las personas sin Dios (Jer 50.6; Lc 19.10).

● *¿Estás perdido o eres salvo? Las Escrituras pueden ayudarte a saberlo (cp. Jn 3; Ro 10.9-13; Ef 2.1-10). ¿Conoces a alguien que está espiritualmente perdido? ¿Alguien que nunca ha confiado en Cristo como Señor y Salvador? ¿Cuáles son las implicaciones de Lucas 19.10 para ti, con respecto a seguir a Jesús?*

PERDONAR, PERDÓN. Excusar un pecado (Mt 6.12, 14-15). Cancelar una deuda. Renunciar a la venganza o al resentimiento. Restablecer una

Aparecieron lenguas de fuego sobre las cabezas de los discípulos de Jesús. Así lo ve este cuadro del siglo XIV de Duccio de Buoninsegna.

relación rota. Cubrir o pasar por alto la culpa (Neh 9.17; Sal 25.11).

Perdonar es confiar en otros como si el mal se hubiese olvidado. Incluye un nuevo comienzo en actitudes y acciones (Jn 8.11).

● *¿Cuán fácil o difícil es para usted perdonar? ¿Y ser perdonado? Perdonar a los demás tiende un puente que nosotros también debemos cruzar para recibir el perdón de Dios. Jesús perdonó pecados (Mr 2.5) y nos insta a perdonar a los demás de la misma forma (Col 3.13; Mt 18.22-35). ¿Qué lugar tiene el arrepentimiento en el perdón? (Cp. Hch 2.38-39).*

PERECER. Perderse o ser destruido (Sal 1.6; Jn 3.16). Lo contrario a salvarse.

PERFECTA. Aplicado a la Biblia, libre de error. Confesión utilizada para definir la Biblia como la obra del Dios perfecto. El Señor inspiró su palabra en el lenguaje del hombre para llevar a cabo sus propósitos (2 Ti 3.14-17).

● *¿Por qué existen tantas traducciones diferentes de la Biblia? Además de los idiomas del mundo, encontramos múltiples traducciones al castellano, en parte porque nuestra lengua sigue cambiando. Como explicó un traductor: «Cada generación necesita poner la fe de sus padres en el lenguaje de sus hijos». Aunque la Palabra de Dios inspirada no cambie, nos resulta más fácil comprender esa revelación dada por el Señor en un castellano actualizado en lugar del de los primeros traductores bíblicos. Algunas traducciones tienden a ceñirse al lenguaje original del hebreo o del griego. Las paráfrasis u otras versiones pueden ser menos literales, pero tratan de clarificar significados.*

PERFECTO. Pleno, completo, maduro (Gn 6.9; Mt 19.21; Fil 3.12).

En Mateo 5.48, Jesús ordena a sus seguidores ser perfectos, «como vuestro Padre que está en los cielos es perfecto». En este contexto, perfecto es algo más de lo que la definición anterior expresa. Levítico 19.2 nos dice de forma parecida que seamos santos, porque nuestro Dios es santo. Solo Dios es totalmente perfecto y santo, pero él quiere que la perfección y la santidad sean nuestro objetivo.

PERFUME. Habitualmente un aceite perfumado (Sal 109.18; Lc 7.37, 46). Se guardaba a menudo en frascos de alabastro y se utilizaba en cosmética, ceremonias religiosas y para ungir a los muertos. Su antigüedad y el uso de ciertos ingredientes hacían que muchos perfumes fuesen muy valiosos.

PERGAMINO. Material para escribir. En 2 Timoteo 4.13, el apóstol Pablo menciona libros y pergaminos. Podía estar haciendo referencia a papiros o pieles de cuero. Fuese cual fuese el material exacto, Pablo quería tener con él sus preciados escritos.

PÉRGAMO. Rica ciudad de Asia Menor (Ap 2.12). El Señor condenó las enseñanzas heréticas en su mensaje a la iglesia en Pérgamo.

Un visitante contempla los rollos de pergamino de los manuscritos del mar Muerto exhibidos en Qumrán.

Ruinas de la Antigua Perge, una parada en el primer viaje misionero de Pablo.

PERGE. Importante ciudad de Panfilia (Hch 13.13). Allí fue donde Juan Marcos abandonó a Pablo y Bernabé en su primer viaje misionero, volviendo a casa.

PERLA. En el Antiguo Testamento, probablemente algún tipo de piedra preciosa (Job 28.18). En el Nuevo, se refiere al producto de ciertos moluscos bivalvos. Se utilizaba como una joya o para decorar (1 Ti 2.9). En una parábola acerca del valor incomparable del reino de Dios, Jesús habló de una «perla preciosa» para representar esta verdad espiritual (Mt 13.45-46).

PERMANECER. Quedarse, vivir, continuar, persistir (1 S 1.22; Jn 15.4; Fil 1.25). Sufrir (Jer 10.10).

PERPETUO. Sin fin, eterno, de tiempo indefinido (Gn 9.12).

PERPLEJO. Atónito, conmovido (Est 3.15; Lc 9.7).

PERSEGUIR. Tratar mal, hostigar, hacer sufrir (Jer 29.18; Mt 5.10).

PERSEVERANCIA. Seguir adelante, no rendirse, consistencia duradera, resistencia (Ef 6.18).

PERSIA. Gran imperio que ejerció una gran influencia en la historia antigua. Situado en lo que actualmente es Irán, sus fronteras cambiaron y se expandieron a lo largo de los siglos. En el 559 A.C., Ciro subió al trono de Persia, y en el 539 A.C. conquistó Babilonia. Heredó a los cautivos judíos y les permitió que comenzasen a reconstruir el templo destruido por los babilonios (Esd 1.1-4).

PERVERTIDO, PERVERSO. Retorcido, sin la forma adecuada, malo, engañoso, taimado, rebelde, obstinado, equivocado (Pr 14.2; Mt 17.17).

PERVERTIR. Retorcer, distorsionar, desviar (Éx 23.6, 8; Hch 13.10; 2 P 3.16)).

PESEBRE. Comedero para animales utilizado como primera cuna para el niño Jesús (Lc 2.7).

PESOS Y MEDIDAS. Ver gráfico en p. 221.

PESTILENCIA. Plaga, epidemia devastadora (Éx 5.3; Lc 21.11).

PIEDAD. Reverencia, adoración religiosa (1 Ti 5.4).

PILA. Estructura que contiene comida o agua para los animales (Éx 2.16). También una artesa para amasar el pan (Dt 28.17).

Antiguo pesebre de piedra de la ciudad italiana de Matera.

TABLA DE PESOS Y MEDIDAS

PESOS

UNIDAD BÍBLICA	IDIOMA	MEDIDA BÍBLICA	EQUIVALENTE E.U.A.	EQUIVALENTE S. MÉTRICO	VARIAS TRADUCCIONES
gerah	Hebreo	1/20 siclo	1/50 onza	0.6 gramo	gera
bekah	Hebreo	½ siclo o 10 geras	1/5 onza	5.7 gramos	beka; medio siclo; cuarto de onza
pim	Hebreo	2/3 siclo	1/3 onza	7.6 gramos	2/3 de un siclo; cuarto
shekel/siclo	Hebreo	2 bekahs	2/5 onza	11.5 gramos	siclo; pieza (algunas versiones lo expresan con moneda moderna)
litra (libra)	Griego (l. romano)	30 siclos	12 onzas	0.4 kilogramo	libra; libras
mina	Hebreo/Griego	50 siclos	1 ¼ libras	0.6 kilogramo	mina; libra
talento	Hebreo/Griego	3.000 siclos o 60 minas	75 libras–88 libras	34 kilogramos–40 kilogramos	talento; 100 libras

LONGITUD

UNIDAD BÍBLICA	IDIOMA	MEDIDA BÍBLICA	EQUIVALENTE E.U.A.	EQUIVALENTE S. MÉTRICO	VARIAS TRADUCCIONES
palmo menor	Hebreo	1/6 codo o 1/3 palmo	3 pulgadas	8 centímetros	palmo menor; palmo
palmo	Hebreo	½ codo o 3 palmos menores	9 pulgadas	23 centímetros	palmo
codo/pechys	Hebreo/Griego	2 palmos	18 pulgadas	0.5 metro	codo(s); medio metro; pie
braza	Griego (l. romano)	4 codos	2 yardas	2 metros	braza; seis pies
kalamos	Griego (l. romano)	6 codos	3 yardas	3 metros	vara; caña; vara de medir
stadion	Griego (l. romano)	1/8 milion o 400 codos	1/8 mila	185 metros	estadio; kilómetros
milion	Griego (l. romano)	8 stadia	1,620 yardas	1.5 kilómetros	milla

PILAR. Monumento de piedra levantado como memorial o como lugar de adoración a Dios o a los ídolos (Gn 28.18; 35.20; Dt 12.3).

PILATO, PONCIO. Gobernador romano de Judea (Mt 27.2). Aunque no encontró a Jesús culpable de ningún crimen, cedió ante la presión y permitió que fuese ejecutado (Lc 23.4, 14, 22; Jn 18.38; 19.4, 6).

PINÁCULO. Punto más alto de un edificio (Mt 4.5).

PINO. Tipo de árbol (Is 41.19).

PISGA. Montaña o cadena montañosa (Nm 21.20). Pisga era la cima del monte Nebo. Lugar desde donde Moisés contempló la tierra prometida (Dt 32.49; 34.1).

Calle de mármol de la Antigua Antioquía de Pisidia.

PISIDIA. Provincia de Asia Menor (Hch 13.14). Su ciudad principal era Antioquía.

PLAGA. Enfermedad mortal o destrucción (Éx 9.14; Ap 9.20). Dios envió las diez plagas sobre Egipto para poner de manifiesto su poder y persuadir a Faraón de que liberase a su pueblo de la esclavitud. Las plagas fueron: agua convertida en sangre, ranas, piojos, moscas, enfermedad del ganado, úlceras, granizo, langostas, tinieblas y muerte de los primogénitos.

Composición gráfica de la constelación de las Pléyades, de la Digitized Sky Survey.

PLÉYADES. Grupo de estrellas de la constelación de Tauro (Job 9.9).

PLOMADA. Artículo que servía para comprobar si un muro se levantaba sin inclinación (2 R 21.13). Habitualmente se trataba de una cuerda con una piedra o pesa de metal en un extremo. El término se utiliza de forma simbólica para referirse a la prueba a la que Dios somete a su pueblo para ver si son rectos y verdaderos, o si están fuera de la línea de los designios y la voluntad del Señor (Am 7.7-8).

POBRE, MODESTO. Humilde (Is 2.12; Lc 1.52). Ver **HUMILDAD**.

PODER. Fuerza, autoridad (Sal 111.6; Mt 9.6; Mt 6.13). Dios reveló su poder a lo largo de la historia, los fenómenos naturales, las vidas individuales y el Espíritu Santo. Jesús reveló el poder de Dios por medio de sus milagros y su perdón.

▲ *La palabra griega* dunamis *significa «poder», y es comparable a nuestro término* dinamita.

● *¿Cómo ves actuar hoy en día al poder de Dios? ¿Qué impacto tiene una lectura detenida de Filipenses 4.13 en tu punto de vista?*

POLIGAMIA. Práctica de tener más de una esposa simultáneamente. El término no aparece en el texto bíblico, aunque la práctica se menciona de forma clara, especialmente en el Antiguo Testamento.

El plan divino para el matrimonio es la unión entre un marido y una esposa, hasta que la muerte los separe.

POLITEÍSMO. Creer o adorar a más de un dios. Palabra que no aparece en el texto bíblico.

POLVO. Barro, tierra, pequeños trozos de materia (Is 40.15; Mr 6.11). Dios formó a las personas a partir del polvo, y el cuerpo terrenal volverá a él o a las cenizas (Gn 2.7; 3.19).

El cuerpo resucitado que los cristianos recibirán es adecuado para toda la eternidad (cp. 2 Co 5.1-10).

POLLUELOS. Literalmente «nido». Utilizado para referirse a las pequeñas crías protegidas por su madre (Lc 13.34).

POMPA. Boato, soberbia, ostentación (Is 14.11; Hch 25.23).

PONER BOZAL. Detener, amordazar (Dt 25.4; 1 Co 9.9).

POR YERRO. Sin saberlo, sin intención, por error o accidente (Lv 22.14; Jos 20.3).

PORTARSE VARONILMENTE. Esforzarse (1 S 4.9; 1 Co 16.13).

PORTERO. El que permanece en la puerta como guardia o para esperar a alguien (Sal 84.10; Mr 13.34). Los porteros servían en edificios, templos y ciudades amuralladas. También se les llama guardas de la puerta (2 R 7.10). Esta humilde tarea sería un gozo para el creyente en la casa del Señor (Sal 84.10).

POTAJE. Sopa espesa de verduras y legumbres (Gn 25.29).

POTESTADES, AUTORIDADES. 1. Poderes invisibles en el reino celestial (Ef 3.10; 6.12; Col 1.16). 2. Personas en una posición de autoridad (Lc 12.11).

POTIFAR. Oficial egipcio bajo el mando de Faraón (Gn 37.36). José fue vendido por sus hermanos como esclavo a los madianitas, los cuales lo vendieron a su vez a Potifar. La esposa de este intentó seducir a José, que se mantuvo puro (Gn 39.7-20).

● *¿Cómo habrías reaccionado en la situación de José? ¿Por qué? Lee toda la historia de la vida de este personaje (Gn 30–50) para ver que actuó con integridad en cada desafío al que se enfrentó.*

POZO. Hoyo o cisterna cavada en el suelo para obtener agua (Gn 16.14; Jn 4.11). Eran muy importantes en las áridas tierras de la Biblia. Las disputas acerca de la propiedad de un pozo eran una fuente habitual de conflicto (Gn 26.15ss). Aunque la mayoría de los pozos se cavaban, el término puede referirse también a una fuente o un manantial (Jn 4.6).

PRECIPITADO. Impulsivo, temerario, que actúa apresuradamente (Ec 5.2; Hch 19.36).

PREDESTINACIÓN. Elección o selección de antemano (Ro 8.29-30). Dios, en su suprema autoridad y sabiduría, escoge a aquellos que confiarán en él y serán salvos. La predestinación de Dios tiene lugar en Cristo y en la respuesta de la persona a él (Ef 1.4-5, 11). No elimina la responsabilidad de cada persona de aceptar a Jesucristo como Señor y Salvador (Ro 10.9-10).

▲ *Algunas personas no se sienten cómodas con términos como predestinación, elección y presciencia. Cualquiera que sea nuestra interpretación de estas palabras, la Biblia enseña en su totalidad la importancia vital de la salvación por fe, al confiar en Cristo como Señor y Salvador.*

PREDICADOR. El que proclama o comparte las buenas nuevas (Ec 1.1; Ro 10.14).

PREDICAR. Proclamar, decir o anunciar las buenas nuevas acerca del reino de Dios (Is 61.1; Lc 4.43; Hch 5.42).

▲ *La predicación puede variar en tipo y calidad, pero el evangelio, las buenas nuevas, nunca lo*

Billy Graham ha predicado fielmente el evangelio durante setenta años.

hace: siempre es compartir el mensaje de Dios en Cristo que cambia vidas eternamente.

PREEMINENCIA. Primer lugar, supremacía (Col 1.18).

LAS DIEZ PLAGAS DE EGIPTO

PLAGA	CITA
1. *El agua en sangre*—Las aguas del Nilo se convierten en sangre	Éx 7.14–25
2. *Ranas*—Las ranas infestan la tierra de Egipto	Éx 8.1–15
3. *Piojos* (mosquitos)—Pequeños insectos que pican infestan la tierra de Egipto.	Éx 8.16–19
4. *Moscas*—Nubes de moscas, posiblemente de una variedad mordedora, infestan la tierra de Egipto.	Éx 8.20–32
5. *La plaga en el ganado*—Una grave enfermedad, posiblemente ántrax, infecta al ganado de los egipcios.	Éx 9.1–7
6. *Úlceras*—Una dolencia cutánea infecta a los egipcios.	Éx 9.8–12
7. *Granizo*—Una tormenta destruye los campos de cereal de Egipto pero respeta la tierra de Gosén, habitada por los israelitas.	Éx 9.13–35
8. *Langostas*—Una plaga de langostas arrasa con la vida vegetal de Egipto.	Éx 10.1–20
9. *Tinieblas*—Una densa oscuridad cubre la tierra de Egipto durante tres días.	Éx 10.21–29
10. *Muerte de los primogénitos*—Muere el primogénito de cada familia egipcia.	Éx 11.1–12.30

PREGONERO. El que proclama un mensaje importante (Dn 3.4).

PREMIO. Corona o guirnalda que se entregaba al vencedor de los juegos atléticos (1 Co 9.24). Pablo empleó el término para simbolizar un premio espiritual (Fil 3.14).

▲ *El regalo de Dios de la salvación se obtiene siempre por gracia. Nunca se gana. Sin embargo, los premios espirituales representan, al menos simbólicamente, la respuesta al llamamiento de Dios, permaneciendo fieles hasta la línea de meta, como el propio Pablo testificó (2 Ti 4.6-8).*

PRENDA. Artículo propio que se da como señal o garantía de pago de una deuda (Ez 18.12). El Antiguo Testamento regulaba de forma estricta esta práctica de forma que el prestamista no pudiese aprovecharse del que la entregaba y retenerla.

PRENDER. En referencia al corazón, apresarlo, apasionarlo (Pr 5.19-20; Cnt 4.9).

PREPARACIÓN. Día apartado a fin de prepararse para el día de reposo (Mt 27.62). Como no se podía trabajar en él, toda la labor y la comida se terminaban de hacer el día anterior. Este día

Un zorro con su presa, su botín. En la Biblia, las personas podían ser botín de guerra.

comenzaba a las seis de la tarde del jueves y terminaba a la misma hora del viernes, el principio del día de reposo. Ver **DÍA DE REPOSO**.

PREPUCIO. Pliegue de piel que cubre el extremo del pene (Gn 17.11). Ver **CIRCUNCISIÓN**.

PRESA. Víctima (Nm 14.3); algo tomado en la guerra, botín (Jue 5.30).

PRESCIENCIA. Conocimiento previo o de antemano (Ro 8.29). Término utilizado también para indicar que Dios lo sabe todo: lo pasado, lo presente y lo futuro (1 P 1.2).

PRESCRIBIR. Dictar (Is 10.1).

PRESENCIA DE DIOS. Dios se da a conocer y se presenta cara a cara ante su pueblo. En el Antiguo Testamento, algunos ejemplos de la presencia de Dios son la zarza ardiente (Éx 3.2-5), así como la nube y la columna de fuego (Éx 40.34-38). En el Nuevo Testamento, Dios se hizo visible en Jesucristo (Jn 1.1-14; Fil 2.5-11). A lo largo de la Biblia, el Espíritu Santo reveló la presencia de Dios. Actualmente, hace ese mismo trabajo. Ver **DIOS, ESPÍRITU SANTO**.

● *¿Cómo experimentas la presencia de Dios día a día? Considera leer al menos un capítulo de la Biblia cada día en un lugar tranquilo y adecuado para la meditación; seguidamente, responde de nuevo a esta pregunta. Ver* **OMNIPRESENCIA**.

PRESERVAR. Guardar, salvar (Sal 12.7; Lc 17.33).

PRESTAR ATENCIÓN. Atender, observar, mirar, estar advertido de (Jer 18.19; Mt 16.6; 1 Ti 1.4).

PRETEXTO. Excusa para una actuación hipócrita y ostentosa (Mt 23.13-14).

En Mateo 23 se emplea la palabra griega «hipócrita». Se refiere al que finge o actúa detrás de una

Pretorio romano en la isla de Creta.

máscara. Jesús condenó las acciones y las actitudes que solo eran exteriores y no concordaban con el corazón. Debemos andar verdaderamente en el camino que decimos estar siguiendo al creer en Cristo.

PRETORIO. Barracones o edificio que alojaba a los soldados romanos (Mr 15.16).

PREVALECER. Volverse poderoso o fuerte, conquistar (Gn 7.18; Mt 16.18).

PREVARICADOR. Engañoso, el que prevarica (Sal 78.56-57; Pr 25.19).

PREVARICAR. Ser desleal, poco fiable, tramposo, engañoso (Os 6.7). En español, con el agravante de usar el poder o privilegios para ello.

PRIMERA CRÍA. Primer nacido de un animal, utilizada en el sistema de sacrificios (Lv 27.26).

PRIMICIAS. La primera parte de la cosecha; utilizada como ofrenda de sacrificio a Dios (Neh 10.35). Término empleado también como figura retórica en el Nuevo Testamento para hacer referencia a la resurrección de Cristo, la primera en

producirse y a la que seguirá la de todos los cristianos (1 Co 15.22-23). Ver gráficos **LAS FIESTAS Y CELEBRACIONES** en p. 110 y **CALENDARIO** en p. 279.

PRIMOGÉNITO. Primer hijo (Gn 27.19; Mt 1.25). En la cultura hebrea, el primogénito era quien tenía más autoridad después del padre. Su herencia era el doble de la de la de los demás hijos, y recibía la bendición especial de su padre.

PRIMOGENITURA. Derechos especiales basados en el orden de nacimiento y la herencia. Por ejemplo, el primogénito hebreo recibía una doble porción de la herencia (Dt 21.15-17).

PRINCIPADOS. Gobernadores, autoridades (Tit 3.1). También, poderes angélicos y demoníacos, buenos o malos (Ro 8.38; 1 Co 15.24; Ef 1.21; 6.10-20).

PRISCILA. También llamada Prisca. Esposa de Aquila. Trabajaron juntos y ministraron con Pablo (Hch 18.2-3, 18; Ro 16.3). También ayudaron a un predicador llamado Apolos a comprender el camino de Dios de forma más perfecta. Tenían una iglesia en su casa (Hch 18.26; 1 Co 16.19). Ver **AQUILA**.

PRISIONES. Algo que ata o domina. El apóstol Pablo definió de esta forma su encarcelamiento (Fil 1.16; Col 4.3).

PRIVADO DE. En gran necesidad, desnudo, desamparado, falto de (Sal 141.8; 1 Ti 6.15).

PROBAR. 1. Ensayar (1 S 17.39) o intentar (Job 4.2; Hch 16.7). 2. Poner a prueba (Sal 17.3; Lc 14.19).

PROCLAMACIÓN. Anuncio público (Dn 5.29).

PROCLAMAR. Anunciar o dar a conocer, predicar como mensajero (Éx 33.19; Lc 12.3).

PROCÓNSUL. Oficial del gobierno romano responsable de los asuntos civiles y militares de una provincia (Hch 13.7).

PROFANO. Lo contrario de santo (Ez 44.23). Crítico de Dios, destructor de sus propósitos, que no tiene nada que ver con Dios; impío. Puede ser una acción (Mt 12.5), una persona (He 12.16) o un término descriptivo (1 Ti 6.20). No apartado para Dios, inmundo (Lv 10.10; He 10.29); impío, sin Dios (1 Ti 1.9; 2 Ti 3.2).

PROFETA, PROFETISA. Persona que habla por Dios (Mi 1.1; Jue 4.4; Hch 21.9). Un profeta verdadero comunicaba exactamente lo que Dios decía. Tanto hombres como mujeres servían como profetas; entre estos se encontraban Natán, Débora, Daniel y Ana. Algunos profetas fueron queridos; otros, como Jeremías (conocido como el «profeta llorón»), sufrieron el rechazo por la dura verdad que comunicaron. Dios no llamó a los falsos profetas y no se les debía prestar atención (1 R 18.25-40).

PROFETIZAR, PROFECÍA. Hablar por Dios, decir la verdad de Dios (Mr 7.6; 2 P 1.19-21; 1 Co 13.2). Los profetas hablaron la palabra de Dios a una generación presente, pero con verdades que revelaban frecuentemente el futuro (cp. Ap 1.17-19).

Actualmente, muchos creen que la profecía solo se refiere al futuro. Sin embargo, en la Biblia, un profeta hablaba primero y sobre todo la palabra recibida de Dios, que con frecuencia predecía el futuro.

PROFUNDO, PROFUNDIDADES. Lugares profundos, zonas más bajas, profundidades del

Isaías, en la Capilla Sixtina de Miguel Ángel.

mar, sumo entendimiento (Sal 130.1; Éx 15.5; Ro 8.39).

PROLE. Hijos, linaje (Job 5.25; Hch 17.28).

PROMESA. Acuerdo, compromiso, contrato (Hch 1.4). Las personas obedientes y fieles reciben el cumplimiento de las promesas de Dios (Ro 4.13-14).

Un pacto es una promesa sobre la que se llega a un acuerdo. Dios es siempre fiel a sus promesas. Incluso cuando los humanos fallan en su parte de un pacto con el Señor, él es fiel para perdonar a aquellos que se arrepientan y vuelvan a él con fidelidad.

PRONUNCIAR. Hablar (Jer 11.17).

PROPICIACIÓN. Expiación (1 Jn 2.2). En general, el sacrificio que apacigua a un dios. En el cristianismo, la propiciación es la muerte de Cristo en la cruz, como el sacrificio que hace posible el perdón divino (1 Jn 4.10). Es la misericordia y la gracia de Dios en acción para colocarnos en una relación correcta con él.

▲ *Algunas traducciones más modernas han sustituido el término propiciación con la frase «sacrificio expiatorio».*

PROPICIATORIO. Cubierta de oro del arca del pacto. Dios ordenó a su pueblo que lo elaborase. Se encontraba con él allí (Éx 25.17-22; Lv 16.2). Se esparcía la sangre sobre el mismo para simbolizar el perdón de los pecados (Lv 16.15). Estaba hecho de oro y tenía estatuas de querubines (seres angelicales) en sus extremos. Ver **ARCA DEL PACTO**.

PROSEGUIR. Esforzarse (Fil 3.14).

PROSÉLITO. Persona convertida de una religión a otra (Mt 23.15).

PROSTITUIR. Contaminar o profanar (Lv 19.29).

PROSTITUTA. Persona que realiza el acto sexual para obtener una recompensa personal. Algunas religiones llevaban a cabo rituales de adoración con prostitutas. La esposa de Oseas, Gomer, era una de ellas (Os 1). Dios dijo a Oseas que se casase con una mujer adúltera para simbolizar la infidelidad de Israel al Señor. La ley de Dios prohíbe la prostitución; no tiene lugar en la adoración al Señor.

PROVERBIO. Declaración de una verdad, breve y concisa (Pr 1.1). En ocasiones puede ser un dicho o parábola de difícil comprensión.

La expresión «verdad proverbial» parece tener algunas excepciones. Aunque la Biblia dice: «Instruye al niño en su camino, y aun cuando fuere viejo no se apartará de él» (Pr 22.6), un observador honesto admitirá que algunos chicos pueden apartarse de ese buen camino y no volver jamás. Aun así, la enseñanza es proverbialmente cierta, los caminos de Dios son la mejor forma de criar a un hijo.

PROVERBIOS, LIBRO DE. Libro del Antiguo Testamento que se compone de una colección de verdades prácticas acerca de la sabiduría, los valores morales y las relaciones.

▲ *El libro de Proverbios está lleno de información útil sobre temas como la amistad, la familia y las tentaciones. Proverbios 31.10-31 describe a una mujer piadosa.*

PROVIDENCIA. Provisión. El tema de la providencia de Dios está presente a lo largo de toda la Biblia. No solo se ve al Señor como el Creador sino también como el que planifica para su creación, cuida de ella y la guía. Él conoce sus necesidades y provee para las mismas.

▲ *Cuando la providencia de Dios no parece encajar con nuestra realidad, podemos seguir adelante como Job, con una fe que confía en Dios «aunque él me matare» (Job 13.15).*

PROVINCIA. Región o distrito político (1 R 20.14; Hch 23.34). Podían gobernarlas reyes, emperadores, senadores o procuradores.

PROVOCACIÓN. Acto que causa que alguien se enoje (1 R 15.30; He 3.8).

PRUEBA. Acontecimiento o situación para poner a prueba (Ez 21.13; He 11.36). Ver cuadro en p. 230.

PUBLICANO. Recaudador de impuestos que trabajaba para el gobierno romano (Mt 9.10). Habitualmente, recaudaba más de lo que debía para quedarse con el dinero sobrante. Se les despreciaba por su deshonestidad y por servir al gobierno romano.

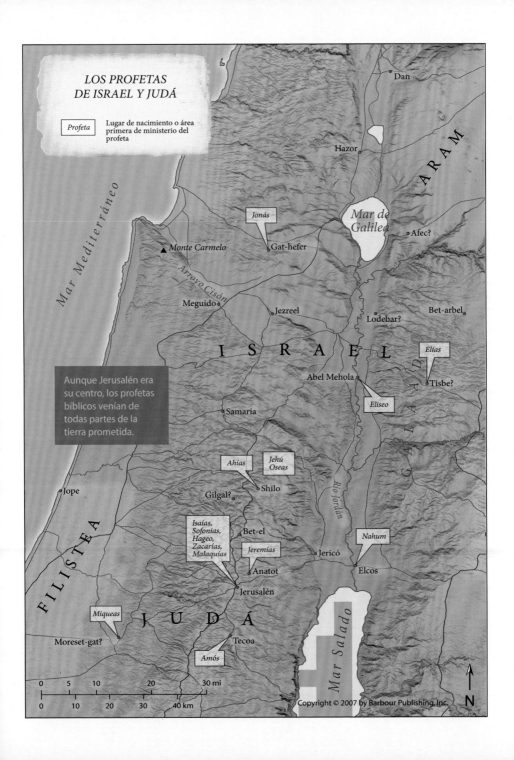

LOS PROFETAS DE ISRAEL Y JUDÁ

| Profeta | Lugar de nacimiento o área primera de ministerio del profeta |

Dan

ARAM

Hazor

Mar Mediterráneo

Jonás

Mar de Galilea

Afec?

Monte Carmelo

Gat-hefer

Arroyo Cisón

Meguido

Jezreel

Lodebar?

Bet-arbel

ISRAEL

Elías

Abel Mehola

Tisbe?

Aunque Jerusalén era su centro, los profetas bíblicos venían de todas partes de la tierra prometida.

Eliseo

G A L A A D

Samaria

Ahías

Jehú Oseas

Río Jordán

Jope

Gilgal?

Shilo

Isaías, Sofonías, Hageo, Zacarías, Malaquías

Bet-el

Nahum

Jeremías

Jericó

FILISTEA

Anatot

Elcos

Jerusalén

Miqueas

JUDÁ

Moreset-gat?

Tecoa

Amós

Mar Salado

| 0 | 5 | 10 | 20 | 30 mi |
| 0 | 10 | 20 | 30 | 40 km |

Copyright © 2007 by Barbour Publishing, Inc.

N

Jesús pasando la prueba de su juicio ante el sumo sacerdote Caifás. La forma en que lo trataron tras su arresto hace que identifiquemos su proceso como una dura prueba.

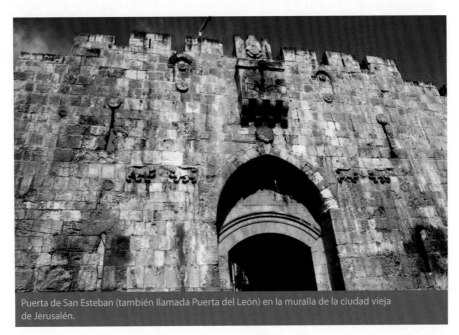

Puerta de San Esteban (también llamada Puerta del León) en la muralla de la ciudad vieja de Jerusalén.

● *¿Recuerdas cuando Jesús comió con un recaudador de impuestos? ¿Qué ocurrió? (Cp. Lc 19.1-10).*

PUBLICAR. Decir, contar, hacer oír, proclamar (Neh 8.15; Mr 1.45).

PUEBLO ESCOGIDO. Los israelitas, también llamados hebreos o judíos (cp. Gn 17.7; Sal 89.3). Dios decidió revelarse y establecer un pacto con este pueblo. Quería que ellos compartiesen con todo el mundo su conocimiento de él y cómo confiar en él.

El Cristo eterno vino a la tierra como el niño Jesús. Nació judío, pero vino a buscar y salvar a todos los perdidos (Lc 19.10): comenzó un «pueblo nuevo», en el que judíos y gentiles estaban incluidos, un pueblo que decide seguirle (1 Pedro. 2.9-10).

▲ *La raza judía empezó con Abraham (Gn 12.2; Ro 4.16).*

PUERTA. Entrada de una casa, un edificio o una ciudad (Gn 19.1; Hch 3.10). Entrada en general, abertura (Gn 6.16; Mt 6.6). Término empleado en el Nuevo Testamento como nombre para Cristo (Jn 10.1) o como una oportunidad (Mt 25.10; Hch 14.27; Col 4.3).

PUERTA DEL PESCADO. Puerta situada en el lado oriental de Jerusalén, en la que los tirios tenían un mercado de pescado (2 Cr 33.14).

PÚLPITO. Plataforma elevada para un orador (Neh 8.4).

PURIFICACIÓN. Limpieza (2 Cr 30.19; Lc 2.22). En la Biblia, la purificación ceremonial era un elemento importante en la adoración. Los levitas debían purificarse para el servicio. Las personas tenían que pasar por este ritual si tenían contacto con un cadáver, tras la menstruación o cualquier otra secreción corporal, después de dar a luz y de

LOS PROFETAS EN LA HISTORIA (SIGLOS IX-V A.C.)

PROFETA	FECHAS APROXI- MADAS	LOCALIDAD	PÁSAJE BÍBLICO BÁSICO	ENSEÑANZA CENTRAL	VERSÍCULO CLAVE
Elías	875–850	Tisbe	1 R 17.1–2; 2 R 2.18	Jehová, no Baal, es Dios	1 R 18.21
Micaías	856	Samaria	1 R 22; 2 Cr 18	Demostración de la profecía	1 R 22.28
Eliseo	855–800	Abel-mehola	1 R 19.15–21; 2 R 2–9; 13	Poder milagroso de Dios	2 R 5.15
Jonás	775	Gat-hefer	2 R 14.25; Jonás	Interés universal de Dios	Jon 4.11
Amós	765	Tecoa	Amós	Dios pide justicia y rectitud	Am 5.24
Oseas	750	Israel	Oseas	El inextinguible amor de Dios	Os 11.8–9
Isaías	740–698	Jerusalén	2 R 19–20; Isaías	Esperanza a través del arrepentimiento y sufrimiento	Is 1.18; 53.4–6
Miqueas	735–710	Moreset-gat; Jerusalén	Jer 27.18; Miqueas	Dios pide humildad, misericordia y justicia	Mi 6.8
Obed	733	Samaria	2 Cr 28.9–11	No traspasar el mandato de Dios	2 Cr 28.9
Sofonías	630	?	Sofonías	Esperanza para el justo humilde	Sof 2.3
Nahum	625	Elcos	Nahum	El celo de Dios protege a su pueblo	Nah 1.2–3
Habacuc	625	?	Habacuc	Dios pide fidelidad	Hab 2.4
Jeremías	626–584	Anatot/Jerusalén	2 Cr 36.12; Jeremías	El profeta fiel señala a un nuevo pacto	Jer 31.33–34
Hulda (profetisa)	621	Jerusalén	2 R 22; 2 Cr 34	El Libro de Dios es exacto	2 R 22.16
Ezequiel	593–571	Babilonia	Ezequiel	Esperanza futura para la nueva comunidad adoradora	Ez 37.12–13
Joel	588 (?)	Jerusalén	Joel	Arrepentirse y experimentar el Espíritu de Dios	Jl 2.28–29
Abdías	580	Jerusalén	Abdías	Juicio sobre Edom que trae el reino de Dios	Abd 21
Hageo	520	Jerusalén	Ezra 5.1; 6.14; Hageo	Prioridad de la casa de Dios	Hg 2.8–9
Zacarías	520–514	Jerusalén	Ezra 5.1; 6.14; Zacarías	La fidelidad guiará al gobierno universal de Dios	Zac 14.9
Malaquías	433	Jerusalén	Malaquías	Honra a Dios y espera su justicia	Mal 4.2

curarse de la lepra. El ritual requería un agente purificador (agua, sangre o fuego) y un sacrificio (Nm 31.23).

Aunque Jesús sanó a diez leprosos en una ocasión y les ordenó observar la purificación ceremonial de la ley, el Nuevo Testamento hace más hincapié en la pureza personal que en la ceremonial (1 P 1.22).

PURIFICAR. Limpiar (Nm 19.12; Stg 4.8).

PURIM. Festividad que conmemora los actos de la reina Ester para conseguir la salvación del pueblo judío de la muerte (véase el libro de Ester). Es una celebración feliz que tiene lugar en el mes de marzo, llamada también fiesta de las suertes ya que *purim* significa suertes en hebreo. Ver gráficos **FIESTAS Y CELEBRACIONES** en p. 110 y **CALENDARIO** en p. 279.

Los niños judíos de hoy se suelen disfrazar en Purim, la celebración de la liberación de los judíos, gracias a Ester, de los planes destructivos del alto cargo persa Amán.

PURO. Limpio, inmaculado (Sal 24.4; Mt 5.8).

PÚRPURA. Color que simbolizaba riqueza o realeza (Jue 8.26; Hch 16.14).

QUEBAR. Río o canal de Babilonia, donde los exiliados judíos se asentaron y Ezequiel tuvo visiones (Ez 1.1, 3; 3.15, 23; 10.15, 20, 22; 43.3).

QUERUB. Un lugar de Babilonia del que regresaron algunos de los israelitas (Esd 2.59).

QUERUBÍN. Tipo de ángel o criatura con características humanas y animales. Algunos tienen rostro humano y otros, de animal. Tienen dos o cuatro alas. Se les asignó la guardia del árbol de la vida en el huerto del Edén (Gn 3.24). Había figuras de querubines sobre el propiciatorio, adornando otros artículos de la adoración del Antiguo Testamento, y decorando el templo de Salomón

El profeta Ezequiel describió a los querubines con cuatro caras: de hombre, de león, de buey y de águila (Ez 1.10)

(Éx 25.18-22; 26.31; 1 R 6.23-28). Los querubines estaban estrechamente relacionados con Dios. En ocasiones, se le representa morando entre ellos o cabalgando sobre ellos (Is 37.16; 2 S 6.2).

RABÍ, RABONI. Maestro, señor (Jn 1.38; 20.16). *Rabí* es una forma abreviada de *Raboni*. Ambos términos son arameos.

RAHAB. 1. Prostituta de Jericó que escondió a dos espías hebreos, facilitándoles una vía de escape (Jos 2.1). Más adelante, tanto ella como su familia se salvaron cuando la ciudad fue destruida. Hebreos 11.31 y Santiago 2.25 la citan como un ejemplo de fe, valentía y hospitalidad. Fue madre de Booz y bisabuela del rey David. Aparece en el linaje de Jesús (Mt 1.5). 2. Nombre poético de Egipto (Sal 87.4; Is 30.7; 51.9). 3. Nombre poético de un monstruo marino primitivo que representa a las fuerzas que Dios venció en la creación (Sal 89.10).

RAÍZ. Además del significado habitual, también significa simbólicamente la fuente de una situación (1 Ti 6.10); estabilidad (Pr 12.3); prosperidad (Pr 12.12). La Raíz de Isaí y la Raíz de David son nombres utilizados para el Mesías (Is 11.10; Ap 5.5).

RAMÁ. 1. Ciudad de Benjamín, situada en la frontera entre Israel y Judá (Jos 18.25; Mt 2.18). 2. Ciudad de Efraín en la que nació Samuel (1 S 1.19). 3. Otro nombre para Ramot de Galaad, importante ciudad situada al este del río Jordán. El rey Acab fue herido mortalmente allí (2 Cr 22.6).

RAMAS. De un árbol (Dn 4.12).

RAMERA. Prostituta, una que mantenía relaciones sexuales fuera del matrimonio a cambio de dinero o en alguna práctica religiosa pagana (Lv 21.9). La prostitución de la adoración, ya sea idólatra o a Dios, pareció quebrantar el corazón del Señor y llevar el juicio sobre los idólatras (Ez 6.8-10). Empleada simbólicamente en Apocalipsis 17.1, la prostitución se consideraba un crimen punible con la muerte (Gn 38.24). Término utilizado de forma figurada para referirse a la idolatría (Os 1.2). Ver **PROSTITUTA**.

● *Considera el diseño de Dios de una sexualidad pura y fidelidad en la adoración a él. ¿Qué tipo de prostitución te parece peor, la infidelidad al cónyuge o a Dios?*

Rahab entretiene a los soldados del rey, permitiendo a los dos espías judíos escapar a su azotea y esconderse bajo los fardos de lino.

RAMESÉS (RAMSÉS). Próspera ciudad egipcia con puerto de mar (Gn 47.11). Fue una ciudad de almacenamiento construida por los hebreos. También, nombre de un linaje de faraones no mencionado en la Biblia. Ramsés II pudo haber sido quien reinaba en la época del éxodo.

RAPACES. Fieras que devoran con avidez (Is 35.9; Mt 7.15).

RAQUEL. Hija menor de Labán, esposa favorita de Jacob (Gn 29.6). Este fue víctima de un engaño para que se casase con la hermana mayor de Raquel, Lea, antes de poder hacerlo con ella. Raquel no tuvo hijos durante muchos años pero dio finalmente a luz a José y Benjamín. Ella murió cuando este último nació.

Estatua de Ramsés el Grande en el Gran Templo de Abu Simbel, cerca de la frontera egipcia con Sudán.

RASGAR. Romper, desgarrar, dividir (Gn 37.29; Mr 15.38). Rasgar las vestiduras era un símbolo de duelo y arrepentimiento.

REBAÑO. Grupo de animales, habitualmente ovejas o cabras (1 S 30.20; Lc 2.8). Jesús utilizó este término para describir a sus seguidores (Lc 12.32).

REBECA. Hermana de Labán, bella esposa de Isaac, y madre de Jacob y Esaú (Gn 24.29; Ro 9.10). Influyó de forma significativa en los acontecimientos históricos al favorecer a Jacob sobre su hermano gemelo, Esaú. Ayudó a Jacob a engañar a Isaac a fin de que Esaú perdiese la bendición especial de su padre como hijo primogénito. Después, Rebeca ayudó a Jacob a escapar de la ira de su hermano.

▲ *Jacob obtuvo la «primogenitura» de Esaú por sus propios medios dando a su hambriento hermano un cuenco de potaje a cambio de su herencia (cp. Gn 25.29-34). Sin embargo, el robo de la bendición de Esaú se llevó a cabo mediante una conspiración entre Jacob y Rebeca (cp. Gn 27).*

REBELARSE. Iniciar una revuelta (2 R 8.20).

RECAB, RECABITA. 1. Benjamita que, junto a su hermano, asesinó a Is-boset, hijo de Saúl (2 S 4.2-12). 2. Padre de Jonadab. Sus descendientes fueron los recabitas, que vivían como nómadas (2 R 10.15). 3. Otras dos personas se llamaron Recab (1 Cr 2.55; Neh 3.14).

RECLUSIÓN. Prisión o lugar vigilado (Gn 42.16-19; 2 S 20.3).

RECOMPENSAR. Dar o devolver, retribuir (Rt 2.12; 1 S 25.21; Lc 14.14; 1 Ti 5.4; He 10.30).

RECONCILIAR, RECONCILIACIÓN. Cubrir o expiar (Lv 6.30; 16.20); restaurar una relación

Vemos a Caifás rasgando sus vestiduras —antigua señal de espanto o duelo— ante la supuesta blasfemia de Jesús al identificarse con Dios.

(2 Co 5.18-20). La muerte de Cristo proveyó para la eliminación de la barrera del pecado para llevar a las personas de vuelta a una relación correcta con Dios. Renovar la amistad (Hch 12.22; 1 Co 7.11). Formar una unidad (Col 1.20).

● *Además de reconciliarnos con él, Dios nos ha dado el ministerio de la reconciliación. ¿Cómo puedes cumplir este ministerio? Nota que reconciliación se refiere siempre en el Nuevo Testamento a la restauración de una relación rota o interrumpida.*

RECONOCER. Admitir, considerar, prestar atención a, estar de acuerdo con, aceptar, responder a. Lo contrario de ignorar. Cuando una persona reconoce sus transgresiones o sus errores, esa confesión abre la puerta al arrepentimiento y el cambio. Reconocer a Dios es estar de acuerdo con

él en actitud y responderle con acción (Jer 24.5; Dt 21.17; Sal 51.3; 1 Co 14.37).

● *¿Puedes identificar un error en tu vida? ¿Cómo te liberará de tu carga reconocerlo?*

RECTO. Que tiene moral, carácter e integridad firmes (1 S 29.6).

REDENCIÓN. Liberación que se produce cuando se paga un precio (Lv 25.51-52; Nm 3.49; He 9.12). Jesús lo hizo para salvarnos del pecado (Ro 3.24; Ef 1.7).

▲ *En referencia a la salvación, redención incluye tanto la liberación de nuestros pecados como el precio pagado por ellos, concretamente, la muerte de Jesús en la cruz a cambio de nuestra libertad.*

REDIL. Lugar para los animales, vallado o con un seto (Nm 32.16; Jn 10.16).

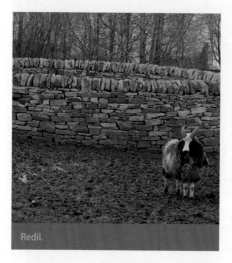

Redil.

REDIMIR. Comprar para recuperar; liberar, pagar un precio por algo o alguien (1 Cr 17.21; Gá 3.13). La muerte de Cristo pagó por nuestros pecados y nos libera de la esclavitud del pecado cuando nos comprometemos con él, reconociéndolo como Señor y Salvador. Él es nuestro Redentor.

REFIDIM. Localidad en la que los hebreos acamparon durante su travesía del desierto (Éx 17.1). Cuando el pueblo se quejó a Moisés porque tenía sed, Dios ordenó a este que golpease una roca para que brotase agua (Éx 17.1-7).

▲ Esta historia tiene una analogía interesante en Números 20.1-12, donde se dice a Moisés que hable a una roca para que salga agua de ella. Él no lo hace así, sino que golpea la roca tal como hizo en el caso anterior. Este acto de desobediencia a Dios, aunque proveyó agua para el pueblo, provocó que el Señor declarase que Moisés y Aarón no entrarían en la tierra prometida.

REFRÁN. Proverbio, dicho con un sentido de escarnio o burla (1 R 9.7; Job 30.9). Utilizado habitualmente en relación con el juicio de Dios sobre Israel.

REFRENAR. Contener, detener, parar, retener (Job 7.11; 1 P 3.10).

REFUGIO, CIUDAD DE. Ciudad designada por la ley hebrea para proveer seguridad a una persona que había matado a otra de forma accidental. Esta zona protegida evitaba que la familia de la víctima buscase venganza (Éx 21.13; Nm 35.9-34). Existían seis ciudades de refugio, tres a cada lado del río Jordán (Nm 35.14).

REGENERACIÓN. Nacer de nuevo, una nueva creación (Mt 19.28; Tit 3.5).

▲ Espiritualmente hablando, este término describe lo que ocurre cuando una persona se convierte en cristiano (Jn 1.13; 3.3; 1 P 1.23; 2 Co 5.17). Todo el mundo nace físicamente una vez, después decide pecar y pasa a estar espiritualmente muerto. Sin embargo, todos tenemos la oportunidad de ser regenerados o nacer de nuevo, volviéndonos del pecado y confiando en Jesús (Ef 2.1-10).

● Evalúa tu condición espiritual: ¿Nacido? ¿Muerto? ¿Nacido de nuevo? La Biblia enseña que la respuesta a las dos primeras preguntas es sí para todas las personas (Ro 3.23). No obstante, debemos admitir nuestro pecado, apartarnos de él y volvernos hacia Cristo en arrepentimiento y fe, para poder contestar afirmativamente a la última pregunta. ¿Cuál es tu respuesta? Si es negativa, lee los pasajes de las Escrituras mencionados, acepta a Cristo y cambia el no, o quizás el «espero que sí», por un sí.

REGISTRO. Archivo escrito (Esd 2.62).

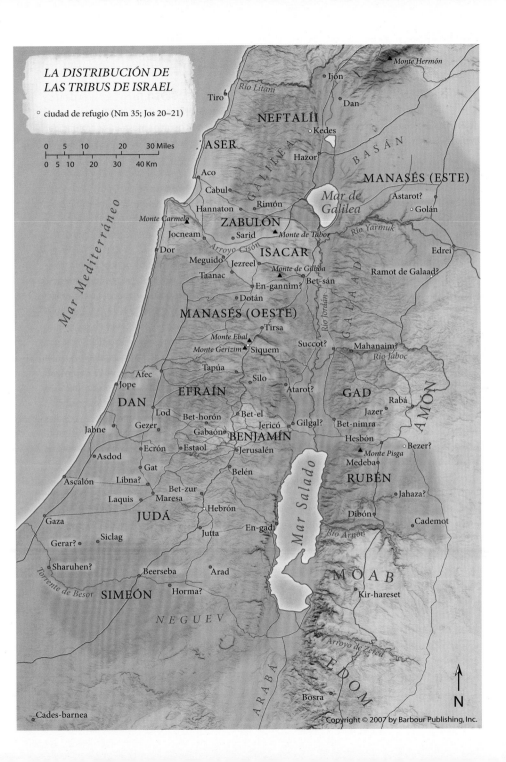

LA DISTRIBUCIÓN DE LAS TRIBUS DE ISRAEL

○ ciudad de refugio (Nm 35; Jos 20–21)

0 5 10 20 30 Miles
0 5 10 20 30 40 Km

Monte Hermón

Ijón
Río Litani
Tiro
Dan

NEFTALÍI

Kedes

BASÁN

ASER
Hazor

Aco

MANASÉS (ESTE)

Cabul
Mar de Galilea
Astarot?

Hannaton
Rimón
Golán

Monte Carmelo
ZABULÓN

Jocneam
Sarid
▲ *Monte de Tabor*
Río Yarmuk

Dor
ISACAR
Edrei

Meguido
Jezreel
▲ *Monte de Gilboa*

Arroyo Cisón
Ramot de Galaad?

Taanac
Bet-sán

En-gannim?

Dotán

MANASÉS (OESTE)

Tirsa

Monte Ebal ▲
Succot?
Mahanaim?

Monte Gerizim ▲ Siquem
Río Jaboc

Tapúa

Afec
Silo
GAD

Jope
Atarot?
Rabá

EFRAÍN
Jazer

DAN
Lod
Bet-el
Bet-nimra

Gezer
Bet-horón
Jericó
Gilgal?

Jabne
Gabaón
Hesbón

Ecrón
Estaol
BENJAMÍN
Bezer?

Asdod
Jerusalén
▲ *Monte Pisga*

Gat
Medeba

Ascalón
Libna?
Belén
RUBÉN

Laquis
Bet-zur

Maresa
Maresa
Jahaza?

Gaza
Hebrón
Dibón
Cademot

Gerar?
Siclag
JUDÁ
Jutta
En-gadi

Sharuhen?
Mar Salado
Río Arnón

Beerseba
Arad

SIMEÓN
Horma?
M O A B

Torrente de Besor
Kir-hareset

N E G U E V

A R A B Á

E D O M

Arroyo de Zered

Bosra

↑
N

Cades-barnea

Mar Mediterráneo

GALILEA

GALAAD

AMÓN

Río Jordán

Copyright © 2007 by Barbour Publishing, Inc.

REGOCIJO. Gozo, alegría (Is 24.8).

REINAR. Gobernar, actuar como un rey (Gn 36.31; Mt 2.22).

■ **REINO**. Se refiere a la autoridad o el gobierno de un rey sobre un territorio o sobre los corazones de las personas (como en el reino de Dios; 1 S 10.16; Mt 6.10). Reinado de un monarca (2 Cr 20.30; Dn 9.1).

REINO DE DIOS, REINO DE LOS CIELOS. Un reino es un territorio gobernado por un rey (Gn 10.10); por tanto, la frase «reino de Dios» (o «reino de los cielos», empleados indistintamente) se refiere al lugar y al tiempo en que Dios gobierna, tanto en presente como en futuro (Mr 1.15; Mt 6.10). Mateo tiende a utilizar la frase «reino de los cielos» mientras que otros Evangelios se refieren con mayor frecuencia al «reino de Dios»; ambos significan lo mismo. Este reino se considera también un lugar donde el gobierno de Dios es completo (Ap 12.10). Juan 3.3-5 resalta el requisito para entrar en el reino de Dios (nacer de nuevo). En Mateo 12.28, Jesús manifestaba el reino de Dios cuando hacía la voluntad de este (aquí, echando fuera demonios).

▲ *El «paralelismo» hebreo era una forma poética de decir lo mismo de dos maneras diferentes. Por ejemplo, cuando Jesús oraba «Venga tu reino, hágase tu voluntad», el contexto indica que ambas frases significan lo mismo.*

● *¿Qué expresiones del reino de Dios ves hoy? ¿Cómo demuestras que formas parte de él?*

REJA DE ARADO. Filo cortante del instrumento utilizado para arar la tierra (Is 2.4). Volver las espadas en rejas de arado es una expresión que hace referencia a un tiempo de paz.

RELIGIÓN, RELIGIOSO. Fe en Dios o en dioses y adoración de él o ellos (Stg 1.26-27). Una persona cuya religión es genuina mostrará la profundidad de su compromiso con el adorado por medio de su actitud y sus actos.

▲ *Para los verdaderos cristianos, «religión» es una relación salvadora con Dios y vivir según su voluntad. Ninguna otra religión, ninguna otra adoración a alguien o algo que no sea Dios en Cristo, provee salvación.*

REMANENTE. Aquello que queda o permanece (Lv 2.3; Mt 22.6). En la Biblia, el término se refiere especialmente a aquellos que sobrevivieron a una situación política o militar (2 R 25.11). Espiritualmente, *remanente* también habla de los que se arrepienten y sobreviven al juicio de Dios. Este uso se interpreta de diferentes formas: algunos creen que se aplica a los retornados de la cautividad física en Babilonia, mientras que otros aplican la idea a generaciones futuras. Algunos sostienen que el remanente estará compuesto por personas judías, mientras que otros interpretan que será una nueva comunidad de creyentes que confían en Cristo, el Mesías (Ro 9–11).

REMISIÓN. Perdón, cancelación, liberación, libertad (Mt 26.28; Hch 2.38; 10.43; He 9.22). Aunque los cristianos pueden pecar y necesitar

La reja de arado, en esta imagen, es la cuña metálica que hay bajo la barra horizontal.

arrepentirse, la remisión salvadora del pecado los protege de la muerte espiritual eterna (cp. 1 Jn 1.8-9; 3.6-9).

RENOMBRE. Fama (Ez 16.14).

RENTA. Tributo que debía pagar un pueblo conquistado, pago requerido por un superior (Esd 4.20). Los tributos exigidos a una nación conquistada debilitaban en ocasiones su economía.

RENUEVO. Rama brotada. En algunas ocasiones, se refiere al Mesías y al reino que vendría de este Renuevo (Isaías 11.1; Jer 23.5). Se utilizaban ramas de árbol para hacer cabañas en la fiesta de los tabernáculos (llamada también fiesta de las enramadas, cp. Lv 23.40). El pueblo echó ramas por el camino de Jesús cuando este hizo su entrada triunfal en Jerusalén (Mr 11.8).

REPOSO. Alivio, descanso (Éx 8.15).

REPRENDER. Corregir, amonestar, convencer, condenar, amonestar o traer un peso para cargar (Mt 8.26; 2 Ti 4.2). Reprobar, condenar (Pr 9.8; Jn 16.8).

REPRENSIÓN. Corrección, reprobación, fuerte desaprobación (2 S 22.16; Is 25.8). En Filipenses 2.15, su opuesto significa sin mancha («irreprensible»). Reprimenda, corrección (Pr 1.23; 2 Ti 3.16).

REPROBADO. Desechado por su falta de valor o por ser impuro; no es como el modelo (Jer 6.30; 2 Co 13.5).

RESCATE. Precio pagado para recuperar a una persona o cosa (Éx 21.30; 30.12; Mt 20.28).

▲ *Jesús dio su vida como rescate por nuestros pecados (Mt 20.28; Mr 10.45; Lc 9.23; 1 Ti 2.5-6;*

Tit 2.14). Su sacrificio en nuestro favor nos llama a sacrificarnos por él.

RESISTIR. Fortalecerse, defenderse de un enemigo, soportar (2 Cr 13.7; Ef 6.13).

RESISTIR. Oponerse, enfrentarse (Zac 3.1; Mt 5.39).

RESTITUCIÓN. Restauración; algo devuelto (Job 20.18; Hch 3.21).

RESTO. Lo que queda: lo que se ha dejado (Éx 10.15; Hch 15.17).

RESURRECCIÓN. Volver a la vida después de la muerte (Mt 22.23). Cuando Dios levante a los muertos en Cristo para vida eterna (Ro 6.4-9). Él resucitó a Jesús de la muerte, y hará lo mismo con los cristianos, para que vivan eternamente (Jn 11.25; Ro 6.5). La resurrección de Cristo es un fundamento de la fe cristiana y las primicias de la misma (1 Co 15.12.21).

▲ *Todas las personas experimentarán una resurrección: los cristianos, a la vida, los que no lo son, a la condenación (Jn 5.29; Hch 24.15). La resurrección otorga poder y esperanza a los cristianos (Fil 3.10). La naturaleza y la existencia de la vida de resurrección debería animar a los creyentes (2 Co 4.14–5.10).*

RETIRARSE. Decrecer (Gn 8.8). Se traduce como rebajar en Lv 27.18.

REVELACIÓN. Desvelar lo secreto (Ro 16.25). La Biblia relata cómo se reveló Dios a las personas por medio de la naturaleza, la historia, sus hechos y sobre todo a través de su Hijo (Gá 1.12; Ap 1.1).

REVERENCIA. 1. Temor, respeto, honor, inclinación de respeto (Lv 19.30; Mt 21.37). 2. Gesto

En la mañana de la resurrección, un ángel les dice a las mujeres que buscan el cuerpo de Jesús: «No está aquí, pues ha resucitado» (Mt 28.6).

de Inclinarse con respeto o sumisión profundos (Gn 43.28).

REY. Gobernador de una nación (Éx 1.8; Mt 2.1). Durante el tiempo de Samuel, ante la insistencia de los israelitas, Dios les permitió tener su primer rey, Saúl. Se consideraba al monarca como líder militar, pero la mayoría de los reyes de Israel también influyeron espiritualmente sobre el pueblo, para bien y para mal. Ver gráfico **REYES** en la página siguiente.

REYES, 1 Y 2. Relatos históricos que originalmente formaban un solo libro. Recogen los últimos días de David; el reinado de Salomón; los reinos divididos de Israel y Judá a causa de su caída (722 y 587 a.c. respectivamente); y otros tantos acontecimientos. Los libros tratan acerca del juicio de Dios sobre su rebelde pueblo durante aquel tiempo.

● *En el transcurso de 1 y 2 Reyes, los reyes y los profetas dirigían al pueblo de Dios. Los monarcas fueron malvados en su mayoría; por lo general, ignoraban a los profetas que traían el mensaje de Dios. ¿Qué conclusiones podríamos sacar de nuestros actuales líderes políticos y religiosos? ¿Cuál es nuestra propia responsabilidad al discernir y obedecer la Palabra de Dios?*

REZÍN. Rey de Siria que luchó contra Acaz, rey de Judá (2 R 15.37). Tiglat-pileser lo mató.

RIMÓN. 1. Ciudad en Simeón (Jos 15.32; Neh 11.39). 2. Una peña en Benjamín (Jue 20.45). 3. Padre de Baana y Recab, los hombres que mataron a Is-boset, hijo de Saúl (2 S 4.2). 4. Un dios sirio (2 R 5.18).

RITO. Estatuto, norma (Nm 9.3).

RIZPA. Concubina del rey Saúl (2 S 3.7).

▲ *Desde la creación de Adán y Eva, el plan ideal de Dios para el matrimonio ha sido la monogamia, una relación entre un marido y una mujer para toda la vida. Las Escrituras muestran con frecuencia que apartarse de la monogamia provocó muchos problemas (véase la historia de Abraham, Sara y Agar, así como la de Jacob, Raquel y Lea en Génesis 16, 21, 29-30).*

REYES: GOBERNANTES DE ISRAEL Y JUDÁ

Saúl (1 S 9.1–31.13)
David (1 S 16.1–1 R 2.11)
Solomon (1 R 1.1–11.43)

GOBERNANTES DEL REINO DIVIDIDO

GOBERNANTES DE ISRAEL	GOBERNANTES DE JUDÁ
Jeroboam I (1 R 11.26–14.20)	Roboam (1 R 11.42–14.31)
	Abías/Abiam (1 R 14.31–15.8)
Nadab (1 R 15.25–28)	Asa (1 R 15.8–24)
Baasa (1 R 15.27–16.7)	
Ela (1 R 16.6–14)	
Zimri (1 R 16.9–20)	
Omri (1 R 16.15–28)	
Acab (1 R 16.28–22.40)	Josafat (1 R 22.41–50)
Ocozías (1 R 22.40–2 R 1.18)	Joram (2 R 8.16–24)
Joram (2 R 1.17–9.26)	Ocozías (2 R 8.24–9.29)
Jehú (2 R 9.1–10.36)	Atalía (2 R 11.1–20)
Joacaz (2 R 13.1–9)	Joás (2 R 11.1–12.21)
Joás (2 R 13.10–14.16)	Amasías (2 R 14.1–20)
Jeroboam II (2 R 14.23–29)	Azarías/Uzías (2 R 14.21; 15.1–7)
Zacarías (2 R 14.29–15.12)	
Salum (2 R 15.10–15)	Jotam (2 R 15.32–38)
Manahem (2 R 15.14–22)	
Pekaías (2 R 15.22–26)	
Peka (2 R 15.25–31)	Acaz/Joacaz (2 R 16.1–20)
Oseas (2 R 15.30–17.6)	Ezequías (2 R 18.1–20.21)
	Manasés (2 R 21.1–18)
	Josías (2 R 21.19–26)
	Josías (2 R 21.26–23.30)

Joacaz II/Salum (2 R 23.30—33)

Joacim/Eliaquim (2 R 23.34—24.5)

Joaquín/Jeconías (2 R 24.6—16;25.27—30)

Sedequías/Matanías (2 R 24.17—25.7)

GOBERNANTES DE LAS NACIONES PAGANAS (AT, *EN ORDEN ALFABÉTICO*)

NOMBRE	REFERENCIA	NACIONALIDAD
Abimelec	(1) Gn 20	Filisteo
	(2) Gn 26	Filisteo
Aquis	1 S 21.10—14; 27—29	Filisteo
Adonisedec	Jos 10.1—27	Cananeo
Agag	1 S 15.8—33	Amalecita
Asuero	*Ver* Jerjes I	
Amón, rey de (sin nombre)	Jue 11.12—28	Amonita
Artajerjes	Esd 4.7—23; 7; 8.1; Neh 2.1—8	Persa/Medo
Asurbanipal (también conocido como Asnapar)	Esd 4.10	Asirio
Baalis	Jer 40.14	Amonita
Balac	Nm 22—24	Moabita
Belsasar	Dn 5; 7.1	Babilonio
Ben-adad I	1 R 20.1—34	Sirio
Ben-adad II	2 R 6.24	Sirio
Bera	Gn 14.2—24	Cananeo
Ciro el Grande	2 Cr 36.22 —23; Esd 1; Is 44.28; 45.1; Dn 1.21; 10.1	Persa/Medo
Darío el Grande	Esd 4—6; Neh 12.22; Hg 1.1; Zac 1.1, 17	Persa/Medo
Darío el Medo	Dn 11.1	Persa/Medo
Edom, rey de (sin nombre)	Nm 20.14—21	Edomita
Eglón	Jue 3.12—30	Moabita
Egipto, Faraón de (sin nombre)	(1) Gn 12.18—20	Egipcio
	(2) Gn 41.38—55	Egipcio
	(3) Éx 1.8	Egipcio
	(4) Éx 2.15	Egipcio

NOMBRE	REFERENCIA	NACIONALIDAD
	(5) Éx 3.10; 5.1	Egipcio
	(6) 1 R 3.1	Egipcio
Esar-hadón	Esd 4.2	Asirio
Evil-merodac	2 R 25.27–30; Jer 52.31–34	Babilonio
Hanún	2 S 10.1–4	Amonita
Hazael	1 R 19.15; 2 R 8.7–15	Sirio
Hiram	1 R 5.1–18	Tirio
Hofra	Jer 44.30	Egipcio
Jabín	(1) Jos 11.1–11	Cananeo
	(2) Jue 4.2	Cananeo
Jericó, rey de (sin nombre)	Jos 2.2	Cananeo
Merodac-baladán	2 R 20.12; Is 39.1	Babilonio
Mesa	2 R 3.4–27	Moabita
Nahas	1 S 11.12	Amonita
Nabucodonosor	2 R 24–25; Dn 1–4	Babilonio
Necao	2 R 23.29–30	Egipcio
Nergal-sarezer	Jer 39.3, 13	Babilonio
Asnapar	Ver Asurbanipal	
Pul	Ver Tiglat-pileser III	
Rezín	2 R 15.37; 16.5–9	Sirio
Sargón II	Is 20	Asirio
Senaquerib	2 R 18–19; Is 36–37	Asirio
Salmanasar V	2 R 17.1–6	Asirio
Sisac	1 R 14.25–26; 2 Cr 12.2–9	Egipcio
Tiglat-pileser III	2 R 15.19, 29; 16.7–10	Asirio
Tiro, príncipe de (sin nombre)	Ez 28.1–10	Tirio
Jerjes I (también conocido como Asuero)	Esd 4.6; Ester	Persa/Medo

ROBOAM. Hijo y sucesor del rey Salomón (1 R 11.43; Mt 1.7). Debido a sus duros impuestos, las diez tribus del norte se rebelaron y dividieron el reino. Roboam se quedó con las dos tribus sureñas, Judá y Benjamín. El reino del norte fue Israel (diez tribus), y el del sur, Judá (dos tribus). Ver gráfico **REYES** en p. 243.

RODAS. Isla del mar Mediterráneo en la que Pablo se detuvo en uno de sus viajes misioneros (Hch 21.1).

RODE. Una muchacha que se encontraba en la casa de la madre de Juan Marcos (Hch 12.13-17). Podía ser una sirvienta o una invitada. Se gozó tanto al ver a Pedro, supuestamente encarcelado, que no le abrió la puerta y corrió al interior a contarlo a los demás.

Bahía de San Pablo, en la isla de Rodas.

RODEAR. Cercar, circundar, atacar desde todos los lados (Sal 22.12; He 12.1).
▲ *La cuerda del pecado que nos rodea nos apretará, nos hará tropezar y nos tirará al suelo en nuestro camino hacia Dios (He 12.1). Por tanto, debemos dejar de lado el pecado.*

ROGAR. Apelar, pedir, suplicar (Lc 8.38; 9.38; Ro 12.1). Literalmente, la palabra traducida «rogar» significa «llamar al lado de» (como en Ef 4.1).

ROLLO. Libro hecho a partir de la planta del papiro aplastada o de pieles de animales, enrollado alrededor de un palo en cada extremo (Ap 6.14). También se le llama libro (Lc 4.17).

ROLLOS DEL MAR MUERTO. Copias del texto del Antiguo Testamento escritas en rollos encontrados cerca del mar Muerto a principios de 1947. Son importantes porque nos garantizan la precisión de los textos hebreos de los que disponemos actualmente y nos ayudan a conocer con exactitud la redacción del Antiguo Testamento. También contienen textos no bíblicos, que nos hablan de la época inmediatamente anterior, contemporánea y posterior a la vida terrenal de Jesús. Los Rollos del Mar Muerto contienen partes de cada libro del Antiguo Testamento excepto Ester e incluye algunos libros completos. Datan del siglo II de nuestra era.
▲ *Los beduinos árabes (habitantes nómadas del desierto) descubrieron los primeros rollos en 1947, en unas cuevas situadas unos 2 km al oeste de la esquina noroeste del mar Muerto, en un lugar llamado Qumrán. Cerca de las cuevas se encuentran los restos de un monasterio en el que vivían unos judíos llamados esenios. Estos escondieron quizás los rollos o manuscritos en las cuevas. Ver la ilustración de los pergaminos en p. 219.*

ROMA. Capital del Imperio romano y actualmente de Italia (Ro 1.7). Fundada en el 753 a.c., fue una ciudad muy poderosa. Estaba situada sobre

Una de las cuevas de Qumrán donde se encontraron los Rollos del Mar Muerto.

Fragmento de un rollo de Salmos, del famoso hallazgo de los Rollos del Mar Muerto.

siete colinas, cerca del río Tíber. Pablo fue encarcelado allí en dos ocasiones (Hch 28; 2 Ti 4).

ROMANOS, LIBRO DE. Libro del Nuevo Testamento, escrito por Pablo a los cristianos en Roma (Hch 20.2-3; Ro 1.1; 15.25-28). El apóstol escribió la epístola para exponer la necesidad de salvación del mundo y cómo Dios la ha provisto (Ro 3.23; 6.23). Es lo más parecido que tenemos a un resumen de las enseñanzas de Pablo. La salvación viene por la gracia de Dios por medio de la fe y no es algo que los humanos puedan lograr o ganar (Ro 10.9-10; cp. también Ef 2.8-10).

El apóstol también escribió la carta para informar de que planeaba visitar Roma, a fin de guiar a la iglesia en algunos problemas, y enseñar cómo se suponía que debían vivir los cristianos.

ROPA. Ropaje, túnica, vestido. Las vestiduras pueden mostrar la realeza, el duelo, la riqueza, que se es el mensajero de Dios, y más (Est 6.8; 2 S 14.2; Ez 27.24; Hch 1.10; 1 Ti 2.9).

● *¿Qué dice tu vestimenta de ti y de tu estilo de vida?*

ROSTRO. Cara, semblante, la parte frontal de una persona, presencia (Sal 13.1). Expresión facial (Sal 10.4; Pr 15.13), apariencia (1 S 16.7). Término utilizado frecuentemente en relación con las emociones; postrarse sobre el rostro era un símbolo de reverencia, respeto, humildad o sumisión (Gn 17.3; Ap 7.11). «Poner» el rostro era una señal de determinación (Lv 20.3, 5, 6). Esconder el

rostro significa rechazar (Sal 27.9). Nuestro rostro expresa frecuentemente nuestros sentimientos: cuando Dios rechazó la ofrenda de Caín, su semblante decayó literalmente (Gn 4.6).

Es interesante destacar que «acepción de personas» (juzgar la apariencia exterior) traduce la palabra griega que significa «recibir el rostro» (Ro 2.11; Stg 2.1). Dios no juzga el rostro o el aspecto exterior, y nosotros tampoco debemos hacerlo.

ROSTRO. Faz, parecer, semblante, aspecto (Is 53.14; Dn 3.19; Lm 4.8).

RUBÉN, RUBENITAS. Hijo mayor de Jacob y Lea (Gn 29.32). Convenció a sus hermanos para que no matasen a José, el menor de ellos (Gn 37.21-22). Los rubenitas eran descendientes

Maqueta de la Antigua Roma. Destacan el Colisseum (circular, arriba a la derecha) y el Circus Maximus (ovalado, a la izquierda).

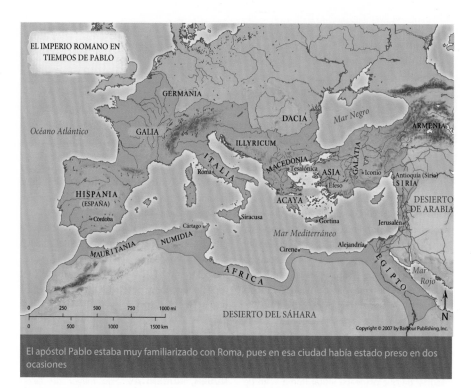

EL IMPERIO ROMANO EN TIEMPOS DE PABLO

GERMANIA

Océano Atlántico

GALIA

DACIA

Mar Negro

ARMENIA

ILLYRICUM

ITALIA

Roma

MACEDONIA

Tesalónica

ASIA

GALATIA

Iconio

Antioquía (Siria)

SIRIA

Éfeso

ACAYA

HISPANIA
(ESPAÑA)

Córdoba

Siracusa

Cártago

MAURITANIA

NUMIDIA

ÁFRICA

Cirene

Gortina

Mar Mediterráneo

Jerusalén

Alejandría

EGIPTO

DESIERTO
DE ARABIA

Mar
Rojo

0 250 500 750 1000 mi

0 500 1000 1500 km

DESIERTO DEL SÁHARA

N

Copyright © 2007 by Barbour Publishing, Inc.

El apóstol Pablo estaba muy familiarizado con Roma, pues en esa ciudad había estado preso en dos ocasiones

de Rubén, una de las doce tribus. Vivían al este del Jordán.

RUBIO. Tez rojiza (1 S 16.12).

RUFIÁN. En Ezequiel 23.20, amante ilícito. Este término con connotaciones sexuales se refiere a la relación política y espiritual del pueblo de Dios con los paganos Egipto y Babilonia.

RUMBO. Línea, disposición, fila (Jl 2.7; Mr 6.40).

RUT. Mujer moabita que se casó con un israelita (Rt 1.4). Este se había trasladado con su familia a Moab debido a la hambruna existente en Israel. A su muerte, Rut volvió a Belén con Noemí, su suegra. Rut fue bisabuela de David y antepasada de Jesús (Mt 1.5)

RUT, LIBRO DE. Libro del Antiguo Testamento que relata la historia de Noemí y Elimelec, que tuvieron que dejar su ciudad, Belén, debido a la hambruna, asentándose en Moab. Elimelec y sus hijos murieron. Noemí se quedó con sus dos nueras, ambas moabitas. Cuando decidió volver a su tierra, liberó a las dos de cualquier obligación con ella y les aconsejó quedarse en Moab. Rut, llena de devoción por Noemí, volvió con ella a Belén. Una vez allí, se casó con Booz, un pariente, y fue una antepasada de David y Jesús. El libro muestra el importante papel que una extranjera desempeñó en el plan de salvación de Dios.

▲ *Rut 1.16-17 relata de forma conmovedora el compromiso sincero de Rut con su suegra Noemí y su amor por ella. Aunque el maravilloso voto de compromiso de Rut se produjo entre una nuera y una suegra, muchas parejas deciden incorporar esos versículos en sus ceremonia de boda en la actualidad.*

SABBAT. Cese. Dios acabó su obra de creación en seis días (Gn 2.1), y después estableció el día de reposo, cesando la obra de creación y ordenando un día especial de descanso (Gn 2.1-3). Guardar, observar o recordar el día de reposo significa no trabajar y centrarse en adorar a Dios durante ese día. Dios ordenó la observancia del día de reposo (Éx 20.8-11). Jesús lo practicó y enseñó a otros al respecto (Lc 4.16; Mr 2.23-28). La observancia del día de reposo produce gozo y bendiciones (Is 58.13-14).

En el calendario judío, el día de reposo es el séptimo de la semana (el sábado). Sin embargo, bajo la ley mosaica, se podía apartar otros días y aludirse a ellos como día de reposo y adoración (cp. Lv 16.30-31).

Los cristianos observan este día especial de descanso en domingo, debido a la resurrección de Jesús en ese día y porque los cristianos primitivos adoraban y recogían ofrendas en domingo (Mt 28.1, 6; 1 Co 16.1-2). En la actualidad, los cristianos suelen hablar generalmente del domingo y del sábado de forma intercambiable.

▲ *Los fariseos interpretaban el «no trabajar» de una forma demasiado estricta, añadiendo cargas que Dios nunca pretendió (Mt 12.2; Lc 6.7). Se perdieron la intención del día de reposo (Jn 9.16), creyendo que seguir las normas era más importante que preocuparse por las personas. Jesús enfatizó que el día de reposo se había hecho para el hombre y no el hombre para el día de reposo (Mr 2.27).*

● *Los fariseos eran demasiado estrictos con el día de reposo. ¿Somos nosotros demasiado tolerantes? Identifica las formas en las que dejamos de observar el día de reposo como Dios pretendía, apartando un día a la semana para el descanso y la adoración. Sin ser legalista, considera formas de mejorar tu observancia del día de reposo para honrar y agradar a Dios.*

SABER. Estar resuelto a (Lc 16.4).

SABIDURÍA. Entendimiento, conocimiento adquirido a través de la experiencia (2 Cr 9.23; 1 Co 1.17); un don de Dios (Stg 1.5). La sabiduría es una característica de Dios. Job, Salmos y Eclesiastés son libros calificados como literatura de sabiduría. Algunos incluyen al libro de Santiago del Nuevo Testamento en esta literatura.

Conocimiento y sabiduría no son la misma cosa. La segunda es un don de Dios que permite a las personas tomar las decisiones correctas y vivir para Dios con convicción. La sabiduría absoluta solo viene del Señor.

SABIO. Alguien que aplica el conocimiento a la vida real, entiende y decide hábilmente (Pr 10.5; Ef 5.15). No todos los llamados sabios lo son verdaderamente (Gn 41.8; Ro 11.25). Los verdaderos sabios obedecen a Dios.

SACERDOCIO DEL CREYENTE. Todos los cristianos pueden entrar directamente a la presencia de Dios sin un mediador o sacerdote (Ef 2.18; 1 P 2.5, 9). Jesús proveyó para que pudiésemos tener este sacerdocio, y obramos bajo su dirección (Ap 1.6; 5.10).

▲ *Los cristianos pueden interpretar la Biblia y hablar con Dios por sí mismos. No necesitan la mediación de otro creyente para contactar con el Señor, pero sí pueden aprender de Dios gracias a otros cristianos como pastores y maestros (Ef 4.11-12).*

SACERDOTE. Alguien que habla a Dios o se relaciona con él en favor de otras personas o de sí mismo. En el Antiguo Testamento y a principios del Nuevo, los sacerdotes presentaban sacrificios por el pueblo, enseñaban la ley, entraban en los lugares más sagrados del tabernáculo o del templo y se encontraban con Dios (Lv 4.26; Ez 42.13-14; Lc 1.8-11). Dos líneas principales de sacerdotes del Antiguo Testamento eran la aarónica (Éx 28.1) y la levítica (He 7.11; Lv 6.2-5).

Jesús fue nuestro sacrificio de una vez para siempre y es ahora nuestro Sumo Sacerdote (He 4.14-16); por tanto, ya no necesitamos más sacrificios ceremoniales ni sacerdotes que nos representen o que simbolicen nuestra adoración a Dios. Cada cristiano es un sacerdote (1 P 2.5, 9), que solo necesita a Jesús como Mediador delante de Dios. Ver **MEDIADOR, SACERDOCIO DEL CREYENTE**.

▲ *Aunque los sacrificios del Antiguo Testamento simbolizaban expresiones de adoración, arrepentimiento, acción de gracias y adoración desde el corazón de las personas, ninguno de ellos salvaba a nadie. El plan de salvación de Dios no ha cambiado: la expiación realizada por la sangre de Jesucristo provee el verdadero poder salvador, pasado, presente y futuro. Todos son salvos por gracia, por medio de la fe y no por obras (Ef 2.8-10).*

SACRIFICIO DE ALABANZA. Ofrenda de agradecimiento a Dios por un don o por su ayuda (2 Cr 29.31; 33.16; cp. también 1 Ti 2.1).

■ **SACRIFICIO**. Algo que se ofrecía a Dios en adoración (Gn 31.54; Mr 12.33). En el Antiguo Testamento, los sacrificios expresaban arrepentimiento del pecado y obediencia a Dios. También había otras ofrendas, como la de agradecimiento o sacrificio. Ninguno de los sacrificios salvó nunca a nadie; eran, más bien, símbolos de corazones arrepentidos y de acción de gracias y adoración a Dios. Jesucristo se convirtió en nuestro Cordero sacrificial, perfecto, una vez y para siempre, para que pudiéramos recibir el don de la gracia de Dios que quita nuestro pecado (Jn 1.29; 1 Jn 1.5-10).

«Sacrificio» puede indicar también el compromiso individual con Dios (Ro 12.1-2). Lucas 9.23 describe «tomar nuestra cruz» para seguir a Jesús cada día. Esta forma de seguirle es un sacrificio vivo.

SADOC. Nombre que significa «justo». Sacerdote del tiempo de David (2 S 8.17). Entre otras personas con ese mismo nombre figura el padre de Jerusa (2 R 15.33) y una persona que selló el pacto con Nehemías (Neh 10.21).

SADRAC. Nuevo nombre que recibió Ananías, el amigo de David. Comió alimentos saludables con Daniel, Mesac y Abed-nego, y entró en el horno ardiente del rey babilonio con estos dos últimos (Dn 1.6, 15; 3.16-29).

SADUCEOS. Grupo de judíos que solo creían en los libros de la Ley, pero no en los Profetas ni en los Escritos. Al contrario que los fariseos, los saduceos no creían en ángeles ni en espíritus, ni en la vida de resurrección después de la muerte (Mt 22.23; Mr 12.18; Lc 20.27; Hch 23.8). Por lo general, los saduceos ostentaban el sumo sacerdocio, así como otras posiciones de gobierno. Como los fariseos, se oponían a Jesús y a su ministerio.

Sadrac, Mesac y Abed-nego, indemnes entre las llamas del horno de Nabu-codonosor, que había sido calentado siete veces más de lo normal (Dn 3.19).

▲ *Juan el Bautista denunció a los fariseos y a los saduceos (Mt 3.7-8). Jesús advirtió a sus discípulos tanto en contra de los fariseos como de los saduceos y sus enseñanzas (Mt 16.1-12).*

SAFIRA. Creyente que murió después de haberle mentido a Pedro (y al Espíritu Santo) sobre el precio de venta recibido por una posesión, como hizo también su esposo Ananías (Hch 5.1-11). Ver **ANANÍAS.**

SALARIO. Pago por un trabajo o servicio, recompensa (Gn 29.15; 30.28-34). Término empleado también para hacer referencia a la paga por el pecado (Ro 6.23).

SALEM. Abreviatura para Jerusalén (Gn 14.18; Sal 76.2; He 7.1-2).

SALMO. Generalmente, un cántico de alabanza (1 Cr 16.9; Col 3.16). Sin embargo, no todos los del Libro de Salmos lo son. Ver **SALMOS, LIBRO DE.**

SALMOS, LIBRO DE. Libro del Antiguo Testamento, compuesto por poemas que se cantaban. Es el libro más largo de la Biblia y se encuentra aproximadamente en el centro de la misma. Incluye su capítulo más corto (Sal 117) y el más largo (Sal 119). David y otros los escribieron. Los 150 salmos se utilizaban en la adoración hebrea y cristiana, algo que se sigue haciendo.

▲ *No todos los salmos son un cántico de alabanza. El estilo de los poemas varía considerablemente e incluye los conocidos como salmos «imprecatorios», en los que el escritor pide a Dios que maldiga a sus enemigos. Otros salmos son de naturaleza confesional, como la súplica de perdón de David en el salmo 51.*

SALOMÓN. Hijo de David y tercer rey de Israel. Nació de Betsabé y David después de que su primer hijo muriese. A Salomón se le conoce más por sus esposas, por su sabiduría y por la construcción del templo (1 R 3.12-28; 6.1). También ayudó a organizar la nación, mantuvo la paz durante la mayor parte del tiempo y edificó magníficas estructuras. Aunque era famoso por su sabiduría, no siempre actuó sabiamente ni obedeció a Dios, ni lideró correctamente (1 R 11.9-10). Lee acerca de él en 1 Reyes y 2 Crónicas.

■ **SALVACIÓN**. Seguridad, liberación del mal, vida eterna (Is 12.2; Lc 19.9-10). La salvación solo llega por la gracia de Dios, cuando una persona recibe a jesucristo como Señor y Salvador, por medio de la fe (Hch 4.12; Tit 2.11). La salvación —con su don de vida eterna— tiene lugar en el momento de confiar en Cristo y acaba cuando el creyente muere, o cuando Cristo regrese. Ver **REGENERACIÓN.**

▲ *El término salvación tiene entre sus significados básicos los de «rescate» y «liberación».*

● *¿Estás seguro de ser salvo? El Evangelio de Juan se escribió para que pudiéramos conocer a Cristo y creer en él para vida eterna. Las epístolas de 1, 2 y 3 de Juan se compusieron para que pudiéramos saber que somos salvos. Cuando alguien te pregunte si sabes que eres salvo, no hay lugar para responder lo que crees o esperas. ¡Es fundamental que sepas que puedes responder que sí!*

SALVADOR. Libertador, aquel que salva (2 S 22.2; Jn 4.42). En el Antiguo Testamento, el término se refiere principalmente a Dios, pero también se usa con respecto a personas (Neh 9.27). En el Nuevo Testamento, esta palabra alude primordialmente a Jesucristo como Dios Hijo, pero también, en ocasiones, a Dios Padre (Lc 1.47).

▲ *El verbo salvar se usa con mayor frecuencia que el sustantivo Salvador. Jesucristo es Señor y Salvador, pero el término Salvador aparece relativamente pocas veces en el Nuevo Testa-*

David, rey y salmista, en una vidriera inglesa.

Salomón asombra a sus súbditos resolviendo una disputa entre dos prostitutas que reclamaban como suyo a un niño vivo y como de la otra a uno muerto. El nuevo rey sugirió que partieran al niño por la mitad y dieran una parte a cada mujer. La madre auténtica renunció de inmediato a su reivindicación. Salomón le dio el niño a ella.

mento en comparación con el término Señor. *Cp. Romanos 10.9-10 para la perspectiva paulina sobre los dos términos: la confesión del señorío de Jesús conduce a la salvación.*

■ **SALVAR, SALVO**. Rescatar, poner a salvo, liberar, preservar, tanto en un sentido general como específico, del juicio del pecado (Sal 18.3; Mt 18.11; Lc 19.10; Hch 2.21). En un sentido totalmente distinto, «salvo» puede significar en español «excepto».

▲ *Efesios 2.8, que dice: «Por gracia sois salvos» puede traducirse: «Por gracia habéis sido salvados por medio de la fe». La idea es esta gran verdad: ustedes son salvos en un momento en el pasado; la salvación sigue en el presente y seguirá eternamente.*

SALVE. «Regocijaos, tened buen ánimo» (Mt 28.9).

SAMARIA. Importante ciudad sobre la cresta de una montaña a unos 67 km al norte de Jerusalén y a unos 32 km al este del mar Mediterráneo (2 R 3.1; Jn 4.4). Fundada como capital de Israel, Reino del Norte, más tarde fue controlada por muchas naciones y muchas veces fue destruida en parte.

Samaria llegó a aludir también a la región alrededor de esta ciudad y, finalmente, significó todo el Reino del Norte, Israel (1 R 13.32; Jer 31.5).

EL SISTEMA SACRIFICIAL

NOMBRE	REFERENCIA	ELEMENTOS	SIGNIFICADO
Ofrenda quemada	Lv 1; 6.8–13	Toro, carnero, cabra, tórtolas o palominos sin defecto. (Siempre machos, pero el tipo de animal varía en función de la situación económica del individuo)	Voluntaria. Significa propiciación por el pecado y entrega, devoción y compromiso absolutos ante Dios
Ofrenda de grano, también llamada oblación, o de flor de harina	Lv 2; 6.14–23	Harina, pan o grano preparado con aceite de oliva y sal (siempre sin levadura); o incienso	Voluntaria. Significa acción de gracias por las primicias.
Ofrenda o sacrificio de paz; incluye (1) ofrenda de acción de gracias, (2) sacrificio votivo, y (3) ofrenda voluntaria	Lv 3; 7.11–36	Cualquier animal sin defecto. (la especie del animal varía en función de la situación económica del individuo.)	Voluntaria. Simboliza la amistad con Dios. (1) Significa gratitud por una bendición específica; (2) ofrece una expresión ritual de un voto; y (3) simboliza gratitud en general (para presentarla en uno de los tres servicios requeridos).
Ofrenda por el pecado	Lv 4.1–5.13; 6.24–30; 12. 6–8	Animal macho o hembra sin defecto, de la siguiente manera: un toro para el sumo sacerdote y la congregación; un macho cabrío o un cordero para la gente común; tórtola o palomino para los que son un poco pobres; la décima parte de un efa para los que son muy pobres.	Obligatoria. La realiza uno que ha pecado no intencionadamente o se ha quedado impuro, y así realiza la purificación.
Ofrenda por la culpa	Lv 5.14–6.7; 7. 1–6; 14.12 18	Carnero o cordero sin defecto	Obligatoria. La realiza uno que ha perjudicado los derechos de otro o que ha profanado algo santo.

En el Nuevo Testamento, Samaria era una región de la Palestina central que los judíos evitaban (Jn 4.9)

SAMARITANO/A. Originalmente, cualquiera que viviera en Samaria. Más tarde llegó a significar una raza de personas formada cuando los judíos se casaban con personas que no lo eran. Los judíos odiaban profundamente a los samaritanos y solían negarse a poner un pie en su territorio (Lc 9.42-54; 10.25-37; 17.11-19; Jn 8.48). Jesús demostró que Dios amaba a los samaritanos, así como amaba a los judíos (Jn 4.4-30).

SAMUEL. Profeta y último juez de Israel. Su nacimiento fue una oración contestada de sus padres, Elcana y Ana (1 S 1.20). Antes de su nacimiento, su madre prometió entregarlo a Dios. Envió al pequeño Samuel, de dos años, a servir bajo las órdenes del sacerdote Elí. Estando Samuel allí, el Señor lo llamó para que se convirtiera en un profeta/juez que dirigió a Israel para volver a servir a Dios.

Samuel advirtió al pueblo israelita de que no adoraran a otros dioses ni pidieran un rey. Ellos lo hicieron de todos modos y Saúl subió al trono. Samuel lo ungió, y más tarde a David. Fueron los

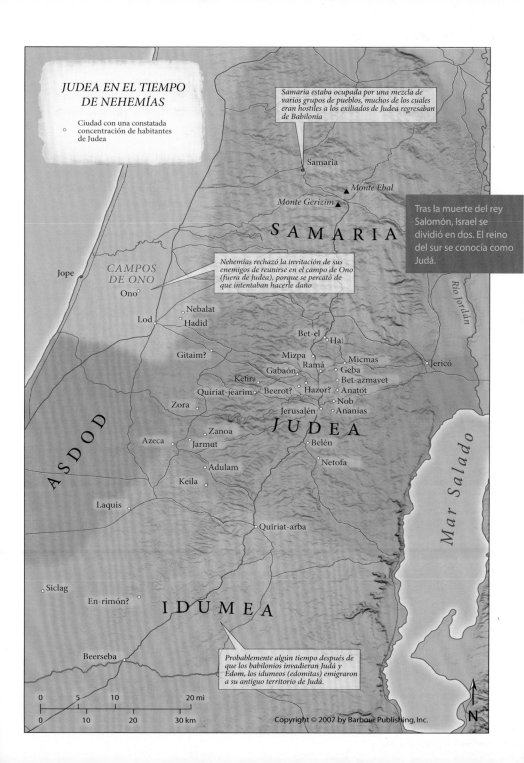

JUDEA EN EL TIEMPO DE NEHEMÍAS

○ Ciudad con una constatada concentración de habitantes de Judea

Samaria estaba ocupada por una mezcla de varios grupos de pueblos, muchos de los cuales eran hostiles a los exiliados de Judea regresaban de Babilonia

Samaria

▲ Monte Ebal

Monte Gerizim ▲

S A M A R I A

Tras la muerte del rey Salomón, Israel se dividió en dos. El reino del sur se conocía como Judá.

Jope

CAMPOS DE ONO

Ono ○

Nehemías rechazó la invitación de sus enemigos de reunirse en el campo de Ono (fuera de Judea), porque se percató de que intentaban hacerle daño

Río Jordán

Nebalat ○
Lod ○   Hadid ○

Bet-el ○
○ Hai

Gitaim? ○

Mizpa ○   Micmas ○
Gabaón ○   Ramá ○   ○ Geba
Kefira ○   ○ Bet-azmavet
Quiriat-jearim ○ Beerot? ○ Hazor? ○ ○ Anatot   ○ Jericó

Zora ○   ○ Nob
Jerusalén ○   ○ Ananías

J U D E A

A S D O D

Zanoa ○
Azeca ○   Jarmut ○   ○ Belén

Adulam ○   ○ Netofa

Keila ○

Laquis ○

Quiriat-arba ○

Mar Salado

Siclag ○

En-rimón? ○

I D U M E A

Beerseba ○

Probablemente algún tiempo después de que los babilonios invadieran Judá y Edom, los idumeos (edomitas) emigraron a su antiguo territorio de Judá.

0	5	10		20 mi
0	10	20	30 km	

Copyright © 2007 by Barbour Publishing, Inc.

N

dos primeros reyes de Israel. La vida de Samuel se caracterizó por la honestidad y la justicia.

SAMUEL 1, 2, LIBRO DE. Dos son los libros de historia del Antiguo Testamento que llevan el nombre del profeta Samuel. Primero de Samuel habla sobre la vida y la muerte de Samuel y de Saúl. Documenta el cambio en Israel desde el gobierno de los jueces hasta el reinado de los reyes. Enfatiza la fidelidad a Dios independientemente de quién gobierne. Segundo de Samuel empieza con el ungimiento de David como rey e incluye la mayor parte de su reinado sobre Israel (2 S 2.4; 4.3-4). El tema de ambos libros es que la fidelidad a Dios produce éxito y la desobediencia acarrea desastre (cp. 1 S 2.30).

SANAR. Curar, volver completamente sano o entero (Éx 15.26; Mt 4.23). ¿Qué enfermedad o debilidad física, emocional o espiritual quieres que Dios te sane?

SANCTA SANCTORUM. Expresión popular en latín para referirse al lugar santísimo, la parte más interior del tabernáculo o templo. Únicamente el sumo sacerdote podía entrar en él, y solo una vez al año, en el día de la expiación (Lv 16). Allí, ofrecía un sacrificio por los pecados del pueblo (Éx 26.34). El único elemento que había en el lugar santísimo era el arca del pacto, una pequeña estructura de madera recubierta de oro, que contenía los diez mandamientos, una vasija de maná y la vara de Aarón (Éx 25).

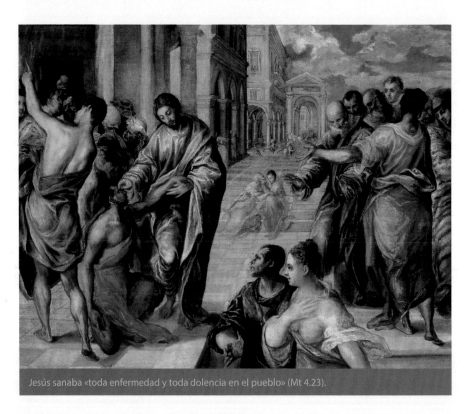

Jesús sanaba «toda enfermedad y toda dolencia en el pueblo» (Mt 4.23).

Muchas imágenes de las últimas horas de Jesús intentan retratar una crucifixion incruenta… pero este cuadro del siglo XVI, de Albrecht Altdorfer, muestra a Jesús sangrando. Los escritores del Nuevo Testamento tenían claro que la sangre derramada de Jesús era para la expiación del pecado.

SANEDRÍN. Literalmente, «sentarse juntos» (en el concilio). La corte suprema política y religiosa de setenta y un miembros judíos que condenó a Jesús (Mt 26.56-67). La mayoría de las versiones traducen *concilio*, el término griego para Sanedrín.

▲ *Formado tanto por saduceos como por fariseos; presidía sobre el sumo sacerdote y, al parecer, estaba dominado por los saduceos. Un tribunal para defender las costumbres judías y hacer justicia, pero que casi nunca practicaba la verdadera justicia, según recoge el Nuevo Testamento. Autoridad judía suprema en todos los asuntos de religión, asuntos legales o gubernamentales siempre y cuando no interfiriera en el dominio de la jurisdicción romana que dominaba Palestina en el siglo I.*

SANGRE. Sinónimo de vida (Gn 9.4). La mayor parte de las referencias en el Antiguo Testamento utilizan la palabra *sangre* para hablar de muerte

o violencia (Gn 4.10; 9.6; Pr 1.16). La sangre era un elemento fundamental en el sistema de sacrificios del Antiguo Testamento (Lv 1.5; 3.2; 4.18). En el Nuevo, el derramamiento de la sangre de Cristo, su muerte, nos proveyó el camino a la salvación (Ro 5.9-10; He 9.12-14).

▲ *Nadie se salvó nunca por medio del sacrificio de animales: la sangre de estos simbolizaba el arrepentimiento y la gracia expiatoria de Dios, que salva y se ve cumplida en Jesucristo para siempre (cp. Lv 16; He 10). Se ha dicho que en el Antiguo Testamento las ovejas morían por el pastor, pero que en el Nuevo el Pastor murió por sus ovejas. Solo la sangre de Cristo salvó, como revela el desarrollo del Antiguo y el Nuevo Testamento.*

SANO. Completo, perfecto, entero, saludable, apacible, con la salud restaurada (Pr 15.4; Jn 5.6).

SANSÓN. Uno de los últimos jueces de Israel. Nació de una pareja estéril de la tribu de Dan, israelitas bajo dominio de los filisteos en aquella época (Jue 13–16). El nacimiento fue anunciado por un ángel, porque Dios tenía planes para

Sansón sosteniendo el arma con que mató a mil enemigos filisteos: una quijada de asno.

Sansón. Se convirtió en un gigante, conocido tanto por su fuerza como por sus debilidades. La fuerza le había llegado con su nacimiento y su vida como nazareo delante de Dios; la debilidad se manifestó cuando se casó con una filistea, se entregó al pecado tras matar a los filisteos y fue permisivo con Dalila (Jue 16.20-21). Sin darse cuenta de que el pecado había hecho que Dios se apartara de él, Sansón fue derrotado; los filisteos le sacaron los ojos y lo pusieron a hacer trabajos forzados. En el cautiverio recobró su fuerza y su perspectiva espiritual; oró a Dios para que lo facultara una vez más para juzgar a los filisteos (Jue 16.26-31). La historia es una tragedia, pero Dios mencionó hasta a Sansón en la lista de los héroes de fe (He 11.32).

SANTA CENA. Práctica conmemorativa que estableció Jesús con sus discípulos para señalar su muerte sacrificial (Mt 26.26-29; Lc 22). Hoy en día, los cristianos participan en esta práctica (1) para recordar la muerte expiatoria de Cristo, (2) para enfocarse en la salvación que conlleva, y (3) para esperar su regreso. Los cristianos deberían examinar sus vidas ante Dios, y entonces participar de forma digna (1 Co 11.27-32).

▲ *En el Antiguo Testamento, cuando estaba a punto de ocurrir el Éxodo, los hebreos tuvieron que comer pan ácimo (pan al que no se le había dado tiempo para que la levadura, u otra sustancia, leudara la masa), porque tenían prisa por salir de Egipto. Cuando Jesús y sus discípulos disfrutaron de la comida, la bebida y la comunión en la Última Cena, no había prisa. Debería hablarnos el contraste*

Muchos artistas han representado la Última Cena. Este mosaico de una iglesia austríaca se basa en un cuadro de Leonardo da Vinci.

entre la rapidez de la Pascua y la participación reverente y lenta de la Cena del Señor.

● *¿Has tomado la Santa Cena?¿Qué significa la experiencia para ti? ¿Te examinas a ti mismo y tu relación con Dios en arrepentimiento, así como en conmemoración y acción de gracias? ¿Hay en tu iglesia tiempo y silencio suficientes para meditar en lo que significa participar simbólicamente del cuerpo y la sangre del Cristo?*

SANTIAGO, LIBRO DE. Libro del Nuevo Testamento, escrito probablemente por el hermanastro de Jesús entre el 48 y el 66 A.D., cuando fue martirizado. Jacobo (Santiago) era pastor de la iglesia de Jerusalén. Como autor inspirado, lo escribió para los cristianos que debían centrarse en que sus actos concordasen con sus creencias, mostrando su fe con obras piadosas y manteniendo la integridad de la voluntad de Dios. ¿En qué nos diferenciaríamos los cristianos actualmente si todos viviésemos según Santiago 1.22-26?

■ **SANTIFICACIÓN**. El proceso de purificación de Dios para hacer que una persona sea íntegra y como Jesús (1 Co 1.30). Afecta tanto al carácter como a la conducta (Col 31-17). La santificación es parte de la voluntad y del plan de Dios que llega por medio de su Espíritu y de su verdad (1 Ts 4.3; 2 Ts 2.13).

SANTIFICADO. Apartado de las cosas ordinarias (Éx 20.11). En Mateo 6.9, la oración modelo menciona que se santifique el nombre de Dios, que se mantenga santo.

● *Los cristianos santifican el nombre de Dios cuando atraen hacia él una atención positiva por medio de sus actitudes, acciones, palabras, y oraciones. ¿Cómo santificas el nombre de Dios?*

SANTIFICAR. Apartar (Gn 2.3). Dedicar como santo y para uso de Dios (Éx 13.2). La santificación es un proceso que comienza cuando uno se convierte en un cristiano y concluye cuando Jesús regresa o cuando vamos a estar con él (1 Ts 4.23). Todos los cristianos son santificados en la salvación y sellados por el Espíritu Santo (Ef 1.13; 5.26). Ver **SANTO**.

▲ *Aunque somos santificados en el sentido de tener la garantía del Espíritu Santo en cuanto a nuestra salvación, nunca somos perfectos ni completamente puros sobre la tierra. La perfección es el mandamiento de Dios y nuestra meta, pero no la alcanzaremos hasta que abandonemos esta vida o Cristo regrese por nosotros (cp. Ef 4.11-16, 30; Fil 3.12-15; 1 Jn 1.6-9; 3.6-9).*

SANTO. Persona, lugar o cosa apartada para su utilización por parte de Dios (Dt 7.6). Toda santidad tiene su origen en él, y todos los cristianos son llamados a vivir de una forma santa, como el Señor quiere que lo hagamos (Lv 21.8; Hch 3.12; 1 Ts 3.13–4.1; 1 P 2.9).

▲ *El término bíblico santos significa «los apartados», y se refiere a los cristianos, todos aquellos que han recibido el Espíritu Santo.*

● *¿De qué forma son «santas» tu vida, tus palabras, tu personalidad?*

SANTOS. Los santos, los apartados (Ro 1.7; 1 S 2.9). Todos los cristianos verdaderos son santos en el sentido bíblico de la palabra (Ef 1.12-14. 1 P 2.5-9). No son personas perfectas, sino que han recibido a Jesús como Señor y Salvador (Fil 1.1; 4.21).

● *¿Eres un santo? Recuerda: el Espíritu Santo vive dentro de cada cristiano.*

SATANÁS. El diablo, el maligno, el enemigo (Mt 4.10). Satanás se opone directamente a Dios y estorba a sus propósitos (Zac 3.1; Hch 26.18).

Calumnia a Dios y a su pueblo (Job 1.6-12). Quiere controlar a las personas y destruirlas a ellas y la devoción que sientan por Dios (Jn 10.10). Trabaja por medio de la tentación, el engaño y otros elementos sutiles para quitar lo bueno que Dios ha dado (Mr 4.14; 2 Co 11.14; 2 Ts 2.9; Ap 12.9). Su poder será un día eliminado y será lanzado al infierno, donde estará para siempre (Ap 20.2). Según Apocalipsis 20.2, el diablo y Satanás son lo mismo.

● *¿Cuál de las tentaciones de Satanás te resultan más difíciles? ¿Cómo puedes eludir esas circunstancias?*

SAÚL. Nombre que significa «pedido». 1. Primer rey de Israel (1 S 9.15-17). Samuel ungió a Saúl como rey tal como Dios le instruyó. No obedecía al plan original de Dios para Israel, pero le dio al pueblo lo que quería (cp. 1 S 8). Era alto, apuesto e inicialmente un buen líder. Ganó varias victorias sobre los enemigos de Israel, pero más tarde desobedeció los mandamientos de Dios (1 S 15.11). Saúl se mostró indigno de ser un líder

y sintió celos de David e ira hacia su hijo Jonatán. Él y sus hijos murieron en una batalla contra los filisteos (1 S 31). David fue entonces rey (2 S 2.4). 2. Nombre judío del gran líder cristiano Pablo (Hch 13.9). Ver **PABLO**.

SECARSE. Desvanecerse, desgastarse, debilitarse (Sal 102.4; 1 P 1.24).

SEDEQUÍAS. Significa «Yahvé (Jehová) es mi justicia» (o «Yahvé es mi salvación»). Con este nombre figuran en la Biblia: 1. Un falso profeta que alentó erróneamente a Acab a atacar a los sirios en Ramot de Galaad (1 R 22.11-12). 2 El último rey de Judá que reinó desde el 596 hasta el 587 A.C. (1 R 24.17-18). Nabucodonosor, rey de Babilonia, lo hizo rey de Judá. Cuando Sedequías se rebeló, los babilonios destruyeron Jerusalén y lo quitaron del poder. Otros cuatro Sedequías aparecen en las Escrituras.

SEDICIÓN. Rebelión, levantamiento (Esd 4.19; Mr 15.7).

El primer rey de Israel, Saúl, calmado por el arpa de David, que con el tiempo llegó a ser el segundo y más grande rey de Israel.

SEDUCIR. Hacer morder el anzuelo, atraer, persuadir (Stg 1.14).

SÉFORA. Una de las hijas de Reuel (también llamado Jetro), sacerdote de Madián, primera esposa de Moisés (Éx 2.16-21; 3.1-2).

SEGAR. Recoger en una cosecha (Lv 19.9). En sentido figurado, la consecuencia de lo que uno siembra, sea bueno o malo (Gá 6.7-9).

SEGUIR. Ir detrás (Jos 14.8; Mr 2.14). Estar comprometido de forma activa con un líder, sin importar del coste (Lc 9.23).

● *Cada persona tiene la responsabilidad de escoger qué forma de vida seguir: los caminos del mundo o la voluntad de Dios. Enumera acciones llevadas a cabo por ti durante tus actividades sociales la semana pasada. ¿Cómo reflejaron tu elección?*

■ **SEGURIDAD DEL CREYENTE**. La enseñanza bíblica que afirma que los que son salvos continuarán siendo salvos. Aunque la frase no figura en la Biblia, el concepto aparece en referencias como Romanos 8.38-39 y Filipenses 1.6. La seguridad del creyente se basa en el esfuerzo de Dios y no en el de los seres humanos.

▲ *La Biblia enseña sistemáticamente que los que perseveran en la gracia de Dios por medio de la fe son salvos y están seguros. La seguridad del creyente no es una excusa para desobedecer a Dios. La doctrina se refleja más bien en la nueva criatura en Cristo, que vive y mora en su gracia y procura agradarle (cp. Ro 6.1-4).*

SEGURIDAD. Confianza, convicción absoluta, certeza, firmeza mental. La base de nuestra seguridad es el propio Jesucristo (Is 32.17; Hch 17.31; Col 2.2; He 10.22; 1 Ts 1.5).

Campesinas asiáticas siegan arroz a mano, de forma parecida a como los campesinos bíblicos segaban sus cosechas.

SELAH. Nota o clave musical para indicar una pausa o introducir alguna otra acción (Sal 3.2; Hab 3.13).

▲ Selah *es un término hebreo que puede proceder de una palabra que significa «levantar». Sin embargo, nadie conoce el significado exacto. Podría indicar una pausa musical o el cambio de una clave más baja a otra más alta.*

SEMANAS, FIESTA DE LAS. Celebraba una buena cosecha de cebada y tenía lugar siete semanas después de la Pascua (Lv 23.15-21). Segunda de las tres festividades anuales (Dt 16.16). No se debía realizar trabajo alguno, y todo varón iba al santuario (Lv 23.21). Se hacían ofrendas de paz y por el pecado. Ver **PENTECOSTÉS** y el gráfico: **FIESTAS Y CELEBRACIONES** en p. 110.

SEMEJANZA. Imagen de, creado como otro (Gn 1.26; Ro 8.3). Espiritualmente hablando, «semejanza» e «imagen» pueden ser sinónimas. Al elegir el pecado, los humanos estropearon la imagen de Dios a la que fueron creados. Sin embargo, esto no la destruyó por completo. Convertirse en cristiano nos lleva de vuelta a la imagen de Dios como nueva criatura (Ef 4.24; 2 Co 4.4).

● *¿Cómo describirías tu propia imagen? Lee Génesis 1.26-28; Salmos 8; Romanos 8.28-29;*

12.1-3, y ve si cambia la visión que tienes de ti mismo.

SEMITAS. Pueblo de Asiria y otros grupos de personas que, según se creía, descendían de Sem, el hijo de Noé (Gn 5.32; Lc 3.36). Aunque eran pueblos distintos hablaban lenguas similares, como el hebreo, el arameo, el árabe, el cananeo y el moabita.

SENO. Pecho. Centro de las emociones. Corazón (Éx 4.6; Ec 7.9; Lc 16.23).**SENO DE ABRAHAM**. Término empleado para hacer referencia a intimidad, afecto, lugar de honor, bendición (Lc 16.22-23).

SEÑAL. Prueba, símbolo (Gn 9.12; 2 Ts 1.5).

SEÑALES. Intervención de Dios en la humanidad, la naturaleza y la historia (Nm 14.22; Jn 2.11). Término también traducido «milagros», «maravillas» o «hechos poderosos». Los milagros llevan a cabo el propósito de Dios o revelan al Señor. En el libro de Juan, Jesús realizó una serie de siete milagros para revelarse como el Mesías a aquellos que iban a ver, oír, comprender, arrepentirse y nacer de nuevo.

▲ *Algunas personas creen que la era de los milagros concluyó con el final de la época del Nuevo Testamento. Sin embargo, como otros teólogos han afirmado, Dios los hace y concede dones cuando él lo cree oportuno.*

SEÑALES Y MILAGROS DE JESÚS

MILAGRO	PASAJES BÍBLICOS		
Convierte el agua en vino			Jn 2.1
Muchas sanidades	Mt 4.23	Mr 1.23	
Sana a un leproso	Mt 8.1	Mr 1.40	Lc 5.12
Sana al siervo de un centurión	Mt 8.5		Lc 7.1
Sana a la suegra de Pedro	Mt 8.14	Mr 1.29	Lc 4.38
Calma una tormenta en el mar	Mt 8.23	Mr 4.35	Lc 8.22
Sana al endemoniado gadareno	Mt 8.28	Mr 5.1	Lc 8.26
Sana a un paralítico	Mt 9.1	Mr 2.1	Lc 5.18
Sana a una mujer con hemorragia	Mt 9.20	Mr 5.25	Lc 8.43
Resucita a la hija de Jairo	Mt 9.23	Mr 5.22	Lc 8.41
Sana a dos ciegos	Mt 9.27		
Sana a un hombre poseído	Mt 9.32		
Sana a un hombre con la mano seca	Mt 12.10	Mr 3.1	Lc 6.6

MILAGRO	PASAJES BÍBLICOS			
Alimenta a los cinco mil	Mt 14.15	Mr 6.35	Lc 9.12	Jn 6.1
Camina sobre el mar	Mt 14.22	Mr 6.47		Jn 6.16
Sana a la hija de una mujer sirofenicia	Mt 15.21	Mr 7.24		
Alimenta a los cuatro mil	Mt 15.32	Mr 8.1		
Sana a un muchacho epiléptico	Mt 17.14	Mr 9.14	Lc 9.37	
Sana a dos ciegos en Jericó	Mt 20.30			
Sana a un hombre con espíritu inmundo		Mr 1.23	Lc 4.33	
Sana a un sordomudo		Mr 7.31		
Sana a un ciego en Betesda		Mr 8.22		
Sana al ciego Bartimeo		Mr 10.46	Lc 18.35	
Una pesca milagrosa			Lc 5.4	Jn 21.1
Resucita al hijo de una viuda			Lc 7.11	
Sana a una mujer encorvada			Lc 13.11	
Sana a un hidrópico			Lc 14.1	
Sana a diez leprosos			Lc 17.11	
Restaura la oreja de Malco			Lc 22.50	
Sana al hijo de un oficial del rey				Jn 4.46
Sana a un paralítico en Betesda				Jn 5.1
Sana a un ciego				Jn 9.1
Resucita a Lázaro				Jn 11.38

■ **SEÑOR**. Maestro, señor, título de respeto (Rt 2.13; Lc 12.46). El título se aplica tanto a Dios Padre como a Dios Hijo (Éx 15.2; Lc 2.11). Aceptar a Jesús como nuestro «Señor» es esencial para la salvación y representa la primera confesión cristiana de fe (Ro 10.9-10; 1 Co 12.3).

▲ *La palabra Señor aparece centenares de veces tanto en el Antiguo como en el Nuevo Testamento. Es interesante ver que la palabra Salvador aparece tan solo veinticuatro veces en el Nuevo Testamento. Seguir el patrón del Nuevo Testamento es proclamar a Jesús como Señor y declararnos sus siervos; esa era la descripción habitual que el apóstol Pablo hacía de su relación con Jesucristo. Pertenecemos a Jesús como Señor, y nuestro llamado es obedecerle por completo.*

● *¿Es Jesús tu Señor? ¿Cómo lo sabes? ¿Cómo pueden saber los demás que es tu Señor?*

SEÑORÍO. Dominio. Poder para regir, poseer o controlar (Gn 1.26; 37.8). Ejercer dominio sobre (Ro 6.9).

SEOL. Nombre que se da en el Antiguo Testamento para el lugar de los muertos. Ver **HADES**, **INFIERNO**.

SEPARADO. Apartado (2 R 2.11). Dividido. Implica habitualmente dolor (Hch 15.39). El concepto se utiliza en la Biblia para describir el mar Rojo dividido, emociones rotas, naciones divididas, la ruptura del divorcio, y amistades rotas (Lv 1.17; Sal 136.13; Job 16.12; Hab 3.6; Mt 19.6).

SEPTUAGINTA. Traducción al griego del Antiguo Testamento hebreo que data de antes de la época de Jesucristo. El numeral romano LXX (setenta) alude a la Septuaginta; muchos eruditos creen que, en origen, los traductores de la versión fueron setenta (o tal vez setenta y dos). En la lengua inglesa, el término *Septuagint* apareció en alusión a los traductores ya en el año 1577 y a la traducción misma del Antiguo Testamento griego en 1633.

🔺 *Algunos expertos comentan que Ptolomeo II de Egipto hizo traer eruditos a Alejandría y que estos acabaron la traducción en setenta y dos días, pero es un plazo poco creíble.*

SEPULCRO. Lugar de enterramiento (Gn 23.6; 50.5; Mt 27.61; Jn 12.17). Las prácticas de sepul-

La «tumba del huerto» en Jerusalén, que para algunos es el lugar donde sepultaron a Jesús.

tura eran parecidas en ambos Testamentos. Frecuentemente, los fallecidos eran enterrados en un sepulcro familiar. Estos se encontraban en la tierra, en cuevas naturales o artificiales. En ocasiones, se señalaban con piedras o columnas. A veces se usa para referirse a la muerte o el Seol (Job 33.18). Los sepulcros se tallaban en la roca y a veces se esculpían en los muros de cuevas ya existentes (Mr 15.46). Muchos cuerpos se enterraban juntos. Una vez la descomposición reducía el cuerpo a huesos, estos restos se trasladaban a un agujero en la parte trasera de la cueva para dejar sitio al siguiente cadáver. *Sepulcro* también se utiliza para describir una religión vacía y la maldad interna (Mt 23.27; Ro 3.13).

🔺 *El Seol era el lugar de los muertos en la mentalidad de los hebreos del Antiguo Testamento.*

SEPULTADO. Colocado en un sepulcro o tumba (Nm 20.1). En los tiempos bíblicos se enterraba a las personas en una tumba abierta, cubriéndola con piedras, en una cueva en la ladera de una colina o en una cámara funeraria. Pablo comparó el bautismo con la muerte y la sepultura, seguidas por la resurrección (Ro 6.4).

SEQUEDAL. Tierra árida, quemada (Jer 17.6).

SÉQUITO. Procesión de asistentes (1 R 10.2).

SERAFÍN. Literalmente «los ardientes». Ángeles alados que servían a Dios como mensajeros. Nadie sabe exactamente cómo eran, pero tienen seis alas (Is 6.2). Ver **QUERUBÍN**.

SERPIENTE. Víbora especialmente venenosa (Sal 58.4). Símbolo para Satanás o el mal (Gn 3.1; Mt 23.33), aunque Dios convirtió una vara en serpiente y de nuevo en un cayado como confirmación de su llamamiento a Moisés (Éx 4.1-5).

SERVIR AL OJO. Hacer el bien para agradar a los que están mirando (Ef 6.6; Col 3.22). Un servicio realizado para llamar la atención, no por el propio bien en sí, ni para agradar a Dios o a la conciencia.

La shemá (Dt 6:4) está dentro de la mezuzá que hay en el umbral de los hogares judíos.

LA SHEMÁ (DEUTERONOMIO 6.4–9)
4 Oye, Israel: Jehová nuestro Dios, Jehová uno es.
5 Y amarás a Jehová tu Dios de todo tu corazón, y de toda tu alma, y con todas tus fuerzas.
6 Y estas palabras que yo te mando hoy, estarán sobre tu corazón;
7 y las repetirás a tus hijos, y hablarás de ellas estando en tu casa, y andando por el camino, y al acostarte, y cuando te levantes.
8 Y las atarás como una señal en tu mano, y estarán como frontales entre tus ojos;
9 y las escribirás en los postes de tu casa, y en tus puertas.

SHEMÁ. Forma en que escribimos la primera palabra hebrea de Deuteronomio 6.4, y que significa «oír». La shemá llegó a incluir la totalidad de Deuteronomio 6.4-9, una confesión de fe en el único Dios verdadero y un compromiso con sus mandamientos. Jesús citó parte de la shemá (Dt 6.4-9) en Marcos 12.29.

SÍ. Su sentido básico es una afirmación (Mt 9.28). Sin embargo, algunas veces tiene una de estas connotaciones: «también, aunque, verdaderamente, sí... pero». Algunas veces se utilizaba para enfatizar que la respuesta a una pregunta es absolutamente afirmativa: traducido «verdaderamente» o «en gran manera» (Gn 1.31).

SICLO. Unidad de medida equivalente a 11,5 g o 0,4 oz (Éx 30.23-24).

SICÓMORO. Árbol con ramas que se extienden ampliamente a lo ancho, lo que lo hace fácil de trepar (Lc 19.4). Cruce entre la higuera y la morera. Los sicómoros de la Biblia eran distintos a los de la actualidad. Los pobres comían sus higos y usaban su madera (1 R 10.27).

■ **SEXUALIDAD**. Condición de macho o hembra. La relación sexual es un buen don de Dios dirigido al matrimonio (Gn 1.27-28; 2.19-25). La sexualidad es algo más que un acto meramente físico; también es un medio íntimo de expresar el amor compartiendo la mente y el corazón. Expresada a través de la unión del matrimonio, la sexualidad honra a Dios y él la bendice.

SIERVO. Alguien que sirve a otro, ya sea por esclavitud o a cambio de un salario (Gn 19.19; Ro 1.1). En la Biblia se usan una gran variedad de términos para «siervo». Casi siempre indican un grado de inferioridad que va desde el esclavo hasta una ayuda doméstica, pero la mayoría de las

Árbol sicómoro en la moderna Tel Aviv, Israel.

veces indica el primero. Ocasionalmente, «siervo» era una forma educada de contestar, como en el caso de Samuel: «Habla, Señor, que tu siervo oye» (1 S 3.9).

Todos somos siervos de alguien o de algo. Sin embargo, escoger ser siervo de Jesús libera (Ro 6.6-7; 8.2; Jn 8.34). Es el término favorito del apóstol Pablo, porque él mismo era siervo de Jesucristo.

SIGLO. 1. Período de tiempo. Puede ser pasado o futuro, y es frecuentemente ilimitado. *Siglos* significa a menudo «eternidad» o un tiempo que no se puede medir. Dios es el Rey de todos los siglos (Col 1.26; Ro 16.25; Jl 2.2; Ap 5.3; Is 45.17; 1 Ti 1.17). 2. Tierra, universo, mundo o era (Mt 12.32; Hch 17.24). También puede referirse a la vida presente en la tierra (Gá 1.4) o a la vida en el cielo (Lc 18.30).

SIN INTENCIÓN. Sin saberlo o sin ser consciente; imprevisto, inesperado, de repente (Dt 4.42; Jos 20.3; Lc 21.34; He 13.2).

SIN LEVADURA. No leudado (Gn 19.3; Éx 12.8, 39; Mr 14.1).

SIN MANCHA. Limpio, puro; cualquier persona o cosa no corrompida por el mal (Sal 119.1-3; He 7.22-28; Stg 1.27).

SINAGOGA. Lugar judío de adoración, estudio y reunión (Sal 74.8; Mt 4.23) que surgió tras la destrucción del templo, en el 587 A.C. Como la palabra *iglesia* de nuestros días, *sinagoga* significa una comunidad de creyentes y, a la vez, el lugar donde se reúnen. Los hombres y las mujeres se sentaban por separado. Las personas más importantes se sentaban delante. Había varios líderes de adoración. Se invitaba a los miembros competentes de la congregación a leer y explicar las Escrituras. Cuando Jesús lo hacía, todos se sorprendían (Lc 4.16-22).

Los cultos en la sinagoga consistían, típicamente, en la recitación de la Shemá (Dt 6.4-9), oraciones, lecturas de las Escrituras del Antiguo Testamento, un sermón y una bendición.

SION. Fortaleza, nombre para Jerusalén o una parte de ella (Sal 2.5; Ap 14.1). Originalmente, *Sion* se refería a la parte más antigua de Jerusalén, una colina al sureste. Más tarde, también incluyó la colina del noreste sobre la que estaba edificado el templo; finalmente, se refirió a toda la ciudad. *Sion* puede también aludir a toda la nación de Israel (Is 1.27), la ciudad de Dios en la era venidera (Is 28.16) o al cielo (Is 59.20).

SITIAR. Rodear una ciudad con fuerzas armadas hasta que la escasez de alimentos la obligue a rendirse (Dt 20.19; 28.52). Presionar o acorralar (1 S 20.15).

■ **SOBERANÍA DE DIOS**. Autoridad y gobierno absolutos de Dios (Is 45.5-6; Ro 9.20-21). Solo Dios tiene soberanía.

El desierto de Judea, cerca del mar Muerto, representa muy bien el concepto bíblico de soledad.

SOBERBIA. Arrogancia, confianza en uno mismo; lo contrario de humildad (Pr 29.23; Mr 7.22). Altanería (Ez 16.50).

SOBERBIO. Lleno de orgullo, atrevido, temerario (Éx 21.14; 2 P 2.10).

SOBREABUNDAR. Incrementarse, abundar, rebosar, ser absolutamente grande (2 Co 4.15).

SOCORRO. Provisión, ayuda, contribución, apoyo (Hch 11.29).

SOFONÍAS. Entre los Sofonías de la Biblia tenemos: 1. un profeta y autor del libro de Sofonías (Sof 1.1). 2. El sacerdote que pidió oración por Israel, trajo una falsa profecía de Babilonia a Jeremías y fue más tarde ejecutado por Nabucodonosor (Jer 29.24).

SOFONÍAS, LIBRO DE. Libro del Antiguo Testamento en los profetas menores, escrito antes del cautiverio babilonio. Contiene una profecía de condenación de la adoración de Judá a otros dioses, una promesa de castigo para otras naciones y una imagen de la restauración de Jerusalén con un fiel remanente de ciudadanos que honran a Dios. Aunque el libro de Sofonías contiene mucho sobre el juicio de Dios con ayes, pesadumbre y tristeza, la última parte es un cántico del Señor. Cuando Israel fue restaurada

por completo, Sofonías compartió: el Señor se «gozará sobre ti con cánticos» (Sof 3.17).

SOLO. Solitario, desierto, sombrío, apartado de las personas, sin nada (Is 49.21; Jer 33.12).

SOMETIDO. Obediente a (Lc 2.51). Que está bajo el control de o sujeto a algo (He 2.15).

SOPORTAR. Sufrir, estar firme, albergar un sufrimiento (Sal 30.5; 2 Ti 2.3).

SOPORTAR. Tolerar (Ef 4.2).

SUEÑO. Pensamiento o experiencia mientras se duerme (Gn 20.3; Hch 2.17). Dios puede comunicarse con su pueblo por medio de los sueños (1 R 3.5; Ez 2.1; Mt 1.20), pero no todos proceden de él (Dt 13.1-3). Dios dio a algunos la capacidad de interpretarlos. José (Gn 40.5-23) y Daniel (4.19-27) son dos ejemplos. La mayor parte de los sueños probablemente solo derivan de las experiencias del día (Ec 5.3).

SUERTES. Objetos que se podían lanzar e interpretar para tomar una decisión. Se desconoce su descripción exacta. La Biblia recoge varios

Jacob sueña con una escalera al cielo, representado en una vidriera de Chartres, Francia.

casos en los que se echaban suertes para tomar una decisión; a veces, incluso para intentar llegar hasta la voluntad de Dios (por ejemplo, cp. Jos 19.51). En Hechos 1.20-26, los discípulos eligieron dos hombres de Dios como posibles sustitutos de Judas Iscariote, luego oraron y echaron suertes para optar por Matías. En la crucifixión en Jesús, se repartieron sus vestidos echando suertes (Sal 22.18; Mt 27.35).

SUMISIÓN, SOMETERSE. Rendición, rendir. La sumisión cristiana consiste en rendirse voluntariamente y por amor, y considerar que las necesidades de otra persona son más importantes que las tuyas (Ef 5.21; Stg 4.7).

SUMO SACERDOTE. La posición religiosa más alta entre los hebreos (2 Cr 24.11; Mt 26.3). Supervisaba a los demás sacerdotes y llevaba a cabo ceremonias especiales como la entrada al lugar santísimo del templo para ofrecer un sacrificio por los pecados del pueblo, que se producía una vez al año. Únicamente el sumo sacerdote podía entrar allí (Lv 16). Jesús es nuestro verdadero Sumo Sacerdote (He 2.17). Ver **LUGAR SANTÍSIMO, TEMPLO, AARÓN.**

SUPREMO SACERDOTE. Líder de la adoración en el templo o el tabernáculo (2 R 12.10; 2 Cr 26.20; Mt 26.3). También llamado sacerdote principal o sumo sacerdote (Mt 2.4). Supervisaba los sacrificios ofrecidos por los sacerdotes así como otras funciones sacerdotales, participando también en ellos. Solo él tenía el privilegio de entrar en el lugar santísimo (la parte más interior del templo o tabernáculo) en el día de la expiación (Lv 16). Aarón fue el primer sumo sacerdote (Éx 28; 29). Ver **LUGAR SANTÍSIMO, LEVITAS.**

SUPEREMINENTE. Más allá de toda medida, abundante, más de lo normal, extrema, muy fuerte (Gn 13.13; Ef 1.19).

SUPERVISOR. Inspector, administrador (Gn 39.4). Traducido como «obispo» (Hch 20.28; Fil 1.1; Tit 1.7).

▲ *La palabra griega* episkopos *significaba «supervisor», pero parece que se utilizaba indistintamente con «pastor» y «anciano».*

■ **SÚPLICA.** Ruego u oración (Job 8.5). Petición sincera y humilde (2 Cr 6.19; Est 4.8; Ef 6.18).

SUPLICAR. Pedir, rogar, desear (Rt 1.16; Jer 15.11; Fil 4.3).

SUR, REINO DEL. Es lo mismo que Judá (pero también contenía la tribu de Benjamín). Cuando Salomón murió, la rebelión dividió la nación de Israel (1 R 14.19-30). El reino del norte estaba formado por las diez tribus que se retiraron del gobierno del rey Roboam, alrededor del 922–912 A.C. y que siguieron siendo conocidas como Israel. Judá quedó como reino del sur y continuó hasta el 587 A.C., cuando Babilonia lo conquistó. Ver gráfico **REYES**, en p. 243.

SUSTENTAR. Apoyar, sostener (Sal 51.12; He 1.3).

El sumo sacerdote judío.

los. Schönmann. 1838.

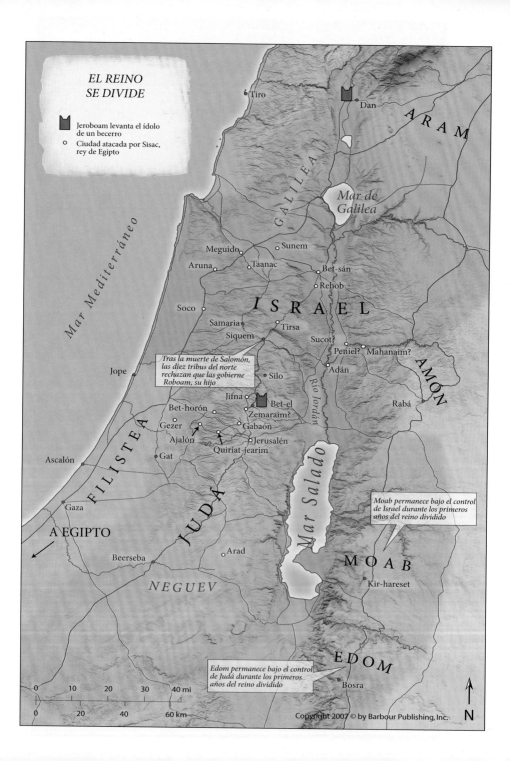

EL REINO
SE DIVIDE

■ Jeroboam levanta el ídolo
de un becerro

○ Ciudad atacada por Sisac,
rey de Egipto

Tiro

Dan

A R A M

G A L I L E A

Mar de
Galilea

Meguido   ○ Sunem

Aruna   Taanac

Bet-sán

○ Rehob

Soco

I S R A E L

Samaria   ○ Tirsa

Siquem   Sucot?

Peniel? ○ Mahanaim?

A M Ó N

Tras la muerte de Salomón,
las diez tribus del norte
rechazan que las gobierne
Roboam, su hijo

Adán

● Silo

Jifna

Bet-el

Rabá

Bet-horón   Zemaraim?

Gezer   Gabaón

Ajalón

Jope

Quiriat-jearim   ● Jerusalén

Gat

Ascalón

F I L I S T E A

J U D Á

Moab permanece bajo el control
de Israel durante los primeros
años del reino dividido

Mar Salado

Gaza

A EGIPTO

Beerseba   ○ Arad

M O A B

N E G U E V

Kir-hareset

Edom permanece bajo el control
de Judá durante los primeros
años del reino dividido

E D O M

● Bosra

| 0 | 10 | 20 | 30 | 40 mi |

| 0 | 20 | 40 | 60 km |

N

Mar Mediterráneo

Río Jordán

TABERNÁCULOS, FIESTA DE LOS. Fiesta anual hebrea cuyo propósito era dar gracias a Dios por la cosecha (Lv 23.34-36). Llamada también fiesta de las cabañas, o de las enramadas. El pueblo vivía en ellas durante la fiesta como recordatorio de la vida nómada de sus ancestros en el desierto. La festividad tenía lugar desde el 15 hasta el 22 de Tisrei, un mes equivalente aproximadamente a nuestro octubre. Ver gráficos **FIESTAS Y CELEBRACIONES** en p. 110 y **CALENDARIO** en p. 279.

TABITA. Nombre que significa «gacela»; otro nombre de Dorcas, una discípula de Jesús que hizo muchas buenas obras en su nombre. Cuando murió, las viudas de Jope lloraron por ella y Dios la trajo de nuevo a la vida tras la oración de Pedro (Hch 9.36-42).

▲ *Las palabras de Pedro, «Tabita, levántate» (Hch 9.40), repiten la tierna frase que Jesús dijo en arameo al resucitar a una niña de doce años de edad: «talita cumi», el equivalente a «niña, levántate» (Mr 5.41).*

TABLA, TABLILLAS. Superficie o panel de escritura (Lc 1.63). Los diez mandamientos se escribieron en tablas (Éx 32.15-16).

TADEO. Uno de los doce apóstoles (Mr 3.18). Llamado también Lebeo (Mt 10.3). Posiblemente Judas, que escribió el libro del mismo nombre. Ver **JUDAS**.

TALENTO. Unidad de peso y dinero. En el primer caso, unos 36 kg (Éx 25.39; Ap 16.21). Como dinero, equivalía a 3.000 siclos de Palestina (3.600 en Babilonia). Los talentos podían ser de oro o plata. Esta valía aproximadamente la quinceava parte de aquel. Independientemente de la comparación exacta con nuestro dinero, un talento era una cantidad inmensa de dinero que requería años de trabajo común para ganarse

■ **TABERNÁCULO**. Tienda o morada temporal (Mt 17.4). Específicamente, el lugar de reunión cuyas medidas y materiales Dios dio con detalle a Moisés (Éx 25–27; 33.7-10). Este tabernáculo era un centro de adoración portátil en el que los israelitas se encontraban con Dios durante su travesía del desierto. Sirvió como lugar de adoración hasta que Salomón construyó el templo permanente en Jerusalén. En el Nuevo Testamento, el propio Jesús pasó a ser el lugar de reunión (He 9–10). Simbólicamente, el término tabernáculo puede referirse al cuerpo físico (2 Co 5.1-4).

▲ *Dios nunca se ha limitado a un tabernáculo, tienda o edificio de iglesia. Él ha llamado a su pueblo a apartar tiempos y lugares especiales para adorarlo. Su adoración no exige un edificio, pero reunirse forma parte del plan divino y la voluntad de Dios para nosotros (cp. He 10.19-25).*

Recreación moderna del antiguo tabernáculo, en el desierto israelí en Timna.

(Mt 18.24; 25.14-30). Ver **DINERO** y el gráfico: **PESOS Y MEDIDAS** en p. 221.

● *Tanto si se refiere a dinero como a una capacidad, como actualmente, la Biblia enseña que quien posee el talento tiene una oportunidad y una responsabilidad. ¿Cómo estás invirtiendo tus talentos? (Cp. Mt 25.14-30).*

Tabla de arcilla de en torno al 2300 A.C., exhibida en el museo del Louvre.

TAMAR. Significa «palmera». 1. Esposa de Er, hijo mayor de Judá (Gn 38.6). 2. Hija virgen de David. Su hermanastro Amnón la deseaba, la violó y seguidamente la despreció (2 S 13.1-15). Este acto pecaminoso provocó que Absalón (hermano biológico de Tamar) matase a Amnón (2 S 13.20-29).

TARDAR. Esperar, permanecer detrás, prolongar, retrasar (Hab 2.3; He 10.37).

TARDOS. Lentos para comprender, que no prestan atención, perezosos, mentalmente indolentes (He 5.11).

TARÉ. Nombre personal que significa «volver», «duración» o «vagar» (Gn 11.26-32). Vivió hasta la edad de 205 años (Gn 11.32).

TARSIS. 1. Nombre de un bisnieto de Noé, un guerrero benjamita, de un oficial del rey Asuero y de otros (Gn 10.4; 1 Cr 7.10; Est 1.14). 2. Rico puerto comercial mediterráneo (Is 23.1; Jer 10.9; Ez 27.12). Jonás intentó huir de Dios navegando a Tarsis (Jon 1.3).

TARSO. Lugar de nacimiento del apóstol Pablo. Capital de Cilicia, en Asia Menor (Hch 9.11, 30; 11.25; 21.39; 22.3). Fue un centro de conocimiento renombrado por su filosofía y literatura. Se encontraba a unos 16 km del mar Mediterráneo.

TECOA. Localidad situada unos 10 km al sureste de Belén, conocida por el profeta Amós y una mujer sabia que pidió ayuda a David (2 S 14.2).

TEMBLAR. Tambalearse como un borracho (Sal 107.27; Is 24.20).

Calzada romana en la Tarso actual.

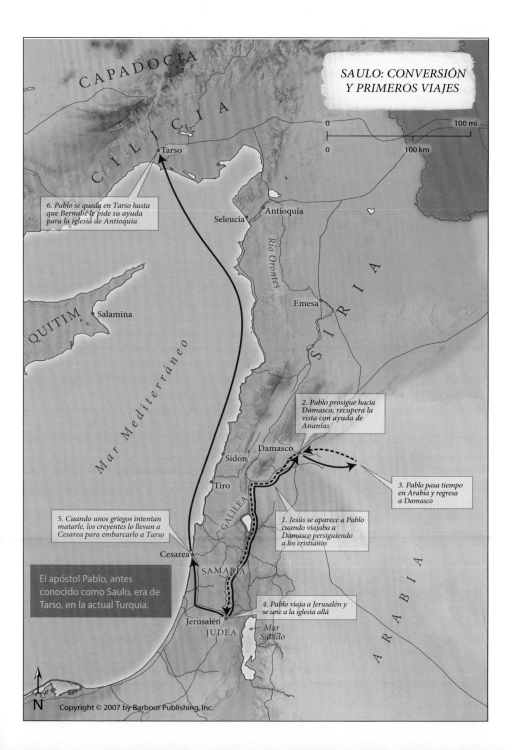

SAULO: CONVERSIÓN Y PRIMEROS VIAJES

CAPADOCIA

CILICIA

Tarso

6. Pablo se queda en Tarso hasta que Bernabé le pide su ayuda para la iglesia de Antioquía

Seleucia

Antioquía

Río Orontes

SIRIA

QUITIM

Salamina

Emesa

Mar Mediterráneo

Sidón

Tiro

GALILEA

Damasco

2. Pablo prosigue hacia Damasco, recupera la vista con ayuda de Ananías

3. Pablo pasa tiempo en Arabia y regresa a Damasco

1. Jesús se aparece a Pablo cuando viajaba a Damasco persiguiendo a los cristianos

5. Cuando unos griegos intentan matarle, los creyentes lo llevan a Cesarea para embarcarlo a Tarso

Cesarea

SAMARIA

ARABIA

El apóstol Pablo, antes conocido como Saulo, era de Tarso, en la actual Turquía.

Jerusalén

JUDEA

4. Pablo viaja a Jerusalén y se une a la iglesia allá

Mar Salado

N

TEMBLOR. Sismo (Éx 19.18; Mt 27.51); estreme-cerse de miedo (He 12.21).

TEMER. Tener miedo (1 Cr 22.13).

TEMOR. Puede utilizarse en el sentido típico de tener miedo. También, reverencia, respeto, conciencia de la santidad (Job 25.2; Is 8.13; Lc 5.26; Hch 2.43). No es terror, sino honra y reconocimiento de una posición. La verdadera religión incluye temer a Dios y venerarlo (Pr 1.7). Asombro. Adoración. Respeto. Admiración de Dios en respuesta a algo que él ha hecho (Sal 4.4; 33.8; Hab 3.2; Lc 5.26).

TEMPESTAD. Tormenta violenta, torbellino, huracán, diluvio (Job 27.20; Mt 8.24).

TEMPLANZA. Dominio propio; sensatez (1 Co 9.25; Gá 5.23; 2 P 1.3-8).

TEMPLO. Casa o lugar de adoración (Sal 11.4; Mt 21.12). El rey Salomón construyó el primer templo, terminado alrededor del 950 A.C. Se destruyó en el 587 A.C. Se levantó un segundo templo en el mismo enclave, y más adelante el de Herodes. Más importantes que estos edificios históricos, los cristianos, como grupo o como creyentes individuales, son el templo de Dios (1 Co 3.16; 6.19). Como tales, son apartados para ser santos, puros y morada de su Espíritu. La Biblia dice que Dios destruirá a aquellos que profanan su templo (1 Co 3.17).

TENTACIÓN. Incitación a hacer algo indebido, prueba (Gá 6.1; Stg 1.12-14). Deseo de ceder ante el pecado, de hacer algo malo que nos atrae. Procede de Satanás y es engañosa (Lc 4.1-13). Dios puede ayudarnos a vencerla y evitar que nos rindamos ante ella (Lc 11.4; 1 Co 10.13). La tentación en sí no es pecado. Resistir con éxito la tenta-

El templo de Herodes domina Jerusalén, como se ve en este modelo de la ciudad en tiempos de Jesús.

ción produce bendición y crecimiento espiritual (Stg 1.12).

Tentar a alguien para que peque es contrario a la naturaleza de Dios. Sin embargo, él permite las pruebas, proveyendo gracia para soportarlas y poder para vencerlas (cp. Gn 22).

● *¿Qué acciones o actitudes indebidas te resul-tan más tentadoras? ¿Qué consecuencias negativas puede provocar ceder ante la tenta-ción? ¿Cómo se puede vencer a la tentación?*

TENTACIÓN DE JESÚS. Período de cuarenta días durante el cual el diablo tentó a Jesús (Mr 1.12-13; Mt 4.1-11; Lc 4.1-13). Este tiempo de prueba tuvo lugar al principio del ministerio de Jesús. Satanás trataba de apartarlo del plan de Dios. La tentación del diablo iba acompañada de citas de las Escrituras; Jesús las rechazó con sus Escrituras. Él sintió las tentaciones tal como lo hacemos nosotros, pero no sucumbió ante ellas (He 2.18; 4.15).

▲ *Examina los versículos destacados anterior-mente para descubrir las estrategias tenta-doras de Satanás y las de Jesús para resistir. Algunas tentaciones son tan fuertes que la Biblia nos manda que huyamos de ellas (cp. 1 Co 6.18; 10.14; 1 Ti 6.10-11; 2 Ti 2.22). Cuando*

Satanás tienta a Jesús, que llevaba semanas ayunando, para que convierta la piedra en pan. Jesús cita la Escritura para repeler la tentación.

resistimos al diablo, la Biblia dice que él huirá de nosotros (Stg 4.7).

TEÓFILO. Parece que fue un cristiano al que Lucas dirigió los libros bíblicos de Lucas y Hechos (Lc 1.3; Hch 1.1). Su nombre significa «amigo de Dios».

TERAFINES. Ídolos utilizados como dioses de la casa o para intentar adivinar el futuro (Jue 18.14). Se guardaban en la casa y se utilizaban probablemente como prueba de los derechos hereditarios. Dios condenó la adoración o el uso de los terafines (Gn 35.2; Éx 20.4).

TERRENAL. En la tierra o perteneciente a ella (1 Co 15.40).

TERRIBLE. Que suscita terror, sobrecogimiento, temor, miedo, respeto o reverencia (Dn 7.7; He 12.21).

TESALÓNICA. Ciudad más grande de Macedonia y capital romana de la región (Hch 17.11; 1 Ts 1.1). Actualmente es Salónica, la segunda ciudad más grande de Grecia. Tesalónica fue un importante puerto y centro comercial. Pablo la visitó, levantó una iglesia allí y escribió dos cartas después, que pasaron a ser libros de la Biblia, 1 y 2 Tesaloni-

Ruinas de un palacio romano en medio de la Tesalónica actual, Thessaloniki, en Grecia.

censes. La ciudad recibió su nombre en honor a la hija de Filipo II, hermanastra de Alejandro Magno.

TESALONICENSES, 1, 2, LIBROS DE. Epístolas de Pablo a los creyentes en Tesalónica. Pablo había visitado una sinagoga y levantado una iglesia en Tesalónica. Algunos que no creyeron el mensaje de Pablo, movidos por la envidia, encabezaron a una multitud rebelde que provocó un tumulto. Hermanos cristianos ayudaron al apóstol a marcharse y seguir hasta Berea (Hch 17.1-10).

En respuesta al buen informe de Timoteo acerca de los tesalonicenses, Pablo escribió 1 Tesalonicenses. En esta primera carta, Pablo alentó y tranquilizó a los cristianos de Tesalónica, dio gracias por su fidelidad y amor expresos, defendió sus motivos y contestó preguntas relativas al retorno de Jesucristo.

En 2 Tesalonicenses, Pablo empleó un tono más grave para ocuparse de la confusión continua acerca del regreso de Cristo, corrigió la creencia errónea de que este ya había vuelto, instó a los cristianos perezosos a volver al trabajo e hizo hincapié en la necesidad de una fe firme en medio del sufrimiento y los problemas. Pablo parecía sentir un afecto especial por los tesalonicenses.

TESORO. Algo valioso (Mt 6.20-21). No se limita a lo que se puede ver o tocar.

● *¿Por qué es mejor considerar las cosas espirituales (no materiales) como tesoros mayores que las materiales?*

TESTAMENTO. Voluntad (He 9.16). Pacto, acuerdo entre Dios y las personas (Mt 26.28; He 7.22). La Biblia se divide en dos Testamentos inspirados por Dios que documentan pactos entre Dios y el ser humano. El Antiguo era un pacto de promesa, y el Nuevo lo era de cumplimiento (Gá 3.8-29). Ambos pactos llegaron como regalos de la gracia de Dios.

▲ *Para ver cómo se relacionan entre sí los dos Testamentos, lee Gálatas y Hebreos.*

▲ *Fíjate en que la palabra* Testamento *aparece solo en el Nuevo, pero el término* pacto *lo hace en ambos con el mismo propósito. Por tanto, véase* **PACTO**.

TESTIFICAR. Contar como testigo ocular, afirmar como cierto, demostrar (Dt 8.19; Hch 2.40).

TESTIGO. Que testifica, cuenta a otros lo que ha visto o experimentado (Gn 31.44; Jn 1.7). El uso del término en el Nuevo Testamento proviene de la palabra raíz griega *martyr*. El cristiano debe ser un testigo que comparta su experiencia personal de lo que Jesús ha hecho en él y por él (Hch 1.8; Mr 5.19). En la época del Nuevo Testamento y desde entonces, innumerables testigos se han enfrentado a la muerte, la persecución y las dificultades debido a su testimonio.

TESTIMONIO. 1. Declaración de lo que uno ha visto (Rt 4.7; Jn 3.32) prueba (Job 16.19; Jn 1.19). 2. Reputación (Is 53.1; Hch 6.3; 22.12).

En el Antiguo Testamento, la palabra se refería frecuentemente a la ley o a los diez mandamientos (Éx 25.21). En el Nuevo, *testimonio* se refiere habitualmente a una enseñanza, predicación o revelación acerca de Jesús (Ap 1.9).

TETRARCA. Gobernador menor de un pequeño territorio del Imperio romano (Lc 3.1). Literalmente, «cuarta parte».

TIATIRA. Ciudad natal de Lidia, una de las primeras convertidas al cristianismo en Europa (Hch 16.14). Una iglesia creció allí. El Señor la alabó por sus obras, amor, servicio, fe y paciencia. Sin embargo, la condenó por permitir que prosperasen los seguidores de Jezabel (Ap 2.18-24). Tiatira acogía a varios gremios de comerciantes.

TIBERIAS, MAR DE. Mar conocido también como Cineret y mar de Galilea (Nm 34.11; Jn 6.1). Ver **GALILEA, MAR DE**.

▲ *Tiberiades era el nombre de una ciudad situada en el margen occidental del mar de Galilea.*

TIEMPO. Los judíos dividían los meses en semanas de siete días que acababan con el día de reposo (nuestro sábado; Éx 20.11). El día hebreo comenzaba al anochecer. Los meses hebreos comenzaban con la nueva luna. Ver gráfico **CALENDARIO** en p. 279.

▲ *Dios creó una isla de tiempo dentro de la eternidad. Esta no tiene principio ni fin. Continuará, pero el tiempo no lo hará siempre. Dentro de este, escogemos recibir la luz de Dios y la salvación en Jesucristo o ignorar esta importantísima decisión en la vida. Cada persona debe decidir a tiempo acerca de la eternidad durante su vida.*

EL CALENDARIO JUDÍO

AÑO		MES	MES EN ESPAÑOL (APROX.)	FESTIVIDADES	ESTACIONES Y PRODUCTOS
SACRO	CIVIL				
1	7	Nisán/Aviv (30 días)	Abril	1 Luna Nueva 14 La Pascua 15 –21 Panes sin levadura	Lluvias de primavera (Dt 11.14) Fuertes lluvias (Jos 3.15) Se siega la cebada
2	8	Iyar/Ziv (29 días)	Mayo	1 Luna Nueva 14 Segunda Pascua (para los que no pudieron guardar la primera)	**Cosecha** Cosecha de cebada (Rut 1.22) Cosecha de trigo Empieza el verano Sin lluvia de abril a septiembre (1 S 12.17)
3	9	Siván (30 días)	Junio	1 Luna Nueva 6 Pentecostés	
4	10	Tamuz (29 días)	Julio	1 Luna Nueva 17 Ayuno por la toma de Jerusalén	**Estación calurosa** Cada vez más calor
5	11	Av (30 días)	Agosto	1 Luna Nueva 9 Se ayuna por la destrucción del templo	Se secan las fuentes Calor intenso Cosecha (Lv 26.5)

AÑO		MES	MES EN ESPAÑOL (APROX.)	FESTIVIDADES	ESTACIONES Y PRODUCTOS
6	12	Elul (29 días)	Septiembre	1 Luna Nueva	Calor intenso (2 R 4.19) Vendimia (Nm 13.23)
7	1	Tisrei/Etanim (30 días)	Octubre	1 Año Nuevo, día de sonar de trompetas; Día de memorial y juicio (Nm 29.1) 10 Día de la expiación (Lv 16) 15–21 Tabernáculos (Lv 23.24) 22 Solemne asamblea	**Época de siembra** Comienza la lluvia temprana (Jl 2.23) Se empieza a arar y sembrar
8	2	Marjesván/ Bul (29 días)	Noviembre	1 Luna Nueva	Continúa la lluvia Siembra de trigo y cebada
9	3	Quisleu (30 días)	Diciembre	1 Luna Nueva 25 Dedicación (Jn 10.22, 29)	**Invierno** Comienza el invierno Nieve en las montañas
10	4	Tevet (29 días)	Enero	1 Luna Nueva 10 Se ayuna por el asedio a Jerusalén	El mes más frío Granizo y nieve (Jos 10.11)
11	5	Shevat (30 días)	Febrero	1 Luna Nueva	El tiempo va mejorando
12	6	Adar (29 días)	Marzo	1 Luna Nueva 13 Ayuno de Ester 14–15 Purim	Trueno y granizo frecuente Florece el almendro
13	bisiesto	Veadar/Adar Sheni	Marzo/Abril	1 Luna Nueva 13 Ayuno de Ester 14–15 Purim	Mes de ajuste insertado

TIENDA. Espacio transportable para vivir. En la época bíblica se tejían habitualmente con pelo de cabra negra y se estiraban sobre varas (Gn 9.27; 13.3). Los suelos podían ser de diferentes materiales: pelo de cabra, paja, u otros que la familia pudiese permitirse. El término tienda se utilizaba en ocasiones de forma figurada (Is 54.2; Hab 3.7; Zac 12.7).

TIERRA, TERRENAL. Lugar donde viven las personas, en contraposición al cielo (Jn 3.12, 31). Puede incluir a los seres humanos que viven en ella y a sus características (2 Co 5.1). Terrenal describe actos, actitudes e ideas que son contrarias a Dios, o que solo pertenecen a esta vida,

Tienda actual, similar a las de los tiempos bíblicos. Esta es una tienda beduina en el desierto sirio.

como la venganza, la envidia, la avaricia (Stg 3.15; Fil 3.19), incluyendo cosas físicas, aunque sin limitarse a ellas.

TIESTO. Trozo de cerámica rota (Job 2.8).

Tiesto de una vasija griega. Job se valía de un tiesto para rasparse su piel enferma (Job 2).

TIGLAT-PILESER. Rey de Asiria desde 745 a 727 A.C. (2 R 15.29). Conquistó gran parte del reino norteño de Israel, llevando cautivos a Asiria a muchos de sus habitantes.

TIGRIS. Uno de los dos ríos de Mesopotamia, citado en primer lugar en el huerto del Edén (Gn 2.14; Dn 10.4).

Hidekel es su nombre hebreo. Actualmente, el Tigris pasa por Bagdad. Ver **ÉUFRATES**.

TILDE. Podía referirse a cualquier marca pequeña, como el punto o el acento de una palabra hebrea o griega (Lc 16.17). Ver **JOTA**.

TIMOTEO. Nativo de Listra que aprendió las Escrituras de su madre Eunice y su abuela Loida, ambas judías (Hch 16.1). Su padre era griego. *Timoteo* significa «honrar a Dios». Eso fue lo que hizo cuando sirvió junto al apóstol Pablo, su padre en la fe (1 Ti 1.2). Timoteo acompañó a Pablo en viajes misioneros y se le menciona junto a él en

seis epístolas: 2 Corintios, Filipenses, Colosenses, 1 y 2 Tesalonicenses y Filemón.

TIMOTEO, 1, 2, LIBROS DE. Libros que Pablo escribió como epístolas dirigidas a un joven colaborador cristiano llamado Timoteo. Primera de Timoteo advierte contra las falsas enseñanzas. También da instrucciones para la adoración de la iglesia, presenta las características de los líderes de esta, e insta al servicio cristiano. Segunda de Timoteo, aparentemente escrita cerca del final de la vida del apóstol, aconseja y anima a Timoteo, indicándole cómo resistir y cómo servir a Cristo fielmente.

Un comentarista ha dicho que la diferencia entre 1 y 2 Timoteo es la siguiente: la primera describe a la iglesia ideal que todo pastor debería tener, mientras la segunda describe al pastor ideal que toda iglesia debería tener.

Lee estos pasajes de las Escrituras para ver qué versículo se aplica con más fuerza a tu vida actualmente: 1 Timoteo 4.12-16; 6.6-10; 2 Timoteo 1.7; 1.12; 2.15; 3.16-17; 4.18. ¿Por qué? ¿Cómo?

TINIEBLAS. 1. Ausencia de luz, oscuridad, penumbra (Gn 1.2; Am 4.13). 2. Símbolo de todo lo malo, indebido o contrario a Dios (1 Jn 1.5-7; 2.11). 3. Una característica de la muerte. Espe-

El río Tigris en Hasankeyf, Turquía. El Tigris se menciona en la Biblia ya en el segundo capítulo de Génesis

cialmente para los que no son salvos (Job 10.22; 2 P 2.4; Jud 6). Ver **LUZ**.

TÍQUICO. Ministro cristiano y colaborador de Pablo. Tíquico acompañó a Pablo a Jerusalén. El apóstol lo envió más adelante a Éfeso y Colosas (Hch 20.4).

TIRO. Antigua ciudad fenicia con puerto de mar. Famosa por su riqueza, maldad, independencia y atrevimiento (2 S 5.11; Lc 6.17). Situada al norte del Carmelo y al sur de Sidón. Era muy difícil capturar la ciudad porque estaba bien protegida por rompeolas y se levantaba sobre una isla rocosa a casi un kilómetro de la costa.

En el Antiguo Testamento, David y Salomón formalizaron alianzas amistosas con Tiro. Jezabel, una hija del rey de Tiro, promovió la adoración a Baal. Los profetas del Antiguo Testamento denunciaron a Tiro. En el Nuevo, Jesús predicó en Tiro, y Pablo pasó una semana allí. Ver **FENICIA, SIDÓN**.

TISBITA. Término utilizado para identificar a Elías (1 R 17.1). Parece hacer referencia a una tribu o pueblo.

TITO, LIBRO DE. Libro del Nuevo Testamento que Pablo escribió como carta a un colaborador cristiano llamado Tito. El apóstol quería animar a este en las dificultades, recordarle que se asiese a la fe y la doctrina sanas, instarle a buscar líderes cristianos con buen carácter y mostrarle cómo enseñar.

● *Los caminos de Dios son buenos y beneficiosos para las personas (Tit 3.8). Piensa en un ejemplo.*

TITO. Colaborador cristiano griego del apóstol Pablo, que pudo convertirse a Cristo gracias a este (Tit 1.4). Tito acompañó a Pablo en viajes misioneros y llevó la primera carta del apóstol a los corintios con el objetivo de ayudar a la iglesia a corregir sus problemas (cp. 2 Co 7.13-15).

TODOPODEROSO. Absolutamente poderoso. El que todo controla. Nombre de Dios. Una razón para alabarlo y adorarlo (Gn 17.1; 2 Co 6.18; Ap 11.17). Ver gráfico **LOS NOMBRES DE DIOS** en p. 86.

● *El Dios Todopoderoso quiere tener una relación personal con cada persona. ¿Cómo influye su poder absoluto en la forma de relacionarnos con él?*

TOLERABLE, TOLERAR. Soportar, resistir una dificultad (Mt 10.15).

TOMÁS. Uno de los doce apóstoles de Jesús; también llamado Dídimo, que significa «gemelo» (Mr 3.18). Era entusiasta y dispuesto a aprender. Fue con Jesús a Judea arriesgando su vida (Jn 11.16). Tomás pidió pruebas que demostrasen que Jesús había resucitado realmente de los muertos. Jesús se las proporcionó (Jn 20.24-28).

▲ *A Tomás se le conoce como «el discípulo incrédulo» por poner en duda la resurrección de Jesús. Sin embargo, también se le recuerda por su dedicación, su convicción y su valentía.*

TORÁ. Palabra hebrea que significa «ley» o «enseñanza». Se emplea para referirse a las enseñanzas de Dios. *Torá* pasó a denominar a los cinco primeros libros del Antiguo Testamento (Génesis, Éxodo, Levítico, Números, Deuteronomio). El término no aparece sin traducir en la Biblia.

TORBELLINO. Huracán, tempestad, viento violento (Is 66.15; 2 R 2.1, 11).

▲ *Algunas de las palabras hebreas traducidas torbellino podían referirse a cualquier tipo de viento fuerte, no solo al que formaba torbellinos.*

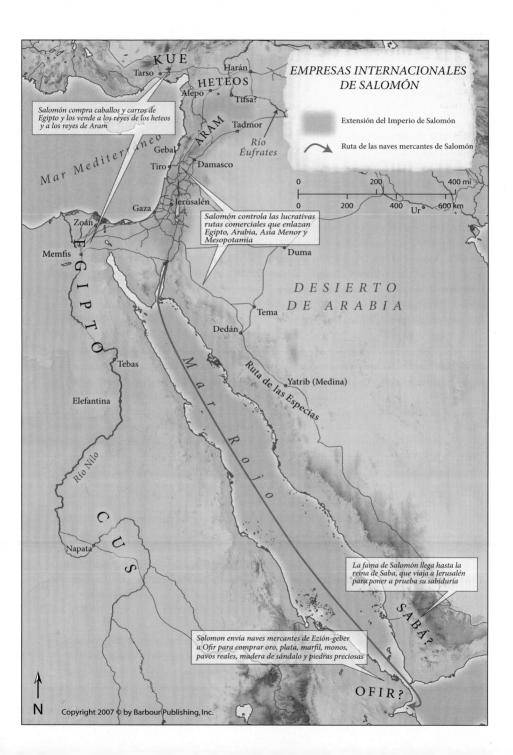

EMPRESAS INTERNACIONALES
DE SALOMÓN

Extensión del Imperio de Salomón

Ruta de las naves mercantes de Salomón

Salomón compra caballos y carros de
Egipto y los vende a los reyes de los heteos
y a los reyes de Aram

Salomón controla las lucrativas
rutas comerciales que enlazan
Egipto, Arabia, Asia Menor y
Mesopotamia

La fama de Salomón llega hasta la
reina de Saba, que viaja a Jerusalén
para poner a prueba su sabiduría

Solomon envía naves mercantes de Ezión-geber
a Ofir para comprar oro, plata, marfil, monos,
pavos reales, madera de sándalo y piedras preciosas

KUE
Tarso
Harán
HETEOS
Alepo
Tifsa?
ARAM
Tadmor
Río
Éufrates
Gebal
Damasco
Tiro
Jerusalén
Gaza
Zoán
Memfis
EGIPTO
Duma
DESIERTO
DE ARABIA
Tema
Dedán
Tebas
Ruta de las Especias
Yatrib (Medina)
Elefantina
Mar Rojo
Mar Mediterráneo
Río Nilo
CUS
Napata
SABA?
OFIR?

0   200   400 mi
0   200   400   600 km
Ur

N

Copyright 2007 © by Barbour Publishing, Inc.

TORCIDO. Vuelto hacia el camino indebido, maligno, corrupto, perverso (Sal 101.4; Pr 2.15; 1 P 2.18).

TORMENTO. Tortura, dolor (He 11.37). El mal provoca tormento.

TORO. Animal utilizado como sacrificio (He 10.4). Ver **BECERRO**.

TORRE. Estructura alta que daba a los vigías una posición ventajosa para guardar ciudades, viñedos, pastos y demás. Su tamaño variaba desde una sola estancia a una inmensa fortaleza. El término se utilizaba en sentido figurado para referirse a la salvación de Dios (2 S 22.51, LBLA).
● *Identifica las torres de Jueces 9.46, Nehemías 3.1; Cantares 4.4.*

TÓRTOLA. Paloma. Ave utilizada por los pobres en los sacrificios (Lv 12.6-8; Lc 2.24).

TRABAJO. Labor, esfuerzo duro (Gn 5.29; Mt 6.28).

TRADICIÓN. Creencias, enseñanzas, prácticas o normas heredadas del pasado (Mt 15.2-3; 2 Ts 2.15).
● *Idealmente, las tradiciones son precisas, buenas y útiles; sin embargo, algunas de ellas son imprecisas, malas y destructivas. Piensa en un ejemplo de cada clase.*

TRADUCCIONES DE LA BIBLIA. La Biblia se escribió originalmente en hebreo y griego, por lo que la mayoría de nosotros necesita traducciones de la misma. Existen diferentes tipos: traducciones palabra por palabra que se ajustan lo máximo posible al original hebreo y griego. Otras traducciones se centran en traducir las ideas más que las palabras. Después están las paráfrasis: los intentos de hacer la Biblia tan entendible que necesariamente traducen con mucha libertad el hebreo y el griego originales.
● *¿Por qué no preguntas a tu pastor cuál es su Biblia favorita en cada categoría? Seguidamente, compara varios capítulos (como Jn 5.39-40; Ef 4.11-12; 1 Jn 3.6-9). ¡La Palabra de Dios es inmutable pero dinámica!*

TRADUCIR. Poner en otro idioma. La Biblia se escribió originalmente en hebreo y griego. Los eruditos bíblicos la han traducido al castellano y a otras muchas lenguas. Las traducciones de la Biblia al castellano se han realizado en diversas versiones, como la Reina-Valera, la Nueva Versión Internacional, Dios Habla Hoy, la Nueva Traducción Viviente, etc. Las lenguas vivas cambian constantemente, por lo que es necesario que los traductores pongan la fe de los padres en el lenguaje de sus hijos. Este hecho explica que se siga trabajando en esta área y que aparezcan nuevas traducciones de las Escrituras.

TRANSFIGURACIÓN. Transformación, cambio de aspecto (Mt 17.2). Este término describió la apariencia de Jesús cuando fue glorificado y brilló con gloria celestial estando con Pedro, Jacobo y Juan. Moisés y Elías aparecieron con él (Mt 17.1-8; Mr 9.2-8).
▲ *El término griego empleado es nuestra palabra* metamorfosis.

TRANSFIGURADO. Cambiado, transformado (Mr 9.2). Durante la transfiguración, los discípulos vieron la gloria de Jesús, el brillo, esplendor y fulgor de la presencia de Dios (Mt 17.1-8; Mr 9.2-8; Lc 9.28-36).
● *¿Qué pensamientos y emociones piensas que podrías haber experimentado en la transfiguración de Jesús?*

Jesús, en resplandor fulgurante, habla con Moisés y Elías mientras Pedro, Santiago y Juan caen al suelo presos del temor durante la transfiguración.

TRANSFORMADO. Cambiado, interior o exteriormente (Mr 9.2; Ro 12.2; 2 Co 3.18). En la Biblia, la transformación se produce frecuentemente tras un encuentro con Dios en Cristo. Ver **REGENERACIÓN**.

TRANSGREDIR. Cruzar la línea, pasar de lo correcto a lo indebido, rebelarse, desobedecer a Dios (1 R 8.50; Lc 15.29). Transgredir es traspasar el límite que Dios y su voluntad establecen.

TRANSGRESIÓN. Ilegalidad, pecado, rebelión contra Dios (Pr 12.13; 1 Jn 3.4).

TRASLADAR. Transferir, como la transferencia de un reino de una persona a otra (2 S 3.10) o de los creyentes al reino de Dios (Col 1.13). También, un cambio de la vida en la tierra a la vida en el cielo sin morir (He 11.5).

TRIBULACIÓN. 1. Problemas causados por una fuente externa (Hch 14.22; 1 Ts 3.4; Ap 2.10). Opresión. Puede ser física, mental o espiritual. La tribulación no puede separar a los cristianos de Dios ni destruirlos (Ro 8.33-39; Jn 16.33). El Señor consolará a los cristianos en medio de ella y los liberará de ella (Dt 4.30-31; 1 S 26.24; 2 Co 1.3-4; el libro de Apocalipsis). 2. El resultado final para las personas que hacen el mal (Ro 2.9). 3. Período de agitación excesiva cercano al fin del mundo o anterior al regreso del Señor (Dn 12.1; Mr 13.24; Ap 7.14).

● *¿Por qué crees que Dios permite que los cristianos pasen por la tribulación? ¿Qué pasajes de las Escrituras proveen consuelo y fuerzas para la tribulación presente o futura?*

TRIBUS DE ISRAEL. Jacob, llamado Israel más adelante, tuvo doce hijos. Los descendientes de estos integraron las doce tribus de Israel (Nm 13.4-15; Mt 19.28). Durante el período de los jueces, cada tribu tuvo sus propios líderes y leyes. Todas ellas se convirtieron en una nación

unificada cuando Saúl fue coronado como primer rey de Israel. Después, David y Salomón fortalecieron esa unidad. Sin embargo, tras la muerte de este, la nación se dividió en dos: el reino del norte, llamado Israel, compuesto por diez tribus; y el del sur, llamado Judá, formado por las tribus de Judá y Benjamín.

Los doce hijos de Israel (Jacob) fueron:

1. Rubén
2. Simeón
3. Leví
4. Judá
5. Isacar
6. Zabulón
7. José (de quien provienen las tribus de Efraín y Manasés)
8. Benjamín
9. Dan
10. Neftalí
11. Gad
12. Aser

TRIBUTO. Impuesto, cantidad medida (Esd 4.13).

TRIGO. El cereal básico en el antiguo Oriente Próximo (Esd 7.22; Jn 12.24). Se molía con piedras para hacer harina. Existían muchas variedades de trigo, pero resulta difícil identificar específicamente el que mencionan las Escrituras. La Biblia se refiere frecuentemente al trigo como grano (Mr 4.28). El término se emplea en ocasiones

Granjero trillando a principios del siglo XX en Israel.

como símbolo de compromiso verdadero con Dios (Mt 3.12; 13.24-31; Lc 3.17). La cosecha del trigo se celebraba con la fiesta de las semanas, llamada Pentecostés más adelante. Ver **FIESTA DE LAS SEMANAS** y **PENTECOSTÉS**. Ver también el gráfico **FIESTAS Y CELEBRACIONES** en p. 110.

TRILLAR. Separar el grano de la cáscara (Is 28.27; 1 Co 9.10). Se llevaba a cabo golpeando el grano con una vara, haciendo que bueyes u otros animales caminasen sobre él, o empleando un trillo. El proceso tenía lugar en un terreno, una gran roca plana o una era. Las eras estaban situadas donde el viento podía llevarse los pequeños trozos de cáscara, llamados paja.

TRINIDAD. Triple unidad. La forma en que las personas denominan a Dios Padre, Dios Hijo y Dios Espíritu Santo (Mt 28.19). La palabra *trinidad* no aparece en la Biblia, pero sí las referencias a ella (Mt 3.16-17; 1 Co 12.4-6; 1 P 1.2). En lenguaje humano, hablamos necesariamente de la Persona de Dios expresada como una en tres y tres en una; *Trinidad* es el término utilizado en la teología cristiana.

▲ *La Trinidad es el misterio de Dios. Cualquier intento de ilustrarla es inapropiado. Algunos la comparan con el agua, cuya composición química (H2O) se manifiesta en estado sólido (hielo), líquido (agua) y gaseoso (vapor). Cada uno de esos estados cumple funciones específicas: el hielo enfría, el agua apaga la sed, el vapor cocina y purifica. Otros representan tres cerillas independientes que se unen en una sola llama, simbolizando a las tres personas de la Trinidad. La Biblia enseña que un solo*

Este mosaico de Jerusalén representa a los doce hijos de Jacob —cabezas de las doce tribus de Israel— según los describe Jacob en Génesis 49.

Dios obra con su creación en las tres perso-
nas: Padre/Creador, Hijo/Salvador, y Espíritu/
Consolador. La Trinidad muestra que Dios
tiene relaciones personales y expresa el amor
dentro de su propio Ser.

● *¿Cómo valoras estas representaciones? ¿Cuál*
de ellas te ayuda a entender la Trinidad? Ver
DIOS, ESPÍRITU SANTO, JESÚS.

Trompeta bíblica, o shofar, hecha con un cuerno de carnero.

TRIUNFAR. Alzarse, ser victorioso sobre el enemigo; conlleva clamar a gran voz, cantar, gritar
(Éx 15.1; Sal 47.1; 2 Co 2.14; Col 2.15).

TROAS. Importante ciudad y puerto de mar de
la provincia romana de Asia, situada unos pocos
kilómetros al sur de la antigua Troya (Hch 20.5).
Pablo visitó Troas en dos viajes misioneros.

TRÓFIMO. Gentil (no judío) que se convirtió al
cristianismo en Éfeso y acompañó a Pablo más
adelante (Hch 21.29).

TROMPETAS, FIESTA DE. Festividad hebrea
anual que celebraba el nuevo año civil con un
toque de trompetas (Lv 23.23-25; Nm 29.1). Tenía

Tumba cerca de Nazaret, fechada en torno a los tiempos de Cristo.

lugar el primer día del séptimo mes, Tisrei, aproximadamente nuestro octubre. Ver gráficos **FIESTAS Y CELEBRACIONES** en p. 110 y **CALENDARIO** en p. 279. Esta fiesta es ahora Rosh Hashanah, el segundo día más santo en el calendario judío.

TROPIEZO, TROPEZAR. Además de su significado habitual, trampa o piedra de tropiezo (Is 8.14; Mt 16.23). La forma verbal significa hacer tambalearse (Mr 9.42).

TUMBA. Lugar de enterramiento (Job 21.32; Mt 27.60). En la época del Nuevo Testamento, las tumbas eran frecuentemente cuevas o zonas cortadas en la piedra debido a la dificultad de cavar en el suelo rocoso. Muchos sepulcros disponían de estantes sobre los que reposaban los cuerpos. También tenían pesadas puertas de piedra que los sellaban. Jesús fue puesto en un sepulcro lo suficientemente grande como para que una persona pudiese sentarse dentro (Mr 16.5). Ver **SEPULTADO**.

TUMIM. Objeto utilizado en ocasiones, junto a Urim, para ayudar a conocer la voluntad de Dios (Éx 28.30; Lv 8.8). El sumo sacerdote llevaba estos objetos, de forma y tamaño desconocidos, en sus vestiduras. Pudieron haber sido piedras, una especie de suerte sagrada. Quizás se sacaban de un bolsito, siendo la respuesta lo primero que saliese.

TÚNICA. Vestidura ancha, que se vestía por la cabeza y llegaba hasta las rodillas. La llevaban hombres y mujeres bajo su ropa exterior (Mr 6.9).

TURBANTE. Tocado sin borde que se formaba enrollando tela alrededor de la cabeza (Job 29.14, diadema). El sumo sacerdote llevaba uno especial (Lv 8.9, mitra). Quitarse el turbante era una señal de duelo (Ez 24.17).

UMBRAL. Dintel. Parte que sustenta la estructura alrededor de una puerta, y en la que encaja esta (Ez 41.16).

UNGIR. Derramar aceite sobre algo o alguien. Habitualmente, una ceremonia que indica la elección especial de una persona para una tarea especial. Se llevaba a cabo en el caso de reyes y sacerdotes (Éx 28.41; 1 S 15.1, 17). Jesús era el Ungido de Dios, el Mesías (Lc 4.18; Hch 10.38). En ocasiones es parte de un proceso curativo (Mr 6.13) o del aseo cotidiano (Rt 3.3; Mt 6.17).
▲ *Éxodo 30.22-25 facilita una receta para el aceite de la unción.*

UNIDO. Tejido, ligado (1 Cr 12.17; Hch 10.11; Col 2.2).

UNIGÉNITO. Único hijo (Jn 3.16, 18). Singular. Juan únicamente emplea esta palabra en sus escritos para referirse a Jesús (Jn 1.14, 18; 3.16, 18; 1 Jn 4.9).

UNIRSE. Adherirse, juntarse, aferrarse. Ser inseparable del cónyuge (Gn 2.24-25; Mt 19.5) y de Dios (Dt 11.22).

UR. Antigua ciudad de Mesopotamia, situada en el sureste de Babilonia (Gn 11.31). Era muy próspera y Abraham nació allí.

URÍAS. 1. Esposo de Betsabé (2 S 11.3). Debido a su aventura adúltera con Betsabé y su consiguiente embarazo, David lo envió al frente de la batalla para que lo matasen. 2. Sacerdote de Jerusalén (2 R 16.10). 3. Otro profeta y otro sacerdote tienen este nombre.

URIM Y TUMIM. Objetos utilizados por el sumo sacerdote para conocer la voluntad de Dios (Éx 28.30; 1 S 28.6-25). Se desconoce su forma y tamaño exactos. El sumo sacerdote los llevaba en sus vestiduras. Puede que fuesen piedras que servían como un tipo de suertes sagradas. Probablemente se sacaban de un bolsito y lo primero que saliese se consideraba la respuesta. Ver **TUMIM**.

Dintel antiguo en Jordania. Tuvieron un papel muy importante en la salida de los israelitas de Egipto (Éx 12).

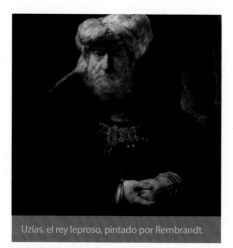

Uzías, el rey leproso, pintado por Rembrandt.

USURA. Interés cargado por un préstamo (Éx 22.25; Mt 25.27). Los judíos no podían cobrar intereses a otros judíos, pero sí a los que no lo eran (Dt 23.19-20).

▲ *En la Biblia,* usura *no se emplea en el sentido moderno de cargar un interés excesivo o ilegal.*

UZA. Hijo de Abinadab que murió al tocar el arca del pacto (2 S 6.3-8; 1 Cr 13.7-11). Hubo varios hombres más llamados Uza en el Antiguo Testamento.

UZÍAS. También conocido como Azarías. Rey de Judá, el reino del sur (cp. 2 Cr 26.1; 2 R 15.1-13). Fue un rey poderoso que cosechó muchos éxitos durante sus cincuenta y dos años de reinado. Sin embargo, su final fue triste. Contrajo la lepra tras intentar asumir la obligación sacerdotal de ofrecer incienso en el templo (2 Cr 26.16-20). Uzías también es el nombre de otros hombres del Antiguo Testamento. Ver el gráfico: **REYES** en p. 243.

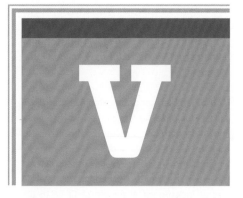

VACAS (Am 4.1). Amós utilizó la frase «vacas de Basán» para referirse a las mujeres de Samaria que oprimían al pobre y que serían juzgadas por ello.

VACÍO. Falto, carente, vano (Gn 1.2; Pr 7.7; Ro 4.14).

La vara de Aarón —un cayado que Dios convirtió milagrosamente en serpiente— se come las serpientes que habían «creado» los magos de Faraón con sus varas. Como siempre, el poder de Dios demuestra ser superior.

VADO. Lugar para cruzar (Jue 12.5). Zona poco profunda de una corriente por la que personas y animales podían cruzar al otro lado (Gn 32.22).

VANO, VANIDAD. En la Biblia, significa habitualmente «vacío» o «fútil» (Sal 73.13; Ec 1.2; 1 Co 15.14). Sin embargo, el término se utiliza para traducir muchas palabras hebreas que tienen diferentes significados. «Falsedad» puede ser uno de ellos en Éxodo 20.7. En la Biblia, *vanidad* nunca se refiere a engreimiento o envanecimiento.

▲ *El libro de Eclesiastés emplea la palabra vanidad más de treinta veces. Refleja la búsqueda del éxito y el significado lejos de Dios por parte de la humanidad; sin él, todo es vano o vacío. En el Nuevo Testamento, Jesús lo dejó claro en Mateo 16.26. «¿Qué aprovechará al hombre, si ganare todo el mundo, y perdiere su alma? ¿O qué recompensa dará el hombre por su alma?». El centro de atención de la enseñanza del Señor era el reino de Dios.*

VARA. Un palo recto, llamado también cayado. Se utilizaba para castigar (Éx 21.20), medir (Ap 11.1) y defenderse (Sal 23.4). Dios empleó de forma milagrosa una vara para llamar a Moisés al servicio (Éx 4.2-20) y para liberar a los israelitas de los egipcios (Éx 14.16).

VARA DE AARÓN. Bastón utilizado por Aarón para llevar a cabo los mandatos de Dios. La vara se empleó en varios milagros con el fin de persuadir a Faraón para que dejase ir a los esclavos hebreos: se transformó en una serpiente que se tragó a las que surgieron de las varas de los hechiceros egipcios (Éx 7.8-13). Se utilizó para desencadenar las primeras tres plagas (Éx 7.19-21; 8.5-7, 16-19). Más adelante en la vida de Aarón, la vara germinó, echó brotes y floreció para señalar a este como escogido de Dios para dirigir el sacerdocio (Nm 17.1-11). Se exhibió delante del arca (y posteriormente en su interior) como advertencia para aquellos que se rebelaban contra el Señor (He 9.4; Nm 17.10).

VARÓN PRUDENTE. Persona culta, responsable de preservar y transmitir enseñanzas (1 Cr 27.32).

VASIJA. Instrumento, recipiente, utensilio (Gn 43.11; Éx 25.39; Mt 25.4); simbólicamente, una persona escogida como instrumento (Hch 9.15).

VASTI. Esposa de Asuero, rey de Persia (Est 1.9). Se negó a mostrar su belleza delante de los invitados del monarca, y este la sustituyó por Ester como reina.

VELO. 1. Prenda para cubrirse (Gn 24.65; 2 Co 3.13). Cortina (Éx 26.31; Mt 27.51). El velo del templo separaba el lugar santo del lugar santísimo. Únicamente el sumo sacerdote podía pasar por él, y solo en el día de la expiación. Cuando Cristo fue crucificado, el velo del templo se rasgó en dos, simbolizando que su muerte proveía un acceso personal e individual a Dios. 2. Ejemplo utilizado en 1 Corintios 11.5, 15 para enseñar que ignorar las costumbres sociales podría dañar el testimonio cristiano. En la época bíblica, era costumbre que las mujeres se cubriesen la cabeza. Como las mujeres inmorales aparecían en público con la cabeza descubierta, los observadores podrían sacar conclusiones erróneas acerca de las mujeres cristianas que no se la cubriesen. Los corintios necesitaban especialmente un testimonio puro e inmaculado en su sociedad corrupta.

● *¿Qué costumbres sociales tiendes a ignorar, pudiendo dañar tu testimonio cristiano? ¿Qué ocurrirá si tomas en cuenta la costumbre y cambias tus hábitos? Lee Romanos 14 en busca de ayuda.*

VENCER. Prevalecer u obtener la victoria (Nm 13.30; Ap 2.7).

La reina Vasti contempla la pérdida de su posición real.

VENDIMIA. Cosecha de la uva (Lv 26.5).

VENGANZA. Justicia, retribución (Sal 94.1; He 10.30). El término puede describir un castigo legítimo por una ofensa (Gn 4.15). La Biblia destaca con frecuencia que la venganza pertenece a Dios (Ro 12.19). Aunque la justicia y el castigo tienen su lugar en la sociedad, solo Dios puede juzgar total y justamente. Así pues, los humanos deben evitar vengarse.

VENGAR. Devolver a alguien el mal que ha hecho. Hacer justicia. La venganza debe ser dirigida por Dios o reservada para él (Nm 31.23; Jer 46.10; Ro 12.19). Cuando tengamos la tentación de vengarnos, sustituyámosla por el amor y el perdón (Lv 19.18; Mt 6.12-15; Ro 12.19).

VENIR A SER. Pertenecer (1 S 27.6).

VENIR SOBRE. Algo que ocurre a una persona, habitualmente malo (Dt 31.17, 21).

VERDADERO, VERDAD. Genuino, honesto, sincero, real, fiable, capacitado para que se confíe en él (Sal 33.4; Mt 22.16). Hecho real en lugar de un fingimiento, una apariencia o una pretensión. Dios es la única fuente de verdad y Jesús es llamado la Verdad (Jn 14.6).

VESTIDO. Capa o manto exterior (Jon 3.6; Jn 19.2). Se utilizaba frecuentemente como manta por la noche. Cualquier prenda de ropa (Gn 24.53; 2 R 5.22; Mt 3.4; 9.16).

VESTIDURAS. Ropa, prendas (2 R 10.22; Mt 27.35).

VÍBORA. Serpiente (Gn 49.17; Pr 23.32). Serpiente venenosa (Job 20.16; Hch 28.3). Juan el Bautista y Jesús emplearon el término para referirse a la maldad de los líderes religiosos (Mt 3.7; 12.34).

La víbora común (Vipera berus) se encuentra desde Europa occidental hasta el este de Asia.

VID. El término en general se puede referir a una planta trepadora que produce melones, pepinos o uvas. En la Biblia, la vid se refiere habitualmente a lo mismo que nosotros entendemos con esa palabra (Gn 40.10; Mt 26.29). Las uvas eran un alimento básico en la época bíblica. Se podían comer frescas o como pasas, y se utilizaban para hacer vino. Los que cuidaban de la vid se llamaban labradores. Simbólicamente, vid podía referirse a Israel (Os 10.1). Jesús dijo ser la «vid verdadera», y que sus discípulos eran sus pámpanos (Jn 15.1, 5).

VIDA ETERNA. La vida que comienza en el instante en que una persona se vuelve de su pecado con determinación y confía en Jesucristo

como Señor y Salvador (Jn 3.15). Se refiere a una vida que es de lo alto, que no acaba. El cielo es el hogar definitivo de los cristianos, que disfrutarán la vida eterna en comunión con Dios (Fil 3.20).

● *¿Cómo influye la vida eterna en tus decisiones y actos presentes? Saber que has recibido la vida eterna garantiza que tu vida no es temporal.*

VIDA SEMPITERNA. Una vida que nunca acaba (Dn 12.2; Jn 4.14), que dura para siempre, que continúa, se perpetúa. Lo contrario a morir. También se refiere a la calidad de la vida.

▲ *Eterno describe también el pacto entre las personas y Dios, los brazos de Dios, Dios mismo, su reino, gozo, y mucho más (Gn 9.16; Dt 33.27; Sal 41.13; 145.13; 51.11; Jer 31.3).*

VIDA, LIBRO DE LA. El registro del Dios omnisciente de aquellos que le pertenecen (Ap 3.5; cp. también Sal 139.16; Lc 10.20; Ap 13.8).

VIDA. Existencia en todas sus formas y actividades que, de una forma u otra, refleja la creación por parte de Dios de todo lo que piensa, respira, se mueve o actúa. Solo el Dios eterno posee una vida absoluta que es antes, durante y después de los tiempos (Gn 1-2). Humanamente hablando, la vida es respiración y pensamiento; el fin de estos habla de muerte física (Gn 6.17; Éx 21.14). El equivalente a la vida es la muerte; a pesar de que la muerte es el destino asignado a la humanidad (para ir seguida del juicio), nadie que tenga la vida eterna sufre lo que en la Biblia se denomina «segunda muerte», castigo eterno en el infierno por haber rechazado a Cristo como Señor y Salvador (ver Ro 3, 6; Mt 25.14-30).

Dios ha provisto vida eterna para todos aquellos que han decidido recibirlo en fe y obediencia, y responder a la gracia salvífica que proveyó en el Cristo eterno, que vino a la tierra en forma de carne como Jesús, el Salvador (Lc 2; Jn 1, 3; Ro 8.6; Col 3.4). La vida eterna es un regalo de Dios por gracia a través de la fe, que llega en el momento en que recibes a Cristo como Señor y Salvador. Por definición, nunca cesa (ver Ef 2). La vida eterna restaura la unidad humana con Dios que existía en el principio; mueve y moldea al salvo en la tierra para llevarlo de nuevo a esa imagen perfecta de Dios. Su culminación se produce cuando morimos, o cuando Dios en Cristo vuelva, al final de los tiempos, para llevarse a los suyos consigo y que estén con él eternamente.

VIDENTE. Literalmente, uno que puede ver; es sinónimo de profeta (cp. 1 S 9.9; 1 Cr 29.29). Los profetas de Dios eran capaces de ver el presente y el futuro cuando Dios lo revelaba.

VIENTO. Además de su significado habitual (Sal 55.8; Stg 1.6), el término se ha traducido «aliento», «espíritu» o «Espíritu Santo» (cp. Gn 6.17; Sal 51.10-17; Jn 3.5-8; Gá 5.16-23). En 2 Timoteo 3.16, al referirse a la Escritura, da lugar a un verbo griego que significa literalmente «respirada por Dios», y se traduce «inspirada por Dios».

VIENTO SOLANO. Viento cálido, seco, polvoriento y destructivo procedente del desierto (Gn 41.27; Is 27.8).

VIENTRE. Útero, lugar en el que se desarrolla el feto hasta su nacimiento (Gn 25.24; Lc 1.15). El «fruto del vientre» son los hijos (Dt 7.13).

VIGILIA. Tiempo de guardia (Neh 4.9; Mt 14.25).
▲ *Los hebreos dividían la guardia nocturna en tres vigilias; los romanos en cuatro (cp. Jue 7.19; Mr 6.48).*

VIL. Despreciable, inmundo, deshonroso (Sal 12.8; Stg 2.2).

VINAGRE. Líquido amargo elaborado a partir de la fermentación de un cereal o una fruta

La tecnología de ultrasonidos nos permite «ver» en el vientre de la mujer, algo que, según Salmos 139.13, Dios siempre ha hecho.

(Nm 6.3; Mt 27.34). Los nazareos no debían beberlo (Nm 6.3). Jesús rechazó una bebida hecha con vinagre para aliviar su dolor en la crucifixión (Mr 15.36; Jn 19.29).

VINO. Jugo obtenido al prensar la uva, fermentado después (Nm 6.3; Mt 9.17). Formaba parte de las comidas, era un desinfectante y una medicina (Mt 26.29; Lc 10.34; 1 Ti 5.23). La Biblia advierte que no se beba vino fuerte, mezclado o en demasiada cantidad (Pr 23.29-32). Parte del voto nazareo incluía abstenerse de beber vino (Nm 6.1-4; cp. también Lc 1.15).
▲ Vino *podía referirse al jugo, a vino rebajado con agua o concentrado. El gráfico pasaje de Proverbios 23.29-32 hace mención del peligro del vino fuerte que desemboca en embriaguez, así como de lo que puede ocurrir cuando uno se encuentra en semejante condición. Merece la pena destacar que, en el clima de Israel, el jugo sin refrigeración se volvería pronto alcohólico hasta cierto punto.*
● *¿Qué aspectos hay que valorar a la hora de decidir si beber vino o bebidas alcohólicas? Cp. Ro 14.13-23; 1 Co 10.31; 1 Ti 3.3; Tit 1.7; 1 P 4.3, que contienen importantes consideraciones. Ten en cuenta también que beber de forma*

excesiva puede acarrear problemas de salud, así como morales.

VINOS PURIFICADOS. Vinos con poso bien refinado (Is 25.6).

VIÑA. Campo en el que se cultivaba la vid, habitualmente cercado para protegerla de animales y ladrones (Gn 9.20; Mt 20.1). Disponían de una torre de vigilancia que proveía una protección añadida. Durante la cosecha se dejaban algunas uvas en la viña a fin de que pobres y extranjeros pudiesen recolectarlas (Lv 19.10). Ver **ESPIGAR**.

Extenso viñedo en Galilea, al norte de Israel.

VIOLAR. 1. Hacer violencia, transgredir (Ez 22.26). 2. Agredir sexualmente (Lm 5.11; Is 13.16).

VIRGEN. Persona que no ha mantenido relaciones sexuales (Gn 24.16; Mt 25.1).

● *¿Qué modelo de sexualidad sigues? ¿De qué forma refleja el modelo de Dios revelado en la Biblia?*

VISIÓN. Mensaje especial o revelación de Dios (Dn 2.19; Hch 9.10). Podía contener instrucciones o interpretaciones de acontecimientos presentes o futuros. Dios daba frecuentemente visiones a los profetas del Antiguo Testamento.

● *En un sentido actual, Dios planta su voluntad en la vida de aquellos que la buscan. ¿Cuál*

sientes que es la voluntad de Dios para tu vida? ¿Cómo puedes conocerla? (Cp. Mt 6.33).

VIUDA. Mujer cuyo marido ha muerto (Éx 22.24; Lc 2.37). La ley protegía a las viudas y se las ayudaba (Dt 27.19; Hch 6.1). Eran pobres y estaban desamparadas porque no heredaban la propiedad de su marido.

▲ *Santiago 1.27 destaca que la religión pura es cuidar de las viudas y los huérfanos en su angustia y guardarse sin mancha del mundo. El papel del diácono comenzó cuando la iglesia primitiva se ocupó de un grupo de viudas a las que se descuidó en la distribución de la comida diaria. La iglesia actuó de inmediato para suplir esta necesidad del ministerio (cp. Hch 6.1-6).*

● *Considerando a nuestros mayores, ¿qué puedes hacer para ayudar a una viuda?*

VIVO, VIVIFICADO. Dios es el juez de los vivos (Nm 16.30; Hch 10.42), y es el que da vida (Sal 71.20; Jn 5.21). Efesios 2.1, 5 se refiere a aquellos que, habiendo estado muertos espiritualmente, han sido despertados a la vida eterna en Cristo.

VOLUNTAD DE DIOS. El plan divino y el deseo de Dios para toda su creación (Mt 6.10; Mr 3.35).

Los expertos ven la voluntad de Dios desde diferentes perspectivas: (1) Dios tiene una voluntad que se hará porque él es Dios y controla la eternidad y la creación. (2) Dios tiene una voluntad que permite que se frustre, o se limite, porque él decidió dar a la humanidad libertad de elección. (3) Cuando el hombre escoge en contra de la voluntad de Dios, el Señor no se rinde con él; desea lo mejor para él y obra en consecuencia a pesar de todas las circunstancias, en cada edad y etapa de la vida y de la historia. Dios hace todas las cosas para su gloria y nos moldea de nuevo a su imagen (Ro 8.28-30).

VOLVER A VIVIR. Venir a la vida, revivir, resucitar (Neh 4.2; Ro 14.9).

VOTO. Promesa personal y voluntaria. En la Biblia, casi siempre se hace a Dios (Gn 28.20; Hch 18.18). En algunas ocasiones, el voto estaba condicionado a la acción o respuesta de Dios; en otras, se trataba simplemente de una consagración de devoción al Señor.

▲ *Los votos son un asunto muy serio, especialmente los hechos a Dios (cp. Ec 5.4).*

Hoy, el término voto se suele usar en las ceremonias nupciales. En la Biblia solían ofrecerse a Dios.

VULGATA. Término que indica un lenguaje común y ordinario frente al estilo literario o clásico. «Vulgata latina» se refiere a una traducción de la Biblia atribuida a San Jerónimo, terminada alrededor del año 400 A.D., y que acabó siendo la Biblia oficial de la Iglesia Católica Romana durante unos mil años.

Para entender la Vulgata latina, puede resultar de ayuda trazar la historia de la Palabra de Dios desde su redacción original, pasando por los primeros intentos de traducción. El Antiguo Testamento se escribió en hebreo y algo de arameo, el Nuevo Testamento en griego. Alrededor del 250 A.D., unos eruditos tradujeron el Antiguo Testamento al griego, obra conocida como la Septuaginta (véase **SEPTUAGINTA**). Conforme se fue extendiendo el evangelio, la Biblia estuvo disponible, en parte o en su totalidad, en latín, siríaco, copto, etíope, armenio y georgiano. En el siglo IV A.D., el papa Dámaso I autorizó a Jerónimo a escribir una Biblia en latín a partir de manuscritos y versiones existentes. Del mismo modo que el Nuevo Testamento se había escrito en el griego común del pueblo, Jerónimo trabajó con el latín vulgar.

La historia de la Vulgata arroja luz sobre el propósito y valor de la traducción de la Biblia. Cuando se escribieron los libros del Nuevo Testamento, el griego era el lenguaje universal aunque Grecia no controlaba ya los territorios bíblicos. Al tomar Roma el lugar de Grecia, el latín fue sustituyendo gradualmente al griego, por lo que el pueblo necesitó una traducción de la Biblia al latín. La lengua de una cultura tiende a soportar más allá de los cambios de gobierno y gobernantes, pero las personas siempre necesitan disponer de la Biblia en el lenguaje común y cotidiano de cada era.

XP (JI, RO). Abreviatura del nombre de Cristo que suele aparecer en símbolos y piezas de arte. Contiene las dos primeras letras griegas del nombre de «Cristo». La «P» griega es la letra «ro», que se pronuncia realmente como la «R» en español.

■ YAHVÉ. Nombre personal de Dios. Es la pronunciación de las consonantes YHWH. Generalmente se suele traducir «Jehová» (Éx 3.15). Comunica que Dios existe y, a la vez, que está presente con su pueblo como Dios personal. Ver **DIOS**.

▲ *El nombre hebreo YHWH para Dios aparece más de 6.000 veces en el Antiguo Testamento. El nombre original en dicha lengua no tenía vocales; cientos de años más tarde, los eruditos masoréticos añadieron las vocales de Adonai —un nombre para «Señor»— en los lugares donde aparecía YHWH y, por consiguiente, nació el término Jehová. Algunas versiones inglesas suelen traducir YHWH como Señor, pero existen siete excepciones en las que*

usan el término Jehová: *Éxodo 6.3; Sal 83.18; Isaías 12.2; 26.4; y en nombres de lugares en Génesis 22.14; Éxodo 17.15; y Jueces 6.24.*

● *El pueblo judío tenía gran reverencia por el nombre de Dios, pero la sociedad moderna tiende a utilizar el término «Dios» a la ligera. ¿Por qué? ¿Cómo puedes honrar el nombre de Dios?*

YO SOY. Nombre utilizado por Dios para referirse a sí mismo cuando contestó a Moisés: «Yo soy el que soy» (Éx 3.13-14).

Compara con las expresiones de Jesús en el Evangelio de Juan (8.24, 28, 58; 18.5). Dios Padre y Dios Hijo son uno eternamente, así como Dios Espíritu Santo.

YUGO. Marco de madera que une a dos animales y hace posible que trabajen juntos (Dt 21.3; Fil 4.3). En la Biblia se usa con frecuencia como símbolo de opresión, esclavitud o carga (2 Cr 10.4; Gá 5.1). Sin embargo, Jesús describió su yugo como fácil, en el sentido de que encaja bien (Mt 11.28-30).

▲ *En el conjunto de la Biblia, el término yugo aparece más de cincuenta veces, sobre todo en un contexto de dificultad, carga, esclavitud o atadura. El «yugo» de la enseñanza de Jesús sentaba bien, levantaba a las personas*

El *tetragramaton* (cuatro letras) hebreo, el nombre personal de Dios.

<header>
YUGO　　　　　　　　　　　　**300** | DICCIONARIO BÍBLICO DEL ESTUDIANTE
</header>

Yugo.

En 2 Corintios 6.14 se advierte contra «unirse en yugo desigual», es decir, con un inconverso. ¿Por qué? Ya sea en la relación del matrimonio, de un negocio o de cualquier otra cosa, ¿cuál es el valor de estar vinculado por un yugo igual?

y era un gran contraste con el gravoso yugo de los fariseos. Jesús afirmó que los fariseos no moverían un solo dedo para aligerar el yugo de las normas creadas por el hombre y de las normativas que habían añadido a las leyes de Dios (cp. Mt 23.2-4).

ZABULÓN. Décimo hijo de Jacob; también la tribu que lleva su nombre (Gn 30.20; Jue 4.6). Esta tribu de Israel vivió entre el mar de Galilea y el monte Carmelo.

ZACARÍAS. Forma griega del nombre hebreo Zecarías. Sacerdote que fue padre de Juan el Bautista (Lc 1.5). Hubo otro Zacarías, hijo de Baraquías, que fue apedreado hasta la muerte por los judíos (Mt 23.35).

ZACARÍAS LIBRO DE. Libro del Antiguo Testamento en la sección de los profetas menores. Recoge la reedificación del templo tras el cautiverio babilonio (algún tiempo después del 538 A.C.). Por encima de la reconstrucción, el profeta Zacarías enfatizó la relación con Dios que aquella edificación representaba (Zac 10.6). Zacarías 1–8 profetiza la restauración de Jerusalén, la reconstrucción del templo y la purificación del pueblo de Dios. Zacarías 9–14 se centra en el esperado Mesías y en el juicio final. Este libro contiene más profecías mesiánicas que ningún otro de los profetas menores.

ZAMPOÑA. Instrumento musical, quizás parecido a una gaita (Dn 3.5, 10, 15).

ZAQUEO. Forma griega de un nombre hebreo que significa «inocente». En el caso de Zaqueo este nombre estaba muy lejos de ser verdad hasta que se encontró con Jesús (Lc 19.2-9). Zaqueo era jefe de los recaudadores de impuestos, un hombre de muy baja estatura que trepó a un sicómoro para poder ver a Jesús. Este lo hizo bajar y fue a cenar a su casa. Aquel día, Zaqueo se arrepintió de sus prácticas deshonestas y fue salvo. El cambio que dio su vida lo condujo a devolver todo lo que había tomado ilícitamente, e incluso a añadirle un interés.

● *Tras encontrarse con Jesús, Zaqueo fue un hombre cambiado que fue más allá a la hora de hacer restitución a las personas a las que había engañado. ¿Qué respuesta has tenido tú con respecto a Jesús? ¿Existe algo incorrecto en tu vida que deberías corregir ahora?*

ZARA (TAMBIÉN ZERA). Significa «amanecer». Zara fue uno de los gemelos que le nacieron a Tamar y a su suegro Judá. Se le nombra en la genealogía de Jesucristo (Gn 38.24-30; Mt 1.3).

ZARZA ARDIENTE. Probablemente un arbusto espinoso que se encontraba en la región del Sinaí (Éx 3.2). Dios provocó que esta planta ardiese para captar la atención de Moisés.

● *¿De qué forma capta Dios la atención de las personas actualmente? ¿Y la tuya?*

Jesús llama al pequeño publicano Zaqueo, que se había subido a un árbol para ver mejor el paso del Señor por Jericó.

Estatua del discípulo llamado Simón el zelote. Simón se muestra a veces con una sierra, puesto que la leyenda dice que murió aserrado.

ZARZAL. Matorrales espesos, de zarzas o espinos (Gn 22.13; Is 9.18; Jer 4.7).

ZEBEDEO. Padre de Jacobo y de Juan, discípulos de Jesús y esposo de Salomé (Mr 1.19; Mt 27.56; Mr 15.40). Zebedeo era pescador de profesión.

ZECARÍAS. Significa «Yahvé (Jehová) se acordó». En español se suele escribir Zacarías. Entre los muchos Zecarías están. 1. Un rey de Israel que reinó durante seis meses en el 746 A.C. y fue asesinado. Era hijo de Jeroboam II (2 R 15.8). Ver gráfico **REYES** en p. 243. 2. El profeta Zecarías, en activo desde el 520 al 518 A.C., que instó a los israelitas a reconstruir el templo después del exilio (Zac 1.1). sus profecías se recogen en el libro de Zacarías. 3. Abuelo de Ezequías (2 R 18.2). 4. Un portero del templo (1 Cr 9.21). 5. Uno de los supervisores de Josías en la reparación del templo (2 Cr 34.12). 6. Músico que ayudó a Nehemías (Neh 12.35). 7. Piadoso consejero del rey Uzías (2 Cr 26.5). 8 Hijo del rey Josafat; su hermano Joram lo mató cuando se convirtió en rey (2 Cr 21.2-4).

ZELOTE. Alguien que actúa con gran celo o entusiasmo por una causa, con frecuencia de forma combativa o radical (Mt 10.4 NVI). *Zelote* llegó a designar a cualquier miembro del grupo político judío que intentó derrocar la opresión romana.

▲ *Jesús llamó a un zelote de nombre Simón para que fuera uno de sus discípulos (cp. Lc 6.15).*

ZOROBABEL. Significa «descendiente de Babel». Nieto del rey Joaquín que, tras haber estado cautivo en Babilonia, regresó a Jerusalén como gobernador. Dirigió el fallido intento inicial de reedificar el templo y, más tarde, también un intento exitoso (Esd 3.2–4.4; 5.2).

ACERCA DE LOS AUTORES

JOHNNIE GODWIN es graduado en Griego y Religión por la Baylor University, tiene una maestría en Divinidad del Southwestern Baptist Theological Seminary. Johnnie vive en Nashville, Tennessee, y ha dedicado muchos años a publicar, ser pastor y consultor. Ahora, entre sus actividades de jubilación está la escritura.

PHYLLIS GODWIN es la esposa de Johnnie Godwin. Es diplomada en Teología por el Southwestern Baptist Theological Seminary.

KAREN DOCKREY es escritora y tiene un ministerio con jóvenes. Posee una maestría en Divinidad del Southwestern Baptist Theological Seminary. Vive con su esposo y dos hijos cerca de Nashville, Tennessee.

CRÉDITOS DE LAS IMÁGENES

Abreviaturas: **DPI**=*Dover Publications*, Inc.; **FL**=*Flickr*; **SS**=*Shutterstock*; **TBP**=*The Bible People*; **WM**=*WikiMedia*

A: A la ventura – Azufre

14 WM (arriba); 15 FL/yeowatzup (abajo); 17 WM; 18 WM/Ps2613 (abajo); 19 SS; 20 SS; 18 TBP (izq.); 22 SS (ambas.); 23 SS (ambas); 24 SS; 25 WM/Ori229; 26 WM; 27 SS; 28 WM/ The Yorck Project, ; 34 WM; 36 WM; 37 SS (ambas); 38 SS; 39 SS; 40 WM/ Jona Lendering (izq); SS (dcha.); 41 SS; 42 SS

B: Baal – Burlarse

43 TBP (izq.); WM Jastrow (dcha.); 44 WM; 45 WM; 46 WM/ U.S. Navy Builder 2nd Class Jerome Kirkland; 47 SS (ambas); 48 WM/ Gia.cossa; 49 SS (ambas); 53 WM

C: Cachorro – Curtidor

55 WM; 56 WM/Юкатан; 59 SS (arriba); WM/Chris 73 (abajo); 60 SS (ambas); 62 WM/Luc Viatour (arriba); SS (abajo); 63 SS; 64 Todd Bolen; 65 WM/Hanay (arriba); SS (abajo); 66 SS; 67 SS; 68 SS; 70 SS; 72 SS

D: Dagón – Dureza de corazón

75 WM; 79 SS; 80 SS; 81 SS; 87 SS; 89 WM

E: Ebed-Melec – Ezequiel, Libro de

92 WM; 93 SS (ambas); 95 WM; 96 SS; 97 SS; 98 WM; 99 WM; 100 WM (arriba); SS (abajo); 101 SS; 103 SS; 105 SS (izq.) ; WM (dcha.)

F: Faldas – Futuro

104 WM; 110 SS; 11 WM/ Shakko; 113 SS (ambas); 114 SS (izq.); Todd Boden (dcha.)

G: Gabriel – Gusano

117 SS; 118 WM/Tango7174; 121 DPI; 122 WM; 123 SS (ambas); 124 SS

H: Habacuc – Humillarse

128 SS; 129 SS (ambas); 130 SS (ambas); 131 SS (ambas); 132 SS

I: Iconio – Israelita

133 SS; 135 WM/snotch (arriba); SS (abajo); 136 SS (ambas); 137 SS; 138 SS

J: Jabalina – Juzgar

141 SS (arriba); WM/The Yorck Project (abajo); 142 WM/Sheila Thomson; 143 SS; 145 DPI (izq.); SS (dcha.); 147 SS; 148 TBP; 150 SS; 152 WM/ James G. Howes; 155 SS (arriba); DPI (abajo); 156 SS (ambas**)**

K: Kénosis – Kidrón

159 SS

L: Labán – Luz

160 SS (ambas); 161 SS (ambas); 162 SS; 163 SS (ambas); 164 SS; 167 WM; 168 TBP; 169 SS; 170 SS

M: Macabeos – Muro

171 SS; 173 SS; 174 SS (ambas); 175 WM; 176 SS; 177 SS; 178 TBP; 181 TBP; 182 TBP; 183 WM; 186 WM; 187 WM; 189 SS (ambas)

N: Naamán – Nun

192 SS; 194 WM/Sailko; 195 WM/The Yorck Project (arriba); TBP (abajo)

O: Obed – Otoniel

199 SS; 201 SS; 203 WM

P: Pabellón – Púrpura

205 WM; 207 WM; 208 SS; 211 WM; 214 SS; 215 SS; 218 WM/The Yorck Project; 219 SS; 220 SS (ambas); 222 SS (izq.); NASA, ESA, AURA/ Caltech, Palomar Observatory

(dcha.); 224 SS; 225 SS; 226 SS; 227 WM; 230 TBP; 231 SS; 233 SS

Q: Quebar – Querubín

234 SS

R: Rabí – Rut, Libro de

235 WM; 236 SS; 237 WM; 238 WM/ Thunderchild5; 240 SS; 242 SS; 246 SS (izq.); WM/Effi Schweizer (dcha.); 247 WM/Library of Congress (arriba); SS (abajo)

S: Sabbat – Sustentar

252 SS; 254 SS; 255 TBP; 258 DPI; 259 TBP (arriba); WM (abajo); 260 SS; 262 SS; 266 SS; 267 SS; 268 WM/Dr. Avishai Teicher Pikiwiki Israel; 269 SS (arriba); WM/Reinhardhauke (abajo); 271 SS

T: Tabernáculo – Turbante

273 SS; 274 WM/Jastrow (izq.); WM/Nedim Ardoğa (dcha.); 276 SS; 277 DPI; 278 SS; 280 WM/ yeowatzup/FL; 281 SS (ambas); 285 SS; 286 WM/PikiWiki; 287 SS; 288 WM/Olve (arriba); SS (abajo)

U: Umbral – Uzías

290 SS; 291 TBP

V: Vacas – Vulgata

292 WM; 293 WM; 294 SS; 295 SS; 296 SS; 297 SS

Y: Yahvé – Yugo

299 SS; 300 SS

Z: Zabulón – Zorobabel

301 WM; 302 WM/Joseolgon